国家卫生健康委员会“十三五”规划教材
全　国　高　等　学　校　教　材

供健康服务与管理专业及相关专业用

健康企业管理

Healthy Enterprise Management

主　编　杨大光　曹　煜

副主编　何　强　曹维明　邱　超

编　者（以姓氏笔画为序）

全　颖　长春财经学院
江世英　湖北医药学院
许　伟　中国人民大学信息学院
李红丽　河南中医药大学
李维宇　云南中医药大学
杨大光　东北师范大学经济与管理学院
邱　超　广东药科大学
何　强　天津中医药大学
周戈耀　贵州医科大学
段桂敏　成都中医药大学
施毓凤　上海健康医学院
宫春艳　东北师范大学人文学院
高环成　山西医科大学汾阳学院
曹　煜　贵州医科大学
曹维明　浙江中医药大学

编写秘书
全　颖（兼）

人民卫生出版社

图书在版编目（CIP）数据

健康企业管理/杨大光，曹煜主编．—北京：人民卫生出版社，2020

全国高等学校健康服务与管理专业第一轮规划教材

ISBN 978-7-117-29621-2

Ⅰ．①健…　Ⅱ．①杨…②曹…　Ⅲ．①企业管理-高等学校-教材　Ⅳ．①F272

中国版本图书馆 CIP 数据核字（2020）第 041527 号

人卫智网	**www.ipmph.com**	**医学教育、学术、考试、健康，购书智慧智能综合服务平台**
人卫官网	**www.pmph.com**	**人卫官方资讯发布平台**

健康企业管理

主　　编：杨大光　曹　煜

出版发行：人民卫生出版社（中继线 010-59780011）

地　　址：北京市朝阳区潘家园南里 19 号

邮　　编：100021

E - mail：pmph @ pmph. com

购书热线：010-59787592　010-59787584　010-65264830

印　　刷：河北宝昌佳彩印刷有限公司

经　　销：新华书店

开　　本：850×1168　1/16　　**印张：**17

字　　数：480 千字

版　　次：2020 年 4 月第 1 版　2026 年 1 月第 1 版第 4 次印刷

标准书号：ISBN 978-7-117-29621-2

定　　价：65. 00 元

打击盗版举报电话：010-59787491　E-mail：WQ @ pmph. com

质量问题联系电话：010-59787234　E-mail：zhiliang @ pmph. com

全国高等学校健康服务与管理专业

第一轮规划教材编写说明

《“健康中国 2030”规划纲要》中指出，健康是促进人的全面发展的必然要求，是经济社会发展的基础条件。实现国民健康长寿，是国家富强、民族振兴的重要标志，也是全国各族人民的共同愿望。推进健康中国建设，是全面建成小康社会、基本实现社会主义现代化的重要基础，是全面提升中华民族健康素质、实现人民健康与经济社会协调发展的国家战略。

要推进落实健康中国战略，大力促进健康服务业发展需要大量专门人才。2016 年，教育部在本科专业目录调整中设立了“健康服务与管理”专业（专业代码 120410T）；本专业毕业授予管理学学位，修业年限为四年；目前逐步形成了以医学类院校为主、综合性大学和理工管理类院校为辅、包括不同层次院校共同参与的本科教育体系，各院校分别在不同领域的专业比如中医、老年、运动、管理、旅游等发挥优势，为本专业适应社会发展和市场需求提供了多样化选择的发展模式，充分体现了健康服务业业态发展充满活力和朝阳产业的特色。

我国“健康服务与管理”专业理论和实践教学还处于起步阶段，具有中国特色的健康服务与管理理论体系和实践服务模式还在逐渐完善中。为此，2016 年 4 月和 8 月，人民卫生出版社分别参与“健康服务与管理”专业人才培养模式专家研讨会和“健康服务与管理”专业教材建设会议；2017 年 1 月，人民卫生出版社组织召开了“健康服务与管理”专业规划教材编写论证会议；2018 年 2 月，人民卫生出版社组织召开了“健康服务与管理”专业规划教材评审委员会一届一次会议。在充分调研论证的基础上，根据培养目标、课程设置确定了第一轮规划教材的编写品种，部分编写品种也与《“健康中国 2030”规划纲要》中“要积极促进健康与养老、旅游、互联网、健身休闲、食品融合，催生健康新产业、新业态、新模式，发展基于互联网的健康服务，鼓励发展健康体检、咨询等健康服务，促进个性化健康管理服务发展，培育一批有特色的健康管理服务产业；培育健康文化产业和体育医疗康复产业；制定健康医疗旅游行业标准、规范，打造具有国际竞争力的健康医疗旅游目的地；大力发展中医药健康旅游”相对应。

本套教材编写特点如下：

1. 服务健康中国战略　本套教材的编撰进一步贯彻党的十九大精神，将“健康中国”战略贯穿教材编写全过程，为学科发展与教学改革、专业人才培养提供有力抓手和契机，为健康中国作出贡献。

2. 紧密围绕培养目标　健康服务与管理专业人才培养定位是为健康服务业培养既懂业务又懂管理的实用性管理型人才。人才培养应围绕实际操作技能和解决健康服务问题的能力要求，用医学和管理学手段为健康服务业健康、有序、科学发展提供专业支持。本套教材的编撰紧密围绕培养目标，力求在各部教材中得以体现。

3. 作者团队多样　本套教材的编者不仅包括开设“健康服务与管理”专业院校一线教学专

家，还包括本学科领域行业协会和企业的权威学者，希望能够凝聚全国专家的智慧，充分发挥院校、行业协会及企业合作的优势，打造具有时代特色、体现学科特点、符合教学需要的精品教材。

4. 编写模式创新　为满足教学资源的多样化，教材采用了“融合教材”的编写模式，将纸质教材内容与数字资源内容相结合，教材使用者可以通过移动设备扫描纸质教材中的“二维码”获取更多的教材相关富媒体资料，包括教学课件、思考题解题思路、高清彩图以及视频等。

本套教材共16种，均为国家卫生健康委员会“十三五”规划教材，预计2019年秋季陆续出版发行，数字内容也将同步上线。希望全国广大院校在使用过程中能够多提供宝贵意见，反馈使用信息，为下一轮教材的修订工作建言献策。

全国高等学校健康服务与管理专业
第一届教材评审委员会

全国高等学校健康服务与管理专业
第一轮教材目录

序号	书名	主编	副主编
1	**健康服务与管理导论**	郭 清	景汇泉 刘永贵
2	**健康管理学**	郭 姣	王培玉 金 浪 郑国华 杜 清
3	**健康经济学**	毛振华	江启成 杨 练
4	**健康保障**	毛 瑛	高广颖 周尚成
5	**健康信息管理**	梅 挺	时松和 牟忠林 曾 柱 蔡永铭
6	**健康心理学**	孙宏伟 黄雪薇	于恩彦 孔军辉 朱唤清
7	**健康运动学**	张志勇 刘忠民	翁锡全 骆红斌 吴 霜 徐峻华
8	**健康营养学**	李增宁	夏 敏 潘洪志 焦广宇 叶蔚云
9	**健康养生学**	傅南琳	谢 甦 夏丽娜 程绍民
10	**健康教育与健康促进**	李浴峰 马海燕	马 莉 曹春霞 闵连秋 钱国强
11	**职业健康服务与管理**	杨 磊 李卫东	姚 华 汤乃军 刘 静
12	**老年健康服务与管理**	曾 强 陈 垦	李 敏 武 强 谢朝辉 张会君
13	**社区健康服务与管理**	曾 渝 王中男	李 伟 丁 宏 任建萍
14	**健康服务与管理技能**	许亮文 关向东	王淑霞 王 毅 许才明
15	**健康企业管理**	杨大光 曹 煜	何 强 曹维明 邱 超
16	**健康旅游学**	黑启明 向月应	金荣疆 林增学 吴海波 陈小勇

主 编 简 介

杨大光

经济学博士，教授，博士研究生导师。现任东北师范大学经济与管理学院教授，东北师范大学人文学院商学院院长。教育部人文社会科学项目评审专家，教育部学位中心通讯评议专家，中国博士后科学基金会项目评议专家；吉林省教育厅项目评审专家，吉林省高等教育学会专家，吉林省金融行业教育教学指导委员会委员；吉林省投资学会常务理事，吉林省政治经济学学会常务理事，吉林省老年福祉研究会常务理事，吉林省金融学会理事，吉林省图们江学会理事，吉林省中小企业发展研究基地主任；长春市政府采购专家组成员；环球投资集团中国分析师。

从事高校教学工作30年。早期从事企业管理、工业经济管理、国民经济管理等课程的教学和相关领域的研究，后期侧重金融学方面的教学和研究。在《经济学动态》等学术期刊发表论文90余篇。出版教材、辞书、专著等10部。主持国家发改委等各类项目25项。获吉林省社会科学成果(论文)一等奖等其他各类奖项11项。

曹 煜

二级教授，健康服务与管理、皮肤与性病学双专业博士研究生导师。现任贵州医科大学大健康学院副院长，贵州医科大学大健康产业技术发展研究中心主任，贵州医科大学附属医院门诊部副主任、体检中心副主任。国务院专家津贴获得者，省管专家，中国健康管理协会常务理事，《中华健康管理杂志》编委，中共贵州省委保健办健康管理专家委员会主任委员，贵州省健康管理协会会长。

从事健康管理工作17年。贵州省健康服务与管理专业学科带头人，获国家发明专利2项，获贵州省科技成果进步奖、转化奖10余项，担任多部专著的主编和执行主编。承担贵州省科技厅创新项目“贵州省大数据健康管理产业技术创新战略联盟”和贵州省发展和改革委员会项目“‘健康大学城’行动”等。国内外发表论文100余篇，其中SCI收录7篇。发明的姜黄消痤搽剂收录于2015年《中华人民共和国药典》，“姜黄消痤搽剂深度开发应用”在第六届国际发明展览会上获得金奖。

副主编简介

何　强

教授，硕士研究生导师。现任天津中医药大学管理学院院长。中国企业管理研究会常务理事，中国中医药信息研究会政策与管理分会副会长，中华中医药学会人文与管理科学分会副主任委员。北京理工大学学士，南开大学工商管理硕士，天津大学管理科学与工程博士，美国北阿拉巴马州立大学高级访问学者，韩国延世大学海外研修背景，八年跨国公司管理层工作经历。

从事企业管理类教学与研究至今 16 年，研究方向为营销战略管理与企业战略演化，发表多篇核心期刊论文，主持完成多项重点课题与企业咨询项目。

曹维明

副教授，硕士研究生导师。现任云南省卫生健康委员会主任助理，浙江中医药大学健康管理研究所副所长，曾任云南西双版纳州政府党组成员、副秘书长。担任中华医学会健康管理分会（教育培训学组）委员，浙江公共管理学会委员。浙江大学卫生管理博士毕业，日本早稻田大学短期交流访学，台湾大学访问学者。

从事健康管理教学工作 12 年，主持国家自然基金项目 1 项、厅局级课题 6 项，现担任国家自然基金评审专家。担任 *Aging & Mental Health* 等期刊审稿人，发表 SCI、SSCI 文章 6 篇以及《台湾高校健康管理专业建设现状及启示》《中医药健康管理服务人才培养模式探讨》《品质管理在台湾健康管理行业中的实践》等，担任《环境健康学》《健康旅游概论》等副主编，参编《2017 中国健康服务业发展报告》。2006 年参与创建中国第一个健康管理专业（方向），2016 年成功申报教育部第一批健康服务与管理专业（唯一中医院校）。

副主编简介

邱　超

副教授，博士研究生导师。现任广东药科大学健康学院专任教师，兼任泰国暹罗大学康养产业研究中心主任。世界中联中医药产业发展委员会理事会成员，中国微循环学会转化医学专业委员会青年委员。先后受聘为中泰两国多家科研单位与大学的研究员，客座教授，与泰国公共卫生部、泰国皇家大学、泰国帕雅泰医疗集团等相关部门及机构有多年良好合作关系。

从事健康管理工作 12 年，主要研究方向包括职业健康服务与管理、社区健康服务与管理、康养产业发展等。主持国际合作项目 10 余项，参与其他国家级、省级课题多项，国内外发表论文 20 余篇，其中 SCI 收录 2 篇，参与编写教材 2 部。

前　言

在中国共产党的带领下，中国人民经历了从站起来、富起来到强起来的伟大征程。中国的人均寿命从1949年的35岁，提高到2018年的77岁。随着人们生活水平的大幅度提高，人们在关注生命长度的同时，也更加关注生命的质量。健康已成为广大城乡居民追求的最重要的生活目标。“健康中国”作为国家战略，写进了中国共产党十八届五中全会公报，国家制定并实施了《“健康中国2030”规划纲要》，根据该规划，2020年中国健康服务业规模将达到8万亿元。健康产业已经成为近年来国民经济中发展最快的产业之一，健康企业也如雨后春笋般涌现。如何对健康企业进行科学管理不仅是摆在这些健康企业面前的重要课题，也是更快更好地发展健康产业要解决的重要问题。为了满足社会对健康服务与管理人才的需求，2016年教育部批准设立健康服务与管理专业。目前越来越多的学校开始设立该专业，开设相关的课程。然而，到目前为止，全国还没有一本适合健康服务与管理专业使用的《健康企业管理》教材。正是在这样的背景下，在健康服务与管理专业第一届教材评审委员会的精心组织下，来自全国13所高等院校的15位老师集体编写了这本教材。

本教材的主体内容分为五篇十七章。

基础篇：本篇由第一章“健康与健康企业”、第二章“健康企业管理的理论基础”、第三章“健康企业社会责任”构成，主要是为后面四篇的学习提供理论基础。

发展篇：本篇由第四章“健康企业战略管理”、第五章“健康企业经营决策与计划”、第六章“健康企业文化建设”、第七章“健康企业创新”构成。主要从健康企业发展的角度，学习健康企业管理的基本知识。

资源篇：本篇由第八章“健康企业人力资源管理”、第九章“健康企业财务管理”、第十章“健康企业物力资源管理”、第十一章“健康企业信息资源管理”构成。主要从健康企业的资源即人、财、物及信息的角度，提供这些资源管理的知识。

职能篇：本篇由第十二章“健康企业市场营销管理”、第十三章“健康企业运营管理”、第十四章“健康企业供应链管理”构成。主要从企业管理的营销、运营及供应链的角度，提供相应的管理知识。

实践篇：本篇由第十五章“健康企业与企业发展案例”、第十六章“健康企业资源与职能管理案例”、第十七章“健康企业综合管理案例”构成。主要是在前面若干章理论学习的基础上，提供相应的案例，以期达到理论与实践相结合的目的。

本书的写作分工如下：前言与第二章（杨大光）；第一章与实践篇（曹煜、周戈耀）；第三章（李维宇）；第四章（何强）；第五章（全颖）；第六章（段桂敏）；第七章（李红丽）；第八章（曹维明）；第九章（邱超）；第十章（江世英）；第十一章（许伟）；第十二章（宫春艳）；第十三章（高环成）；第十四章（施毓凤）。此外，主编杨大光负责全书的写作框架以及全书文字的统纂、整理，主编曹煜及副主编何强、曹维明对全书进行了复审，副主编邱超负责全书数字资源的统稿。其他的编委也都承担了互审的任务，学术秘书全颖负责全书各章编写过程中的组织协调工作，东北师范大学人文学院商学院的于洋博士对本书的写作也做出了一份贡献。总之,这本教材完全是集体智慧的结晶。

本教材有如下特点:一是创新性,目前为止,国内还未见到一部《健康企业管理》教材,本教材将填补这一空白;二是跨学科,本教材不是一部单纯的企业管理教材,而是将管理学、医学、心理学、信息学等众多学科的知识有机融合的跨学科、跨领域的教科书;三是突出企业的社会责任,对健康企业来说,承担社会责任尤为重要。因为这类企业从事的生产、经营和服务都是与人的健康息息相关的,因此本教材单独列一章"健康企业的社会责任",弥补了很多企业管理类的教材在这方面的不足。

本教材是在各位参编老师的共同努力下完成的,他们每个人都承担着繁重的教学、科研任务,有的老师还承担行政管理的任务。因此,每人编写本书都是利用自己的节假日及业余时间完成的,其中甘苦只有置身其中才能体会到。作为主编,向全体编委们表示衷心的感谢;对本书编写过程中所参考的其他文献的作者以及配合本书作者提供、收集、拍摄相关素材的企业表示诚挚的谢意。本教材编委会在编写教材期间还召开过两次会议,分别由东北师范大学人文学院、云南中医药大学承办,他们为编委会创造了一流的开会条件,在此一并表示感谢。

由于时间和水平有限,本书不可避免地存在不足,特别是我们一直想努力突出本教材的特点,但也一直感到做得不够,只好留待日后再版时予以完善了。希望本书经过不断的实践和持续的理论探索,能得到社会更广泛的认可,在培养健康服务与管理人才方面发挥更大的作用。诚挚地希望读者、同道不吝赐教。

杨大光

2020 年 2 月

目　录

基础篇

第一章　健康与健康企业 …… 2
第一节　健康相关概念及内涵 …… 2
一、健康的涵义与特征 …… 2
二、大健康产业的涵义与范围界定 …… 3
第二节　健康企业的概念、特征及分类 …… 3
一、健康企业的内涵及特征 …… 3
二、健康企业的分类 …… 4
第三节　健康企业的变迁和发展 …… 6
一、20 世纪以来西方主要发达国家健康企业发展概况 …… 6
二、中华人民共和国成立以来健康企业发展概况 …… 9
三、近年来中国政府制订的促进健康企业发展的主要政策 …… 12

第二章　健康企业管理的理论基础 …… 15
第一节　企业管理理论的演变 …… 16
一、古典管理理论 …… 16
二、行为科学理论 …… 18
三、现代管理理论 …… 20
四、当代管理理论 …… 20
第二节　企业管理系统 …… 21
一、企业管理系统目标 …… 21
二、企业管理系统结构 …… 23
三、企业管理系统的特征 …… 24
四、企业管理系统的功能 …… 25
五、企业管理系统主体 …… 26
六、企业管理系统客体 …… 26

第三章　健康企业社会责任 …… 28
第一节　企业社会责任的涵义 …… 29
一、企业社会责任的定义 …… 29
二、企业社会责任的范围及内容 …… 31
三、健康企业社会责任的特殊性 …… 33

第二节 企业社会责任的背景与发展脉络 …… 34
一、企业社会责任提出的国际背景 …… 34
二、引入企业社会责任的国内背景 …… 36
三、企业社会责任的历史发展脉络 …… 37
第三节 健康企业承担社会责任的必要性及制度保障 …… 41
一、健康企业承担社会责任的必要性 …… 41
二、健康企业承担社会责任的制度保障 …… 43

发 展 篇

第四章 健康企业战略管理 …… 46
第一节 健康企业战略管理概述 …… 46
一、战略的含义与起源 …… 46
二、企业战略管理的概念及特征 …… 47
三、企业战略管理的层次分类 …… 48
四、企业战略管理过程 …… 49
第二节 健康企业战略环境分析 …… 49
一、企业外部环境分析 …… 50
二、企业内部环境分析 …… 51
三、企业环境评价 …… 53
第三节 健康企业战略目标设定与战略选择 …… 53
一、企业战略目标设定 …… 54
二、企业战略选择 …… 56
第四节 健康企业战略的实施与控制 …… 62
一、企业战略实施 …… 62
二、企业战略测量与评价 …… 64
三、企业战略控制 …… 64

第五章 健康企业经营决策与计划 …… 67
第一节 经营决策的市场依据 …… 67
一、市场调查 …… 67
二、市场预测 …… 70
第二节 健康企业经营决策 …… 72
一、健康企业经营决策的内涵 …… 72
二、健康企业经营决策的程序 …… 72
三、健康企业经营决策的方法 …… 74
第三节 健康企业经营计划 …… 78
一、健康企业经营计划的内涵 …… 78
二、健康企业经营计划的编制程序 …… 79
三、健康企业经营计划的编制方法 …… 80

第六章 健康企业文化建设 …… 85
第一节 健康企业文化的内涵与意义 …… 86

一、健康企业文化的定义 …… 86
二、健康企业文化的特征 …… 86
三、健康企业文化建设的意义 …… 87
第二节　健康企业文化建设的任务 …… 88
一、健康企业文化建设的内容 …… 88
二、健康企业文化建设的原则 …… 90
三、健康企业文化建设的途径 …… 90
四、健康企业文化建设的步骤 …… 93

第七章　健康企业创新 …… 96
第一节　健康企业创新概述 …… 97
一、创新的含义 …… 97
二、企业创新的理论 …… 97
三、健康企业创新的意义 …… 98
第二节　健康企业创新体系 …… 99
一、企业技术创新 …… 99
二、企业管理创新 …… 102
三、企业服务创新 …… 104
第三节　新产品(或服务)开发与保护 …… 106
一、新产品(或服务)的概念 …… 106
二、新产品(或服务)开发的特点与原则 …… 107
三、新产品(或服务)开发的过程 …… 108
四、知识产权管理与保护 …… 110

资　源　篇

第八章　健康企业人力资源管理 …… 114
第一节　人力资源管理概述 …… 114
一、人力资源管理概念及内涵 …… 114
二、人力资源管理的理论 …… 115
第二节　招募与配置 …… 116
一、职位分析 …… 116
二、人力资源战略规划 …… 119
三、招聘 …… 121
第三节　培训与开发 …… 124
一、培训与开发定义 …… 124
二、培训与开发过程及方法 …… 125
第四节　绩效管理 …… 125
一、绩效管理概述 …… 125
二、绩效评价概述 …… 126
第五节　薪酬管理 …… 128
一、薪酬管理概述 …… 128
二、福利管理 …… 130

第六节 员工关系管理 …… 130
一、员工关系管理概述 …… 130
二、劳动关系管理 …… 131

第九章 健康企业财务管理 …… 133
第一节 健康企业财务管理概述 …… 133
一、健康企业财务管理内涵 …… 133
二、健康企业财务管理的特点 …… 135
三、健康企业财务管理面临的现实问题 …… 136
第二节 健康企业财务管理基础 …… 136
一、资金时间价值的含义 …… 136
二、一次性收付款项终值和现值的计算 …… 137
三、资金风险价值 …… 139
第三节 健康企业财务报表分析 …… 139
一、财务报表概念及构成 …… 139
二、财务报表分析方法 …… 140
三、公司财务报表分析 …… 141
第四节 健康企业筹资及投资管理 …… 143
一、资金筹集的原则 …… 143
二、资金筹集的渠道 …… 143
三、资金筹集方式 …… 143
四、企业投资运营 …… 143
第五节 网络财务管理 …… 145
一、网络财务的概念 …… 145
二、网络财务系统应用软件的选择 …… 145

第十章 健康企业物力资源管理 …… 147
第一节 健康企业建筑物管理 …… 148
一、场址选择 …… 148
二、场地平面设计与布局 …… 149
三、建筑用地和建筑物要求 …… 150
第二节 健康企业设备管理 …… 151
一、健康企业设备管理概述 …… 151
二、健康企业设备购置管理 …… 151
三、健康企业设备使用管理 …… 153
四、健康企业设备维护管理 …… 154
第三节 健康企业材料管理 …… 155
一、健康企业材料采购管理 …… 155
二、库存管理 …… 157
三、健康企业物流管理 …… 158

第十一章 健康企业信息资源管理 …… 160
第一节 信息资源管理概述 …… 161

一、信息的涵义、特征与类型 …… 161
二、信息资源的内涵 …… 162
三、信息资源管理的产生与发展沿革 …… 163
四、健康企业信息资源管理的内容 …… 165
第二节 健康企业管理信息系统 …… 165
一、管理信息系统的定义 …… 165
二、管理信息系统的发展 …… 166
三、健康企业管理信息系统的开发方法 …… 167
第三节 健康企业数字转型 …… 171
一、互联网下的健康企业 …… 171
二、健康企业与大数据 …… 171
三、健康企业与人工智能 …… 174

职 能 篇

第十二章 健康企业市场营销管理 …… 176
第一节 现代市场营销理论概述 …… 177
一、市场营销的概念 …… 177
二、市场营销要素组合 …… 178
三、市场营销观念的演变及发展 …… 178
第二节 目标市场战略 …… 180
一、市场细分 …… 180
二、目标市场选择 …… 181
三、市场定位 …… 182
第三节 市场营销基本策略 …… 183
一、产品策略 …… 183
二、定价策略 …… 186
三、渠道策略 …… 188
四、促销策略 …… 190
第四节 健康企业服务营销管理 …… 194
一、服务营销的含义 …… 194
二、服务营销管理 …… 195

第十三章 健康企业运营管理 …… 197
第一节 运营管理概述 …… 198
一、运营管理的内涵 …… 198
二、健康企业运营管理的基本内容 …… 198
第二节 运营计划的编制 …… 199
一、运营计划的层次 …… 199
二、运营计划的编制方法 …… 200
三、健康服务业的综合计划 …… 202
第三节 健康企业生产作业控制 …… 202
一、生产作业控制概念 …… 202

二、生产作业控制的过程 …… 203
三、生产作业控制方法 …… 204
第四节 健康企业质量管理 …… 204
一、质量管理概述 …… 205
二、质量管理的基本原则 …… 206
三、质量管理体系 …… 207
四、质量管理工具 …… 209

第十四章 健康企业供应链管理 …… 213
第一节 供应链管理概述 …… 214
一、供应链的概念 …… 214
二、供应链管理的概念 …… 215
三、供应链管理的基本步骤 …… 217
第二节 供应链的设计与网络构建 …… 218
一、供应链的设计策略 …… 218
二、供应链网络设计模型 …… 220
三、供应链网络设计步骤 …… 223
第三节 供应链管理的方法 …… 226
一、快速响应 …… 226
二、有效顾客响应 …… 228
三、快速响应与有效顾客响应的异同点 …… 230

实 践 篇

第十五章 健康企业与企业发展案例 …… 234
第十六章 健康企业资源与职能管理案例 …… 241
第十七章 健康企业综合管理案例 …… 245
推荐阅读 …… 250
中英文名词对照索引 …… 251

基础篇

第一章 健康与健康企业

本章要点

1. **掌握** 健康企业的概念、特征、分类。
2. **熟悉** 健康、大健康产业的涵义与特征;企业的内涵、特征及组织形式。
3. **了解** 健康企业的发展及现状;健康企业发展已颁布实施的相关政策。

导入案例

ST 县大健康产业发展

近年来,国家大力支持大健康类企业发展。通过招商引资,贵州省 ST 县引进建设 DT 大健康医药生态园,积极传承和发展振兴当地苗医药。该园立足于大生态、大数据、大交通的优势,落实政府发展大医疗、大健康等战略,在充分调查、了解当地基本生态特征和农业产业结构调整的基础上,按照"高起点、高标准、高品位"的建设方针,坚持都市农业、苗医苗药建设、休闲旅游发展及和谐社会建设的"四位一体",大力支持休闲旅游观光农业等新兴大健康企业蓬勃发展。通过建立"农业+丹参+科技+休闲"的模式,立志把医药生态园全方位地建设成一个集"医、药、疗、健、养、研、游"等丰富业态为一体的大型体验式大健康类企业的整合园区。该医药产业园区的建设进一步带动当地以丹参为主的中药民族药企业向科技化、规模化方向发展,发挥苗医药资源优势,培育龙头大健康企业,促进地方区域经济跨越发展。

问题:哪些是健康企业?其内涵是什么?

第一节 健康相关概念及内涵

一、健康的涵义与特征

(一)健康的涵义

健康是指一个人在身体、精神和社会等方面都处于良好的状态。具体包括两个方面的内容:一是主要脏器无疾病,身体形态发育良好,体形均匀,人体各系统具有良好的生理功能,有较强的身体活动能力和劳动能力,这是对健康最基本的要求;二是对疾病的抵抗能力较强,能够适应环境变化、各种生理刺激以及致病因素对身体的影响。传统的健康观是"无病即健康",现代人的健康观是整体健康,世界卫生组织提出"健康不仅指一个人身体有没有出现疾病或虚弱现象,而是指一个人生理上、心理上和社会上的完好状态"。

(二)健康的特征

1. **生理健康** 生理健康就是人体生理功能上健康状态的总和。过去将生理健康定义为:"能够精力旺盛地、敏捷地、不感觉过分疲劳地从事日常活动,保持乐观、蓬勃向上以及具有应激能力。”

2. **心理健康** 1946 年，国际心理卫生大会将心理健康定义为：“是指在身体、智能以及情感上与他人的心理健康不相矛盾的范围内，将个人心境发展成最佳状态。”WHO 于 2004 年把心理健康定义为：“由社会经济和环境因素所决定，包括实现自身潜能、能应对日常生活压力、能有成就的工作、对所属社区有贡献等状态。”

3. **社会适应良好** 社会适应是个人调整自己的观念和行为使其适应所处社会环境的过程，是指个人通过社会化，形成与社会要求相适应的知识、技能、价值观和性格，在社会交往中采取符合社会要求的行动，对于社会环境和一些有益或有害的刺激，能积极调整、适应，不让自己长期处于一种封闭、压抑的状态。

4. **基本人权** 健康权作为人权的一种，首次出现是在 1946 年的《世界卫生组织章程》中，其在序言中表明健康权的保护范围涵盖身体和心理两方面。之后许多国际条约也陆续承认了健康权，如《世界人权宣言》《经济、社会及文化权利国际公约》等。健康权是公民享有的一项基本人权，是人们生存和发展的基础性权利，也是满足人们政治、经济、思想等方面的基本的、起码的、最低需要的权利。健康权的实现不是自发的，除了公民要为自己的健康负有责任外，国家的义务是最值得强调的。健康权是一项概括性权利，内容和范围受到社会、经济、政治、科技、文化等多种因素的影响和制约。

二、大健康产业的涵义与范围界定

“大健康”的概念是我国近年来兴起的提法，是根据时代发展、社会和政府治理需求与疾病谱的改变，提出的一种全局理念，是在对生命全过程全面呵护的理念指导下，根据人们对影响健康的危险因素和健康本质认识的不断深化提出来的概念。围绕着人的衣食住行以及生老病死，关注着各种影响健康的危险因素和误区，提倡自我健康管理，涵盖人全生命周期的心理和生理健康，是对生命全过程的全面呵护，是我国传统中医“治未病”理念的现代版本。

因此，大健康产业是指以医疗卫生和生物技术、生命科学为基础，以维护、改善、促进人民群众健康为目的，为社会公众提供与健康直接或密切相关的产品（货物或服务）的生产活动集合。它涵盖与人类健康相关的所有产业，而不仅仅局限在医护、医药等医疗卫生板块。从培训教育、研发、医药制造、医药批发到零售、医疗、护理、保险、健康环境管理与科研技术服务、休闲保健甚至到养老，都可以纳入大健康产业的范畴，主要包括医疗卫生、养老等社会公益性事业、生产与健康产品有关的制造行业以及与其他健康相关的服务性行业。

2019 年 4 月国家统计局发布《健康产业统计分类（2019）》，为健康产业划出清晰边界。《统计分类》保留了《健康服务业分类（试行）》的主要内容，同时结合了健康产业发展新业态、新模式等，增加了健康产业所涉及第一产业、第二产业内容。目前将健康产业范围确定为医疗卫生服务，健康事务、健康环境管理与科研技术服务，健康人才教育与健康知识普及，健康促进服务，健康保障与金融服务，智慧健康技术服务，药品及其他健康产品流通服务，其他与健康相关服务，医药制造，医疗仪器设备及器械制造，健康用品、器材与智能设备制造，医疗卫生机构设施建设，中药材种植、养殖和采集 13 个大类。

第二节 健康企业的概念、特征及分类

一、健康企业的内涵及特征

（一）健康企业的内涵

健康企业的内涵与范围应与大健康及大健康产业的内涵相匹配，涵盖人全生命周期的健康相关产品或服务的生产与提供,大健康产业各子行业所涉及的企业都应归为健康企业的范畴。

健康企业是指以医疗卫生、生物技术、生命科学为基础,以人的健康为核心,围绕维护健康、改善健康、促进健康而生产相关产品或为社会公众提供与健康相关产品或服务的一类企业或机构。其范围主要涵盖医疗卫生服务、医药产品、中药材种植、健康事物、健康促进服务、健康保障与金融服务、养生、养老、康体运动、智慧健康技术服务、健康旅游、健康教育、健康用品及器材等与人类健康相关的生产和服务的提供方。健康企业具有拉动内需增长与保障和改善民生的重要功能。随着我国经济的持续增长,人民生活水平的不断提高,健康将会受到前所未有的关注,我国大健康时代正在到来。健康企业要充分快速发展,才能有效满足人民群众日益增长的对健康的需求。

(二)健康企业的特征

健康企业作为满足人民群众基本健康需要及日益增长的多元健康服务需求的经济性组织,除具有一般企业的特征外,还具有以下特征。

1. **结构多样复杂** 健康产业包括食药材种植业(道地药材、健康食品)、健康制造业(中药民族药、化学药、生物制品、医疗器械、新医药衍生品)、健康服务业(医疗卫生、健康养老、康复疗养、保健养生、休闲养生、健康管理、食品安全)、健康环境管理与技术服务、健康保障与金融服务、其他相关支撑产业(餐饮酒店、房地产、商务办公、批发零售经营、文化创意、医疗信息技术平台开发、现代医药物流等)。由于健康产业具有多样性,导致健康企业的产品或服务在发展过程中,特征结构上的多样复杂性。

2. **技术含量高** 健康企业关系到人类的健康水平和生命质量,融合了大数据、互联网、人工智能等,更与信息技术、生命科学、生物工程、基因工程、细胞工程、蛋白质组学等高新技术紧密相连,这些高新技术具有极高的科技含量和附加价值。未来健康企业的发展将随着高度专业化的科技型产业发展而发展,其发展手段和方法也将由多学科、多技术相互交叉、融合而产生。

3. **社会责任大** 健康企业为消费者提供与预防、医疗、健康养老、康复疗养、保健养生、休闲养生、健康管理、食品安全、保险等相关的产品、技术、服务,这些产品、技术、服务都是以提高劳动力人口素质、提升全民健康水平为主要目的,健康产品、技术、服务关系到人类的健康状况,更与社会稳定及经济可持续发展息息相关,所承担的社会责任更大,健康企业的发展,不仅要考虑经济性,更要考虑社会效益及可持续性。

4. **发展后劲强** 2016年,中共中央、国务院发布的《"健康中国2030"规划纲要》中明确表示要把人民健康摆在优先发展的战略地位,将健康融入所有政策。随着"健康中国"战略推进,国家政策对健康产业的支持力度在不断加强;随着人们对美好生活的新期待,健康需求日益增长,各类健康企业的快速发展成为必然,市场潜力巨大,发展后劲强。

二、健康企业的分类

根据国家统计局最新发布的《健康产业统计分类(2019)》以及企业的概念及特征,本书将健康企业具体分类如下:

(一)食药材种植企业

包括未经加工或未制成成品的中药原料(即中药材)、草药、民族药材,无公害农产品、绿色食品、有机农产品和农产品地理标志(三品一标)等的农业栽培与种植企业。

(二)健康制造企业

主要为医药工业生产与食品加工企业,包括药品(中药民族药、化学药、生物制品)、医疗器械、新医药衍生品(包括保健品、药食同源、药妆、功能性产品等)与健康食品的加工与生产。

(三)健康服务企业或机构

主要包括医疗卫生、健康养老、康复疗养、健康养生、休闲养生、健康管理等以满足群众需求为目的服务企业、机构或组织。

1. **医疗机构**　指依法定程序设立的从事疾病诊断、治疗活动的卫生机构总称。我国的医疗机构是由一系列开展疾病诊断、治疗活动的卫生机构构成的。医院、卫生院是我国医疗机构的主要形式，此外还有疗养院、门诊部、诊所、卫生所（室）以及急救站等。

2. **商业保险机构**　指通过订立保险合同运营，以营利为目的的保险机构形式，由专门的保险企业经营。投保人根据合同约定，向保险公司支付保险费，保险公司根据合同约定的可能发生的事故所造成的财产损失承担相应赔偿保险金责任，或者当被保险人死亡、伤残、疾病或达到约定的年龄期限时承担付给保险金责任。

3. **健康养老机构**　指为老年人提供设施、特殊商品、服务，满足老年人特殊需要，包括老年人衣食住行用、医学等物质精神文化方面构成的全方位产业链，是多个产业相互交叉的综合性机构，是由老年市场需求拉动而兴起的新兴企业。

健康养老项目基于打造居家养老、社区养老、机构养老、旅游养老、医养结合五大健康养老运营服务模式。其中，医养结合指医疗资源与养老资源相结合，实现健康老龄化，实现社会资源利用的最大化；服务对象是全体老人，载体包括老年人家庭、社区、养老机构、医院等。“医”包括医疗、康复、护理、保健服务，具体有医疗服务、健康咨询服务、健康检查服务、疾病诊治和护理服务、大病康复服务及临终关怀服务等；“养”包括生活照护服务、精神心理服务、文化活动服务。利用“医养一体化”的发展模式，集医疗、护理、康复、养生、养老等为一体，把老年人健康医疗服务放在首要位置，将养老机构和医院的功能相结合，把生活照料和康复关怀融为一体的新型养老服务模式。阶段目标分为协助能力完好老人预防慢性病、促进能力衰退老人生活自立、保证失能老人有尊严的晚年生活。

智慧养老则面向居家老人、社区及养老机构的传感网系统与信息平台，提供实时、快捷、高效、低成本的，物联化、互联化、智能化的养老服务。

4. **健康旅游机构**　指以治疗疾病、康复疗养为目的的特殊旅游，又称休养旅游，是集休闲、疗养、康复、娱乐和观光于一身的健康之旅，是旅游与医疗的有机结合，可分为健康疗养、慢性病疗养、老年病疗养、骨伤康复、职业病疗养等，大多疗养康复旅游项目有各自的特点和疗养适应证。健康旅游又可定义为使旅游者生命、生活质量提高的一种旅游方式，涵盖医疗、卫生、美容、体育/健身、娱乐等。随着工业社会的发展，生活节奏的加快，人们对自身健康状况愈益关心，一系列疗养康复胜地应运而生。健康旅游机构主要是凭借疗养地所拥有的特殊自然资源条件，先进或传统的医疗保健技艺及设施，将休息度假、康复健身、治病与旅游结合起来的相关机构。具体包括为治疗而进行的矿泉浴、日光浴、森林浴、中草药药浴等多种形式的旅游及高山气候疗养、海滨、湖滨度假等。

5. **健康养生企业**　指以培养生机、预防疾病、争取健康长寿为目的的养生企业，根据人体健康需求又可分为生理养生、心理养生等。其中，生理养生包括药膳饮食养生、中医推拿按摩、足浴理疗等，心理养生包括文化养生、禅意养生等。当前流行的中医民族保健企业则注重身心俱“养”，旨在通过生理养生和心理养生的共同调理，使生理和心理因素互相作用，达到生理和心理共同健康的目的。

6. **康体运动企业**　是指大健康概念与体育运动相结合的新模式，以人民享受生活为目标，以实现社会资源利用的最大化为切合点，集现代健康管理适宜技术和体育运动为一体，实现体医融合。康体运动企业指基于打造社区运动、体育旅游运动、山地户外休闲运动等大健康体医结合服务，是优化市场资源配置，达到为人民谋福祉的一系列企业集合。

7. **健康管理机构**　健康管理是以预防和控制疾病的发生与发展、降低医疗费用、提高生命质量为目的，针对个体及群体进行健康教育，提高自我管理意识和水平，并通过健康信息采集、健康检测、健康风险评估、个性化监看管理方案、健康干预等手段对其生活方式相关的健康危险因素持续加以改善的过程和方法，是对个人或人群的健康危险因素进行全面管理的过程。健康管理机构，指提供健康管理服务和推广健康管理适宜技术的组织，目前多由体检中心转换而来。

健康联合体，则是指以健康为中心，以"防大病、管慢病、促健康"为核心，以医疗卫生服务机构为主体的健康管理联合体，简称"健联体"。健联体的内涵是以健康为中心，以助力健康中国为目标，以基层医疗机构、健康管理（体检）机构为主体，以区域核心医疗护理为托付，以健康管理适宜技术、信息技术和保险为支撑，与疾病预防控制中心、妇幼保健、康复、健康养生等机构联合，是预防为主，防治结合的新模式，是加强基层、卫生工作战略前移和下沉的重要举措。其中，核心服务内容"防大病"指针对癌症、心脏病、脑卒中等，开展高危人群筛查和干预，实现早防、早诊、早治，提高大病防治水平，降低过早死亡率；"管慢病"指针对高血压、糖尿病、高血脂、肥胖等规范管理，控制并发症；"促健康"指开展健康教育、提高健康素养、控制风险因素、实施零级预防、三减三健，改变生活方式。健联体是医联体的重要补充，医联体是健联体的重要支撑，健联体和医联体结合，才能成为建设中国的重要力量。

（四）其他相关支撑企业

主要包括医药经营企业、医养类房地产企业、健康大数据等企业。

1. **医药经营企业** 医药经营企业主要包括医药批发企业、医药零售企业。

（1）医药批发企业：是指从生产企业购进产品或向其他商业企业调进商品，供应给零售企业、医疗单位和其他批发企业用作转卖或供应生产企业用作生产资料为基本业务的医药经营企业。医药批发企业处于医药商品流通中的起点和中间环节，是组织产销之间、城乡之间、地区之间医药商品流通的枢纽。

（2）医药零售企业：是指以把医药商品卖给个人消费者用于生活消费或卖给机关、团体、学校等单位用作非生产性消费为基本业务的医药经营企业。零售企业的业务过程，就是商品从流通领域最终进入消费领域的过程，因此，零售企业处于商品流通的最终阶段，它直接反映国民经济水平和人民物质文化生活水平的状况。

医药商品的流通过程一般是由医药批发企业和医药零售企业共同完成的，在实际经营活动中，有的医药批发企业也常常经营一些零售业务，而有的零售企业也兼营一些批发业务。

2. **医养类房地产企业** 医养类房地产是近年来随着人口老龄化进程加快、大健康概念深入人心而形成的新兴产业。由于中国自身服务业发展程度较低、老人家庭观念强和未富先老等特点，不能照搬发达国家养老地产的发展模式。随着我国老年人口的不断上升和家庭观念的转变，未来的医养类房地产将不仅仅是以地产业为主导，而是结合服务业、实行跨行业整合（养生、护理、治疗），甚至与旅游相结合的模式。同时市场将趋于细分化，对于不同需求，如活跃老人、低度照顾老人和高度护理老人，有不同的关注点，出现了对硬件和软件服务不同的设计。

3. **健康大数据企业** 健康大数据是随着近几年数字浪潮和信息现代化而出现的新名词。健康大数据企业指具有更强决策力、洞察发现力和流程优化能力的海量、高增长率和多样化信息资产的企业，此类企业采用大数据技术，处理无法用常规软件工具，在可接受的时间范围内进行捕捉、管理和处理的健康数据。

第三节 健康企业的变迁和发展

一、20 世纪以来西方主要发达国家健康企业发展概况

（一）医药制造企业

医药制造行业始于德国，20 世纪 30 年代到 60 年代是医药制造行业的黄金时代，这段时间发明了大量的全新药物种类。由于美国、欧洲、日本在药品研发、市场投资上持续增加，这些国家的

医药制造业发展尤为迅速。在1830—1890年德国、英国、法国、美国均有一些从药房成长为药品批量生产商的企业。19世纪末，这些企业互相兼并，使得制药行业加速发展。19世纪末至20世纪初，美国医药制造企业数量达到3 000余家，随着产业重组，在之后的20~30年里有近半数医药企业退出了市场，经过长达一个世纪的市场竞争和并购重组，发达国家医药产业结构不断调整、优化、升级，市场集中度大幅提高。2004年排名前十的国外医药制造企业总销售额占全球医药市场48%的份额。目前，国外医药制造企业发展趋势仍然是大规模的资产重组和巨额投资新药研究与开发。随着全球大型医药制造企业新一轮兼并浪潮的掀起，全球性的大型医药集团将巨额投资新药研究与开发为特征抢占市场。同时，在受到投资者及社会媒体关注的生物制品领域，跨国制药企业更是受到格外重视。

（二）健康服务企业或机构

1. 医疗机构 美国将医疗机构分为营利性医疗机构、非营利性私人医疗机构和政府医疗机构。19世纪美国提供医疗服务的机构只有医疗诊所，而非现代意义上的医院。20世纪初，美国出现了现代意义上的医院雏形——营利性医院。1910—1930年，50%的医院发展为营利性医院，这些医院按照营利性企业的经营管理方式运转。20世纪的美国，国家的卫生投入以指数形式增长，医疗卫生服务成为美国经费支出增长最快的行业，在1994年医疗卫生服务的经费支出占国民生产总值的14%，但是由于医院的经营管理以营利为目的，同时因为医生的收入逐渐高于社区人群，医院的信誉不断下降。此时少数富人出于对自己健康的担忧，开始自己投资办医院，为自己及周围人服务，即出现了非营利性的私人医院。近10年来，非营利性私人医院已经占到美国医院总数的70%，为退伍军人服务的政府医院占医院总数的2%，营利性医院占医院总数的15%，另外还有一些企业医院。

日本医疗机构主要分为政府医疗机构、准公立医疗机构、私立医疗机构。政府医疗机构属于纯公立医疗机构，享受免税政策和特定的财政补贴；准公立医疗机构是由特定团体举办的医院，这些团体包括日本红十字会、济生会、国民健康保险团体联合会、社会保险相关团体等；私立医疗机构是由社团法人或财团法人投资开办，必须照章纳税。1999年日本政府出台了《利用民间资本发展公共事业法（PFI）》，中心指导思想是民间实业投资者与国家、地方政府分担公共事业的投资费用，由此导致日本政府医疗机构民营化的趋势。第二次世界大战后，日本医疗机构不足，医疗费昂贵，为了使国民得到公平和良好的医疗服务，自1958年以来，日本政府不断地改革医疗制度，在增加公立医疗机构的同时，建立了民间非营利医疗机构的制度，通过非营利规制、税收优惠激励政策、建立融资平台、吸引大量的民间资本建立非营利医疗机构，使其成为日本医疗服务的主力军。2013年，日本医疗法人已占全国医院总数的67%，总病床数的67%；国立医疗机构和公立医疗机构仅占全国医院总数的17.6%，床位总数的17.7%。

2. 商业保险机构 1970—1998年，美国、英国、法国、加拿大和日本等7个国家保险业发展得尤为迅猛，在国际金融业中的地位不断攀升。以英国为例，1720年英国政府出资成立了皇家交易保险公司、伦敦保险公司，从而成为英国历史上也是世界历史上第一批专业性保险公司。20世纪70年代后期，许多保险公司逐步意识到满足客户的各种保障需求才是保险业务本质，因此紧跟当时的形势，为了差异化竞争，设计出全新的险种以满足客户不断变化的需求。20世纪80年代，保险企业定位于特色服务，这一时期保险公司的业务重点是寻求如何发展自己的特殊优势，其目的是通过特色服务在竞争中求生存和发展。1992年以来，外国保险公司陆续开始进入中国市场。

近年来，欧美等发达国家的国内保险市场已经基本饱和，随着保险行业的国际化发展趋势，众多实力雄厚的国外保险公司相继开始跨国经营，在国外开设分公司或者参股海外保险公司，扩展海外市场。

3. 健康养老机构 社会人口老龄化问题逐渐成为世界各国关注焦点，进入老龄化较早的国家政府对此做了许多探索，尽管各国政府所采取的政策、措施有所差异，但在养老服务模式上所主张的理念是一致的。发达国家政府在建立和完善法律制度体系为养老服务发展提供制度保障的基础上，充分调动和利用私人资本、企业以及其他社会资源投资养老服务市场，以促进非营利组织的发展壮大，进而形成一个可持续的医疗养老服务体系，现主要以美国、日本、英国进行讲述。

美国的养老服务业相关管理与制度比较完善。在20世纪末期，当地的政府部门制订了一套科学合理的体系，对养老服务机构进行规划；美国的卫生部门与医疗救助中心共同制订了相关标准，对众多的养老机构进行管理与监督；除此之外，由于长时间进行相关的工作，美国的养老机构根据各自具体的状况制订了不同的管理制度。不过，虽然美国在标准化实践方面具有相当丰富的经验，但由当地政府部门所制订的相关标准却极少。养老服务主要是长期照护服务，主要分为机构照护和以社区为基础的社区和居家照护。其中，以社区为基础提供的长期照护主要满足个体的辅助和康复需求，主要是维持老年人的自理性。机构照护则是提供专业服务的主体部分，主要专注于一些由专科医师（例如职业疗法专家、理疗医师和语言治疗师）提供的具体专业服务。

日本的老龄化程度位于世界前列，也是亚洲第一个进入老龄化的国家，养老问题严峻。日本针对老年人权益问题于20世纪50年代颁布了《国民年金法》《老年人福利法》《老年保健法》，90年代颁布了《护理保险法》，不仅确保老人的养老及护理需求，还促使健康养老服务业及相关机构往标准化建设方面发展。日本对于服务机构的评价，主要以健康养老服务评价为标准，从日常生活服务、特殊服务、其他服务、与相关业务单位的协作、设施设备与环境、经营管理6个维度将养老机构评定为4个等级。

在英国，由卫生部与地方社会服务部门共同管理养老服务。在20世纪70年代前，卫生部承担了对老年人的长期服务工作；20世纪70年代后，养老服务逐渐变为由地方社会服务部门负责。英国的养老机构相比于其他国家拥有着更多样化的特点，通常会根据老年人不同的健康情况以及经济实力等因素来有针对性地提供服务。老年公寓是英国比较普遍的一种养老机构模式；辅助型养老机构是为有照护需求的老年人设置的；养老院/护理院通常是提供给那些无人照顾或是难以照顾自己，同时很少有家人来关心与看望的人，两者最主要区别为是否能够提供医疗服务。英国关于健康养老服务业制度标准化的完善以及对养老机构所做出的服务监督与管理通常是由财政部门来制订科学合理的服务标准或指南，有针对性的下发给各种服务机构，以此来达到对养老机构的监督与管理。

4. **健康旅游机构** 20世纪60年代，现代意义上的健康旅游项目在西方国家兴起，80年代对健康旅游的研究开始出现。1991年，欧美市场成为健康旅游的发源地，有人对健康旅游机构提供的温泉旅游服务进行了研究，强调必须将温泉旅游潜在的市场考虑在内。20世纪以来世界卫生组织在南非实施了“健康岛”研究项目，世界旅游组织也提出“重视旅游构建健康生活的命题”，健康旅游机构或健康旅游基地的数量逐渐增多。2000年世界健康旅游业的总产值不足百亿美元，而到了2005年已达到200亿美元，其发展势头十分惊人，并成为全球增长最快的一个新产业。根据美国斯坦福研究机构调研数据，随着人们对生活质量需求的增加，健康旅游机构为响应消费者需求，促使全球健康旅游增速是旅游业增速的两倍，预计2017年全球健康旅游收入将达到6 785亿美元，占世界旅游总收入的16%。而据世界卫生组织（WHO）预测，至2020年医疗健康相关服务业将成为全球最大产业，观光休闲健康旅游相关服务则位于第二，两者相结合将占全球GDP的22%。

5. **健康养生企业** 国外的健康养生最早可源于20世纪30年代的美国、墨西哥，以健身活动、养生、医疗护理项目为特征，满足健康养生者追求放松、健康的生活状态。第二次世界大战后，健康养生发展很快，环地中海、环加勒比海、夏威夷等海滨3S［即海洋（sea）、海滩（sand）、阳光（sun）］健康养生，加拿大、印度尼西亚的奢华SPA养生，韩国的美容养生与热疗汗蒸等，都各具鲜明的特色。2015年，全球健康养生已达到了10 000亿元的规模，美国是世界最大的保健品生产国，每年上市的产品多达1 000种，销售额更是高达上百亿美元，随着人们的健康养生意识增强，各种类型的健康养生企业的数量逐渐增加。如今的国际健康养生业已初具规模，并与健康旅游业相结合，很多国家都形成了具有核心竞争力和独特卖点的产品，如泰国美体养生、法国庄园养生、瑞士抗老养生、美国养老养生、韩国美容养生、阿尔卑斯高山养生等，开发出不同的养生旅游模式。

6. **康体运动企业**　20世纪60年代以来，为克服现代工业社会给人们健康带来的不良影响，康体休闲获得了广泛重视，并逐步发展成为时代潮流，其中比较有代表性的国家有美国、德国、日本。随着人民生活水平显著提升，经济发展速度很快的情况下，各国的康体娱乐健身逐步融入到个人的家庭生活当中，有些国家则是借助这种发展时机，把康体娱乐发展成为一种产业，除提供康体运动服务外，还包括康体健身设施配置、娱乐健身场地建设、健身器材生产等诸多方面。

早在2010年，美国参与健身俱乐部的人口数量就已经超过了5 000万人，据统计数据显示，其对应的消费经济额度已经突破4 000亿元，康体娱乐服务业务的发展，极大地推动了美国经济的增长。澳大利亚对康体娱乐服务业务的发展也非常重视，尤其是国家层面已经把这种业务看作为国家的新兴产业支柱，因此兴建了许多的体育馆、健身场所，并且把这些与国家旅游业结合起来，形成了一种国家旅游策略。

7. **健康管理机构**　健康管理一词最早出现于20世纪70年代的美国，健康管理的出现主要是由于人的寿命延长和各类慢性疾病增加造成了医药费大幅的增长，从而推动政府和机构开始致力于控制医疗费用并维护个人健康的利益，由此推动了健康管理事业的快速发展。根据有关统计，美国有700家以上的健康管理公司，为9 000万人口提供各类健康管理服务。而在欧洲，大约有70%的企业雇主为所属员工购买了健康管理计划：芬兰建立起了成熟完善的基层社区卫生服务组织；英国医疗保险公司（BUPA）下设诊所、医院、疗养院和健康评估中心，为全球190个国家和地区的820万人提供服务。日本对国民开展健康管理，其健康管理组织多且成熟，主要采取由政府和民间健康管理组织合作的形式。

目前发达国家健康管理的具体表现形式主要包括：疾病管理、生活方式管理、健康需求管理、残疾管理、灾难性伤病管理和综合的人群健康管理。国外的健康管理机构是随人们对健康管理的理解和认识逐步发展起来的，随着发达国家医疗费用的进一步上升，在接下来的近10年内，世界范围内医疗产业及其有关机构将发生根本性改变，将从疾病治疗转变为疾病预防，从预防医学的角度来看，可以通过预防来避免或降低70%的疾病风险，这将为健康管理的快速发展提供非常良好的发展契机。

二、中华人民共和国成立以来健康企业发展概况

（一）健康中药材种植企业

从20世纪50年代起，我国大力发展中药材的栽培和养殖，满足中医药临床用药、中药产业和健康服务业快速发展的需要。20世纪80年代初期，中药材作为特殊经济作物，被广大农民所接受，并形成许多中药材种植农户。1991—2001年，我国中药材种植基地面积不断扩大，家种品种不断增多，在全国性农村产业结构调整的大环境下，新产区基地逐渐形成，中药材产品满足国内需求的同时也出口到海外。种植模式由政府引导到自发种植，种植规模由零星种植到个体大户承包土地规模种植。目前，一些中药材基地因观赏性和参与性强，逐步发展为融传统中医药、园林及游览休闲观光文化于一体的内涵丰富的旅游精品项目。广西某药用植物园将种植中药和旅游有机结合起来，而中国亳州某中药材交易中心已逐渐发展成中药材品种丰富、经营面积大、交易活跃的药材专业交易市场。当前我国中药材种植仍存在一些问题：一是中药材种植基地与药农之间的合作模式松散，没有形成统一的规范，当药物的价格增长时，药农会将药材卖给其他收货商，使中药材厂商无法根据计划来进行药材的购置；而当中药材价格降低时，大量中药材被冒充成基地药材卖给收货商，或是从基地外采购药材；二是我国中药材种植规模较小，种植面积过

于分散。

（二）医药制造企业

我国医药制造企业在中华人民共和国成立之初非常薄弱，改革开放以后，我国改变了缺医少药的局面，医药制造行业实现了长足、稳步的增长。20 世纪 90 年代以来，我国医药制造企业并购重组逐渐展开。第一阶段是 1997 年以前，并购重组基本处于探索阶段；第二阶段是 1997—2001 年。随着市场竞争力加剧，尤其是面对加入世贸组织 WTO 可能带来的冲击和挑战，为提高国际竞争力，行业内资产重组迅速发展；第三阶段是 2002 年至今，并购重组的个案和规模进一步扩大，出现“国内市场国际化、国际竞争国内化”的形势。2002 年全国约有医药企业 3 500 多家，上市公司为 80 多家。虽然医药上市公司总的数量相对全行业医药企业来说不大，但医药上市公司却集中了全行业三成左右的资产和销售额。2011—2016 年，医药制造企业数量由 5 674 家增长到 7 404 家，医药制造行业规模不断扩大，但仍以中小企业为主，间接带来了医药产品低水平重复、质量良莠不齐、行业监控管理难度大以及产业化水平低等问题；并且企业研发投入处于较低水平，受制于研发人才和资金的缺乏，科研成果转化率偏低，制药市场上仍以仿制药为主。2017 年以来，我国医药制造企业有了较大的发展，在生物医药方面有了较大突破，然而与国际知名制药企业相比，产品技术层次仍普遍处于低端，研发风险、市场风险和药品质量风险较大。

（三）健康服务企业或机构

1. 医疗机构 中华人民共和国成立后，随着国家对我国医疗卫生事业越来越重视，先后对各类医疗机构进行了恢复、整顿和改造。但由于实行的是单纯福利性事业和计划经济管理模式，我国医疗机构所有制日趋单一化，对全国医疗机构“包起来、养下去”的路子，使医疗机构的经济效益和社会效益受到制约。改革开放之后，由于医疗体制突破了旧的和传统医疗机构管理模式的束缚，出现了跨越不同部门、不同地区联合办医疗机构的新思路，我国医疗机构得到快速发展。近年来我国医疗机构数量整体上呈增长趋势，2017 年末，我国有医疗机构 98.66 万个，其中医院、基层医疗卫生机构、专业公共卫生机构占比分别为 3.15%、94.56%、2.02%，与 2016 年相比，医院增加 1 916 个，基层医疗卫生机构增加 6 506 个，专业公共卫生机构减少 4 970 个。至 2018 年 4 月底，我国有医疗机构 99.44 万个，较 2017 年 4 月底的 98.71 万个增加了 0.73 万个，涨幅为 0.74%。

目前我国正快速进入医疗需求的爆发期，随着我国经济的快速发展和居民收入水平的不断提高，人们对健康服务的需求也越来越大，健康意识不断增强，带动了医疗服务市场的迅速扩张，但医院数量增长率和卫生技术人员增长率却远远赶不上医院诊疗人数增长率，社会对医疗的需求正在逐步地增加，小到诊所、卫生所；大到医院、卫生院。我国医疗机构产业发展稳中向好，《“健康中国 2030”规划纲要》中明确提出个体诊所设置不受规划布局限制，无论是中医诊所，还是西医诊所、连锁诊所，都是国家重点鼓励的社会办医发展方向。政策开放后，大批由医生合伙或个人举办的全科、专科诊所将大量涌现，医疗机构市场竞争将更加白热化。随着“倒金字塔型医疗机构设置”的改变，百姓看病将会变得容易，大医院看病拥挤不堪的局面将得到明显改善，小型医院和小型诊所将会得到更好地发展。

2. 商业保险机构 从保险公司的角度来看，商业保险的功能主要分为三大板块，即保险保障功能、资金融通功能、社会管理功能，商业保险的三大功能板块是一个有机整体。20 世纪 50—70 年代，由于历史原因，我国保险业发展出现了严重滞后问题，1958 年中国人民保险公司终止了国内业务，保险业发展几近停滞。80 年代开始，我国保险业获准恢复经营，国内一些商业保险企业推出了商业健康保险，90 年代以后，商业保险在改革开放政策推行中逐步进入到人们的视野中。1998 年，在新旧医疗保障体系交替之际，商业保险经营主体不断增加，各商业保险公司的成立，个人保险代理人的出现，各商业保险机构产品种类、功能的不断丰富，这些都给商业保险带来新的发展契机。2000 年以后，随着保险市场主体的增多，保险业务规模不断扩大，相关法律法规逐步完善和健全，商业保险已经成为国民经济中非常重要的一个行业，对维护社会稳定起到一个稳定器的作用。2004年我国商业健康保险开始实现专业化经营，从2005年第一家专业健康保险公司成立到2016年12月，我国已有7家专业健康保险公司，越来越多的大病保险由商业保险公司承办。

3. **健康养老机构** 自中华人民共和国成立以来，我国养老事业不断推进。国家成立初期，政府创办的福利机构主要针对流离失所人员，为其提供场所收容安置，并对其进行必要的教育和劳动改造，因此这类福利机构多被称为生产教养院，而养老只是此类机构社会救济职责的部分体现。改革开放后至2000年前后，随着民政部在全国范围内推进社会福利社会化，作为第三产业兴起的养老服务行业日益受到重视，养老机构也开始向多元化发展，并在后来提出了“社会福利社会办”的口号。随着我国社会福利社会化进程的加快，我国养老机构在2000年以后取得了快速发展，国家出台了一系列政策推进养老服务业发展，我国养老机构数量迅速增长，截至2015年末，全国各类养老服务机构和设施共有11.6万个，其中登记在册的养老服务机构2.8万个，各类养老床位共计672.7万张。随着社会养老服务体系的不断发展，养老机构的规模和形式也在不断改变，目前我国的养老机构主要包括社会福利院、养老院、老年公寓、敬老院、日间照料中心、老年康复机构、临终关怀机构等，又可分为公办养老机构与民办养老机构两种，前者指的是我国政府与相关部门共同提供资金所建立的养老机构，后者指的是在政府与相关部门之外的社会组织提供资金所建立的养老机构。虽然数量和规模建设上取得了较大的进步，但由于整体养老服务体系建设滞后，缺乏统一的管理制度和完善的监督机制，存在养老机构管理不规范，机构服务能力和服务内容参差不齐、医疗康复保健功能缺位，机构内专业人员数量和质量亟待提升等多种问题。

4. **健康旅游机构** 健康旅游分为疗养旅游、森林旅游、体育旅游和宗教旅游；也可将其分为求医疗养型、休闲调整型、增强体质型、自我实现型。我国传统意义上的健康旅游一般以健康旅游机构或健康旅游基地为主要依托形式，在国家建立后的前15年发展迅猛，健康旅游机构总数达到了1 577家。2005年，云南省保山市以健康旅游为主要工作核心，以生态SPA和户外运动为主，将保山建设成为健康旅游胜地。随着第三生活状态——亚健康的出现，健康旅游机构得以快速发展，其主要提供的服务集中在疗养旅游、森林旅游、体育或宗教旅游来缓解人们的工作生活压力。2006年，新疆维吾尔自治区沙疗旅游正式向游人开放，将沙疗和旅游结合起来，综合热疗、光疗等方法，有效祛除病痛，从而开创了埋沙疗法。据市场咨询研究显示，2012年随着旅游意识不断提高，有一定消费能力和充足时间的消费者开始热衷于温泉、SPA、美容、美体等旅游服务。根据2013年统计数据显示，全国健康旅游机构仅剩194家，比高峰期减少了87.7%，这是因为我国传统旅游机构业务特色不明显，导致市场核心竞争力不强。目前，随着经济的快速发展，人们对生活质量的高要求，促进了健康旅游机构开发了诸如SPA、中医推拿理疗等产品，同时健康旅游产品的开发更多的结合健康旅游、生态旅游等进行，使得健康旅游机构的服务项目及各种服务产品日趋丰富。

5. **健康养生机构** 我国养生已有几千年的历史，20世纪90年代初足疗按摩养生店开始出现，但规模普遍较小，服务也比较单一。2000年之后，现代休闲养生和保健服务理念开始融入现代健康养生业，出现了一批大型的专业足疗养生机构，其中少数是新投资兴建的，多数是由小型足疗健康养生店发展而来。2011年，国家中医药管理局正式确定北京市东城区、上海市浦东新区等地为中医养生保健服务机构准入试点地区，参照国家中医药管理局提供的《中医养生保健服务机构基本标准（试用稿）》，该标准明确了中医养生保健服务机构可以开展的项目类型，不得超范围服务，不得从事医疗和药品销售等活动。2012年，我国首批健康养生机构落户于北京东城区，此后各地纷纷建立起了不同的健康养生机构，随着人们对养生保健的认识加深，健康养生越来越受到大众的欢迎。

进入21世纪之后，健康养生的理念逐渐为大众所接受，随着我国经济的快速发展和民众健康意识的迅速提高，国家和社会对健康养生服务在整个健康体系中的作用的重视程度得到了前所未有的提高，各种医疗和非医疗养生保健机构迅速发展，为人们提供了多种多样的健康养生服务。各地健康养生业的发展对繁荣地方经济、丰富人民文化生活和改善当地人民的生活质量起着重要的推动作用。目前，我国健康养生机构至少在10万家以上，就业人员1 000多万，各类健康养生机构的经营规模不断扩大，现代服务经营理念得到了丰富与发展，健康养生连锁机构开始涌现。

6. **康体运动机构** 我国对于康体休闲运动的研究要追溯到20世纪末，可将康体休闲旅游发展分为三个阶段：第一阶段主要依托酒店；第二阶段是在城市建立以俱乐部为名，吸引上层客源的康体消闲中心；第三阶段是适应城市周边辐射旅游发展，建立适应"健康休闲、亲近自然、全家同乐"的康体休闲世界。1979年香港某公司在广州引入了中国首家桑拿浴室，这是我国康体休闲产品的雏形。该公司不仅举办了"95康体消闲新潮流研讨会"，还率先将"康体休闲管理"引入中山大学、北京大学，对康体休闲业作为"第三产业新宠儿"在中国的启动和发展起到了示范作用。近几年，随着我国康体保健、康体休闲和体育旅游受重视程度的日益提升，关注体医融合，推广"健康体适能管理系统"的康体运动企业也迅速发展起来。目前主要的开发类型包括文化养生型、长寿资源型、中医药膳型、生态养生型、养老综合型、度假产业型、体育文化型、医学结合型。

7. **健康管理机构** 20世纪90年代末，健康管理在我国出现并开始了探索之路。据统计我国最早的健康管理公司是在2001年成立的。随着人口老龄化到来，发达国家健康管理的经验开始受到我国政府的重视。广大民众生活水平提高后，健康意识、健康素养开始引起民众广泛关注，以健康体检为主要形式，以健康服务需求为引领的健康管理机构开始蓬勃发展。2008—2012年，国家第一个健康管理课题实施，健康管理正式纳入国家现代医学创新体系和"十二五"国家医学科技规划，健康管理机构得以迅速发展。随着我国人口老龄化加剧，国家加大对健康管理产业的发展支持，健康管理机构的专业化程度进一步提高，在一定程度上缓解我国目前广泛存在的医疗资源紧缺、就医难的局面。目前，我国健康管理机构大部分仍以体检为主要业务，精细化、个性化的业务开展并不顺利，与真正的健康管理还存在相当的差距，服务的内容主要包括健康风险评估服务、私人医疗服务、健康管理平台建设、保健品开发、中医养生"治未病"等。

三、近年来中国政府制订的促进健康企业发展的主要政策

（一）中药材种植企业

国家相继出台了《国务院关于扶持和促进中医药事业发展的若干意见》《中药材保护和发展规划（2015—2020年）》《中医药创新发展规划纲要（2006—2020年）》《中医药健康服务发展规划（2015—2020年）》等纲领性文件，给予中药材种植业乃至中药农业发展极大的促进作用。《中药材保护和发展规划（2015—2020年）》明确了中药材发展的指导思想、原则目标，进一步清晰了中药材的未来发展重点与任务。

（二）医药制造企业

2012年，国务院发布《"十二五"国家战略性新兴产业发展规划》（国发〔2012〕28号）及《生物产业发展规划》（国发〔2012〕68号），与医药产业密切关联的重点发展领域有大力开展生物技术药物创制和产业化、推动化学药物品质全面提升、提高中药标准化发展水平、推动高性能医学装备规模化发展、加速高附加值介入材料及制品的产业化、大力发展新型体外诊断产品等，涉及医药产业中的生物制品、化学药、中药、医疗器械四类制造企业。同时，《医药工业"十二五"发展规划》明确要求"把技术创新作为医药工业结构调整的关键环节，切实提高企业创新能力，大力推动新产品研发和产业化"。2016年11月，工信部发布的《医药工业发展规划指南》提出"十三五"要全面落实建设制造强国和健康中国战略部署，大力推进供给侧结构性改革，加快技术创新，深化

开放合作，保障质量安全，增加有效供给，增品种、提品质和创品牌，实现医药工业中高速发展和向中高端迈进。

（三）健康服务企业或机构

1. **医疗机构**　近年来国家出台多个文件要求继续加强卫生应急管理体系建设工作，2015年印发《全国医疗机构卫生应急工作规范（试行）》和《全国疾病预防控制机构卫生应急工作规范（试行）》（国卫办应急发〔2015〕54号），并发布《全国医疗卫生服务体系规划纲要（2015—2020年）》，满足人民群众多层次、多元化的医疗服务需求。2016年印发《关于加强卫生应急工作规范化建设的指导意见》（国卫应急发〔2016〕68号），要求着力提升我国卫生应急管理水平和综合能力。社会办医院可以提供基本医疗服务，与公立医院形成有序竞争；可以提供高端服务，满足非基本需求；可以提供康复、老年护理等紧缺服务，对公立医院形成补充。

2. **商业保险机构**　《国务院关于保险业发展若干意见》中指出要鼓励商业保险融合到社会医疗保险，《2009—2011年深化医药卫生体制改革实施方案》明确提出“积极发展商业健康保险”“继续探索商业保险机构参与新型农村合作医疗等经办管理的方式”的指导性意见。2012年4月，《关于商业保险机构参与新型农村合作医疗经办服务的指导意见》发布，对推进和规范商业保险机构参与新农合经办业务起到了促进作用。2014年10月，国务院印发《关于加快发展商业健康保险的若干意见》提出到2020年基本建立市场体系完备、产品形态丰富、经营诚信规范的现代健康保险服务业。2016年8月，《中国保险业发展“十三五”规划纲要》提出完善商业健康保险顶层设计，全面推开个人税收优惠型商业健康保险。2017年6月，《关于将商业健康保险个人所得税试点政策推广到全国范围实施的通知》规定从2017年7月1日开始，将商业健康保险个人税优政策在全国范围进行推广，购买商业健康保险可以抵扣个税。

3. **健康养老机构**　2011年国务院办公厅印发的《社会养老服务体系建设规划（2011—2015年）》明确指出要“通过新建、扩建、改建、购置等方式，因地制宜建设养老服务设施”。2013年分别颁布了《养老机构设立许可办法》《养老机构管理办法》《关于加快发展养老服务业的若干意见》，规范养老机构设立许可的申请、受理、审查、决定、监督检查、管理，要充分发挥市场在资源配置中的基础性作用，大力发展养老服务业，满足养老服务多样化、多层次需求。2014年发布了《关于加强养老服务标准化工作的指导意见》及《关于加快推进养老服务业人才培养的意见》。2015年2月，民政部、国家发展改革委等10部门联合印发《关于鼓励民间资本参与养老服务业发展的实施意见》。2016年4月，国家卫生计生委与民政部联合下发了《关于确定第一批国家级医养结合试点单位的通知》，确定了50个市（区）作为我国第一批国家级医养结合试点单位。

4. **健康旅游机构**　2014年《国务院关于促进旅游业改革发展的若干意见》（国发〔2014〕31号）和2015年出台的《关于进一步促进旅游投资和消费的若干意见》，提出了大力发展特色旅游城镇，促进建设集观光、休闲、度假、养生和购物等功能于一体的旅游综合体。2016年初，国家林业局响应号召发布了《关于大力推进森林体验和森林养生发展的通知》（林场发〔2016〕13号），推进全国森林康养事业的发展。在《国务院关于促进健康服务业发展的若干意见》（国发〔2013〕40号）中，指出支持发展健康文化和旅游，整合当地优势医疗资源、中医药等特色保健养生资源、绿色生态旅游资源、发展养生、体育和医疗健康旅游。2014年《国务院关于促进旅游业改革发展的若干意见》（国发〔2014〕31号）和2015年出台的《关于进一步促进旅游投资和消费的若干意见》，提出了大力发展特色旅游城镇，促进建设集观光、休闲、度假、养生和购物等功能于一体的旅游综合体。2016年初，国家林业局响应号召发布了《关于大力推进森林体验和森林养生发展的通知》（林场发〔2016〕13号），推进全国森林康养事业的发展。

5. **健康养生企业**　2013年9月国务院公布《国务院关于促进健康服务业发展的若干意见》，提出到2020年全国基本建立覆盖全生命周期的、内涵丰富、结构合理的健康服务业体系。2014年5月国家卫生计生委制订了《全民健康素养促进行动规（2014—2020年）》。2014年6月，国家卫生计生委和国家中医药管理局联合发布了《中国公民中医养生保健素养（42条）》和《健康教育中医药基本内容》。2015年5月，国务院办公厅发布了《中医药健康服务发展规划（2015—2020年）》，强调中医药（含民族医药）整体把握健康状态，注重个体化，突出治未病，临床疗效确切，治疗方式灵活，养生保健作用突出，是我国独具特色的健康服务资源。2016年《“十三五”卫生与健康规划》（国发〔2016〕77号）指出要大力发展中医保健养生服务，同年10月国务院颁布的《“健康中国2030”规划纲要》中明确提出，要大力发展中医养生保健服务，鼓励社会力量举办规范的保健养生机构。

6. **康体运动企业** 《云南省康体养生旅游发展专项规划》明确提出把“康体养生旅游培育成现代服务业新业态和经济社会发展新增长极，把云南建设成为国际著名、国内一流的康体养生旅游目的地”的发展目标。2016年11月，贵州省人民政府正式印发了《贵州省全民健身实施计划（2016—2020年）》，提出了建设“贵州省全民健身月”，每四年举办一届“全民健身运动会”以推动体育与旅游、文化等相关产业融合发展，并制订了《贵州省“十三五”体育发展规划》《贵州生态体育公园建设标准》《贵州省山地户外体育旅游休闲基地管理办法》等。

7. **健康管理机构** 2005年，国家劳动和社会保障部确认“健康管理师”职业。2007年，中华医学会成立健康管理学分会；同年，卫生部会同劳动和社会保障部制订了《健康管理师国家职业标准》。2012年《“十二五”期间深化医药卫生体制改革规划暨实施方案》（国发〔2012〕1号）以及卫生部印发的《2013年卫生工作要点》等系列重大政策的出台，为基层医疗卫生机构发展健康管理服务创造了良好的政策环境和机遇。2013年国务院出台的《关于促进健康服务业发展的若干意见》（国发〔2013〕40号），对健康管理人才的培养提出了明确要求。

本章小结

健康企业是指以人的健康为核心，围绕维护健康、修复健康、促进健康而生产相关产品或提供相关服务的一类企业。范围主要涵盖医药产品、健康食品、医疗、养生、养老、康体运动、健康管理、健康旅游等与人类健康相关的生产和服务领域提供方。

2019年4月国家统计局发布的《健康产业统计分类（2019）》（简称《统计分类》），为健康产业划出清晰边界。《统计分类》保留了《健康服务业分类（试行）》的主要内容，同时结合了健康产业发展新业态、新模式等，增加了健康产业所涉及第一产业、第二产业内容，本书将健康企业具体分类为食药材种植企业（道地药材、健康食品）、健康制造业（中药民族药、化学药、生物制品、医疗器械、新医药衍生品）、健康服务业（医疗机构、商业保险机构、健康养老机构、健康旅游机构、健康养生企业、康体运动企业、健康管理机构）。

健康企业作为满足人民群众基本健康需要及日益增长的多元健康服务需求的经济性组织，除具有上述企业的特征外，还具有结构复杂多样、技术含量高、社会责任大、发展后劲强的特点。

（曹　煜　周戈耀）

思考题

1. 什么是健康、大健康产业？大健康产业的内涵和范围界定是什么？
2. 企业及健康企业的内涵是什么？两者之间的联系与区别是什么？
3. 健康企业的特征及健康企业的分类是什么？

第二章 健康企业管理的理论基础

本章要点

1. **掌握** 古典管理理论、行为科学理论的核心观点。企业管理系统的目标、结构、特征、功能、主体和客体。

2. **熟悉** 企业管理理论中的各主要学派的代表性人物及其主要理论贡献。

3. **了解** 古典管理理论、行为科学理论、现代管理理论、当代管理理论发展、演进的背景、过程。企业管理系统的主要方面。

导入案例

《摩登时代》与科学管理

《摩登时代》是著名的美国喜剧大师查理·卓别林自编、自导、自演的一部深受全球观众喜爱的无声电影。它是一部经典影片，也是查理·卓别林的代表作之一。影片描述的故事发生在20世纪30年代的美国，彼时正值美国经济大萧条时期，社会上的每一个人都被无情地卷入到经济危机的漩涡之中。特别是生活在社会底层的民众，更是苦不堪言，而卓别林扮演的普通工人查理就是他们中的一个典型代表。

电影中主人公查理从事的工作是对流水线传输过来的部件上的螺丝进行加固，终日重复着拧螺帽这种简单枯燥的工作。最后，查理几乎变成了机器，即使离开生产线了，他还习惯性地重复拧螺帽的动作。在幻觉下，把人的鼻子、女士裙子上的纽扣都当成了螺帽，都要去拧一拧。而厂方一心想的只是如何减少工人操作时所产生的多余动作，提高工作效率，从而降低成本，增加盈利。

影片辛辣地讽刺了资本主义工厂对利润无限度地追求，导致对工人的残酷盘剥，把有血有肉、有七情六欲的鲜活的人变成了机器，是对资本主义社会的无情揭露和鞭挞。但是从管理学角度看这部影片，却给观众上了一堂生动的企业管理课程。影片中工厂里的流水线是现代企业专业化和分工的产物。流水线是将工艺拆分成若干道工序，并将工作地按工艺顺序排列，劳动对象在工序间做单向移动生产或装配。这样的安排使每个工人只专做一个或少量几个简单的动作，熟能生巧，于是工作效率就会大大提高。所谓“泰罗制”的科学管理就是对工人的动作进行更加细致的研究和分解，然后删除多余的动作，保留有效的、必要的动作，这样工人的操作动作就是一连串“有效”动作的组合，生产效率自然就提高了。这种管理原理相对于传统的手工式、作坊式的管理，发生了翻天覆地的变化。该理论也被冠以“科学管理理论”。

然而，在“科学管理理论”指导下的管理实践中，出现了走极端的现象，暴露了这种理论的缺陷。因为人不是生产线上无生命的机器，人作为地球上的高级动物，还有着多种多样的需求。而在《摩登时代》影片中的查理，就是被当成了机器，天天都是在拧螺帽，丝毫未被顾及其情感需要等其他需求。虽然在短时间内工作效率能提高，但这种做法却不具备可持续性。因为这严重地违背了人性的特点，扼杀了人的一切情感需求。企业究竟应该怎样管理，本章将走进企业管理理论丛林，探索企业管理的成功之路。

第一节　企业管理理论的演变

健康企业是企业中的一类，现阶段还没有成型的健康企业管理理论。健康企业管理的理论基础就是企业管理的一般理论。

管理是人类走向文明的伴生物，管理实践的探索几乎与人类社会发展的历史一样悠久。原始社会人类为了谋求生存自觉不自觉地进行着各种管理活动。这些管理活动的特点就是人们仅凭一代代人传授或摸索的经验去管理，尚未对这些管理经验进行科学的抽象和概括，更没有上升为系统的管理理论。奴隶社会的管理主要体现在领导军队作战、组织奴隶进行生产劳动和教会管理等活动。

欧洲文艺复兴时期也是人们思想解放的时期。随着人类管理活动的增加，人们开始对管理进行了更多的理论思考，有了一定的认识和见解，进而形成了一些零散的、朴素的管理思想。如莫尔(Thomas More，1478—1535)的《乌托邦》和马基雅维利(Niccolo Machiavelli，1469—1527)的《君主论》等著作都体现出一定的管理的思想。

工厂制度的产生更使管理实践和管理思想得到了革命性的发展。18 世纪 60 年代的工业革命极大地促进了资本主义生产的发展，随着资本主义企业的大量涌现，管理问题变得越来越突出，人们开始更多地思考、研究管理问题，逐步形成了早期的管理思想。其中，代表性的有亚当·斯密(Adam Smith，1723—1790)的劳动分工观点和经济人观点；小瓦特(James Watt Jr.，1769—1848)和博尔顿(Mattew R. Boulton，1770—1842)的科学管理制度；欧文(Robert Owen，1771—1858)的人事管理；大卫·李嘉图(1772—1823)的关于资本主义经营管理中心的论述；巴贝奇(Charles Babbag，1792—1871)的作业研究和报酬制度；亨利·汤(Henry R. Towne，1844—1924)的收益分享制度；哈尔西(Frederick A. Halsey，1856—1935)的奖励方案等。随着社会和科技的进步，人们对积累的管理思想加以概括和提炼，找出其中带有的规律性东西，并将其在管理活动实践中进行检验，并对检验结果进行分析，从中挖掘出管理活动的普遍原理。这些原理再经过抽象和综合，形成了管理理论。这些理论又被用于指导管理活动，对这些理论进行实践检验，就这是管理理论的形成过程。中国早期的管理思想虽然博大精深，但管理理论的形成却出现于西方。本节主要介绍西方管理理论的产生和发展的演变过程。按照出现的先后顺序，依次介绍古典管理理论、行为科学理论、现代管理理论和当代管理理论。

一、古典管理理论

古典管理理论形成于 19 世纪末和 20 世纪初的美欧，它主要分为科学管理理论和组织管理理论。

(一)科学管理理论

科学管理理论的代表性人物是泰罗(F. W. Taylor，1856—1915)。他对科学管理理论的贡献极为巨大，是企业科学管理理论的奠基人，因此被称为“科学管理之父”。这一理论着重研究如何提高单个工人的生产效率，但对人的心理因素考虑很少或根本不去考虑。泰罗认为科学管理的根本目的是提高工作效率，提高工作效率的重要手段就是用科学的管理方法代替旧的管理经验。实施科学管理的核心问题是要求管理人员和工人在精神上和思想上来一个彻底地变革。为此,泰罗提出应采用一系列手段提高工作效率。一是将操作方法、机器、器具、作业环境、工作定额都标准化,同时配备"第一流"的工人。他甚至将工人的具体操作动作详细记录下来,然后进行分析,将那些"多余"的动作去掉,只保留必要的动作作为标准动作,从而达到节省时间成本,提高工作效率的目的。二是实行差别计件工资制。即对同一种工作设立不同的工资标准,工作干得又快又好的工人按较高的工资标准计算工资,相反,则套用较低的工资标准。三是将计划和执行分开。实际上是管理职能的分工。将计划职能和执行职能的分开,由不同的部门和人员分别完成。四是实行职能工长制。即由一个工长负责某一个方面的职能管理。五是实行"例外原则"。即高级管理人员将日常的、重复性的管理工作交给下一级管理人员,只保留对一些例外的重要事情的决策权。六是劳资双方都要来一次"精神革命"。即双方都要认识到,提高生产效率对双方都有好处,所以要互相配合。科学管理理论在历史上第一次使管理从经验上升为科学,但由于泰罗对人性假设的片面性,使他的科学管理理论具有明显的局限性。

(二)组织管理理论

组织管理理论着重研究管理职能和整个组织结构。其代表人物有"管理理论之父"法国人法约尔(H. Fayol,1841—1925)和"组织理论之父"德国人马克斯·韦伯(M. Weber,1864—1920)。

法约尔很早就参与企业的管理工作,并长期担任企业高级领导职务。泰罗的研究是从"车床前的工人"开始,重点内容是车间具体工作的效率;法约尔的研究则是从"办公桌前的总经理"开始的,以企业整体作为研究对象。他认为,有关管理的理论和方法不仅适用于公私企业,也适用于军政机关和社会团体,这正是其一般管理理论的基石。他在著作《工业管理与一般管理》中阐述了企业经营的六种基本活动,分别是技术活动、商业活动、财务活动、管理活动、会计活动、安全活动;管理的五大职能是计划、组织、指挥、协调和控制。管理的五大职能并不是企业管理者个人的责任,它同企业经营的其他五大活动一样,是一种分配于领导人与整个组织成员之间的工作。法约尔还提出了管理的 14 条原则,即劳动分工、权力与责任、纪律、统一指挥、统一领导、个人利益服从整体利益、人员报酬、集中、等级制度、秩序、公平、人员稳定、首创精神、团队精神。法约尔对现代管理学研究提出了一套科学的理论构架,对管理内涵的概括体现了全局性和战略性的特点,其中某些原则甚至以"公理"的形式为人们接受和使用。法约尔一般管理理论的主要不足之处是他的管理原则过于僵硬,只考察了组织的内在因素,忽略了组织同它的周围环境的关系。忽视对"人性"的研究,仍将人视为"经济人"。

韦伯是现代社会学的奠基人,他在管理理论上的最大贡献是提出了"理想的行政组织体系理论",其核心是组织活动要通过职务或职位而不是通过个人或世袭地位来管理。该理论的主要观点:①实现明确的分工;②职权等级;③规范录用;④管理职业化;⑤公私有别;⑥遵守规则和纪律。韦伯的理想行政组织结构勾勒出未来组织结构理论的基本框架,是对泰罗和法约尔理论的一种补充。韦伯的理论也难免有缺陷。主要是过分强调了层级节制体制,要求下级对上级在职务上绝对服从,忽视了下级人员的主动性和积极性,缺乏民主精神;过分强调组织利益和组织效率,难以应付社会个性化的发展要求,难以应付多样化的社会需求;过分强调专业分工和职能权限的划分,忽视了宏观协调以及消除本位主义的问题;过分强调人员的稳定性,无过失便终身任职的制度,最终造就出不求有功但求无过的管理人员,造成管理人员得过且过混日子的状况。

(三)小结

古典管理理论由泰罗、法约尔、韦伯分别从个人、组织和社会三个不同角度来解答整个资本主义社会宏观和微观的管理问题,为资本主义解决劳资关系、生产效率、社会组织等方面的问题,提供了管理思想的指导和科学理论方法。古典管理理论演进图见 2-1。

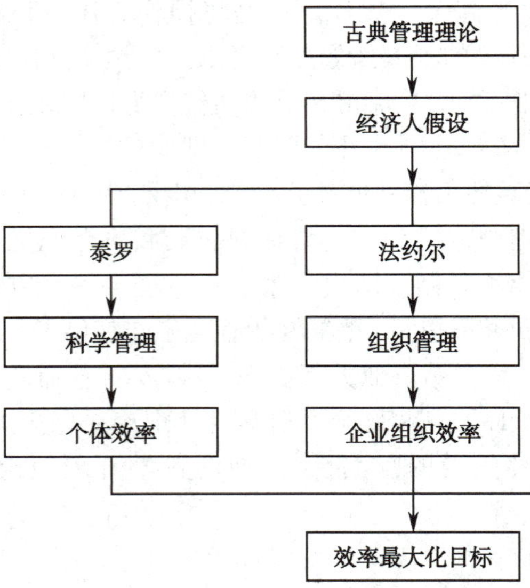

图 2-1　古典管理理论演进图

二、行为科学理论

古典管理理论的出现为当时企业的发展和社会的进步提供了有力的理论指导。但随着社会的发展，人们发现古典管理理论缺少对人的本性的研究。那时的资本家为了摆脱经济危机，充分利用泰罗的科学管理理论加紧对工人进行剥削，使得工人的生活水平急剧下降，工人罢工此起彼伏。为了实现一种新的“平衡”，资产阶级的学者们开始寻求答案。逐渐地，管理研究的前沿与中心，都从科学管理理论转到了行为科学理论上，众多心理学家加入了管理研究行列，工业心理学家更是开始研究人的效率问题，具有开创性贡献的工业心理学家有雨果·缪斯特博格（Hugo Munsterberg，1863—1916）和亨利·丹尼森（Henry Denison，1877—1952）等。他们为管理思想的新发展即行为科学的形成和发展做了开创性工作。

行为科学是由人际关系学说发展起来的，融入了工业心理学和人力资源学，是现代的管理心理学和组织行为学的主要组成部分。今天的行为科学就是来源于梅奥（George Elton Mayo，1880—1949）以及霍桑实验对人性的探索。

（一）梅奥及其领导的霍桑实验

20 世纪 20 年代，梅奥在美国国家科学委员会的赞助下开展了著名的霍桑实验——一项以科学管理的逻辑为实验基础的实验。1924—1932 年，先后进行了四个阶段的实验，分别是：①车间照明变化对生产效率的影响的各种“照明实验”。实验结果证明：无论工作条件（照明度强弱、休息时间长短、工厂温度等）是否改善，试验组和非试验组的产量都在不断上升。②工作时间和其他条件对生产效率影响的各种“福利实验”。实验结果证明：改善工作条件，会使产量上升，取消后，产量仍维持在高水平上。监督和指导方式的改善能促使工人改变工作态度并增加产量，于是决定进一步研究工人的工作态度和可能影响工人工作态度的其他因素成为霍桑实验的一个转折点。③了解职工工作态度的会见与交谈实验。结果发现，影响生产力的最重要因素是工作中发展起来的人际关系，而不是待遇和工作环境，任何一个人的工作效率都要受同事们的影响。④影响工作积极性的群体实验。结果发现大部分成员都自行限制产量，工人对不同级别的上级持不同态度，成员中存在小派系。

梅奥对其领导的霍桑实验进行了总结，写成了《工业文明中人的问题》一书。在该书中，梅奥阐述了与管理理论不同的观点——人际关系学说：①工人是社会人，而不是经济人；②企业中存在着非正式组织；③生产率主要取决于工人的工作态度以及他和周围人的关系。梅奥的人际关

Note

系学说的研究是以满足个人需要作为激励动机的根本，过分强调感情和非正式组织的作用，过分否定经济报酬、工作条件以及外部监督等因素的影响。

（二）个体行为的研究

人是构成组织的最小单元，人的基本行为规律是构建组织模式的基础。而在人的行为中，最主要的是解释支配人的行为的动机到底是什么？如何对其实施有效激励？通过对个体行为的研究，取得了一系列具有代表性的理论研究成果。如美国社会心理学家亚伯拉罕·马斯洛（Ablaham H. Maslow，1908—1970）的人类需求层次理论、克莱顿·奥尔德佛（Clayton Alderfer）的生存关系及发展理论、赫茨伯格（Frederick Herzberg，1923—）的双因素理论、佛鲁姆（Victor Vroom）的期望论、波特和劳勒的综合激励模型、麦克利兰（David C McClelland，1917—）的成就需要论、麦格雷戈（Donglas McGregor，1906—1964）的X-Y理论、埃德加·沙因（Edgar Schein，1928—）的复杂人假设等。

（三）群体行为的研究

随着人际关学说的逐渐兴起，学者们开始重视群体行为的研究，其中具有代表性的是被誉为当代实验社会心理学之父——卡特·勒温（Kurt Lewin，1890—1947）提出的群体动力学。他认为，人的行为是他的个性与他所理解的环境的函数。他还指出在实验室和现场进行有理论依据的实验能最好的理解人在群体中的行为。他的研究对今后群体行为的研究产生了相当大的影响。

（四）领导行为的研究

在西方管理学界，对于领导行为的研究相对群体行为的研究来说，更为深入。其一是对领导者品质的理论研究，代表性的人物有美国行为科学家亨利。他认为一个成功领导者应具备12种品质；而美国行为科学家鲍莫尔则认为，企业家除了掌握领导艺术、具备高效率的企业领导能力外，还应具体其他条件。其二是对领导方式的理论研究，代表性人物有罗伯特·坦南鲍姆（Robert Tannenbaum）和沃伦·施密特（Warren H Schmidt），他们于20世纪50年代提出一种理论。该理论主张按照领导者运用职权和下属拥有自主权的程度把领导模式划分七种具有代表性的领导模式，在不同的具体情况下考虑各种因素，采取最恰当的行为模式。

（五）小结

科学管理理论强调严格管理，认为管得严才能出效率。行为科学理论强调人的行为，认为从人的行为本质中激发动力，才能提高效率。它从个体行为、群体行为、领导行为三个方向进行了深入探讨（图2-2）。行为科学的出现缓和了20世纪20年代末美国经济危机所暴露出来的紧张的劳资关系，使企业管理的理论更为科学。行为科学的研究成果对今天的企业管理仍有重大的

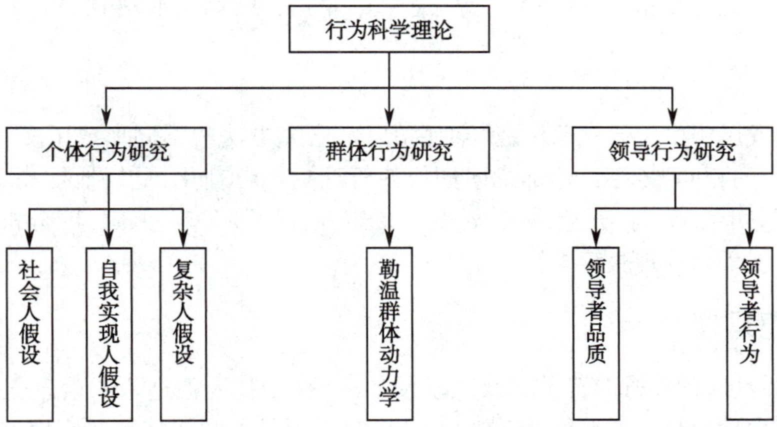

图2-2 行为科学理论演进图

现实指导作用。当然，行为科学理论在对管理问题的系统论述上还存在一定的局限性，过于强调人的作用，忽视了经济技术等方面的因素。

三、现代管理理论

第二次世界大战后，科学技术、社会格局、企业结构、生产方式都发生了巨大的变化。心理学也有了长足的发展，人们对人性假设的认识越来越丰富，企业管理的研究方向也呈现多样化的特点，各种学派纷纷崛起，形成了多姿多彩的现代管理理论。美国管理学家哈罗德·孔茨（Horold Koontz，1908—1984）称这种百家争鸣的现象为管理的丛林，本书只简单介绍其中的几种理论。

（一）数量管理理论

数量管理理论产生于第二次世界大战期间，注重定量模型的研究和应用，从系统的整体出发求得管理总效果的最优化，主要包括运筹学、系统分析和决策科学化。主要代表人物有兰切斯特（FW Lanchester）、希尔、埃尔伍德·斯潘赛·伯法（Elwood S Buffa）、霍勒斯·利文森（Horace C Levencon）等。数量管理理论运用多学科知识对管理领域中资源进行交叉配合、定量分析使形成的决策更全面、更合理。但该理论过分依赖物质工具，忽略了人的决定性作用。强调了定量分析，忽视了定性分析。

（二）系统管理理论

系统科学是20世纪形成的新型学科。系统管理理论是指运用系统理论中的范畴、原理，对组织中的管理活动和管理过程，特别是组织结构和模式进行分析的理论。发展大致经历了三个阶段：第一阶段是一般系统论与系统工程理论各自独立发展的阶段。代表性人物是贝塔朗菲（LV Bertalanffy，1901—1971）和霍尔（AD Hall）。第二阶段信息论、控制论和运筹学的形成与发展阶段。1948年，美国数学家、通讯工程师申农（C. E. Shannon，1916—）和韦弗（Warren Weaver，1889—1970）建立了信息论，同年美国著名数学家诺伯特·维纳（Norbert Wiener，1894—1964）出版了《控制论》一书。第三阶段，基础理论进一步加深，实践领域也更广泛。出现了“耗散结构理论”“协同学”“突变论”“分形论”和“超循环”等理论。实践领域逐渐向机械系统工程、有机系统工程、社会系统工程、文化系统工程、综合系统工程深入。

（三）权变管理理论

权变管理理论是20世纪70年代在美国经验主义学派基础上进一步发展起来的管理理论。权变管理理论的核心是力图研究组织与环境的关系，组织要根据不断变化的内外部环境随机应变、因地制宜，是解决在环境动荡情况下最有效的管理方式。主要代表人物是伯恩斯（Tom Burns）、钱德勒（Alfred Chandler）、琼·伍德沃德（Joan Woodward，1916—1971）、保罗·罗杰·劳伦斯（P. R. Lawance）和杰伊·威廉·洛希（J. W. Lorsch）和弗雷德·卢桑斯（Fred Luthans）等。

（四）小结

现代管理论发展中由于研究条件、观察视角以及研究方法的不同形成了多种彼此相互独立的管理理论，但目的相同，核心目标都指向如何使管理更加合理化，更好地提高企业业绩。促进了管理思想由“封闭系统”向“开放系统”转变，由“定性分析”向“定性、定量”分析转变，更将现代科学技术与方法引入到管理决策中。

四、当代管理理论

随着冷战的结束，计算机的普及以及互联网的广泛应用，人类进入了信息化、网络化和全球化的新时代。管理理论也不断地创新、优化并产生一系列具备时代特征的管理理论，如彼得·圣吉的学习型组织理论、迈克尔·哈默和詹姆斯·钱皮的业务流程再造、詹姆斯·沃麦克的精益思

Note

想等。

（一）彼得·圣吉的学习型组织理论

学习型组织是一种新的组织形态，一种通过学习不断自我超越的发展状态。该理论源于系统动力学在解决组织适应复杂环境和可持续发展能力方面的应用。彼得·圣吉（Peter M Senge）在《第五项修炼：学习型组织的艺术与实务》中指出，企业要想维持持久的竞争优势，必须具备比竞争对手更快的学习能力，即成为学习型组织，并提出学习型组织的 5 个组成部分和 8 个特征。5 个组成部分分别是：①五项修炼的核心“系统思考”；②五项修炼的基础“自我超越”；③全新的“心智模式”；④“共同愿景”；⑤“团队学习”。8 个特征分别是：①组织成员拥有一个共同的愿景；②组织由多个创造性个体组成；③善于不断学习；④“地方为主”的扁平式结构；⑤自主管理；⑥组织的边界将被重新界定；⑦员工家庭与事业的平衡；⑧领导者的新角色。

（二）迈克尔·哈默和詹姆斯·钱皮的业务流程再造

进入 20 世纪 90 年代之后，瞬息万变的经济环境和日新月异的科技进步使人们的行为方式和心理都发生了巨大变化。这些变化向传统的分工理论提出了挑战，它要求企业必须重新审视自己，并做出相应的调整，企业才能不断发展壮大。在这样的背景下，业务流程再造理论应运而生，它顺应了创造企业新活力的要求。1993 年，迈克尔·哈默（Michael Hammer）和詹姆斯·钱皮（James Champy）合作出版了《再造公司：工商管理革命宣言书》标志着业务流程再造理论的产生，同时也拉开了迅速波及全世界的业务流程再造理论研究和应用实践热潮的序幕。

（三）詹姆斯·沃麦克的精益思想

精益思想起源于日本。丰田公司为了提高效益创立了丰田独有的生产方式。1985 年，美国麻省理工学院发起了“国际汽车计划”，耗资 500 万美元，组织了 50 多位专家，历时 5 年对丰田公司等多个国家和地区的工厂进行了研究，写出大量的调研报告，其中最为著名的是 1990 年由詹姆斯·沃麦克（James P Womack）等撰写的《改变世界的机器》，阐述了一种以日本丰田生产方式为原型的精益生产方式，提出了精益生产的概念和特征。随后詹姆斯·沃麦克出版了《精益思想》一书，书中指出，所谓精益思想就是根据用户需求定义企业生产价值，按照价值流组织全部生产活动，使要保留下来的、创造价值的各个活动流动起来，让用户的需要拉动产品生产，而不是把产品硬推给客户。相关的研究成果的问世使精益生产方式上升到了理论的高度。从此精益思想作为一种管理哲学被广泛地传播和应用。

（四）小结

当代管理理论加强了对环境、科技、经济等各种因素的研究，使企业能够在变换的环境中快速做出反应，为企业提供了挖掘潜力、预测未来的新方法和新工具。逐步完成了从过程管理向战略管理转变，从产品的市场管理向价值管理转变，从行为管理向文化管理转变，人本管理思想不断深入，开始以不断创新追求经营绩效的持续改善。

第二节　企业管理系统

根据本章第一节所述系统理论学派的观点，任何企业都是一个有机整体，而企业管理活动本身亦可被看作一个系统。因此人们可以运用一般系统理论的原理来认识和分析企业管理的活动和管理过程。本节将从企业管理系统目标、企业管理系统结构、企业管理系统原则、企业管理系统功能、企业管理系统主体、企业管理系统客体等方面展开论述。

一、企业管理系统目标

企业存在的意义是什么？对企业进行管理的目的又是什么？这是进行企业管理首先要明确

的问题。一般说来,企业的创办者在开始筹建企业时,对此就有着清晰的认识。在企业成立后,无论其具体的组织形式采取的是个人企业、合伙制还是公司制,企业管理的目标都是相同的,即通过管理,提高工作效率,降低成本,赢得利润,把企业做大做强,使企业可持续地发展。其中最核心的目标就是盈利,因为任何企业的创办和发展都是有成本支出的,如果企业不盈利,成本得不到补偿,任何企业都无法生存和发展。所以,追求利润最大化,成为所有企业管理的终极目标。为了实现利润最大化这一总的目标,在企业运行和企业管理的过程中,还存在若干个支撑目标。实现了这些支撑目标,就为总目标实现提供了保障。这些支撑目标可以从不同的角度进行划分。

(一)从不同层面划分

1. **社会层面**　企业作为一个社会的基本经济细胞,是微观经济的主体。任何一个企业都是在一定的社会环境中生存和发展的。因此,企业管理的支撑目标之一就是使企业适应其所处的社会环境,在其赖以生存的特定环境下发展。如果企业在运行中出现了与社会环境不符的偏差,企业管理者就要进行干预、纠偏,让企业回到与社会环境和谐共处的轨道上来。

2. **股东层面**　由于股东是企业的所有者,更是创办企业和发展企业的所需资本的提供者。而资本运营的目的就是要保值增值,所以,无论是企业所有者自己直接管理企业,还是实行所有权和经营权分离,委托职业经理人管理企业,其管理的目标一定是要保证股东投资收益的最大化。从这个角度看,追求利润最大化与追求股东利益最大化的方向是一致的。

3. **员工层面**　员工是企业必备的资源。一个企业无论是生产产品,还是提供服务,员工都是必不可少的。而且在企业中,员工的素质、员工的技术、员工的忠诚度、员工的工作状态、员工的责任心等等都会对企业经营的成败起着关键性的作用。任何一个企业都不会忽视对员工的管理。如何充分发挥员工的作用,最大限度地调动员工的积极性,让员工最大限度地满足企业对员工的要求,这些就是在员工层面,企业管理的目标。

4. **客户层面**　任何企业都有其特定的服务对象——客户。客户的存在是企业生存的必要条件之一,没有客户,就没有需求。没有需求,企业生产的产品的价值得不到实现,其提供的服务得不到社会的认可,企业就不会有销售收入,更不会有利润,企业也就不可能生存。因此,为客户提供高质量的产品或服务,千方百计满足客户的需求,就成为企业在客户层面的管理目标。

(二)按不同时期划分

企业的发展是一个过程,其本身具有生命周期的特征。随着时间的推移,每个企业几乎都会经历初创、发展、成熟、衰退的过程。在不同时期、不同阶段,企业会面临不同的挑战。为了应对企业内外复杂多变的经营环境,企业管理既要保持定力,有一个长远的发展目标和战略规划,同时,企业管理也要有不同时期的发展目标与之配套,形成一个完整的目标管理体系。

1. **长期目标**　一般而言,五年以上的目标就是长期目标。长期目标通常着眼于企业十年甚至更长时期的发展,其目标具有前瞻性、全局性、战略性的特点。企业长远目标通常都要制订相应的长远规划与其配套。

2. **中期目标**　中期目标的时间跨度通常是三至五年。与长期目标相比,中期目标要更为具体,但与短期目标相比,又更宏观一些。其是介于短期目标和长期目标之间的目标。

3. **短期目标**　通常把时间跨度为一年,甚至一年以下的目标称为短期目标。与长期和中期目标相比,短期目标最为具体,操作性最强,对企业当前管理工作的指导作用也更大。这是因为短期目标与中长期目标相比,所规划的时间最短,可预见性最高,而不确定性因素的影响最小,所定目标完成的可能性也越大。

(三)按不同层级划分

从管理学角度看,企业无论大小,都可分为不同的层级。只不过不同层级的规模会因为企业整体规模的大小而不同。大企业管理层级多,管理的宽度也大,小企业管理层级少,管理的宽度

Note

也小。一般而言,一个企业至少可以分成三个管理层级,当然每个层级的管理目标也会有所不同。

1. **高层管理目标** 高层是企业的决策层,是企业的大脑,是企业运行的指挥中枢系统。一个企业所有的重大事项都是由最高管理层做出,因此高层的管理目标通常也比较宏观,都是高瞻远瞩地为企业发展指明方向,解决企业面临的重大问题。决策层的管理目标具有权威性、全局性、战略性的特征。

2. **中层管理目标** 中层管理是企业决策层与基层的中间管理层级。在这个层级上的管理者,要起到执行、落实决策层指令的作用。其管理目标不仅是决策层管理目标的具体化,而且要为下一层级人员指明工作方向,布置工作任务。筹划和选择阶段性的实施方案,按下属单位需要分配资源;协调企业内外部各方面、各基层单位之间的相互关系,保证最高管理层各项战略目标的实现。

3. **基层管理目标** 基层是一个企业最低的管理层级。这个层级的管理目标最为具体,是决策层和中层管理目标的具体体现。这个层级的管理目标应非常具体,可操作性强。企业的战略规划是否得以实现,各项任务能否顺利完成,基层管理者及员工的工作质量是关键。高层管理决定企业发展的方向,而中层和基层的工作质量则决定企业发展的程度。

二、企业管理系统结构

企业管理系统是一个由若干要素构成的、相互作用与相互依存的、开放的、循环的系统。该系统由硬件要素和软件要素共同组成。所谓硬件要素是指构成现代企业管理系统的主体框架要素,如厂房、设备、工具和技术等;软件要素指的是企业管理系统中支持和控制系统运行的要素,如人员、政策、体制、机制等。现代企业中的硬件要素和软件要素并不存在必然的有机的联系,为了能更好地发挥企业管理系统的功能,完成企业系统既定目标,就必须根据一定的技术要求,充分运用有效的管理手段,因地制宜地选择恰当的管理方法,将他们组合成一个有机整体,从而形成有效的企业管理系统。企业管理系统内部由若干个子系统组成,每个子系统又可细分为更小的子系统。企业管理系统结构还可从静态和动态两个视角去观察和分析。

(一)企业管理系统的静态结构

企业管理系统的静态结构是在抽象掉时间因素,从企业发展的某一个时间点来分析企业管理系统的结构。它从纵向和横向角度,又可分为垂直子系统结构和水平子系统结构。

垂直子系统结构体现的是一种自上而下的,带有领导和被领导即隶属关系的金字塔形的结构状态。金字塔的顶端是高层系统,越往下,人数越多,权力越小,工作任务越具体。这种系统结构的划分与前面所述的按管理层级划分的高层管理、中层管理和基层管理是一致的,在此不做进一步的赘述。

水平子系统则是按照职能进行划分的,一个企业的每个职能部门都可以看作是一个子系统。一般来说,水平子系统至少可以包括如下结构。

1. **计划子系统** 计划子系统的职能是从整体角度全面安排企业的各种生产经营活动计划,它确定企业及其所属各个单位生产经营活动的目标和内容,是企业生产经营活动的依据。企业根据市场需求合理制订自身的计划,有效利用企业的人力、物力和财力资源,有效协调企业内部和外部各种活动,提高企业经济效益、社会效益和环境效益,使得企业生产经营活动能健康持续地向前发展。

2. **生产子系统** 生产子系统的职能是对企业生产过程中的劳动者、劳动资料和劳动对象,以及生产过程中的各个环节、阶段和工序进行合理安排,使得它们彼此在时间和空间上相互衔接和平衡,紧密配合,形成一个相互协调的产品生产系统。生产子系统的基本任务是能够保证产品制造过程中流程最短、时间最少,耗费最低,并按计划规定的品种、数量、质量和期限等全面完成计划和供货合同。

3. **销售子系统** 销售子系统的职能是市场研究、调查和预测社会需求，选择销售方式、促进销售和开展为用户服务等。

4. **财务子系统** 财务子系统的职能主要是在国家宏观计划指导下，编制企业费用预算，筹措和调度资金，合理组织企业财务活动，正确处理财务关系。

5. **人力子系统** 人力子系统的职能主要是选聘人员、对职工进行培训、确定工资形式、对员工进行考核、制订各种激励政策等。

6. **物资供应子系统** 物资供应子系统的职能是根据市场需求和本企业的工艺技术要求，保证按产品品种、质量和数量，按期限组织供给企业生产经营所需要的各种物质，在保证上述物质有效供应的前提下，及时调度、合理储备物资，以加速物资的利用和存储物资的周转。

7. **技术子系统** 技术子系统的职能主要是改进老技术、研发推广新技术、新工艺等，为企业的技术进步和产品质量的升级提供技术保障。

需要指出的是垂直子系统与水平子系统并不是各自孤立存在着，而是交织在一起，相互依存，相互作用，构成复杂的复合系统（图 2-3）。

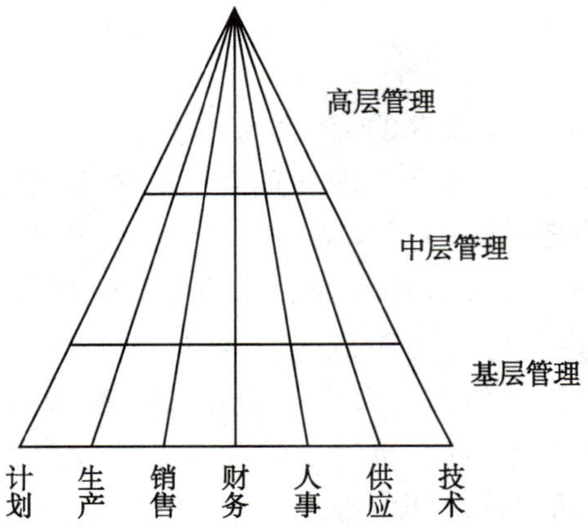

图 2-3 企业管理系统结构图

（二）企业管理系统的动态结构

企业管理系统的动态结构是指引入时间因素后，企业管理系统所展示出来的结构状态。众所周知，任何一个正常生产经营的企业都不是静止的，随着时间的推移，它随时都在变化着。根据企业生命周期理论，每个企业都有可能经历初创、发展、成熟、衰退等几个阶段。企业由于受其工艺流程、产品特征、市场需求等影响，也会形成一定的生产周期。对于不同的行业、不同的产品，其生产周期的长短会所不同。以制造行业企业为例，它的生产周期起码要经过固定资产购置或建造，采购原材料，雇佣工人、技术人员和管理人员，对原材料进行加工或组装，生产出产品后，经销售，货款回笼后，再采购原材料，进入下一个生产周期。如此循环往复，企业就在这样周而复始的过程中得以发展和壮大。而在这样的生产周期的每一个环节，每一个阶段中，都必然体现出管理的作用，都必然形成特定的结构。因此，伴随着企业的持续发展，也就自然形成一个企业管理系统的动态结构。

三、企业管理系统的特征

（一）目标性

在企业现代化管理过程中运用系统原理，必须明确并紧紧抓住企业发展的基本目标，每个企业都有自己特定的目标，企业管理系统是在企业目标指导下运转的。企业管理系统的基本目标是获得利润，在激烈的市场竞争中求得生存和发展，企业管理系统的目标不是孤立的、单一的。首先要确立系统的总目标，在此基础上建立各子系统的分目标。

（二）整体性

企业管理系统虽然由众多子系统组成，但这些子系统却是在更高一级的系统统领下运行的。在这些子系统基础上形成的更大的系统，具有整体性的特征。它有完整的运筹规划，有协调各子系统的机制。各个子系统都必须服从上一级系统的要求，从而实现系统的整体目标。在企业管理实践中，表现为每位员工要服从团队的管理，每个团队要服从部门的管理，每个部门要服从企业负责人的管理。当出现利益冲突时，每个个体的利益都要服从上一级部门的利益，各个部门要服从企业的整体利益。这样才能最大限度地发挥企业的整体优势，才能实现1+1>2的效能。

（三）相关性

企业管理系统内的各子系统是相对对立的，但并不是相互孤立地存在，而是存在着相互制约、相互作用、相互依赖的有机联系。系统中某一子系统如果发生了变化，则其他相关联的子系统也要相应地进行改变和调整，以保持系统整体的最佳状态，这就是系统的相关性。企业管理系统的相关性决定了在企业管理实践中要重视系统内部各子系统变化的同步性、协调性。

（四）层次性

每个企业管理系统都有一定的层次结构，各个层次都有特定的功能和作用，不同层次子系统之间存在从属关系或互补关系。企业管理系统的层次性特点决定了在企业系统管理中可以按层级建立"指挥链"，当然"指挥链"的长短与企业规模的大小有着密切关系。如果企业规模不大，而"指挥链"过长，管理层次过多，则势必造成工作效率降低、信息传递失真等负面效应。

（五）动态性

企业管理系统具有动态的特点。因为企业本身是一个生命体，它会经历产生、发展、成熟、衰落甚至消亡的过程。这也意味着企业管理系统也是一个不停运动的、不断变化的系统。如果企业管理系统不能与时俱进，随时对变化了的内外环境做出适时的反应和调整，这个系统必然出现故步自封、僵化陈旧，企业的消亡也就成为必然的结局。

四、企业管理系统的功能

任何一个企业管理系统都具备特定的功能，不存在没有任何功能的系统。因为如果没有特定的功能，这个系统就没有价值，它也就不会存在下去。尽管企业多种多样，企业管理也千差万别，但企业管理系统的功能却有其共性。概括起来，有如下几点。

（一）集聚资源功能

创办一个企业，必然要筹集资金，购买（租用）土地、固定资产，购买原材料、燃料动力，招聘人员等。这就把人财物等资源集聚在一起，这是办企业的基本条件，也是企业发展的必备条件，它是企业管理系统集聚资源功能的体现。

（二）整合要素功能

企业集聚了上述资源，并不是简单地将这些资源摆放在一起，而是通过管理活动将这些生产（经营）要素按一定的比例进行组合，让它们互相依存，发挥各自效能的基础上，形成一个有机的整体，这就是企业管理系统整合要素的功能。

（三）创新创造功能

企业犹如一个神奇的黑箱，各种原材料、厂房、机器设备、人员等进入黑箱，但从黑箱的另一头出来的却是一种新的产品或服务。这个神奇的黑箱就是企业管理系统，在这个系统中，经过管理人员的管理活动，创新或创造出新的产品或服务，这就是管理系统的创新创造功能。比如在健身器材生产企业中，该企业要投入资金购入各种钢材、钢板，各种零部件等原材料，雇员技术工人和管理人员，建造厂房车间等。经过企业内部的各道加工或装配工序后，最后产出的是一件件健身器材。一家健康体检中心，投入的是土地、体检中心大楼，各种医疗检测设备和仪器，各种用于检验的试剂、器具、材料，医生、护士、工勤人员、管理人员等各类生产要素，产出的是体检服务以及体检报告。很多企业的产出与投入相比，无论是外形还是其功能，产出的完全是一种创造出来的新东西。实现这个神奇转换的关键，就是企业管理系统所具备的创新创造功能。

（四）满足需求功能

无论企业生产的是消费品，还是生产品，是提供有形服务，还是无形服务，经过企业管理的过程，最终它的产品或服务一定能够满足市场或社会的某类需求。能做到这一点，企业才有前途，否则，企业只有接受倒闭的命运。

（五）资本增值功能

从财务角度分析，企业的各种投入都表现为成本支出，在销售产品或提供服务后，获得了销售收入或营业收入。扣除各种生产费用、销售费用以及各类税费等成本支出后，所赚取的利润就是资本的增值。企业管理系统这个功能的发挥依赖于企业内外的各种条件，某一个或某一部分条件不具备，企业就可能赚不到钱，甚至出现亏损。当然，从另一个角度看，亏损也可反映出企业管理出了问题，影响了企业管理系统资本增值功能的发挥。

五、企业管理系统主体

企业管理系统主体是指在管理活动中，承担和实施管理职能的人或组织，主要由众多管理者组成，包括各级各部门负责人和各种管理机构，管理者具有主动性、权威性等特征。在面对管理对象时，管理者一般都是处于主动地位，管理者主动指挥被管理者完成各种任务，而被管理对象通常都是被动地执行管理者的指令。这种来自管理者的指令具有权威性，对于被管理者来说，通常都必须执行这种指令。按在组织结构中所处的地位管理者可划分为：高层管理者、中层管理者、基层管理者；按职责管理者又可划分为战略决策者、战术指挥者、部门负责人、团队负责人等等。

六、企业管理系统客体

企业管理系统客体是管理者在一定环境下通过管理活动作用的管理对象。一般而言，管理客体包括人、财、物等各种要素，产、供、销等各个环节，及他们相互之间形成的各种运行机制和关系。需要指出的是，管理主体与管理客体互为前提、互相依存、互相作用，在一定条件下可互相转化。有的管理者有双重角色，对于下级，他是管理者，是管理主体；对于上级，他又是被管理的对象，是管理客体。在一个企业管理系统中，处于企业管理最高位的管理者是单一角色，即管理主体。而处于管理系统最底层的员工也是单一角色，即管理客体，他们没有再管理他人的职责和权力。当然这个最底层的管理客体不是一个人，而是一群人，是处于管理金字塔系统中的最下面的群体。而处于金字塔尖顶和底层中间的人，都具有管理主体和管理客体的双重身份。从企业管理的实践中看，管理主体通过管理客体，实现对企业的有效管理，使管理效能最大化。

本章小结

科学管理理论、一般管理理论、行政组织理论构成了古典管理理论的基本框架，开辟了管理理论的新纪元，奠定了现代管理理论基础。以梅奥、赫茨伯格等为代表的行为科学理论抛弃了"经济人"的假设前提，展开以人为中心进行管理理论的研究。使人们开始关注人的因素，开辟了管理学研究的新领域。许多学者和管理学家也从不同的角度提出了各自的理论和新学说，产生了数理管理理论、系统管理理论、权变管理理论等现代管理理论。随着信息革命、知识经济时代进程的加快，企业面临前所未有的竞争，传统的组织管理模式和管理理念已越来越不适应现实环境，产生了企业流程再造、学习型组织理论等新理论、新方法，从而掀起创新管理理论的热潮。而随着互联网时代的到来，企业管理系统在管理中的作用愈加明显和重要。企业管理系统可以轻松实现 24 小时无空间限制办公，实现企业统筹管理。

（杨大光）

Note

思考题

1. 试述古典管理理论的两个分支及其代表人物。
2. 人际关系学说的主要思想是什么？
3. 权变理论的核心是什么？
4. 学习型组织有哪些特征？
5. 企业管理系统具备哪些特征？

第三章 健康企业社会责任

本章要点

1. **掌握** 企业社会责任的涵义、范围、内容、国际背景以及历史发展脉络。

2. **熟悉** 企业社会责任的古典观学派理论模型、社会经济观学派理论模型、金字塔模型、“三重底线”模型以及健康企业承担社会责任的必要性。企业的经济责任、法律责任、道德责任、慈善责任以及健康企业承担社会责任的激励机制。

3. **了解** 引入企业社会责任的国内背景、健康企业社会责任的特殊性。

导入案例

长春 CS 公司问题疫苗事件

成立于1992年的长春CS公司(以下简称“CS公司”)是一家从事疫苗生产及相关技术开发、转让、咨询和服务的生物科技公司,曾经是科技部认定的高新技术企业。该公司的财务报告显示,2017年公司实现营业收入15.53亿元,同比增长52.60%;净利润为5.66亿元,同比增长33.28%。其中疫苗销售收入占总收入的99.1%。

2017年11月3日,国家食品药品监督管理总局新闻发言人表示,CS公司生产的一批共计252 600支百白破疫苗效价指标不符合标准规定。事实上,早在2017年10月27日,吉林省食品药品监督管理局(以下简称“吉林省食药监局”)就启动了针对该公司“百白破疫苗效价不合格”事件的调查。吉林省食药监局于2018年7月20日下发处罚决定书:没收CS公司186支库存“吸附无细胞百白破联合疫苗”,罚没款总计344.29万元。

国家药品监督管理局(以下简称“国家药监局”)于2018年7月15日发布通告指出,CS公司在冻干人用狂犬病疫苗生产过程中存在编造生产记录和产品检验记录,随意变更工艺参数和设备等严重违反《中华人民共和国药品管理法》《药品生产质量管理规范》的行为。当日,吉林省食药监局收回该公司的药品GMP证书,同时要求停止狂犬病疫苗的生产。2018年7月22日,国家药监局对该公司疫苗造假事件作出回应:已会同吉林省食药监局对CS公司立案调查,涉嫌犯罪的移送公安机关追究刑事责任。2018年7月29日,长春新区公安分局以涉嫌生产、销售劣药罪,对该公司董事长高某芳等18名犯罪嫌疑人向检察机关提请批准逮捕。2018年9月,吉林省高新技术企业认定管理机构决定从2017年度起取消该公司高新技术企业资格。2018年10月16日,国家药监局和吉林省食药监局分别对该公司作出多项行政处罚。国家药监局撤销CS公司狂犬病疫苗(国药准字S20120016)药品批准证明文件;撤销涉案产品生物制品批签发合格证,并处罚款1 203万元。吉林省食药监局吊销其《药品生产许可证》,罚没款共计91亿元;对涉案的高某芳等14名直接负责的主管人员和其他直接责任人员作出依法不得从事药品生产经营活动的行政处罚。

CS公司原本是一个科研实力雄厚，深受公众信任的企业。然而，在利益的驱使下，这一有着辉煌历史的企业丧失了诚信，走向造假和犯罪的深渊。在罔顾人民群众生命健康的同时，CS公司也葬送了自身原本无限可期的未来。

问题：企业社会责任与企业生存和发展有着怎样的关系？健康企业社会责任对社会的影响有哪些？

第一节 企业社会责任的涵义

一、企业社会责任的定义

在当今世界，市场竞争已经从单纯的产品质量竞争发展为环境管理质量竞争，并将最终演变到全面责任竞争的新阶段。在这样的市场竞争下，企业只有与包括员工、供应商、消费者等在内的利益相关者建立起合作共赢的和谐发展关系，均衡好各方的利益，才能兴旺发达，长治久安。越来越多的证据表明，有公德心的企业，事业也会蒸蒸日上。一个长期奉公守法、善待利益相关者、勇于承担社会责任的企业，不仅可以避免政府机构、社会团体、普通公众对职业的指责、惩罚和行为上的限制，保证企业正常的生产经营活动不受干扰，而且为企业拓展广阔的生存和发展空间创造了有利条件，进而形成企业的“软实力”和“软资源”。如果企业对经营所在地的社会福利和环境负责，它们的品牌、声誉以及产品和服务也会脱颖而出。可见，履行企业社会责任可以在很大程度上为企业带来可观的回报。而那些不能切实履行好社会责任的企业一旦爆发危机，就很可能陷入“墙倒众人推”“四面楚歌”的境地。

当今社会，担当与责任已然是现代企业的关键词，社会责任已成为国际社会普遍关注的重要议题。将企业社会责任纳入核心业务领域的企业才能成为未来具备强竞争力的成功者。用负责任的方式进行运营，协调企业与人、企业与企业、企业与社会、企业与环境的关系不仅能为自身增添附加价值，而且将成为增强企业核心竞争力，建立可持续的、合作共赢商业模式的重要内容。而这也是消费者、投资商和其他利益相关方所希望看到的趋势。

虽然越来越多的企业把承担社会和环境责任作为可持续企业管理的基础，企业社会责任（corporate social responsibility，CSR）这个概念也已被广泛接受，但目前国际上没有对“企业社会责任”的定义达成共识，它仍然是一个具有争议并随着时间的推移而变化的概念。与这一概念相关的标签有很多，如“企业伦理”“企业公民”“负责任的企业”“企业社会机会”“企业环境管理”“企业与社会”“企业与治理”“企业与全球化”“三重底线”“可持续管理”“可持续发展”及“可持续性”等。这些术语的具体解释或有不同，但几乎可以视为同义词。但是，“企业社会责任”仍然是使用最广泛的术语。

那么，何谓企业社会责任？各种组织和机构、不同的学者等从各自的立场和角度出发，赋予企业社会责任不同的内涵。包括世界银行、世界可持续发展工商理事会、欧盟委员会等在内的一些重要国际组织也对“企业社会责任”予以高度关注，并给出了各自的定义（表3-1）。

企业社会责任是一种文化嵌入的组织行为——企业社会活动受到文化和规范等非正式制度的约束和塑造，在不同国家、不同的社会背景下以及从不同的角度理解，企业社会责任的定义可能会有所不同。

首先，从企业社会责任范围大小的角度，可以将其划分为广义企业社会责任和狭义企业社会责任。目前有许多学者支持从广义的角度来理解企业社会责任。他们认为，从广义上讲，企业社会责任就是企业责任的同义语。一般而言，广义企业社会责任包括企业的经济责任、法律责任、道德责任和慈善责任。也有一些学者对“企业社会责任”的界定比较狭隘，他们将经济责任和法律责任排除在企业社会责任之外。他们认为,企业的经济责任和法律责任是企业必须履行的,是最为根本的义务。而企业社会责任是指企业不再局限于盈利,而承担起超出法律所要求的有利于社会公益的责任与行为。企业社会责任则强调在企业履行义务的同时,还应当追求社会利益的目标。例如,约瑟夫·麦圭尔(Joseph McGuire)对企业社会责任所下的定义就指出"社会责任的概念假定企业不仅有经济和法律义务,而且对社会负有一些责任,这些责任超过了这些义务"。因此,狭义企业社会责任就是企业的道德责任和慈善责任。

表 3-1 代表性的学者或国际组织对"企业社会责任"所下的定义

代表性的学者或国际组织	对"企业社会责任"所下的定义
阿奇·B. 卡罗尔(Archie B Carroll)	企业的社会责任包括社会在某一特定时间点对组织的经济、法律、伦理和自由裁量的期望
密尔顿·弗里德曼(Milton Friedman)	企业有且只有一种社会责任,即在游戏规则(公开的、自由的、没有诡计与欺诈的竞争)范围内,为增加利润而运用资源、开展活动
斯蒂芬·P. 罗宾斯(Stephen P Robbins)	企业的社会责任是一种工商企业追求有利于社会长远目标的义务,而不是法律和经济所要求的义务。它促使人们从事使社会变得更美好,而不做那些有损社会的事情
世界银行(World Bank)	企业与关键利益相关方的关系、价值观、遵纪守法以及尊重人、社区和环境有关的政策和实践的集合,是企业为改善利益相关方的生活质量而贡献于可持续发展的一种承诺
世界可持续发展工商理事会(World Business Council for Sustainable Development,WBCSD)	企业社会责任是企业持续致力于道德行为,为经济发展作出贡献,同时改善工人及其家庭以及当地社区和整个社会的生活质量
欧盟委员会(European Commission)	企业社会责任是被企业所接受的超出各自国家法律义务之外的社会和生态责任

其次,从企业承担社会责任积极与消极的角度,可以将企业社会责任分为自愿性企业社会责任和非自愿性企业社会责任。自愿性企业社会责任是指企业具有非常强的履行义务的内在动机责任,它是企业内在的、自发的激励因素。一般而言,自愿性的企业社会责任主要是企业的经济责任。非自愿性企业社会责任是指企业自身缺乏积极履行的内在动机,需要政府借助激励机制的引导或者通过法律强行规定企业必须履行的义务。通常认为,非自愿性企业社会责任包括企业的法律责任、道德责任和慈善责任等。

最后,从企业承担社会责任程度的角度,可以将企业社会责任分为绝对企业社会责任和相对企业社会责任。绝对企业社会责任是指企业必须履行的强制义务,没有选择履行的余地,一般包括企业的经济责任和法律责任。相对企业社会责任是指企业在履行好绝对社会责任的基础上,可以根据自身的实际情况选择性履行的义务。

另外,也有学者根据企业的性质不同,将企业社会责任划分为私人独资企业社会责任、合伙企业社会责任、法人企业社会责任等。

到目前为止,在对"企业社会责任"的多种表述中,最为普遍接受的是前述世界可持续发展工商理事会的定义。尽管"企业社会责任"的定义尚未统一,不过在这些不同的定义中都有共同的理念,那就是企业社会责任源于对企业唯利是图行为的修正。企业已不再只单纯扮演"经济人"的角色,而应进一步扮演社会公民的角色,尽有责任感和道德感的"公民人"的职责。作为一个社会组织,企业的目的不仅仅在于如何追求自身利润最大化。在追求经济绩效的同时,企业必须取得自身成长与社会进步的平衡。换句话说,企业必须考虑如何回馈社会,对社会产生积极和正面的影响。

为了更加全面、深刻地理解"企业社会责任"的概念,人们从广义的角度对其进行界定:企业社会责任是企业对其所有的利益相关者所应负的责任。企业除了创造利润并对股东负责之外,还应当合乎道德地对待股东之外的其他利益相关者,最终切实承担起维护和增进社会福祉的责任。

人们可以从四个方面来理解这一定义:第一,企业社会责任的主体是企业;第二,企业社会责任的对象是利益相关者;第三,企业社会责任的核心是合乎道德地对待利益相关者;第四,企业社会责任的目的是维护和增进利益相关者的正当权益,从而造福于社会。

企业切实履行社会责任,有助于培育和构建企业竞争优势,提升企业发展质量和水平,对于加快一个国家和地区的经济社会全面、协调、可持续发展意义重大。正如管理学大师彼得·德鲁克(Peter Drucker)所指出的那样,企业恰当的社会责任把社会问题转化为经济机遇和经济效益,是实现可持续发展的工具。大多数履行企业社会责任的企业都将它们对环境和社会的关注战略性地融入其负责任的商业实践框架中。

二、企业社会责任的范围及内容

传统观点认为,企业可以不重视企业之外的社会问题,这些问题只是企业管理的外围条件。在传统型企业社会责任中,企业在创造利润和价值时,不会过多考虑股东和客户以外的利益。随着全球化的不断发展,企业再也不能把自身当成孤立个体,"为经营而经营",一味地追求企业本身利益最大化。企业不可能脱离社会而存在,企业在对社会产生影响的同时,也会受到社会的反馈。社会不仅要求企业实现其经济上的使命,而且期望其能够"遵法度,重伦理,行公益"。这就要求企业在最大限度地为股东创造利润的同时,也要最大限度地兼顾和增进股东利益外的其他所有社会群体以及整个社会的利益。其所经营的本业必须紧扣社会责任,为社会提供更多的服务、为社会作出更大的贡献,才是企业经营核心所在。因此,当代企业不仅要承担经济和法律的义务,而且也要对社会负有超越这些义务的其他责任。越来越多的企业将承担社会责任作为它们日常业务的一部分。企业除必须履行经济责任和法律义务之外,还应当对所赖以生存和所影响的人群主动承担道德责任,同时在自愿履行的慈善责任方面也应有积极作为。因此,从广义的角度看,企业社会责任可以具体细分为企业的经济责任、法律责任、道德责任和慈善责任等四个方面。

(一)企业的经济责任

企业是营利性社会组织。企业的本质、社会功能及角色决定了它的首要目的就是实现投资者收益的最大化,这是企业传统的和固有的责任。所谓企业的经济责任,是指作为一个生产组织,为社会提供价格合理的产品与服务,满足社会的需要,通过提高经营管理水平实现企业经营发展的最终利润最大化,为企业的投资方、经营方、生产员工以及与企业生产相关联的其他利益方创造经济价值和利益的责任。从这个意义上讲,企业的经济责任其实就是企业保持良好经济绩效的责任,即企业有责任在其经济活动中以尽可能小或少的投入获得尽可能大或多的产出。

也有学者认为,企业的经济责任是指企业在经营、管理活动中应尽的职责和应承担的过失。它的实质是经济权利和经济义务的关系,它的形成是基于生产资料所有权和经营权的分离。受托经营管理权的企业有对生产资料的支配权利,同时也有对生产资料所有者报告企业的财产和经营状况以及开拓业务和取得成果的责任。

良好的经济表现是企业生存和发展的生命线,是企业社会责任最核心、最基础的层面,也是企业社会责任的关键内容。因此,经济责任是企业履行其他社会责任的基石,对于企业承担其他社会责任起着重要的支撑作用。企业的经济责任是企业必须履行的根本义务之一。离开了经济责任,企业的其他社会责任无疑将成为无源之水,无本之木。

企业的经济责任主要包括:①实现企业经营目标的责任;②实现资产保值增值,从而确保企业可持续经营的责任；③遵守国家财经法纪的责任；④正确反映企业会计与经济信息的责任；⑤健全企业管理机制，特别是内部控制制度的责任；⑥发展生产，逐步提高企业经济效益的责任。

（二）企业的法律责任

在任何国家和地区，组织和个人都必须履行遵守法律，自觉地维护法律尊严的义务，企业也不例外。企业仅能在法律所允许的框架下实现其经济使命。企业运营活动通过管制商业活动的法律法规予以规范。企业开展正常生产经营活动的首要前提就是要遵守所在国家或地区的法律法规。企业不能为赚取不当利益而触犯法律，必须有所为，有所不为。所谓“有所为”，就是指由法律强制要求企业必须履行的行为；所谓“有所不为”，就是指法律明令禁止企业发生的那些行为。在生产经营活动中，企业只有遵纪守法，才能赢得更好的生存和发展空间。企业一旦发生违法行为，就必然会受到法律的制裁。因此，所谓企业的法律责任就是指企业对违法行为所必须承担的消极的法律后果。企业的法律责任同违法行为紧密相连，企业只有实施了某种违法行为，才承担相应的法律责任。

企业的法律责任的特点：①在法律上有明确具体的规定；②由国家强制力保证执行；③由国家授权的机关依法追究法律责任，实施法律制裁，其他组织和个人无权行使此项权利。

企业的法律责任主要包括：①刑事责任：企业刑事责任是指由企业负责人或者经企业集体讨论决定，企业实施了严重危害社会并构成犯罪行为而应当承担的法律责任。企业犯罪属于单位犯罪行为。世界各国对于单位犯罪主要采取双罚制为主，单罚制为辅的方式进行处罚。在我国，根据《中华人民共和国刑法》的相关规定，发生犯罪行为的企业，除了其本身会受到判处罚金的处罚外，其直接负责的主管人员和其他直接责任人也会受到判处刑罚的处罚。②民事责任：企业民事责任是指企业在民事活动中，因违反法律或合同规定的民事义务，实施了侵害他人财产或人身权利的民事违法行为，根据民法所承担的对其不利的民事法律后果或者基于法律特别规定而应承担的民事法律责任。企业民事责任主要由缔约过失责任、违约责任、侵权责任三方面的内容构成。在我国，根据《中华人民共和国民法通则》的相关规定，企业承担民事责任的方式主要有：a. 停止侵害；b. 排除妨碍；c. 消除危险；d. 返还财产；e. 恢复原状；f. 修理、重作、更换；g. 赔偿损失；h. 支付违约金；i. 消除影响、恢复名誉；j. 赔礼道歉。以上各种民事责任形式，可以单独适用，也可以合并适用。③行政责任：企业行政责任是指企业实施了违反行政法规范但尚未构成犯罪，依照法律法规的规定应承担的法律责任。企业承担行政责任的主要形式是接受有处罚权的行政机关以及法律、法规授权的组织依法实施的行政处罚。根据《中华人民共和国行政处罚法》的相关规定，适用于企业行政处罚种类有：a. 警告；b. 罚款；c. 没收违法所得、没收非法财物；d. 责令停产停业；e. 暂扣或者吊销许可证、暂扣或者吊销执照；f. 法律、行政法规规定的其他行政处罚。

（三）企业的道德责任

企业若要在社会上正常经营，符合法规只是社会对其行为的最低要求。企业不应仅仅满足于合法运营，同时也要符合社会在伦理道德方面对其行为的期待。企业社会责任是企业道德义务和法律义务的统一，因为除了法律的明文规定之外，还有一些社会期待或禁止企业做的事项，这些事项并非现有法律所要求的，也没有具体地体现在法律中。为了体现正确、恰当、公平、正义与避免伤害的原则，利益相关者期望企业从事那些有助于促进或保护其利益却又法无明文规定的事项，杜绝那些有损其利益却又法无明文规定的事项。企业的道德责任也即企业的伦理责任，是企业所肩负的对利益相关者的道德义务的自觉承担和精神担纲。企业应自觉遵守社会伦理准则和道德标准，避免不恰当的道德失范行为对利益相关者造成伤害。

在传统的企业治理中，虽然符合法规也被视为首要之务，但也有许多企业将符合法规视为企业活动的最高标准，逾此不为，因此丧失了善尽社会责任的自觉与企图心。许多企业的丑闻以及毁灭性的经历唤起当代社会要求企业在运作中不得违反某些没有被法律明文规定的社会标准及价值，否则也可能遭致社会的谴责。企业的行为应当符合诚实、信用、公平、公正和廉洁的社会基本伦理道德,不能做违背社会公德的事,即关切人、社区和环境,重视对利益相关者的承诺,包括在其他国家或地区运营或活动时尊重当地习俗。

企业的道德责任主要包括:①对消费者的关心:企业应遵守平等交易、诚实守信的商业道德,为消费者提供安全且性能良好的商品和服务。这是企业必须承担的最基本的道德责任。②对环境的关心:在保护生态环境、减少资源消耗和维护生态资源系统结构的完整方面企业必须有主动担当。企业应坚守不危及基本的社会公共福利和共同的未来的底线,谋求生态与经济之间的良性循环、人与自然之间的和谐一致,使整个社会的可持续发展和环境资源的永久存续相统一。③对员工的关心:企业应善待员工,关注员工生命安全和身体健康,改善工作环境和员工的福利,保障员工合法权益,注重员工事业成长,让员工分享企业发展的成果。

(四)企业的慈善责任

慈善是仁德与善行的统一。怀有仁爱之心谓之"慈";广行济困之举为之"善"。所谓"企业社会责任"就是指为了实现公共目的,企业出于自愿,利用自身资源从事慈善活动而对社会所承担的人道主义责任。它是一种富有人性和同情心的表现,在社会中表达了一种仁爱的理念。从本质上看,企业的慈善责任是非强制性和非法律要求的。对此项责任,在是否做、该做什么以及如何做上法律没有硬性的规定,社会也并未给予企业明确的信息,全凭企业自我选择和决定。慈善责任虽然是一种自由裁量责任,但它仍然被社会所期待。社会期待企业可以在非命令、非法律规定亦非伦理规范束缚下,自愿地提供资源来改善社会福利和公众生活质量。企业如能尽到慈善责任,相当于做一个对社会有正面贡献的优良企业公民。企业的慈善责任与伦理责任的主要区别在于它不是基于某些既定伦理和道德的行为,而是企业自愿地提供救济、援助或者捐赠等手段来从事扶弱济贫的行为,以增加社会的公共福利,显示出对社会的贡献。

企业慈善责任是企业所体现的大爱和善举,体现了一种人道主义精神。因此,企业慈善责任是企业社会责任最高层次的表现形式。企业通过从事慈善活动承担慈善责任,有利于提升企业自身形象,增强企业内部凝聚力,增加企业的无形资产,从而提升企业在市场中的竞争力,扩大企业的经济利益。因此,企业从事慈善活动是企业自身长远发展的必然选择。

企业的慈善责任主要包括:①开展公益活动:企业通过运用自身资本开展公益性质的活动来回馈社会,让弱势群体真正受益,从而有效增进公共福祉,同时美化企业形象,对企业进行有效的宣传。哈佛大学的战略大师迈克·波特(Michael E Porter)提出,企业应从战略角度看公益。做公益不是单纯的付出,实际上可以通过公益行动实现企业和社会发展的双赢。②企业捐赠:企业捐赠是指企业自愿将人、财、物等资源赠送给与企业没有直接利益关系的受赠者用于慈善公益事业的行为。企业通过捐赠来补偿对周围环境产生的负面影响,改善企业与公众的关系,为政府分担社会责任,减少政府的行政干预。③关心社区建设:企业所需的人力资源、企业最稳定的消费者以及支撑企业生存与发展的社会资源都来自社区。企业扎根、生存于社区之中,企业的可持续发展离不开社区的支持与关怀。与社区之间保持良好的睦邻关系是企业赖以生存和发展的"土壤"。因此,企业有责任、有义务回馈社区,主动、积极地关心和参与社区建设。企业参与到社区建设中来,与政府等公共组织一起来整合社区功能,发展社区事业,完善社区服务,解决社区问题,促进社区政治、经济、文化、环境协调和健康发展,不断提高社区成员的生活水平和生活质量。

三、健康企业社会责任的特殊性

健康企业是以人的健康为核心,紧密围绕人的生命健康而开展生产和服务活动的一类企业。健康企业的行业特性决定了其社会责任除具有一般企业社会责任的共性外,还具有特殊性。这些特殊性主要表现在以下4个方面。

(一)呈现多样化和复杂性

健康企业涵盖了医药产品、健康食品、医疗、养生、养老、康体运动、健康管理、健康旅游等诸多领域，涉及的产品和服务种类繁多。因此，产品和服务的差异性决定了健康企业所承担的社会责任呈现出多样化的特点，事关人的生命健康的方方面面，较一般的企业责任更为复杂。

（二）更高的社会关注度

健康企业不负责任的行为将直接危及人民群众的身体健康、生命安全和生活质量，所导致的社会危害比一般企业更严重。对于社会而言，健康企业导致的社会危害对社会的负面影响程度更深，范围更广，直接影响民生和社会的稳定。对于健康企业自身而言，企业社会责任的履行面临巨大挑战与更多的社会压力。

（三）更加注重产品和服务的安全性

如前所述，健康企业提供的产品和服务直接关系到人的生命健康，可谓“健康所系，性命所托”。健康服务和健康产品的特殊性要求健康企业比其他企业更加注重服务和产品的安全性。因此，在追求自身利润的同时，健康企业作为维系社会发展、保障人民生命健康的生力军，更要在产品和服务上承担公共安全的特殊责任。健康企业应怀着对生命的高度敬畏之心，把提供放心的健康产品和健康服务摆在首要的位置。

（四）强调绿色健康理念

健康企业的宗旨就是通过企业的努力来改善、促进和保障人民群众健康。这就要求健康企业比一般企业更加重视保护生态环境，注重提供天然、无污染、无毒害的产品，严格按照标准环境、生产技术和卫生标准提供健康服务，最大程度地降低所提供的产品和服务的危害性和副作用。另外，健康企业还要把传播绿色的健康理念当作其社会责任的重要部分。

第二节 企业社会责任的背景与发展脉络

“企业社会责任”理念源于西方企业哲学，这一概念起源于 19 世纪，但由于 20 世纪 20 年代大萧条和第二次世界大战的影响，直到 20 世纪 50 年代才成为商界领袖的一个严肃话题，并引起社会的广泛关注。我国在 2001 年加入世界贸易组织（World Trade Organization，WTO）后，国内学术界展开了针对“企业社会责任”概念的讨论。本节将对企业社会责任产生的国际、国内背景进行介绍，并对“企业社会责任”理论的演进历程进行梳理。

一、企业社会责任提出的国际背景

企业从事的商事行为本质上带有强烈的营利性质。“企业”一词与“营利”本就密不可分。企业是营利行为的主体、营利则是企业社会活动的内容。因此，无论是古今中外，人们都认为企业的天职就是营利。在西方市场经济国家，最初的企业并没有什么社会责任的概念，企业的存在仅仅是为了赚钱。因此，在 20 世纪以前，很难将社会责任感赋予企业，因为它们被视为代表个人的组织。然而，从 20 世纪初开始，特别是 20 世纪 70 年代以来，企业对社会承担责任的重要性逐渐被理论界和实务界所认知，并达成了共识。企业社会责任的提出，主要受以下几个方面因素的影响。

（一）经济发展引致的社会问题

企业社会责任发端于 19 世纪，重点反映在公司雇员的福利方面。经济快速发展引致的各种社会问题期待有一种新的理论来积极地引导企业改变其自我利益挂帅的思维，从而兼顾社会良善。随着工业革命带来的经济迅速发展，人们逐渐认识到追求利润最大化的企业活动给社会造成的诸如贫民窟蔓延、失业率上升、劳资矛盾、生态环境破坏、人们精神和感情失落等种种负面影响，并产生不满情绪最终引发劳工运动。19 世纪后期的企业开始关注雇员的福利以及企业自身对社会的影响。企业开始提供包括医院和浴室的建设、食品券发放在内的有限规模的社会福利。在这一时期，个人商业慈善家在美国变得活跃起来。虽然慈善事业的合法性还没有很好地确立，但这些慈善家所提供的利益得到了当地社区和各种社会团体的认可。1929 年的大萧条进一步加强了这种趋势。在此期间的商业慈善事业引领了企业社会责任概念的发展。

企业社会责任的许多基本原则就是从早期的企业行为中引申出来的。在西方资本社会中，“财富就是力量”。随着财富的累积，企业逐渐变成一个在社会上具有实力的主体。人们认为，企业的经营活动根植于所在的社区，一举一动都会对社会产生深刻影响。大型企业的决策影响所及之人，动辄成千上万。一旦企业生产经营活动对社会造成负面的影响，则会波及较多的人口，有的甚至是灾难性的。如果其决策仅仅考虑内部股东的利益，则和社会期待企业应承担的社会责任有落差。因此，人们期待企业除了关心自己的财富累积外，也能关心其他的社会公共利益。企业作为社会的一分子，应该为使社会变得更美好作出贡献。

（二）企业生存与发展环境的变化

从 1950 年到现在，企业生存与发展的环境外部发生了根本性的变化。环境的变化是推动企业社会责任这一概念不断丰富和完善的杠杆。

1. **经济全球化** 伴随着经济全球化进程的加速，世界市场日益相互依存，形成彼此互补的完整产业链、供应链、价值链和市场需求链。跨国企业在推动和优化世界资源的全球配置、促进经济繁荣的同时，也加剧了各种矛盾和冲突，并使这些问题随着经济全球化成了全球性问题，产生“多米诺骨牌效应”。企业社会责任不再是一个企业的单独行为，而是全球供应链（包括制造商、供应商、采购商和品牌商）共同的责任。企业社会责任也不再是一个国家的单独行为，而是一种世界潮流和趋势。因此，许多跨国企业将企业社会责任纳入所在国家和全球层面的价值链的核心业务，督促供应链上的企业履行社会责任。社会责任已被看作全球企业可持续发展的重要基础和有效渠道。

2. **民间社会组织和非政府组织的兴起** 处于基层社会责任运动中心的非政府组织在目标方面极为不同，其中一些攻击公司的盈利目标，而另一些则寻求与企业合作，共同致力于解决社会公共问题。爆炸性发展的民间社会组织和非政府组织经常挑战企业行为，迫使企业做出反应。随着民权运动在西方国家的发展，一方面，民间社会组织和非政府组织的兴起唤起了公众对企业承担社会责任提出越来越高的要求。另一方面，企业社会责任日益成民间社会组织和非政府组织关注的重要议题，民间社会组织和非政府组织自身也逐渐成为监督企业承担社会责任的重要外部力量。

3. **政治因素** 为了对上述问题进行积极回应，各国政府、工会、非政府组织以及相关国际机构开始关注企业社会责任，并在此领域进行合作，开展了卓有成效的实践活动，制订了一系列企业社会责任标准以及关于透明度、人权、贸易、腐败和公司治理的新规则。要获得更好的生存、发展机会，企业的生产经营必须与这些组织的主张相一致。其中一条重要的生存法则就是按照上述标准和规则履行好企业社会责任。

4. **企业哲学的转变** 市场秩序与健全的人类社会在价值取向和目标之间存在着一致性的同时，也存在着很大的差异。因此，不能通过市场经济来建立一个健全的人类社会。以全球契约为代表的跨国企业新一轮的发展使市场竞争规则发生了重大改变。竞争目标已经从以前的唯利是图变成现在的和谐发展，竞争方式从弱肉强食变为合作竞争，而竞争的结果也是从你死我活向互利共赢转变。和谐、合作、共赢成为企业积极承担社会责任的重要哲学基础。

（三）企业丑闻的深刻教训

进入 21 世纪，美国及韩国一些企业的破产、行贿丑闻曝光使企业的诚信问题再次受到公众的质疑。这些企业的教训充分证明，一个没有社会责任的企业，很难得到社会的认可，更不可能走向世界。一个对自己前途命运负责任的企业，同时也应当是重视并切实履行社会责任的企业。因此，企业社会责任和商业道德也再次成为热门话题。企业社会责任成为越来越多的企业，尤其是跨国企业不可或缺的选择。企业社会责任也被进一步视为包含着经济、环境、法律和伦理责任等在内的一种综合责任。

随着企业面临越来越多的挑战，学术界和企业界围绕企业社会责任开展了多方面的积极探讨。有关企业社会责任的理论与研究也伴随着企业社会责任运动的实践得到了丰富和发展。在大多数国家，企业社会责任已逐渐从道德呼吁转向实实在在的制度约束。

二、引入企业社会责任的国内背景

对于我国而言，企业社会责任是一个“舶来品”。自中华人民共和国成立直到 20 世纪 80 年代初，我国一直实行的是高度集中的计划经济体制。在这一体制下，国有企业一统天下。国有企业主要是在行政命令的指导下运行，基本上没有自主权。企业承担了过多的政府责任，其职能成为政府职能的延伸。“企业办社会”是这一时期国有企业的最突出的特征。因此，这一时期的企业所承担的并不是真正意义上的企业社会责任，或者说是一种错位的、变异的企业社会责任。“企业社会责任”这一术语直到 20 世纪 80 年代末才从西方传入中国，并逐渐受到学术界和企业界的关注。究其原因，主要有以下几个方面。

（一）改革开放后外资企业的进入

1978 年底，党的十一届三中全会召开以后，中国实行改革开放政策。随着我国向世界打开大门，一批批外资企业也陆续进入中国市场。自 1978 年第一家外资企业——日本松下电器落户中国到 20 世纪 80 年代后期，已有不少大牌国外企业进驻中国。从 1993 年起，我国就连续数年成为引进外资企业数量仅次于美国的国家。外资企业的进入也将企业社会责任的理念引入我国，并在中国企业社会责任发展的过程中发挥了一定的引领作用。例如，西方企业社会责任规范和标准就是外资企业在 20 世纪 90 年代中期的“反血汗工厂运动”中引入中国市场的。20 世纪中期以来，在国际销售商和品牌商的推动下，我国企业开始重视社会责任问题，并在国际采购中建立起承担社会责任的准则、标准或体系。

（二）社会主义市场经济体制的确立

1992 年召开的党的十四大正式提出了建立社会主义市场经济体制的目标。1993 年，党的十四届三中全会作出了《关于建立社会主义市场经济体制若干问题的决定》，我国开始进行社会主义市场经济体制改革。市场经济体制改革激发了各类市场主体的活力。一方面，国有企业被赋予了生产经营决策权、产品销售权、资产处置权等经营自主权。经过不断的改革创新，我国国有企业已经建立起现代企业制度，成为真正的市场主体。另一方面，市场微观主体由单一公有制经济下的国有企业转变为国有企业、集体所有制企业、混合所有制企业、民营企业、外资企业、个体工商业等多种市场主体并存。在市场经济条件下，各种类型的企业都具有经济属性和社会属性双重属性。这就决定着，企业在追求自身利益最大化的同时，应树立起对利益相关者的责任意识和对社会的全局意识。

（三）经济全球化对市场的重塑

20 世纪 90 年代以来，随着经济全球化的不断深化，各国市场分工协作及相互融合的程度日益加深。这一趋势使各国企业之间的联系比以往任何时代都更加紧密了，全球企业逐渐在国际竞争和合作中形成新的“命运共同体”。经济全球化对我国企业责任的影响主要有三个方面。第一，在经济全球化浪潮下，外资企业的大量涌入，进一步促进了企业社会责任概念在我国的广泛传播。第二，我国自 2001 年加入世界贸易组织（World Trade Organization，WTO）后，更加广泛深入地参与到全球经济活动中，企业社会责任作为新一轮经济全球化的重要特征，也受到越来越多中国企业的关注。第三，全球市场需求和国际及非政府组织的社会化，促使了我国企业对企业社会责任的被动接受。例如，一些非政府组织和跨国公司专门为中国企业起草了“行为守则”。

（四）经济增长导致的不可持续问题

中国经济多年来的快速增长无疑大大推动了社会进步，但同时对社会和环境造成了重大挑战。企业的不道德、不负责任和不受监督的行为越来越多，导致侵害社会和环境的行为加剧以及环境退化。在生态环境方面，面临着水资源短缺、空气污染、资源消耗增加、资源枯竭、环境退化和污染等挑战。在社会方面，劳动条件、公众和职业健康、产品和食品安全、城乡差别、诚信问题以及诚信经营等是企业忽视社会责任问题的高发区。这些问题的出现已经引起了广大城乡居民的强烈不满，并且影响了经济的可持续发展。因此，企业应通过战略性、创新性的思维和实践，竭力解决环境问题并切实承担起应当承担的社会责任，从而获得更好和更健康地发展。目前中国的一些成熟企业已经纷纷把承担社会责任作为其经营战略的组成部分。

三、企业社会责任的历史发展脉络

"企业社会责任"的概念于19世纪产生于英美等西方国家，源起于对企业唯利是图行为的修正。在过去几十年中，企业社会责任已经从一个狭隘的、往往处于边缘地位的概念发展成为一个复杂的概念。这个概念日益在今天的许多企业决策中占有一席一地。纵观"企业社会责任"的发展，大致可以划分为以下几个阶段。

（一）"企业社会责任"概念的萌芽

1895年，美国芝加哥学派社会学家阿尔比恩·斯莫尔（Albion W Small）在《美国社会学杂志》创刊号上呼吁"不仅仅是公共办事处，私人企业也应该为公众所信任"，标志着企业社会责任观念的萌芽。

1923年，英国学者欧利文·谢尔顿（Oliver Sheldon）在美国进行企业管理考察时提出了"企业社会责任"概念。在《管理的哲学》一书中他把企业社会责任与企业经营者满足企业内外各种人类需要的责任联系起来，并认为企业社会责任含有道德因素在内。一般认为，这是迄今为止对"企业社会责任"的最早描述。

随后，支持或反对企业社会责任的争论持续了几十年。其中，最为著名的是20世纪30年代初美国法学界的"伯利-多德论战"（The Berle-Dodd Debate）。自1931年起，美国哥伦比亚法学院的阿道夫·A. 伯利（Adolf A Berle）与美国哈佛大学法学院E. 梅里克·多德（E Merrick Dodd）在《哈佛法律评论》上发表了一系列文章，就"企业应该对谁负责"展开了一场旷日持久的大规模论战。伯利认为管理人员只对公司的股东负责，而多德则认为管理人员的职责范围更广。多德的论点的核心是管理人员除了对股东负有经济责任外，对社会也负有责任，因为现代大公司是"法律允许和鼓励的，主要是因为它为社区服务，而不是因为它是所有者的利润来源"。这一推理成为断言企业负有社会责任的哲学基础。1954年，伯利在《20世纪的资本主义革命》一书中表示对多德的观点的完全赞成。虽然两位法学巨擘论战的议题并非企业社会责任，而是企业经营者的义务，但这场论战仍然像导火索一样引发了世界性的关于企业社会责任理论的热烈讨论。因此，这场论战被视为近代的企业社会责任议题的开端。

1953年，被称为"企业社会责任之父"的美国经济学家、格林内尔学院院长霍华德·鲍恩（Howard R·Bowen）出版了《商人的社会责任》一书，标志着现代企业社会责任的兴起，企业社会责任正式走进人们的视野。该书将企业的责任与社会联系起来，并提倡商业道德和对社会利益相关者的回应。在这本书中，他将企业社会责任定义为"商人具有按照社会目标和价值观去确定政策、作出决策和采取行动的义务"。鲍恩认为，企业应该超越盈亏，在更广泛的领域承担责任，与社会的目标和价值观相一致。他所谓的社会责任主义意味着，如果企业自愿承担这一责任，许多社会问题都可以得到解决。在此之后，经济学、管理学、法学、伦理学、社会学等多个学科的学者都对企业的社会责任产生了浓厚的兴趣，并使"企业社会责任"这一概念不断发展和深化。由于两次世界大战，直到20世纪50—60年代，这一概念才对社会产生重大影响。第二次世界大战后重建的经济繁荣以及经济繁荣所带来的日益严重的环境问题使企业社会责任开始真正进入大众的视野。

（二）企业社会责任的古典观

企业社会责任的古典观（classical view）也被称为纯经济观的企业社会责任。这种观点是传统经济学视角下的企业社会责任观，以古典经济学中的亚当·斯密（Adam Smith）的企业利润最大化理论和英国社会学家赫伯特·斯宾塞（Herbert Spencer）的社会达尔文主义思想作为其理论出发点。其核心思想是：企业利益和社会利益并无矛盾，企业管理者唯一的社会责任就是实现利润最大化。如果企业尽可能高效率地使用资源以提供社会需要的产品和服务，并以消费者愿意支付的价格销售它们，企业就尽到了自己的社会责任。因为企业解决了社会就业问题，还通过提供服务满足了公众的需求，这本身是承担社会责任的体现。

古典观的代表人物之一是美国经济学家、诺贝尔经济学奖获得者米尔顿·弗里德曼（Milton Friedman）。1970 年 9 月，他在《纽约时报》上发表了《企业的社会责任是增加利润》一文。他认为，在私有制自由经济中，企业对社会的唯一责任是在国家的法律框架和道德习俗范围内为股东实现利润最大化。使用"股东的钱"进行其他社会活动的行为是对私有财产和自由社会的否定。在他看来，这些支出可能减少股东的收益和员工的收入，或者通过价格转移给消费者。

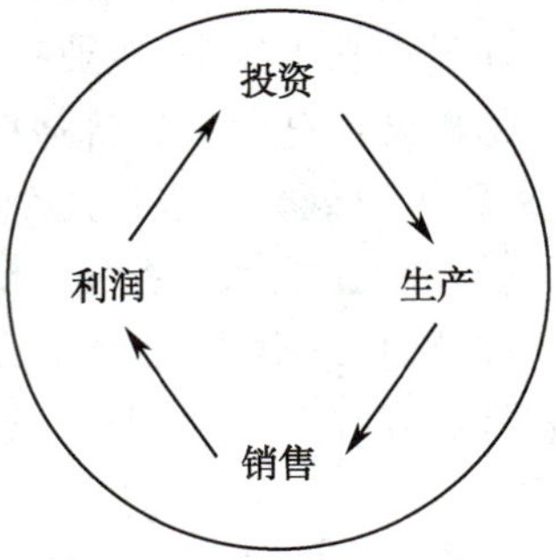

图 3-1 企业社会责任的古典观学派理论模型

持类似观点的学者还有西奥多·莱维特（Theodore Levitt）和弗里德里希·奥古斯特·哈耶克（Friedrich A Hayek）。尽管这种契约论观点由于其片面的责任观而饱受诟病，但它并没有被彻底否定，而是与企业社会责任的经济社会观在理论和实践中逐渐融合。该学派的理论模型如图 3-1 所示。

（三）企业社会责任的社会经济观

与企业社会责任的古典观相反的是企业社会责任的社会经济观（socioeconomic view）。这种观点是在与古典观相对抗的过程中缓慢发展起来的。它站在社会经济的立场上，认为企业不仅仅是经济机构，利润最大化是企业的第二目标。企业的第一目标是保证自己的生存。为了实现这一点，他们必须为其赖以生存的社区和社会作贡献，承担起维护社会经济可持续发展的义务和责任以及由此产生的社会成本。该学派的理论模型如图 3-2 所示。20 世纪 60 年代以来，尤其是 20 世纪 70 年代以后，企业社会责任的定义开始激增，变得更加详细和多样化，开启了一个企业社会责任理论分化和繁荣的时代。因此，持类似观点的学者众多，从不同的理论视角，这一学派归纳起来大致有以下几种情况。

1. 利益相关者视角的企业社会责任 利益相关者理论（stakeholder theory）主要是关于公司治理的理论，它是从对企业社会绩效评价的角度提出的。这一理论认为，企业的成功依赖于对其利益相关者管理能力。因此，必须平衡支持企业的不同群体的竞争需求，企业不仅要对股东负责，而且要对所有的利益相关者负责。只要是企业合法利益的利益相关者都应当从企业活动中获取利益，并且各类利益相关者的利益是平等的。它还提出了一种协商、沟通和评价制度，使所有利益相关者都被视为公司福祉的重要参与者。

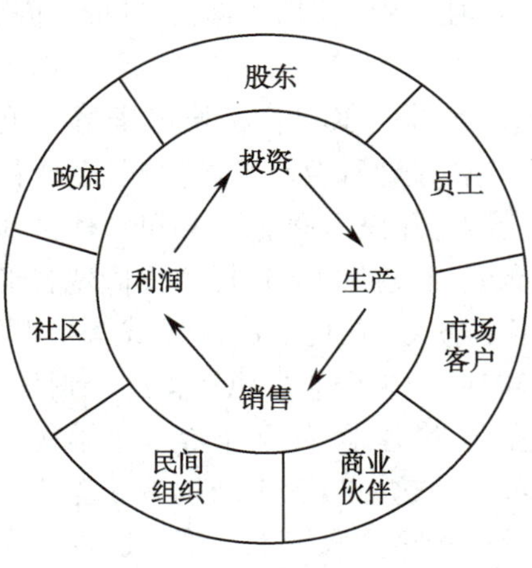

图 3-2 企业社会责任的社会经济观学派理论模型

在"股东利益至上"的企业理论指导下，企业对自身利益的无度追求带来了大量的社会问题，破坏了公共的利益，并逐渐引起了社会公众的不满。利益相关者理论就是在这一背景下产生的。1951 年，美国新泽西标准石油公司的前董事长弗兰克·艾布拉姆斯（Frank Abrams）

在《哈佛商业评论》上发表了一篇文章，指出“管理的职责是在各种直接利益集团的要求中保持公平和平衡。公司不仅要考虑利润，还要考虑员工、客户或广大公众”。1963 年，美国斯坦福研究所的一份研究备忘录最早提出了“利益相关者”这一概念。这份备忘录中将利益相关者界定为“那些除股东以外对组织存续具有重要利害关系的团体”。

1984 年，被誉为“利益相关者理论之父”的 R. 爱德华·弗里曼（R Edward Freeman）在《战略管理：利益相关者方法》一书中对利益相关者下了一个经典的定义：“利益相关者就是任何能够影响公司目标或受公司目标所影响的群体或个人。”这些利益相关者既包括股东、债权人、雇员、消费者、供应商，也包括政府部门、本地居民、当地社区、媒体、环境保护主义者等压力集团，甚至还包括自然环境、人类后代等与企业经营活动有直接或间接关系的客体。此后，“利益相关者”“利益相关者理论”等术语才得以广泛使用。“利益相关者理论”也成为企业社会责任领域最常用的理论之一。

2. **企业公民视角的企业社会责任**　随着时代的演变，大众对企业伦理的期待也逐渐提高，除了要求企业能自律地规范其自身行为之外，并进一步希望企业能负担更多的社会责任，以扮演好一个“企业公民”的角色。企业公民（corporate citizenship）理论将企业看成社会的一部分，认为企业同个体社会公民一样，既拥有社会公民的权益，同时也必须承担对社会的责任。这意味着企业不能只满足于在社会中做一个“经济人”，更要成为一个有责任感和道德感的“公民人”。企业在通过核心业务为社会提供价值的同时，也要向社会承诺应该负担的责任。

企业公民被定义为一种整合了基本社会价值、日常实践、运营和商业政策的行为模式。德克·马丁（Dirk Matten）等认为企业公民有三种表现形式：一是企业公民与企业慈善活动、社会投资或对当地社区承担的某些责任相近（有限责任）；二是要求承担社会责任的企业应努力创造利润、遵守法律、做有道德的合格企业公民；三是企业对社区、合作者、环境都要履行一定的义务和责任，责任范围甚至可以延伸至全球（延伸责任）。

具有企业公民理念的企业，其展现的作为通常包括：①强调可持续发展；②领先性的将此理念应用于本身的产业、运作及内部行为；③明智的参与有关未来将如何发展及各个社会部门将扮演何种角色与责任的讨论；④与他人（包括竞争者）共同努力于推动可持续发展议程；⑤确保其产品与服务的生产及提供合乎伦理的要求；⑥积极的推动及影响正向的内部与外部变革；⑦衡量其是否成功的方式不局限于财务方面；⑧就其成功进行内部与外部的沟通；⑨与利益相关者建立伙伴关系；⑩允许利益相关者参与企业的决策；⑪致力于建立人力资本、财务资本、生态资本及社会资本。

进入 21 世纪，几乎取代企业社会责任的企业公民身份经常出现在企业的报告和其他文件中。

3. **层级视角的企业社会责任**　企业社会责任层级理论主要探讨的是企业究竟应该承担哪些社会责任，这些责任之间的关系如何？它提出了企业社会责任的层次性，区分了企业应该承担的基本社会责任和高层次社会责任。

1971 年，美国经济发展委员会在其《企业社会责任》中用三个责任同心圈来说明企业社会责任的层级性：内圈责任是指企业必须有效地履行最基本的经济职能，如提供产品、工作机会及促进经济成长，即指使企业发展壮大的基本责任；中圈责任是指在敏感地认识到不断变化的社会价值和优先事项的情况下行使经济职能的责任，如向客户发布足够的信息、公平对待员工、改善与员工间的关系以及解决环境影响的问题；外圈责任是指在尽到内圈、中圈的责任基础上，那些新兴的、仍未确定的责任。企业主动积极地承担这些责任，投入到改善社会大环境中去。

1979 年，美国学者卡罗尔在《企业绩效的三维概念模型》一文中提出了“企业社会责任金字塔模型”（图 3-3）。在这个金字塔模型中，最底层是经济责任，即企业必须负有在生存前提下能够长期获利并满足消费者需求的责任，这是其他更高层次社会责任实现的基础；第二层是法律责任，即企业的一切活动都必须遵守法律的条款，依法经营；第三层是伦理责任，即企业的各项工作必须符合公平、公正的社会基本伦理道德，不能做违背社会公德的事，否则也可能导致社会谴责；第四层是慈善责任，即企业必须具有坚定意志和慈爱心怀，在个别判断及选择下，以自愿为基础、多样性的、超越法律与道德的企业参与社会活动与支持行为。它们是非强制性和非法律要求的。

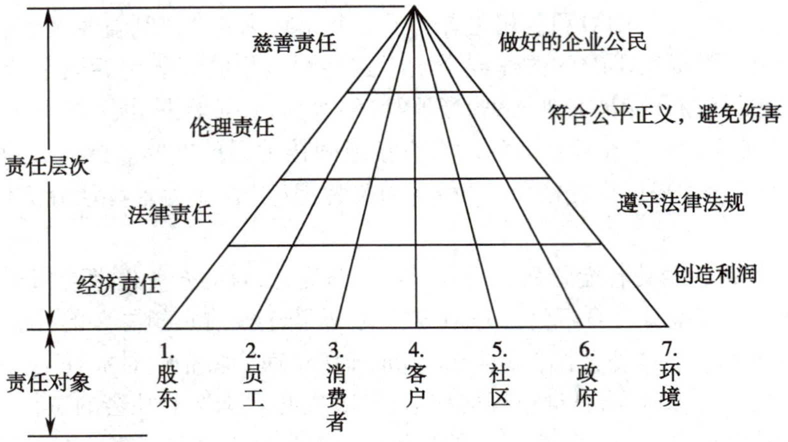

图 3-3　企业社会责任金字塔模型

在该模型中，卡罗尔并未将企业的经济、法律、道德和慈善责任等量齐观。他将这些责任赋予了不同的权重，尤其突出了经济因素在企业社会责任中的重要地位。经济责任、法律责任、伦理责任和慈善责任的权重分别为4、3、2、1。这一权数关系后来被称为卡罗尔结构（Caroll's construct）。

基于上述模型，卡罗尔提出了企业社会责任的四部分定义，即企业的社会责任包括社会在特定时间点对组织的经济、法律、道德和自由裁量的期望。这一定义至今仍被广泛认可和广为引用。

"企业社会责任金字塔模型"突出经济责任的观点得到了管理学大师彼得·德鲁克（Peter Drucker）的认可。德鲁克说，追求利润最大化是对企业最大的误解，甚至是诬蔑。他在《管理：任务、责任和实践》一书中开辟专章阐述"社会责任的限度"。他认为，对于一个企业家来说，仅仅是做得好还是不够的，还必须做好事。做好事首先必须做好企业。如果一个企业忽略了在经济上取得成就的限制并承担了它在经济上无力支持的社会责任，企业很快就会陷入困境，因此而损失企业取得成就的能力，那就是不负责任的。所以说，企业的经济责任是履行其他社会责任的前提和载体。

1997年，英国学者约翰·埃尔金顿（John Elkington）在《拿叉子的野人：二十一世纪企业的三重底线》一书中提出了"三重底线"（triple bottom line，TBL）模型（图3-4）。"三重底线"通常称为"3Ps"，即人（people）——社会底线，地球（planet）——生态底线，利润（profit）——经济底线。TBL概念认为企业应更加客观地看待他们对人类和地球的影响，企业的行为不仅要考虑经济底线，还应当充分考虑利益相关方与社会的期望，以及经营活动对经济、社会和环境可能产生的不良影响。

如今，越来越多的企业开始采用TBL这种新的方式来处理企业社会责任的无形概念，TBL强调使用经济、环境和社会绩效信息进行数据收集、分析和决策。这一概念要求公司不仅要考虑如何处理利润，而且要考虑公司是如何盈利的，并把重点放在公司运营对各股东的影响上。

图 3-4　企业社会责任"三重底线"模型

4. **社会契约视角的企业社会责任**　1982 年，托马斯·唐纳森（Thomas Donaldson）在《企业与道德》一书中提出从哲学思想的角度看待企业与社会关系。他认为，企业与社会之间存在着隐性的社会契约，这种契约隐含着企业对社会的一些间接义务。20 世纪 90 年代，唐纳森与托马斯·W. 邓菲（Thomas W Dunfee）在《联结的纽带：商业伦理的社会契约方法》一书中进一步提出了综合的社会契约理论，作为管理者以伦理方式作出决定的一种方式。综合的社会契约建立在人们熟悉的社会规范的基础之上，它是社区内行为规则的基础。该理论背后的主要思想是，商业组织的运作必须得到公众的同意，以便建设性地满足社会的需要。因此，企业应当将自身利益与社会利益统一起来，企业的经营活动离不开社会提供的各种资源。如果企业按照契约要求履行社会责任，企业就能够获得长远的发展。

5. **信息披露视角的企业社会责任**　霍尔德-韦伯（Holder-Webb）等人指出，"公司仅仅从事企业社会责任活动是不够的，向利益相关者提供有关这些活动的信息也是重要和可取的"。由于人们认识到财务报表漏掉了公司的重要信息，要求披露非财务信息的呼声越来越高。财务报表实际上只是通过提供财务指标来描绘公司的有限形象。因此，近年来非财务信息的相关性显著增加。非财务报告的出现可以看作是试图提高有关社会和环境问题的企业行动的透明度。此外，人们还认识到，披露非财务信息对于减少管理层和主要利益相关者之间存在的信息不对称至关重要，并使投资者能够更好地评估关键绩效领域，支持包括整个社会在内的更广泛的企业绩效观。随着对企业社会责任活动的兴趣增加，全世界的企业更愿意披露与企业社会责任绩效相关的信息。

第三节　健康企业承担社会责任的必要性及制度保障

传统的经济理论认为赚钱是企业家天经地义的责任，因为赚钱之后就会产生一系列的反应，让整个社会充满活力。但是，随着全球经济快速发展，各个国家在能源、资源和气候变迁等方面面临着前所未有的挑战，驱动企业朝低碳、绿色、负责任以及可持续发展的方向转型与创新。因此，企业在致力于经营活动的同时，应积极践行企业社会责任，以符合国际发展，并通过企业的公民担当提升对国家经济发展的贡献，改善员工、社区乃至社会的生活质量，促进以企业责任为本的竞争优势。健康企业社会责任的落实，除了企业自身的努力外，还需要国家提供相应的保障体系。

一、健康企业承担社会责任的必要性

企业承担社会责任的必要性源于企业与社会的共生关系。这种共生关系和谐的时候，就能促进企业和社会共同成长。因此，企业在自身发展与社会发展之间找到一个平衡点。换句话说，就是企业必须在确保正常经营并具备持续盈利能力的前提下，为改善社会福祉作出自身的贡献。不可否认的是，我国企业在追求经济效益快速增长的同时，还存在着违反商业道德，破坏生态环境，损害相关群体利益甚至违法乱纪的情况。如果不能妥善解决这些问题，企业就不可能有可持续发展的良好环境。

健康企业的生产经营活动与人民群众的生命健康休戚相关，涉及广泛的人群，牵涉面大。从这个意义上说，健康企业社会责任对无论企业自身成长还是社会发展都是必要的，并且这种必要性比一般企业更为突出。

（一）企业发挥组织社会性作用的需要

健康企业与其他社会组织一样，是社会的一分子。其生产经营活动离不开一定的社会环境，在经营活动中与社会发生经常性互动，并对社会环境产生一定的影响。一方面，健康企业应积极践行"呵护人的生命，造福人类健康"的企业宗旨，为顾客提供品质优良健康产品或服务，为人民

群众的生命健康保驾护航。另一方面,健康企业不仅是社会的细胞,更是社会健康发展的载体。现代社会发展的一个重要推动力量来源于企业,企业家成为社会的中坚群体。企业的社会责任已经成为制约经济发展与社会进步的重要因素,同时也成为衡量企业可持续发展的重要指标。因此,健康企业也肩负着给予社会力所能及的支持和赞助,促进社会发展的使命。企业社会责任使企业利益与社会利益得到有机统一。健康企业承担社会责任的行为,是实现企业成长与社会发展"双赢"的行为,可以为自身创造更为广阔的生存空间。

(二)企业维持各利益相关者之间契约关系的需要

健康企业作为"社会人",其生存与发展基于"社会的同意"。这种"同意"要求企业必须遵守社会的"游戏规则",不得对所赖以生存和发展的社会造成不利影响,不得损害各利益相关者的利益及社会公共利益。因此,企业对社会"游戏规则"的接受和自愿服从,也就意味着企业与社会达成一种契约,这实际上是对企业权利和义务的一种规约。这种"游戏规则"首先表现为正式的国家法律法规。这是一种"硬性的"约束,具有强制性,企业一旦违反,就会受到相应的追究和惩罚。如《中华人民共和国公司法(2018 修正)》第五条明确规定:"公司从事经营活动,必须遵守法律、行政法规,遵守社会公德、商业道德,诚实守信,接受政府和社会公众的监督,承担社会责任。"另外,它还表现为特定社会的伦理道德规范和风俗习惯,这是一种"柔性的"约束,企业一旦违反,将受到惩诫。如果健康企业把追逐金钱利润作为唯一目标,就可能失去底线,从事违反法律法规和伦理道德的行为。近年来,我国健康行业出现的毒大米、毒胶囊、毒奶粉、假疫苗等现象,都给社会大众造成很大负面影响甚至灾难性的后果,导致国家不和谐,人民不幸福。这些企业最终也会自取灭亡,企业家也难逃法律的制裁,直接导致员工失业,很多员工家庭也受影响。因此,健康企业践行"契约精神",就要求企业既要遵守国家法律法规,也要遵守商业伦理道德和社会公德,不能以利润作为自己唯一的目标,必须同时关切利益相关者和社会的整体利益。此外,健康企业还应考虑对他人是否有不利的影响,如是否会造成公害、环境污染、浪费资源等。

(三)企业国际化发展的需要

20 世纪 90 年代后,经济全球化浪潮使商品、技术、信息、服务、货币、人员、资金、管理经验等生产要素跨国跨地区的流动更加频繁,世界经济日益成为紧密联系的一个整体。因此,健康企业作为全球市场中的经济主体,既要面对全球化产生的影响,同时也在全球化过程中将自身的影响从国内拓展到国际社会。

一方面,国外成熟的市场经济已将是否承担社会责任作为衡量优秀企业的一个重要标准。当今国际市场竞争中,企业的经营理念已逐渐发生变化,传统的成本、质量、供货期等"硬件"只是最基本的要求,而社会责任等"软件"已经成为企业提高竞争力的重要因素。企业社会责任作为一种激励机制,对健康企业而言,是一场新的革命,更是提高企业开拓能力的动力源泉。越来越多的企业实践和研究成果证明,企业利润与社会责任之间并非对立关系,社会责任和企业绩效之间存在正向关联度。面对全球化的浪潮,健康企业必须切实履行企业社会责任,将其转化为实实在在的竞争力。另一方面,随着国际化程度的深化,企业对社会造成的影响已经不再局限于本国和本地区,而会波及与企业相关联的其他国家和地区的人民。因此,在国际市场中,健康企业也应当遵守所在国家和地区的法律法规、伦理道德和风俗习惯,致力于减少和杜绝国际公害事件,切实承担起促进人类公共福祉的责任。

(四)建设和谐社会的需要

进入 21 世纪后,随着构建和谐社会理念的提出,我国政府采取了一系列重要的措施促进经济社会的协调发展。不可否认的是,我国的一些企业在追求经济效益快速增长的同时,存在着违反法律法规和商业道德,破坏生态环境,损害相关群体利益的情况。如果不能妥善解决这些问题,企业就不会有可持续发展的良好环境,国家也不可能繁荣昌盛。因此,党的十六大以来,我国在经济发展中选择了一条全面、协调、可持续的"科学发展"的道路。

如前所述，承担社会责任是企业存在的理由，企业家有为国家和谐、社会进步和人民幸福承担责任的使命。在全面建成小康社会的历史时期，企业承担社会责任，维护利害关系人的利益，保护环境，正是贯彻科学发展观、构建和谐社会的需要。在构建社会主义和谐社会中，健康企业承担社会责任不应仅仅是一种简单的社会道德呼吁和企业文化理念，而且更应是企业必须付诸的社会实践。

二、健康企业承担社会责任的制度保障

（一）影响企业承担社会责任的因素

健康企业承担什么样的社会责任，承担多少社会责任，是由多方面的因素决定的。这些因素可以从健康企业内部和外部两个方面进行分析。影响企业承担社会责任的内部因素主要有企业文化、企业声誉、企业经营战略、企业规模和盈利能力以及企业所有制等。影响企业承担社会责任的外部因素主要有政府管制、全球化及跨国公司、社会舆论、媒体及非政府组织、投资者、消费者、行业竞争者以及所在国家或地区的经济发展水平等。

（二）健康企业承担社会责任的评价

所谓企业社会责任评价，是指通过一定的程序和过程，按照一定的标准或体系，通过直接或间接渠道收集企业的社会责任信息，对一定时期内的社会责任管理、实践和绩效进行评估，从而得到企业在一定时期内的社会责任水平或状况。健康企业社会责任评价就是通过对健康企业社会责任绩效的监测和评审，全面、深入、系统评估其社会责任战略、目标、计划执行情况的活动。到目前为止，我国对企业状况的评价仅限于对企业财务业绩的评价，缺乏对企业承担的社会责任的评价。因此，对健康企业进行科学合理的评价既能反映社会的期望，又能引领企业社会责任的努力方向。

从国际和国内看，企业社会责任评价仍然是一个新的领域。国外对于企业社会责任的研究较早的构建起了成熟的方法。早期的社会责任评价研究主要集中于声誉指数法、内容分析法和主观赋权法。此类评价方法存在明显的缺陷，声誉指数法主观色彩突出，内容分析法缺乏专有社会责任的报表和文件，内容分析存在偏差。利益相关者理论提出以后，各国学者又提出了基于利益相关者类别的社会责任评价体系，影响力较高的有外部利益相关者评价模式、RDAP（reactive——对抗型、defensive——防御型、accommodative——适应型、proactive——预见型）模式。

1997 年，国际社会责任组织（Social Accountability International，SAI）发布颁布全球首个道德规范国际标准——《社会责任 8000 国际标准（SA8000）》，为企业社会责任履行设置了标杆，社会责任评价成为企业社会责任研究的热点之一。2010 年 11 月 1 日，国际标准化组织（International Standard Organization，ISO）在日内瓦国际会议中心发布了《社会责任指南标准（ISO26000）》。2015 年 6 月 2 日，国家质量监督检验检疫总局和国家标准化管理委员会联合发布了社会责任系列国家标准，包括《社会责任指南》《社会责任报告编写指南》《社会责任绩效分类指引》，为我国企业社会责任评价提供了指引。2017 年 9 月，中国企业评价协会发布《中国企业社会责任评价准则》以后，我国社会责任评价机制开始与国际接轨，并且加入“中国元素”。

我国众多企业虽然所处行业不同，但基本上是选取股东、债权人、员工、消费者、社区、政府及环境作为评价主体而构建企业社会责任评价指标体系。国内学者关于企业社会责任评价方法的研究普遍采用的是层次分析法，且倾向于将层次分析法和模糊评价综合法结合起来运用，但由于此类方法易受评价者的主观影响，且对各指标的一致性有严格的要求。因此，关于企业社会责任的评价仍需探索出一种操作性和客观性都强的方法。

（三）健康企业承担社会责任的激励与约束机制

如前所述，企业承担社会责任的动因在于企业受到习俗、惯例等非正式制度以及以标准、法律等为形式的正式制度的约束。企业社会责任的驱动力有企业外部和内部两个来源。外部的驱

动力主要包括社会舆论的压力以及制度的约束，而内部的驱动力主要包括企业对自身经济利益的追求和道德价值的追求。无论来源于哪里的驱动力，最终都可以转换为对企业内部的激励与约束。

为了使企业更好地履行社会责任，就需要对企业进行适当的激励，通过激励机制的传递使个体利益与集体利益趋于一致，从而使企业在实现自身利益时自发考虑利益相关者以及社会的利益。具体而言，就是要在企业内外建立起企业社会责任的激励促成机制。对于健康企业而言，这一机制主要包括四个方面。

1. **建立各级地方政府的主导机制** 发挥卫生、保健、食品、药品、环保、质监、工商等政府部门在推进健康企业社会责任中的主导作用。要制订和完善有关强化健康企业社会责任的法律法规，建立相应的企业社会责任标准，开展企业社会责任评价活动，在政策机制上对企业形成激励和约束，加强对健康企业社会责任的监管和制约。

2. **建立全社会广泛参与的监督机制** 加大社会各界对健康企业社会责任的监督力度。要将企业信息公开机制引入健康企业社会责任制度中，引导健康企业通过多种形式及时、准确、全面地向社会通报企业在产品、销售、服务、环境保护、公益慈善等方面履行社会责任的情况。同时，要充分发挥好政府机关、消费者、新闻媒体以及公共舆论的监督作用。

3. **建立健康企业自我追求的激励机制** 不断增强企业家和员工的社会责任意识，引导健康企业把履行社会责任作为提高企业核心竞争力的重要内容，明确社会责任范围，规范自身行为，从而树立正确的企业效益观责任观发展观。

4. **建立严格追责的惩罚机制** 提高健康企业逃避社会责任的经济和法律成本。形成卫生、保健、食品、药品、环保、质监、工商等政府部门协同、联动的工作机制，加大对健康企业损害社会利益行为的处罚力度，促使健康企业在逃避社会责任前权衡利弊，三思而行，使之成为维护和促成企业社会责任的重要屏障。

本章小结

本章分析了企业社会责任的涵义、范围及内容，对企业社会责任的相关背景进行了交代，并梳理了企业社会责任的历史发展脉络。重点介绍了企业社会责任的古典观学派理论模型、企业社会责任的社会经济观学派理论模型、企业社会责任金字塔模型、企业社会责任“三重底线”模型。最后，结合健康企业的实际情况和特殊性，分析了健康企业承担社会责任的必要性及其保障。

（李维宇）

思考题

1. 企业承担社会责任应遵循哪些原则？
2. 试述健康企业承担社会责任的意义。
3. 健康企业承担社会责任的具体体现有哪些？

发展篇

04章

第四章 健康企业战略管理

本章要点

1. **掌握** 如何进行企业环境分析和企业资源与能力分析技术。

2. **熟悉** 战略目标的设定与选择，了解企业使命、愿景和实现战略目标的可持续增长战略以及规划业务组合方法。

3. **了解** 战略与企业战略管理的相关概念以及战略规划的过程；战略实施与控制过程以及相关的评价与控制方法。

导入案例

2017 年，家用电器巨头 MD 集团与医药公司 GY 集团签署战略合作协议，双方将在机器人及医疗器械开发、健康数据应用等领域进行多维度合作，希望打造“医药+科技”的跨界典范。

数据显示，目前我国医疗器械行业市场规模已近万亿元，年均增速达 25%以上，超过药品行业的增长。但我国医疗器械的销售收入只占医药行业的 13%左右远低于欧美 50%左右的整体水平。而机器人市场也进入高速增长期，2012—2017 年的平均增长率达到 28%，预计 2017 年我国机器人市场规模将达到 62.8 亿美元，行业前景广阔。

GY 集团拥有全国排名前列的医药批发分销配送网络及丰富的医药人才资源，在“十三五”期间将着力培育医疗器械，填补集团在医疗服务端的产业链缺口。MD 集团方面称，与 GY 集团的强强联合，双方将充分利用各自优势在健康管理和健康大数据开发方面开展合作，共建健康大数据中心，构建健康管理创新服务体系、开发健康服务软硬件产品。

企业战略管理是企业经营管理实践的产物。企业战略管理是企业高层管理者为了企业的长期发展，根据所处的外部环境和内部环境，对自身的资源、技术、能力等进行整合优化，分析评价战略目标，以确定企业战略的选择，并指导各职能部门实施与调整战略，最终实现企业的可持续性发展。企业战略管理对企业的未来发展有着越来越重要的作用，在企业管理中越来越凸显其重要性。

第一节 健康企业战略管理概述

一、战略的含义与起源

在我国，“战略”一词自古有之，“战”是指战斗和战争，“略”是指筹略、策略、计谋。在西方，战略一词来源于希腊文 strategos,其意是将军指挥军队的艺术和科学。将战略引入企业管理中,目前尚无统一的定义。不同的学者与经理人员给战略赋予了不同的含义。

哈佛大学安德鲁斯(K Andrews)认为,战略是目标、意图、目的,以及为达到这些目的而制订的主要方针和计划的一种模式,界定着正在或应该从事的经营领域和经营类型。美国的霍弗(Hofer)和申德尔(Shanghai Bender)认为,战略是组织目前的或计划的资源配置与环境相互作用的基本模式,表明企业如何实现自己的目标。美国的明茨伯格(Mintzberg)认为,不同场合赋予战略不同内涵,即 5P:plan,活动前制订的战略是一种计划;ploy,作为威胁和战胜对手的手段,战略是一种计谋;pattern,战略是一种模式,体现为一系列的行为;position,战略是一种定位,确定有别于又优于对手的竞争地位;perspective,战略是一种观念,体现战略家对客观世界固有的认识方式。

我国的一些学者认为,战略是指贯穿于一个系统在一定历史时期内决策或活动中的指导思想,以及在这种指导思想下做出的关系到系统全局发展的重大谋划。这种谋划的重点就是造就一种独特的"定位",竞争中做出明确的"取舍",加强各项活动之间的"配称性"。

二、企业战略管理的概念及特征

企业战略管理最初是由美国的安索夫(Ansoff)提出的。他认为,企业的战略管理是指将企业的日常业务决策同长期计划决策相结合而形成的一系列经营管理业务。后来斯塔纳(Steiner)则认为,企业战略管理是确定企业使命,根据企业外部环境和内部的经营要素确定企业目标,保证目标的正确落实,并使企业使命最终得以实现的一个动态过程。

由此可见,企业战略管理定义为在宏观层次通过分析、预测、规划、控制等手段,实现充分利用本企业的人、财、物等资源,以达到优化管理、提高经济效益的目的。企业战略管理是对企业战略的设计、选择、实施和控制,直至达到企业战略总目标的全过程。企业战略管理具有以下几个特征。

(一)全局性

战略是一个企业的发展蓝图,是企业进行经营管理活动的基础。企业战略也是对企业的未来发展目标和经营方向的规划和设计,它规定了企业的所有行为,并追求企业的整体效果,对企业的总体活动有着全局性、整体性的指导意义。总之,所谓的全局性,就是根据企业的整体状况来规定企业总的发展目标和发展规划。企业的全局性主要表现在以下几个方面。

1. **企业的战略要与整个世界的政治、经济和技术的发展趋势相吻合** 随着经济的发展,全球竞争的市场环境逐渐形成,这就要求企业战略必须综合考虑整个世界的政治、经济和技术的发展趋势,才有可能在激烈的全球市场竞争中取得胜利。

2. **企业的战略要与所在国家或者地区的政治、经济和技术的发展趋势相符合** 应综合考虑所在国家或者地区的法律法规、社会文化等方面,使得企业战略目标能够顺利实现。

3. **企业的战略要与行业的发展趋势相一致** 每个行业都有着自己与众不同的发展趋势,这就要求企业结合所处行业的特点制订企业的战略。

4. **企业的战略要与企业的实际状况和发展趋势相符** 每个企业本身拥有的各项资源、面临的竞争状况与企业的战略定位是不完全一致的,这就要求企业根据自己的能力、资源和战略定位等各方面综合考虑制订企业的战略。

(二)长远性

战略问题刻画的是企业在未来相当长的一段时间内如何生存和发展的问题。首先,企业战略着眼于长期生存和长远发展,确立了企业远景目标,并谋划了实现远景目标的发展轨迹及宏观管理的措施和对策。其次,围绕远景目标,企业战略必须经历一个持续、长远的奋斗过程,除根据市场变化进行必要的调整外,制订的战略通常不能朝令夕改,而应具有长效的稳定性。总之,所谓长远性，是指企业战略的着眼点是企业的未来而不是现在，是为了谋求企业的长远利益而不是眼前利益。因此，评价企业战略的标准，应看其是否有助于实现企业的长远目标和保证企业长期利益的最大化。

（三）竞争性

企业战略制订的目的是在激烈的市场竞争中能够克敌制胜，同时为了更好地面对来自各方面压力、困难和冲击而制订行动方案。它具有明确的竞争对手和竞争目的，就是为了能够在激烈的市场竞争中获得竞争优势，战胜对手，取得胜利。所以，企业战略具有很强的竞争性，而绝不是在“和平”状态下的企业计划。

（四）纲领性

企业战略规定了企业的长远目标、发展方向和企业的基本方针，以及企业所采取的基本措施和手段，这些一般都是原则性、概括性的规定，具有行动纲领的指导作用和意义。将企业的战略付诸行动，需要对战略进行进一步分解、展开和落实才能实现。但这并不是说企业的战略是单纯空洞的、毫无实际意义的口号，相反，战略的每一个规定都是有实质的内容与之相对应的。

（五）风险性

所谓风险性，是指企业战略对企业未来的谋划有实现不了的可能，这时就会给企业带来一定的风险。因此，企业的领导者必须有清醒的认识，并要对未来可能出现的风险做好充分的防范措施。

随着经济的发展，环境的不确定因素逐渐增加，因此，企业战略的制订和实施具有一定的风险性。企业面临的风险主要来自两个方面：一是不可预测和不可控制的外部因素，如自然灾害、战争等，这类问题因其不可预测性而给企业战略的实施带来一定的风险；二是虽然有些因素可以预测，但是企业的预测结果与实际的情况有很大出入，如科学的发展、技术的进步等，这些差距的存在导致企业战略具有一定的风险性。

虽然战略本身具有一定的风险性，但是战略的制订却是企业长期稳定发展所不可缺少的。企业战略的制订主要是为了抓住机会，而好的发展机会总是转瞬即逝，而且风险和机会、风险与收益又是相伴而生的。因此，企业要想获利，特别是获得较大的利润的话，就必须敢于冒险。另外，战略的制订就是为了抵御外界的压力、困难和未来的风险，因此，即便战略本身有风险，但是战略的制订仍势在必行。

（六）创新性

由于企业的战略具有一定的风险性，创新则是企业防范风险的最好途径。所谓创新性，是指企业在制订战略时必须从自身条件和外界环境出发，勇于创新、敢于冒险，制订出适合本企业发展的独特战略。根据波特的观点，“最佳的战略”就是“最终反映企业所处的具体情况的独特产物”。另外，创新使得企业在经营、工艺、技术、产品、组织等方面不断进行改进，从而在激烈竞争中保持独特的优势。

三、企业战略管理的层次分类

对于企业来说，战略管理可以划分为三个层次：公司层战略、业务层战略和职能层战略（图4-1）。

（一）公司层战略

公司层战略也叫公司的总体战略，就是对公司进行总体谋划或布局。主要是确定公司目标，选择经营领域和业务范围，决定实现目标的思路和途径，配置重要资源，协调各个业务之间的关系。重点是谋划未来的发展。

（二）业务层战略

业务层战略也叫经营业务单位战略，或叫分战略。它是围绕在选定的业务范围内或在选定

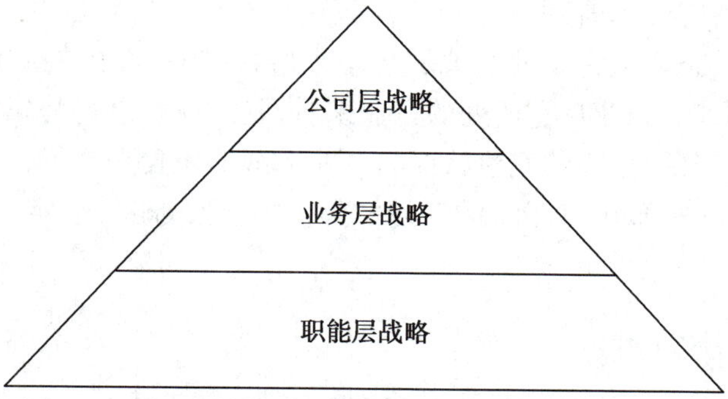

图 4-1　战略管理层次

的市场与产品区域内如何取得优势而制订的竞争策略组合。业务不同，其战略亦异。

（三）职能层战略

职能层战略是为了贯彻实施和支持公司战略与经营战略，针对企业特定的职能部门制订的战略，例如财务战略、技术战略、生产战略、人力资源战略、营销战略等。重点是提高资源的利用率。

三个层次的战略中，高层次的战略是制订低一层次战略的前提和条件，低层次战略是高一层次战略的支撑和保障，最终保证总体战略的实现。因此，总体战略的正确与否决定着公司的前途和命运。

四、企业战略管理过程

战略管理过程由四个相互关联的步骤组成，如图 4-2 所示。

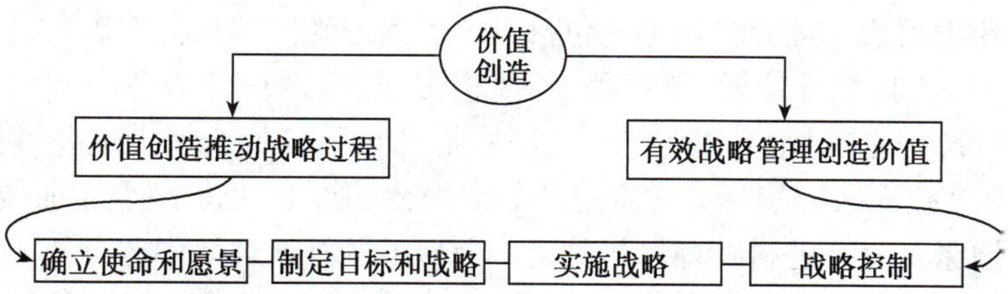

图 4-2　企业战略管理过程框架

（一）确立企业的使命和愿景

明确企业为什么要这样做，以及本企业立志要成为什么样的企业。

（二）制订目标和战略

根据企业的使命和战略形势的分析，确定企业的未来发展方向，以及如何实现使命和愿景。

（三）实施战略

实施战略以一种高效率和高效果的方式执行选定的战略。

（四）战略控制

对战略实施进行检查，评估该战略是否成功，是否为主要的利益相关者创造了价值，并提供反馈意见，及时调整战略和采取改进措施。

战略管理既起始又归结于价值创造上，过程中的每一步都集中于一个目的，即创造价值。

第二节　健康企业战略环境分析

任何一个组织都不是孤立存在的，总是要受到这样或者那样的环境影响。换言之，企业的发展离不开环境的作用。“存在即合理”,企业之所以可以存在,必然是和整个世界的政治、经济和技术的发展趋势相吻合;企业从它所处的地域环境来看,受到所在国的政治、经济、社会文化、技术、法律法规等因素的影响;企业从它所处的行业来看,受行业发展趋势影响;企业从自身的角度出发,离不开企业文化、资源、面临的竞争状况与企业的战略定位等要素。因此,分析企业外部环境和内部环境,把握企业外部和内部的优势与劣势,对企业战略的设定、选择、实施和控制影响深远。

一、企业外部环境分析

外部环境分析是指对企业所处的一般(宏观)环境和产业(行业)环境的非可控制因素进行现状与趋势分析,明确所带来的机会和面临的威胁,通过战略的制订,充分利用机会,尽量减轻或避开威胁。

(一)PEST 一般外部环境分析

一般外部环境分析主要是确认和评价政治(political)、经济(economic)、社会文化(social cultural)、科技(technological)等因素对企业战略目标和战略选择的影响,即 PEST 分析。

1. **政治环境因素** 政治环境因素是指对企业经营活动具有现实的作用与影响的政治体制、政治制度、方针政策、政治力量,同时也包括对企业经营活动加以限制和要求的法律和法规等。这些因素常常制约、影响企业的经营行为。它规定了企业可以做什么,不可以做什么,同时也保护企业的合法权益和合理竞争,尤其是影响企业较长期的投资行为。

2. **经济环境因素** 经济环境因素是指一个国家或地区的经济制度、经济结构、经济类型、经济发展水平、消费结构与消费水平,以及未来的发展趋势等。衡量这些因素的经济指标有实际国民生产总值、政府支出总额、利率、汇率、通货供应量、平均实际收入、平均消费水平、消费支出分配规模等。

3. **社会文化环境因素** 社会文化环境包括一个国家或地区的社会性质、人们共享的价值观、文化传统、生活方式、人口统计特征、教育程度、风俗习惯、宗教信仰等各个方面。这些因素是人类在长期的生活和成长过程中逐渐形成的,人们总是自觉不自觉地接受这些准则作为行动的指南。变化中的社会文化因素影响社会对企业产品或服务的需求,也能改变企业战略的选择。

4. **科技环境因素** 企业的科技环境指的是企业所处的社会环境中的科技要素及与该要素直接相关的各种社会现象的集合,包括国家科技体制、科技制度、科技水平和科技发展趋势等。随着科学技术的发展,新能源、新材料、新技术和新工艺等的出现与运用,企业在战略管理上要做出相应的战略决策,以获得新的竞争优势。

一般环境因素或力量对任何经济组织都是客观现实的存在,因此仅对一般环境的分析还是不够的,还必须对企业所在的或想进入的产业环境进行深入的分析。

(二)5F 产业环境分析

著名战略管理理论专家迈克尔·波特为产业竞争分析提供了一条清晰的思路。按照波特的“五力”模型,产业中存在着五种基本竞争力量,即潜在的竞争者、行业内现有企业间的竞争、替代品生产者的威胁、供应商的讨价还价能力以及购买者的讨价还价能力(图 4-3)。

波特的竞争“五力”分析模型扩大了竞争环境分析的范围,不仅包括了产业内直接竞争对手之间的竞争,也包括供应者的力量、顾客的力量、替代产品或服务的威胁,以及新进入者的威胁。这五种力量结合在一起就决定了一个行业中竞争的性质和程度,同时也决定着该行业的盈利潜力。之所以如此,是因为这五种基本的竞争力量影响着该行业内的产品价格、成本和所需的投资,即影响着盈利率的诸要素。

1. **行业内企业之间的竞争** 行业内企业之间的竞争直接对手之间针锋相对的争斗是一种最明显的竞争力量。分析企业之间的竞争可以帮助确定该行业所创造的价值有多少花在了竞争

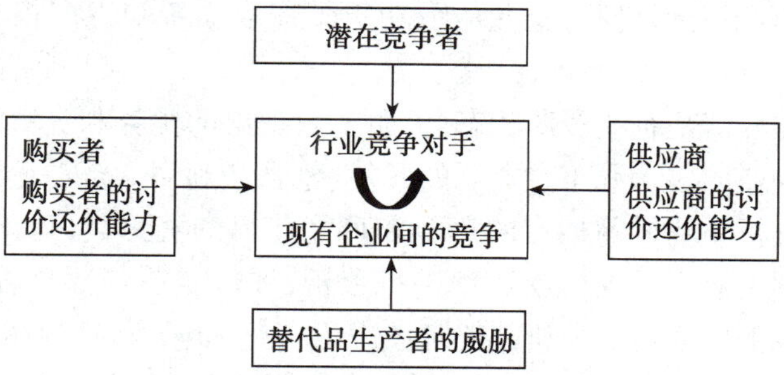

图 4-3　波特的“五力”模型

上。价格竞争、产品或服务的差异性、产品或服务的革新和广告战是常见的竞争手段。竞争对手的数量和实力、行业增长速度、产品或服务的特点、固定成本的高低、生产能力过剩或不足、退出行业的壁垒等，决定了行业内企业之间竞争的激烈程度。

2. **供应者的讨价还价能力**　供应者通过提高价格，或通过降低货物的质量或数量影响购买者盈利的能力。实力强大的供应者对于购买方是一种威胁，威胁的强度取决于供应者的数量、有无替代品或服务、购买者的重要性、购买者的转换成本、供应者的前向一体化。

3. **顾客的讨价还价能力**　顾客的力量能够影响销售的条款和条件。当该能力强时，它们可以通过要求更低的价格或在同样价格下更好的质量或额外的服务等方式得到行业所创造价值的更多部分。顾客购买量、产品差异性、更换供应商的成本、后向一体化的可能性等，对供应企业都将构成威胁的力量。

4. **新进入者的威胁**　新的竞争对手的进入会产生新的生产能力，在市场份额、重要资源和增加多元化方面引起新的竞争，从而会破坏已有的竞争态势。新进入者的威胁大小取决于该行业中企业所建立的进入壁垒，以及该行业的有利可图性。在假定行业是有利可图的情况下，进入壁垒低，新进入者的威胁就大。进入壁垒的高低取决于规模经济、产品差异性、资本的需求、分销渠道、行业熟悉程度、政策法规许可要求等。

5. **替代产品**　替代产品是指具有同样功能或用途的其他产品。替代产品会对某个行业的产品或服务设定最高的价格限制，因为，如果替代产品能够满足同样的需要，顾客就转而购买那些相对比较便宜的产品或服务。其威胁取决于性价比，造成的竞争压力来自技术进步。

根据上述竞争结构分析模型，战略管理者通过竞争力量的来源分析，弄清企业的优劣势，把重点放在三个方面：一是在特定行业中确定企业最恰当和可防卫的战略定位；二是选择在本企业参与竞争的那个行业里保持和改善其竞争地位的战略；三是考虑采用多元化战略时选择进入的新行业。

二、企业内部环境分析

企业的战略选择是建立在许多考虑之上的，除了前述的外部环境分析，其中最重要的一点就是要了解自己的优势和弱势，而这一理解来源于企业内部环境分析的结果。有了这种了解，企业就能扩大其优势来充分利用所出现的增长机会，对抗外部威胁，或者设法克服或改进其缺点。

（一）资源分析

企业的经济活动必须建立在自身的资源禀赋之上。所谓资源是指企业所控制或拥有的有效要素的总和。企业资源根据是否容易辨识和评估，可分为有形资源和无形资源。有形资源是指可见的、能量化的资产，如厂房、设备、资金等，价值可以通过财务报表予以反映。有形资源包括四类：财务资源、实物资源、人力资源、组织资源。无形资源是指那些根植于企业的历史，长期积累下来的、不容易辨识和量化的资产，如专利、专有知识、创新能力、品牌商标、商业机密人脉关系、声誉等。无形资源可分为两大类：技术资源和声誉资源。与有形资源相比，无形资源更具潜力。在全球经济中，相对于有形资源，企业的成功更多地取决于知识产权、品牌、商誉、创新能力等无形资源。

企业资源分析旨在弄清楚企业资源状态、资源上表现出的优势和劣势，以及对未来发展目标存在的资源缺口等。企业的成功源于对资源的开发、整合和利用。资源分析主要包括四个方面：一是分析现有资源。分析企业目前拥有的资源和可能获得的资源量，列出资源清单。二是分析资源的利用情况。原则上运用投入产出比率进行分析，评价企业资源是否实现了集中、有效、弹性利用。三是分析资源的应变力。分析战略环境发生变化，企业资源对环境变化的适应程度，尤其是重点分析那些对环境变化特别敏感的资源。四是资源的平衡分析。根据企业经营现状和发展趋势，分析企业各项业务对资源的需求、余缺及可能采取的调节措施。

（二）能力与核心能力分析

企业能力是指企业整合内外部资源，使价值创造不断增加的技能。一般而言，资源本身并不能产生竞争能力，竞争能力源于对多种资源的特殊整合。企业能力主要包括企业融资投资能力、技术研发能力、生产管理能力、市场营销能力、组织管理能力和企业文化力等。能力分析就是分析这些能力对构成企业竞争力要素（时间、质量、成本、服务、品种）的贡献程度。

普拉哈拉德（C. K. Prahalad）和哈默（G. Hamel）将核心能力定义为："核心能力是组织中的积累性学识，特别是关于如何协调不同的生产技能和有机结合多种技术流派的学识。"从企业本质上来看，核心能力就是企业发展独特技术、开发独特产品和创造独特营销手段的能力。核心能力具有三个明显的特征：一是能够为客户和企业带来巨大的价值；二是能够支撑多种核心产品；三是竞争者难以复制或模仿。

企业核心能力的组成因素包括四个方面：一是全体员工的知识和技能的水平与结构。企业核心能力的形成不仅取决于企业大的战略决策，更经常依赖于企业全体员工做出的成千上万个小的日常决策，恰恰是这些小的日常决策是竞争对手模仿不了的，而员工的知识和技能又决定了日常决策的质量。二是企业的技术体系，包括技术的硬件体系和软件体系。三是企业的管理体系，包括企业的管理思想、管理理念、管理方式、管理方法及手段，企业战略管理及其他职能管理等。四是企业文化。企业文化是企业核心竞争力的重要组成部分，是竞争对手很难模仿的。

分析企业核心能力，就是分析企业哪些能力的构成要素能产生持久性竞争优势（一直领先于竞争对手的经营业绩）。判断产生持久性竞争优势的能力的标准包括价值性、独特性、难模仿性和不可替代性。

（三）价值链分析

迈克尔·波特提出的价值链是用于战略制订的一个重要的工具。价值链是指企业内部所有相互不同但又相互关联的增值活动所构成的集合体（图 4-4）。

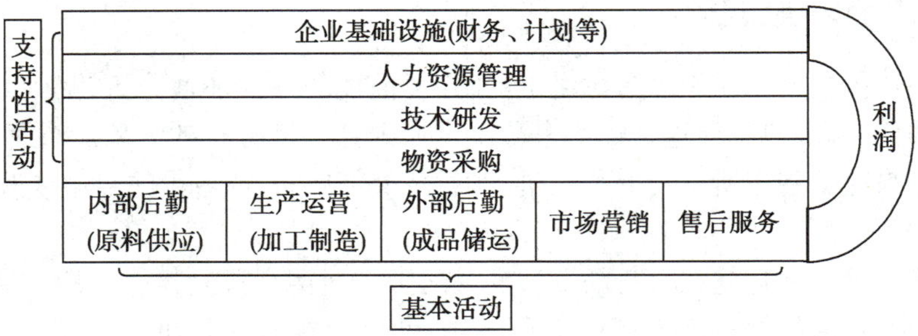

图 4-4　价值链

价值链中的价值活动分为两大类，即基本活动和支持性活动。基本活动涉及生产实体的产品、销售产品给购买者以及提供售后服务等活动。而支持性活动是以提供生产要素投入、技术人力资源以及企业范围内的各种职能等,来支持企业的基本活动。

价值链分析及其意义:一是对价值链每项活动进行分析,以发现企业存在的优势和劣势;二是分析价值链中各项活动的内在联系,优化跨部门活动的连接,产生协同效应;三是通过分析财务来了解每项活动的相关成本,以及它的利润来源,抓住关键,甚至有所取舍,实行有效的业务外包;四是分析比较竞争对手的价值链,扬长避短,重构企业价值链,实施差异化竞争;五是把企业价值链职工配备嵌入到诸如供应商、销售商、客户或合作伙伴等范围更广泛的价值链系统中进行分析,以实现供应管理。

三、企业环境评价

SWOT 综合评价是企业在外部环境和内部条件分析的基础上,对战略环境的各种因素和力量进行系统评价,从而为制订和选择企业战略提供参考依据的常用方法。S(strengths)是指企业内部的优势;W(weaknesses)是指企业内部的劣势或叫弱点,企业内部的优劣势是相对于竞争对手而言的;O(opportunities)是指企业外部环境的机会;T(threats)是指企业外部环境的威胁。

SWOT 评价的一般步骤如下。

1. 根据外部环境分析,列出企业的发展机会(O)和威胁(T)。
2. 根据内部条件分析,列出企业目前所具有的优势(S)和劣势(W)。
3. 绘制 SWOT 矩阵。这是一个以外部环境中的机会和威胁为一方,企业内部条件中的优势和劣势为另一方的二维矩阵。
4. 进行组合分析。对于每一种外部环境与企业内部条件的组合,企业可能制订或选择的战略方案有:SO 方案、WO 方案、ST 方案和 WT 方案。

表 4-1 所示为某公司经过 SWOT 评价后分析归纳的总结示例。基于企业经营者对经营环境和竞争态势的不同认知,其分析结果自然有所不同,但 SWOT 的呈现方式有助于提升企业经营者的竞争逻辑与思路。

表 4-1 SWOT 评价矩阵

战略方案选择		S 优势	W 优势
		1. 文化理念新 2. 技术条件优 3. 经营机制活 4. 信誉程度高	1. 冗员多素质偏低 2. 专业人员难控制 3. 管理基础工作弱 4. 资金调度能力弱
O 机会	1. 本行业发展迅速 2. 劳动力资源充裕 3. 消费需求变化快 4. 城市设施压力大	SO 方案 利用机会 积极发展	WO 方案 加快变革 主动适应
T 威胁	1. 竞争对手多 2. 法规不健全 3. 价格战激烈 4. 投资额度大	ST 方案 发挥优势 减轻威胁	WT 方案 调整决策 实行整合

第三节 健康企业战略目标设定与战略选择

无论过去、现在和将来,目标都是企业的力量源泉、精神支柱和立身之本,是企业的一切行动的根本出发点和落脚点。根据企业环境的分析，基于自身企业的特点，设定企业的战略目标，制订公司战略组合，是企业战略管理的核心内容。

一、企业战略目标设定

目标就是企业预计实现的东西，而战略就是实现企业所设定的目标的途径。战略目标是用来推动并指导企业行动的指针。战略目标是在既定的企业使命前提下，企业在一个规定的时间内所希望达到的业绩水平及业绩标准。

随着我国市场竞争的日益激烈和市场经济体制的不断成熟，顾客导向成为企业生产经营活动的出发点。而药品是与人们生命密切相关的一种特殊商品，因此在药品营销管理链条上涉及的因素就更为广泛，健康企业要想获得长期的可持续发展，更需要在营销战略的设计上投入更多的关注和努力。准确制订适合健康企业的市场营销战略，首先必须理解组织的整体战略规划过程。

公司范畴的战略规划（strategic planning）是指企业从长远利益出发，在分析外部环境和内部条件的基础上，确定企业目标，对企业营销活动进行总体的、长远的谋划过程。它决定了企业能否与市场营销环境的发展变化相适应，是一种总体的、较长期的、适当超前的、高瞻远瞩的规划，用于指导市场营销战略和计划。而战略规划的核心实质上是一个环节，这个环节是指在组织目标、组织能力与不断变化的市场机会之间建立和维持战略适配的过程。健康企业所处环境与一般企业有着很大的差异，相比较而言，健康企业所受到的政策制约较多；同时，它所经营的商品是具有特殊性的，不可随意使用。因此，健康企业若想在特定的情境、目标、机会和有限的资源下谋求长期生存和发展，就必须制订企业发展战略。

制订战略规划首先要确定整体目标和使命（图 4-5），也就是确定企业的总目标和大方向，然后将大方向转变为指导整个企业的相应的具体目标，然后是规划业务组合和选择适合公司发展的产品，以及给予每种业务或产品的支持，相应地，每一种业务和产品单位都要制订详细的市场营销计划以及其他部门计划，以支持企业层面的计划。最后，针对特定市场营销机会制订更加详细的计划，有力地支持公司整体的战略规划。

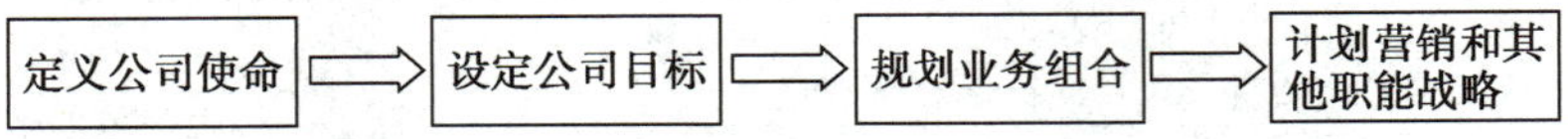

图 4-5　战略目标规划的步骤

（一）企业使命、愿景、宗旨与价值观

“道、天、地、将、法”是《孙子兵法》开篇理念，它介绍说军队在战争开始前，要首先考虑“道”，即明确出师的使命，才可以做到君民、将士上下同心，生死与共。当今的企业争夺市场，就如历史上的英雄争霸。市场如战场，能最终成就大事者，都是首先明确了自身的“道”，从而顺应民心，并最终赢得顾客和市场。

传统企业是以公司本身利益为中心，而现代企业则是以市场需求为中心来安排生产经营活动的，其核心是事事处处以得到顾客的满意为目标，从而扩大销售，获取最大利润。这一核心思想阐明了企业的根本性质与存在的目的或理由，也就是企业的使命——它能使企业产生合力，统一各个部门的思想，为顾客创造价值；亦能够说明企业的经营领域、经营思想，明确企业在满足社会需求中所承担的责任，表明对未来较长时间内企业发展的愿望，为企业目标的确定和战略的制订提供依据；同时，对内部员工和外部顾客均能产生吸引和鼓舞的作用。优秀的市场导向使命要求企业回答以下问题：我们的企业是干什么的？谁是我们的顾客？顾客看重什么？我们的事业应该是什么？这些问题都需要慎重、完整、准确地回答。

使命陈述(mission statement)的思想最早由管理大师德鲁克提出,他认为企业必须有本企业的宗旨和使命的明确界定,制订清晰的企业使命陈述犹如一只“看不见的手”引导着组织中的每一个人。研究表明,拥有良好使命陈述的企业往往能够取得更好的财务业绩,得到更好的发展。例如,广州某医药公司旨在成为“中国医药供应链最佳服务商”,将本公司的企业使命陈述为“健康之桥,造福大众”,即要像一座无形的桥梁,一端将优质的医药产品引入流通领域,另一端连接医疗机构、零售药店和广大消费者,以服务来实现多方共赢,使企业的发展成果真正做到惠泽大众、回馈社会。

有很多健康企业认为自己是在“卖药”,明显地他们是从自身的角度来看待企业的性质,而没有仔细深入地考虑过人们真正的需求。实际上,人们需要健康,同时还需要良好的服务体验。例如,德国某制药企业的使命是“我们为社会提供卓越的产品与服务,以革新方案提高生活质量并满足客户需要,为员工提供有意义的工作与发展机遇,并使投资者得到巨大的经济回报率。作为一个全球性的公司,我们的职责是要维护并且改善人类的生活……”这些使命构成了该企业的战略和策略基础,强调了一切活动都围绕着顾客进行,具有明确性和激励性。表 4-2 提供了一些公司的例子,对比产品导向的和市场导向的业务定义有何不同。

表 4-2　产品导向和市场导向的业务定义

公司	产品导向的定义	市场导向的定义
美国 LL 公司	致力于产品的研发、生产、销售以及服务	我们通过提供创新的药物、信息和出色的客户服务,为客户提供“回应与承诺”,使人们生活得更长久、更健康、更有活力
德国 BE 公司	在医药保健、作物营养、高科技材料领域中,进行创新、成长与创造更多价值	我们承认并且理解,公司是身负社会及道德责任的企业公民,并承诺秉持可持续发展原则
HWXC 药店	我们开设连锁店	我们为现代都市人的健康保驾护航,致力成为他们的家庭医生、健康顾问
北京 TRT	恪守“炮制虽繁必不敢省人工,品味虽贵必不敢减物力”的传统古训,树立“修合无人见存心有天知”的自律意识,确保了同仁堂金字招牌的长盛不衰	以现代中药为核心,发展生命健康产业,成为国际驰名的中医药集团

一个公司的使命不应该仅仅说成做出怎样的产品、增加多少销量、获取多高利润。产品和技术最终总会过时,始终不变的是基本的市场需求。企业使命若以产品为导向将会导致市场营销“近视症”。因此,企业使命必须以市场为导向,才能永葆活力。

一个企业不必刻意追求一个伟大的理念,而是要切合自身实际,确立一套能激励和凝聚员工的理念,并贯穿渗透下去,形成全体员工的共同目标,使它成为能在竞争中取胜的“利器”。美国学者佛雷德・R. 戴维提出企业使命陈述的基本要素,他认为应该从九个方面来思考和阐述企业的使命,它们分别是:①用户:公司的顾客是谁?②产品或服务:公司的主要产品或服务项目是什么?③市场:公司在哪些地域参与竞争?④技术:公司的基本技术和优势是什么?⑤对生存、增长和盈利的关切:公司是否努力实现业务的增长和良好的财务状况?⑥经营哲学:公司的基本价值观、信念和道德倾向是什么?⑦自我认识:公司最独特的能力或最主要的竞争优势是什么?⑧对公众形象的关切:公司是否对社会、社区和环境负责?⑨职工:公司是否视员工为宝贵的资产?

一个优秀的使命陈述是能对企业内所有个体行业都有影响力,能反映组织独特的优势,并将其建立在组织强势和弱点客观认识的基础之上,它必须是有足够的弹性并且现实可行的。

企业宗旨的确定必须研究企业与顾客的关系,明确回答两个大问题:一是现在的企业是什么？要分析现在的顾客，即谁是顾客？顾客购买什么？顾客的价值观是什么？二是企业将来应该是什么？要分析和确定潜在的顾客，即市场发展趋势及潜力如何？企业经营业务是否要改变或调整？

企业宗旨是体现企业担当的角色，如果没有明确具体的企业宗旨，就不可能制订出清晰的战略目标和实现目标的战略。一个企业的宗旨不仅要在创业之初加以明确，而且在遇到曲折或繁荣时，也必须予以再确立。一般来说，企业宗旨应定期进行分析，以决定是否需要改变。

企业愿景也称企业远景，它是指企业长期的发展方向、目的、目标、自我设定的社会责任和义务，明确界定了企业在未来发展环境中的形象与定位。愿景是人们的一种意愿的表达，它概括了企业的未来目标、使命及核心价值，是一种企业为之奋斗的心愿。一般来说，企业愿景被看作是企业的一种远大目标或追求，它明确界定了公司在未来社会范围里是什么样子，是公司需要花几年甚至十几年来实现的目标。企业愿景回答了“我们要成为什么”的问题，为企业前景和发展方向勾画出一幅蓝图。

企业价值观是指企业及其员工的价值取向，是指企业在追求经营成功过程中所推崇的基本信念和奉行的目标。从哲学上说，价值观是关于对象对主体有用性的一种观念。而企业价值观是企业全体或多数员工一致赞同的关于企业意义的终极判断。企业价值观简而言之，企业的价值观就是企业决策者对企业性质、目标、经营方式的取向所做出的选择，是为员工所接受的共同观念。

（二）企业战略目标

当企业使命确定后，公司需要将其转化为针对每一个管理层次的详细的支持性营销战略目标，将企业使命变得具体化、可操作化。营销战略目标是企业在一定时期内，根据企业外部环境变化和内部条件的可能，通过战略期内的营销行动来达到所预期的营销成果。如管理学大师德鲁克所说：“各项目标必须从‘我们的企业是什么、它将会是什么、它应该是什么’引导出来。它们不是一种抽象，而是行动的承诺，借以实现企业的使命；它们也是一种用以衡量工作成绩的标准。换句话说，目标是企业的基本战略。”它是实现企业营销使命，衡量营销战略行为，能使企业的各类资源发挥最大效能的具有挑战性、激励性的一个体系。

二、企业战略选择

（一）企业总体战略选择

企业在规划了业务投资组合计划后，还应对未来的业务发展方向做出战略规划，寻找公司未来要考虑的业务和产品。环境是在不断的变化当中的，只有发展创新才能使公司充满活力和激情。公司的目标必须是管理“有利可图的增长”。对于一个多元化或多种经营的大公司，一般可供选择的战略有发展型、稳定型和紧缩型三大类战略。

1. **发展型战略（developmental strategies）** 发展型战略也叫扩张型战略或增长型战略，就是公司在现实的基础上，扩大规模、扩大业务范围，或进入新的经营领域来实现增长。

营销战略对公司实现有利可图的增长负有主要责任。因此公司管理层除了考虑已有的各项业务的发展以外，还要寻求公司进一步的发展机会，因而还必须制订成长战略——成长是企业的氧气。企业管理者必须识别、评价和选择市场机会，并且为捕捉这些市场机会制订战略。确定成长机会的一种有效工具就是产品-市场扩展方格（product/market expansion grid），如表 4-3 所示。

表 4-3 通过产品-市场扩展方格识别市场机会

	现有产品	新产品
现有市场	市场渗透	产品开发
新市场	市场开发	多角化

（1）市场渗透（market penetration）：以现有的产品面对现有的顾客，在不改变目前产品的情况下，使发展焦点转为提高销量，力求增大产品的市场占有率。企业具体可以采用以下三类措施。

1）鼓励现有顾客进行更多的购买行为：如制药企业在销售产品时，注重向消费者宣传用药安全常识，提醒消费者定期清理家庭药箱中的陈药、过期药和失效药，这样不但可以让药品销售流转速度加快，而且能够得到消费者的好评和认可。

2）争取竞争者的顾客：在药品的销售促进工作中，企业必须要做到更加具有针对性，抓住消费者的真正需求，并将其有效传递给目标消费者，才能达到市场渗透的目的。尤其是在非处方（OTC）药品的促销中，准确把握本企业产品的特点并将其有效传递给目标消费者就显得尤为重要。

3）设法吸引新顾客：将必要的相关信息有效传递出去，有利于为企业争取到首次使用者。因此，企业通过卫生知识讲座、义诊等促销手段，可以在提高国民健康意识的同时也达到吸引新顾客的目的。

（2）市场开发（market development）：提供现有产品开拓新市场，企业具体可以采用以下三类措施。

1）寻找目标市场的潜在顾客：这些消费者尚未购买本企业产品的原因有很多，可能他们还不知道有这样一种产品，或者他们还没有意识自己需要这种产品等。出现诸如此类的情况时，企业应该加大宣传力度，或者调整宣传手段，使消费者知晓该产品。

2）寻找新的销售渠道：随着在临床上使用一定时期之后，药品的性质可能由处方药转变成非处方药，也可能会由非处方药再转为处方药。因此，企业可以增加药店销售路线，提高销量。

3）扩大销售区域范围：该方法在药品销售活动中运用比较普遍，目前制药企业一般将国内市场按地理进行划分，在各个地区设立办事处，并在当地招聘医药销售代表开展业务。如果某产品在华东市场取得成功，取得经验之后，就可以考虑在其他有条件的地区设立销售机构，使产品的销售区域进一步扩大。

（3）产品开发（product development）：推出新产品给现有顾客，企业利用现有的顾客关系来借力使力，改变规格档次、花色品种等，推出新一代或是相关的产品给现有的顾客，以扩大现有产品的深度和广度，提高该企业产品的市场占有率。目前，我国健康企业越来越重视新药的研究开发工作，也更加注重投入资金开发新产品，这也是提高健康企业实力的最根本途径。

（4）多样化（diversification）：提供新产品给新市场，采用这种策略需要企业能在销售、通路或产品技术等 know-how 上取得某种综效（synergy），这种战略可以充分发挥企业的资源优势，使得企业整体抗击风险的能力增强，但同时也是一种比较冒险的战略。

如果借用军事术语把营销中的市场开拓称为“攻城略地”，那么有效的市场推广手段则是“实现精准打击而非狂轰滥炸”。市场开拓讲究战略，市场推广手段讲究战术。

除了以上通过对产品-市场的分析制订的战略外，还有一体化发展战略（integrative growth strategy）。这种战略是指企业利用自己在产品、技术和市场上的优势，向企业外部扩展的战略。如果企业所在行业的吸引力和发展潜力大，而且企业在供、产、销等方面均有能力实行一体化，且能够带来规模效益，则应采取一体化扩展战略。这种战略分为三种形式（图 4-6）：水平一体化，前向一体化，后向一体化。

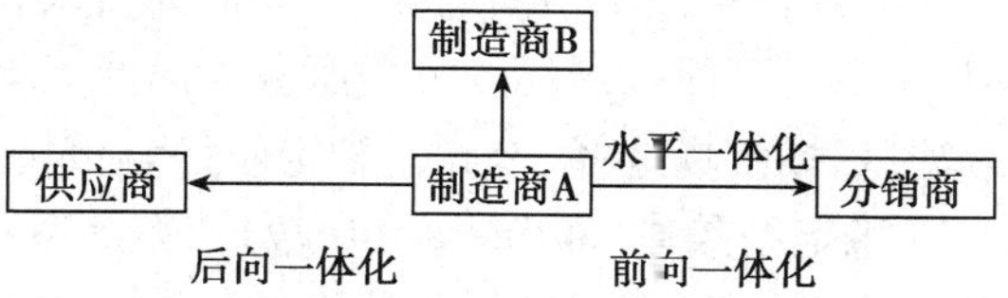

图 4-6　一体化成长战略

水平一体化是指实行各种形式的联合经营，或者争取同类企业的所有权或者控制权。这样可以取长补短，共同开发某些机会，更重要的是扩大规模和实力，发挥 1+1>2 的效应。前向一体化是指企业根据生产技术的可能条件和市场的需要，利用自己存在的优势，把成品进行深加工的战略，它是为获得原有成品深加工的高附加价值。换言之，企业控制或拥有整个或部分供应系统。2013 年，在“国家认定企业技术中心”的评价结果中，SY 集团的“国家认定企业技术中心”位列国内制药行业首位。作为制药企业的 SY 集团掌握了销售终端，目前通过合作、并购等方式，在中心城市和农村开办连锁药店、建立配送中心成为医药连锁企业规模化发展的主要方式。后向一体化是指企业利用自己在产品上的优势，自行生产原来属于外购的原材料或零件的战略。在生产过程中，通过获得供应商的所有权或增强对其控制来求得发展，它的物流是从反方向移动。换言之，企业控制或拥有整个或部分分销渠道。某制药公司在四川省内建立了三大中药材种植基地，其中名贵中药材基地近万亩、公司原料药材种植基地近 5 万亩，有效地提高了原料药的数量和质量，保证了生产药品的品质。

通过识别市场机会，公司不仅要为其业务组合制订增长战略，还要制订精简战略（downsizing）。企业希望放弃某些产品或市场的原因很多，可能是市场环境的变化使得企业的产品或市场失去盈利性；也可能是公司增长或进入了自己缺乏经验的领域。企业应立足企业自身，考虑多种因素，以科学决策为指导进行管理。

战略规划确定了公司的整体使命和目标。图 4-7 展示了市场营销的作用和活动，总结了管理顾客导向的市场营销战略和市场营销组合所涉及的主要活动。

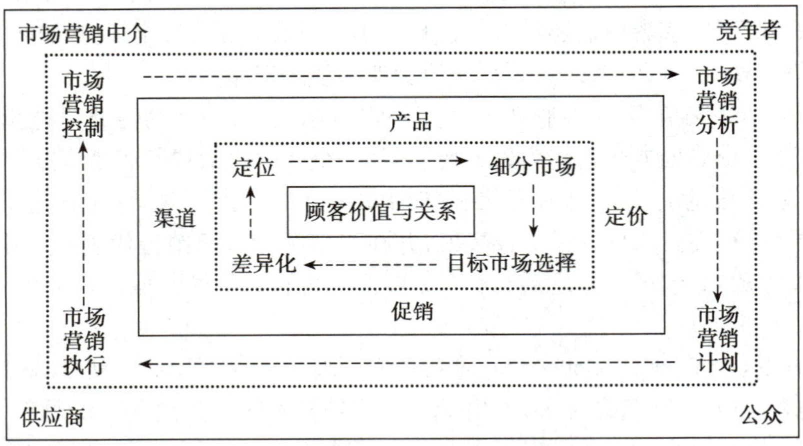

图 4-7 管理市场营销战略和市场营销组合

顾客永远居于中心地位，目的是为顾客创造价值和建立有利可图的客户关系。首先通过市场细分和选择目标市场来确定目标顾客；然后通过差异化定位为他们服务。在市场营销战略的指导下，通过设计由 4P（产品、价格、渠道和促销）构成整合的市场营销组合。公司致力于市场营销分析、计划、执行和控制，寻求最佳的市场营销战略和组合。

顾客、需求和购买力共同构成了市场，围绕着顾客需求的营销是指导企业发展前进的方向。在今天的市场竞争中获胜，企业需要从竞争对手中获取顾客或者是发展潜在顾客，然后通过递送更高的价值维护顾客关系。制订顾客导向的市场营销战略首先要了解顾客的需要和欲望。需要是营销的基石，它是一种固有的缺乏的状态，而欲望则是需要派生出来的，受社会文化和人们个性的限制。通过对需要和欲望的研究，把它们转化成顾客需求，则公司就可以获得更多的利润。

其中顾客有许多不同的类型，他们的需求各异，公司不可能通过为市场中所有的顾客服务来盈利，至少不可能以同样的方式服务。因此大多数企业寻找自己有优势的方面进行开发，通过细分市场、目标市场选择、差异化和定位设计市场营销战略并盈利。

2. **稳定型战略（stable strategy）** 企业以投入少量或中等程度的资源，保持现有产销规模和市场份额，达到稳固现有的竞争地位的战略。分为无增长战略和微增长战略。无增长战略就是维持经营方式不变、经营水平不变、竞争地位不变；微增长战略是在稳定的基础上有所增长或发展。

稳定型战略是内涵型战略，着力于企业内部的挖潜、调整和优化，抵抗外界的干扰，保证企业战略的连续性和公司的平稳发展，但是容易失去发展机会，致使企业发展缓慢。因此，一般是在企业势力较弱，希望保持现有的业绩目标，或外部环境恶化，一时又找不到发展机会，或在企业快速发展后需要转向内部调整，以及企业处于稳定增长行业或稳定环境中等情况下，考虑选择稳定型战略。

3. **紧缩型战略**（austerity strategy） 当企业的经营环境发生了变化，原本有利的环境在经过一段时间之后变得不利；企业所拥有的资源和发展前景发生了变化，原本能容纳许多企业发展的产业因进入衰退阶段而不能为所有企业提供最低的经营报酬，或是企业为了进入某个新的业务领域需要大量的资源投入，这时企业就需要考虑在目前的经营领域实行紧缩经营，甚至退出目前的业务或实施公司清算，即实行紧缩型战略。

紧缩型战略与稳定型战略和发展型战略相比，是一种消极的发展战略。企业实施紧缩型战略的目的，是收回用于某方面经营的资源。一般看来，企业实施紧缩型战略是短期的或暂时的权宜之计，主要是为了避开环境的威胁和迅速实现自身资源的最优配置，从某一业务领域撤出后，再向其他有利的业务领域转移。有时，只有采取收缩或撤退的措施，才能抵御竞争对手的攻击，可以说，紧缩型战略是一种以退为进的战略。

企业在原有经营领域处于不利地位，而又无力改变局面时，只有采取逐步收缩以观其变，或者完全退出另谋出路的战略。从企业经营风险的角度来看，紧缩型战略是一种躲避风险的战略，因为它使企业从风险较大、有可能使企业遭受重大损失的经营领域中撤退出来；从企业发展的角度来看，紧缩型战略是保全企业生存的战略，因为外部环境的恶化，企业不得不采取向后撤退的战略。

（二）企业竞争战略选择

竞争战略也叫经营单位战略，是指在给定的业务或行业内以什么为基础取得竞争优势的战略。

1. **低成本战略**（low-cost strategies） 所谓低成本战略又称成本领先战略，是指企业通过有效途径降低成本，使企业的全部成本低于竞争对手的成本，甚至成为同行业中最低成本，从而获得竞争优势的一种战略。低成本战略不等于低价格战略。

实行低成本战略需要一整套具体政策和措施，包括经营单位要积极建立大规模、高效率的设施，努力降低经营成本，严格控制成本费用，追求研究开发、服务、销售、广告等成本最小化。实行低成本战略要形成如图 4-8 所示的良性循环。

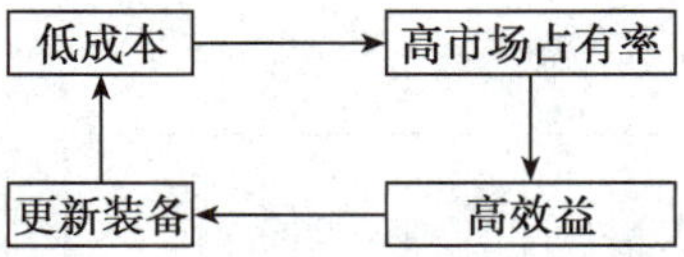

图 4-8 低成本战略的良性循环

2. **差异化战略**（differentiation strategy） 差异化战略是指企业向顾客提供的产品或服务与其他竞争者相比，独具特色，别具一格，从而使企业建立起独特竞争优势的一种战略。这种战略的核心是取得某种对顾客有价值的独特性。独特性包含多方面的内容，如产品或服务的好处、质量、方便性、一种特殊的保证、售后服务，或者来自成功销售所带来的时尚形象等。

3. **最优成本供应商战略**（optimal cost supplier strategy） 这种战略指的是低成本地提供优秀的差异化产品即利用成本优势制订比竞争产品更低的价格，通过为买方提供超值价值来建立竞争优势的战略。这一战略的竞争优势源于企业在质量、服务、特色、性能属性上紧跟竞争对手，而在成本上打败对手。采用这种战略，企业必须以低于对手的成本提供可比的产品性能、特色和质量。

4. **集中化战略**（centralization strategy） 集中化战略是指将企业的经营活动集中于某一特定的购买群、产品线的某一部分或某一地域性市场，通过为这个小市场的购买者提供比竞争对手更好、更有效率的服务来建立竞争优势的一种战略。

企业既可以通过差异化战略服务于某一细分市场，又可以通过低成本战略实现这个目标，因此集中化战略具有两种形式：一种是低成本集中化战略，即在细分市场中寻求低成本优势；另一种是差异集中化战略，即在细分市场中寻求差异化优势。

上述几种竞争战略的关系如图4-9所示。

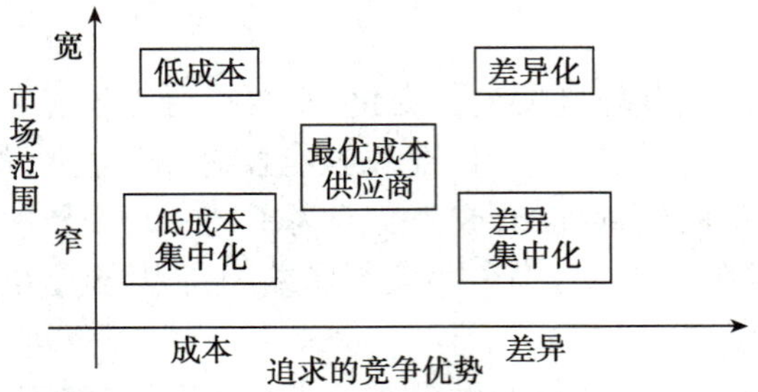

图4-9 几种竞争的战略关系

（三）企业战略选择方法

战略选择的方法很多，常用方法一般有：BCG矩阵法、SBU矩阵法、GE九象限法。

在公司使命和目标的指导下，企业管理部门应着手研究组成公司的业务和产品，对现有的业务和产品进行分析评价，确定资源在每个业务单元之间的合理分配，即规划业务组合（business portfolio）。业务组合是指组成企业的业务和产品的集合，这一概念是由美国一家咨询公司——波士顿集团（BCG）首先应用于战略规划的，该公司开发了增长-份额矩阵。而最佳业务组合（optimal business portfolio）是指能使企业的强项和弱项最好地适应环境所提供的机会的业务组合。公司业务组合规划分两步走：第一步，公司必须分析当前业务组合，并决定哪些业务应该减少投入或者不再投入，哪些业务应该得到更多支持。第二步，公司必须制订成长和精简的营销战略，以构建未来的业务组合。

组合分析（portfolio analysis）是战略规划中的主要任务，管理者借此对构成公司的各项业务和产品即业务组合进行评价。组合分析涉及两个步骤，第一，确定构成公司的战略业务单位（strategic business unit，SBU）。战略业务单位是公司中的关键业务，它是以企业所服务的独立的产品、市场或行业为基础，由企业若干事业部或事业部的某些部分组成的战略组织。一个战略业务单位的组成形式多样，可以是公司的一个产品或品牌、一个部门或者是一个部门中的一条产品线。其特点是：①它是单独的业务或一组相关的业务；②可指定自身的业务发展计划并能独立实施；③可以单独考核业务活动与绩效；④它有自己的竞争对手；⑤它有专职的负责人制订战略规划并掌握一定资源，通过实施战略规划为企业创造利润。第二，评估各个SBU的吸引力与经营效果，并且决定应该给予各项业务何种支持。当设计业务规划时，公司应增加和支持与公司的竞争能力和核心哲学紧密结合的产品与业务。

利用环境中最有吸引力的机会，寻求最佳途径使公司能够发挥自身优势是战略规划的目的。所以，大多数标准的业务组合分析都从市场或行业吸引力和地位这两个维度评价各个SBU。其中处于领导地位的管理咨询公司波士顿集团开发了一个较好的业务分析方法，称为波士顿矩阵。

下面通过“波士顿矩阵”（又称BCG增长-份额矩阵）来对企业的各个业务单位加以分类和评估（图4-10）。

波士顿矩阵取市场增长率和相对市场份额两个指标分别作为矩阵的纵、横坐标，它对于企业产品所处的四个象限具有不同的定义和相应的战略对策。

1. 明星类（指高增长，高市场份额） 这类产品当前经营状况较好、处于市场领先地位，其销售增长较快且本企业在该业务上的优

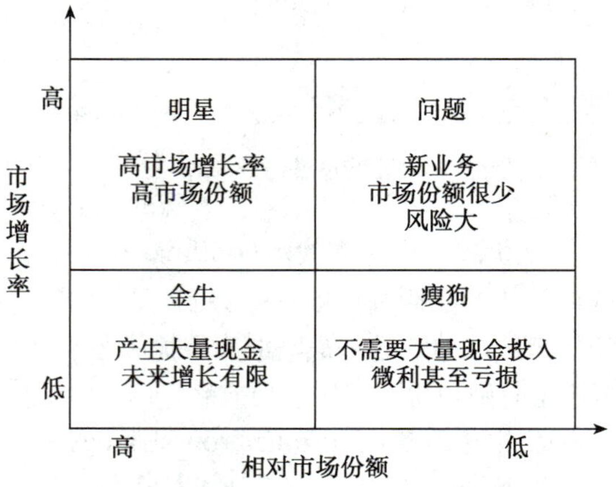

图4-10 BCG增长-份额矩阵

势较为明显。若想维持领先地位，需要对其加大投资以支持其迅速发展才有可能成为企业的现金牛产品。从短期来看，明星类产品并非现金创造者，而是资金消耗者，但它未来可能是企业的“财源”。其发展战略是：积极扩大经济规模和市场机会，以长期发展的眼光制订目标，加强竞争地位，提高市场占有率。

2. **金牛类（指低增长，高市场份额）**　这类产品销售量大，产品利润率高，市场占有率高，可以为企业提供资金，表明其处于领导者地位，已进入成熟期，而且其增长率低，也无需增大投资。结合产品生命周期，现金牛类产品可采用收获战略：即所投入资源以达到短期收益最大化为限。一方面采用压榨式方法，争取在短时间内获取更多利润，为其他产品提供资金；另一方面，尽量压缩设备投资和其他投资。此外通过进一步细分市场，维持现存市场增长率或延缓其下降速度。

3. **问题类（指高增长，低市场份额）**　这类产品利润率较低，所需资金不足，负债比率高。大多数业务都是从问题类开始，对问题产品应采取选择性投资战略。即判断这类产品是否具有发展潜力，重点投资那些经过改进可能会成为明星的产品，可选择发展战略，提高其市场占有率，使之转变成“明星产品”；而对于没有持续的成长性的产品，则应选择放弃战略。

4. **瘦狗类（指低增长，低市场份额）**　这类产品利润率低、处于保本或亏损状态，负债比率高，不能给企业带来盈利，甚至可能出现亏损。这类产品往往会占用企业大量资金，但盈利甚少或有亏损，处在产品生命周期的衰退期，故对其应采用撤退战略：首先应减少瘦狗类产品的批量，逐渐撤退，对发展极差的产品应立即淘汰；其次是转移剩余资源；第三是整顿产品系列，最好将瘦狗产品与其他事业部合并，统一管理。

利用这种工具，针对不同类型的业务进行不同的分析，制订不同的竞争战略，合理安排产品系列组合，重点发展明星产品，维持现金牛产品，收获或放弃有问题的、没有发展前途的产品。可选择的战略有四种（表4-4）。

表4-4　战略业务单位（SBU）可选战略

战略类型	适用业务类型	目　的
发展战略	有发展前途的问题类和明星类	提高相对市场占有率
维持战略	强大的现金牛类	保持现有市场占有率
收获战略	弱小的现金牛类，部分问题类与瘦狗类	增加短期现金流入
放弃战略	没有前途的瘦狗类与瘦狗类	变卖某些业务，集中有限资源

BCG矩阵方法的问题。波士顿矩阵为战略规划带来了变革。但是这些集中化的方法也存在局限性：其一，BCG矩阵方法对外部融资欠缺考虑，它仅仅假设公司业务发展依靠的是内部融资；其二，BCG矩阵方法假设这些业务是独立的，但许多公司的业务是紧密联系在一起的，放弃具有互补性的瘦狗业务，也许现金牛业务也会受到影响。此外，BCG矩阵方法执行起来费时费力，而且成本很高。要确定战略业务单位并评价其市场份额和增长速度非常困难。另外，这些方法对将来的业务规划未予考虑，而是侧重于对现有业务进行分类。鉴于这些问题，许多公司纷纷放弃正规的矩阵方法，转而选择更适合公司特殊情况的更具定制特征的方法，例如战略规划分权化。

GE九象限法。它按行业吸引力和经营单位的竞争力，用3×3的矩阵来定出各经营单位在总体经营组合中的位置，据此制订出不同的战略（图4-11）。

经营单位所处行业的吸引力按强度分成高、中、低三级，经营单位所具备的竞争能力分成强中、弱三等，构成一个九象限的矩阵。公司中的每一经营单位都可根据评价放入其中的相应位置。由此公司的所有经营单位总体可归为三类：放弃类（称为红区）、选择性投资类（称为黄区）、发展类（称为绿区）。对不同类型的经营单位应选择不同的战略。

处于发展类经营单位，行业很有发展前途，经营单位又具有较强的竞争地位，公司要采取发

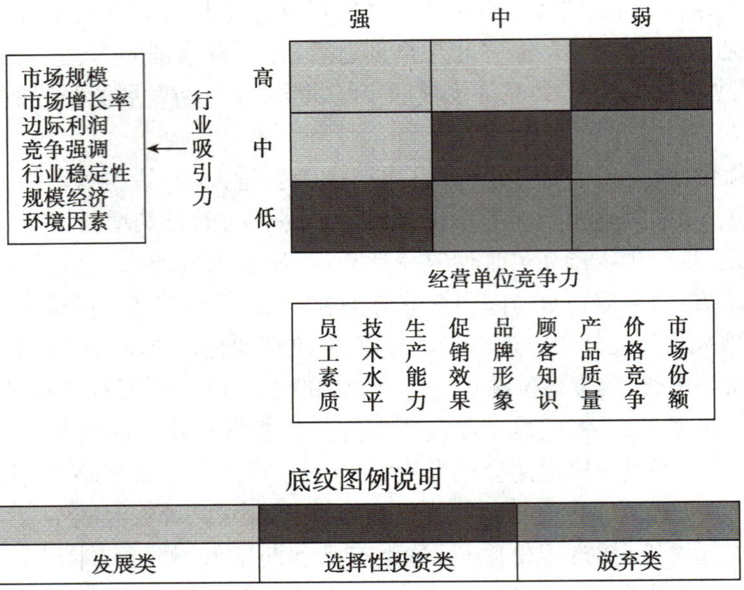

图 4-11 GE 九象限

展战略，多投资，促其快速发展，巩固其在行业中的地位。对于选择性投资类经营单位，公司要选择其中条件较好的经营单位进行投资，对其余则采取收获或放弃战略。收获或放弃类经营单位的行业吸引力和竞争力都较低，应采取不发展战略。对一些目前还有利润的经营单位，采取回收资金的收获战略，而对不盈利又占用资金的经营单位应采取放弃战略。

第四节 健康企业战略的实施与控制

战略管理过程是否成功在很大程度上取决于有效的战略选择，但这并不是战略管理过程的结束。一项精心构思的战略还必须予以实施，或付诸行动，而这常常是战略管理出问题和失败之处。

公司选择了合适的战略之后，战略管理的重点就转到战略实施与控制阶段。战略实施并非轻而易举的过程，它涉及大量的工作安排、资金和时间。在战略实施过程中，公司中从最高层管理者到作业人员的每一个人，都参与战略的实施。因此，战略实施较之战略分析和战略选择所涉及的问题更多，需要周密计划、认真落实、努力执行和有效控制。

一、企业战略实施

（一）战略实施价值

战略实施就是执行达到战略目标的战略计划或战略方案，将战略付诸实际行动的过程。制订的战略如果不组织实施，那只不过是纸上谈兵或高管者头脑中的幻想，既浪费时间又浪费精力。

即使是一个合适的战略，如果不能很好地实施，也会给企业带来麻烦。优异的战略实施，可使一个合适的战略取得成功。同时，即使当初制订的战略存在问题，优秀的实施也会使企业以一个高效的方式完成试错与调整。因此，战略制订和战略实施都非常重要。

（二）战略实施过程

将企业战略转化为战略行动的过程中，须遵循三个原则，经过四个阶段。

1. **战略实施的原则** 主要有：①适度的合理性原则：保证在主要的战略目标上基本达到，某些内容或特征有可能改变但只要不妨碍总体目标及战略的实现，就是合理的。②统一领导和统一指挥原则：战略实施应当在企业高层领导人员统一领导、统一指挥下进行，以保证企业为实现战略目标而卓有成效地运转。统一指挥要求企业每个部门能接受一个上级的指令，避免多头指挥,无所适从,但又要防止小题大做,越级或放大范围去解决。③权变原则:在战略实施中,环境的不确定性会导致事情的发展偏离先前的设定,以致既定战略的实现成为不可行,这时就需要及时地调整原定的战略,即战略实施的权变问题。

2. **战略实施阶段**　战略实施经历的阶段如图 4-12 所示。

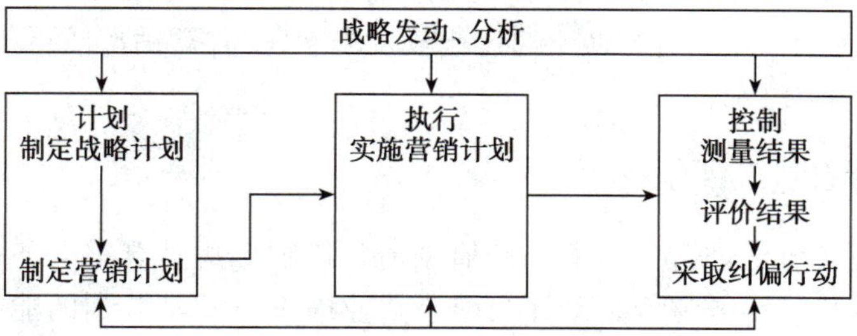

图 4-12　战略实施经历的阶段

(1) 战略发动阶段:这个阶段的目的是将企业战略的理想变为员工的实际行动,调动大多数员工实现新战略的积极性与主动性。要求对干部和员工灌输新思想、新观念,提出新口号和新概念。具体要开展的工作包括培训、宣传、思想政治工作、机构及人事调整等,以扫除实施战略的障碍。

(2) 战略计划阶段:该阶段根据企业不同层次的战略,要编制相应的各种战略计划。从微观上来讲,营销战略所落脚的目标点是满足顾客的需求。而需求的来源通常来自两个群体:首次购买的新顾客群、重复购买的老顾客群。传统的营销理论将注意力放在新顾客群上,而忽视了老顾客群。随着当前市场形势的变迁,快速变化的人口因素、经济因素、竞争因素等使得吸引新顾客的成本变得不断增加。因此,尽管寻找新顾客仍然是营销战略管理的主要落脚点,但其焦点已经开始逐渐转移到维持有价值的老顾客并与之建立长期的互惠关系上。因为失去老顾客不仅是失去了一次的销售,而是失去了该顾客以后的全部采购。

深圳市医药零售业的发展,也验证了健康相关企业的市场发展逻辑。深圳是我国医药零售业较发达的地区,目前各大连锁药店拥有医药零售的绝大部分市场份额,老百姓已经形成了"大病上医院,小病进药店"的消费观念。深圳连锁药店的发展与全行业先进的顾客观念密不可分,深圳连锁药店业内人士普遍认为,药品是涉及生命安全的特殊商品,顾客选购药品时,满意的服务与信赖感是其首要考虑因素,价格与促销则退居其次。因此,深圳各大连锁药店普遍实行会员制以及各种类型的忠诚顾客计划,各连锁药店的老顾客在购买药品时除了享受到一定的价格折扣之外,还可享受到执业药师建立用药档案、执业医师健康咨询、定期免费寄送健康刊物、体检、健康旅游等服务项目,更难得的是,这一切服务都是建立在对老顾客性格、爱好充分了解的基础上,因此,当老顾客享受到这些服务时都倍感惊喜。

(3) 战略执行阶段:战略执行阶段的重点工作有三项。一是组织调整和资源分配,即对与执行新战略不相适应的管理组织和作业组织进行及时调整,根据计划在各个层面和不同单位或部门之间合理分配资金、人员、物资等,以保证战略顺利开展,高效执行。二是目标分解和任务落实,就是将计划的目标转化为指标水平,纵向层层分解,横向平衡协调,按照责权、利对等原则,落实到各经营单位、不同部门和岗位个人。三是检查监督和过程调控,检查监督战略执行中有无出现偏离或差错,及时采取措施,努力把问题处理解决在萌芽状态,将影响或损失减到最低。

(4) 战略评估与控制阶段:在战略实施过程中,一方面由于执行人缺乏必要的能力、认识和信息,对所要做的工作不甚清楚,或不知道如何做得更好,从而出现行为上的偏差;另一方面由于内外部环境的变化与原来的预测评估不同,或当初战略制订存在缺陷,造成战略的局部或整体已不符合现实的环境条件。因此,应及时地反馈实施过程中的信息,采取措施,纠正偏差,或调整战略,甚至重新制订战略,以保证实施成效符合企业发展的要求。

Note

在此阶段中，营销战略管理是对整体医药营销效果进行全面审查，以确保企业目标、政策、战略和计划与医药营销环境相匹配。因为市场环境复杂多变，企业战略和计划可能赶不上形势的变化，所以应当定期对整个医药营销活动进行全面检查和评价。对于医药效益等级评价，它主要是通过对顾客宗旨、整体营销组织、充足的营销信息、营销战略导向和营销效率等五个方面进行衡量得出的结果。根据上述五种属性的内容编制医药营销效果等级评定表，由营销经理及其他经理进行填写，最后综合评定。这样便于通过比较发现问题，各营销部门可据此制订一个矫正计划，纠正与市场相悖的战略和行为。

二、企业战略测量与评价

战略管理既开始于价值创造又结束于价值创造。传统方法是侧重财务评价，现代方法则强调全面的平衡计分评价。财务评价是测评当前企业业绩水平及其获利的能力，将重点放在所有者和股东的利益上，然而存在一定的局限性，主要反映在以下几方面：仅考虑财务指标，显得过窄；过于注重所有者，顾客、员工及其他主要利益相关者的价值没有得到适当的评价；财务指标难以全面反映和指出企业的健康状况、未来的表现及价值创造的前景；财务指标的结果未必是可靠的预测。因此，虽然财务测评对于评价当前的业绩是有用的，但要预测未来战略是否成功，需要一种更加平衡和综合的评价和测评方法，即平衡计分法（BSC）。

平衡计分法从四个角度进行全方位的评价。一是财务角度、用财务方法对所有者的价值创造进行考察；二是顾客角度，重点评价企业与顾客之间的关系，以及企业增进和保持令顾客感到满意的能力；三是企业内部，重点放在员工和管理工作的考察上，强调通过发展和保留那些有能力、有干劲的员工来获得企业的成功，还考察企业的内部管理，并力图实现更高水平的效率和效能；四是未来角度，评价企业创新和学习能力，解决企业能否继续改进和价值创新。其方法及主要指标示例如图 4-13 所示。

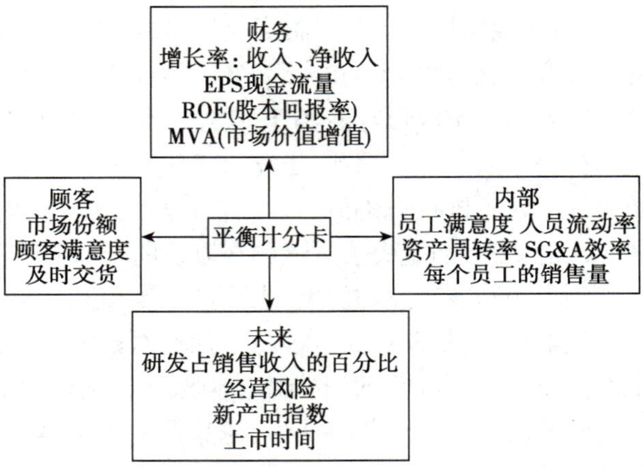

图 4-13 平衡计分卡

三、企业战略控制

控制是一项重要的管理职能，指管理者按照计划标准去衡量计划的完成情况，纠正计划执行过程中的偏差，从而确保计划目标的实现。健康战略控制，就是指健康企业战略管理者及参与战略实施者根据战略目标和行动方案，对战略的实施状况进行全面的评审，及时发现偏差并纠正偏差的活动。

（一）控制类型

对应公司总体战略、经营单位战略和职能层战略有三种类型的控制，即战略控制、战术控制和作业控制。在公司一级，战略控制的重点是使公司内各种各样的活动保持一个整体的平衡。在经营单位这一级，战术控制占主导地位，控制主要是维持和改进经营单位的竞争地位。在各职能部门中，作业控制的重点是提高以职能为基础的优势和能力。依据控制的层次结构，战略管理人员应确保控制的这三个层次能够一体化地融合在一起，根据不同的管理角度或范围，侧重于不同的控制。

（二）控制过程

战略控制过程可以分为五个步骤，即确定控制对象和控制重点、制订控制标准、衡量实际绩效、评价分析及其后续活动，包括采取纠正措施或调整战略，如图 4-14 所示。

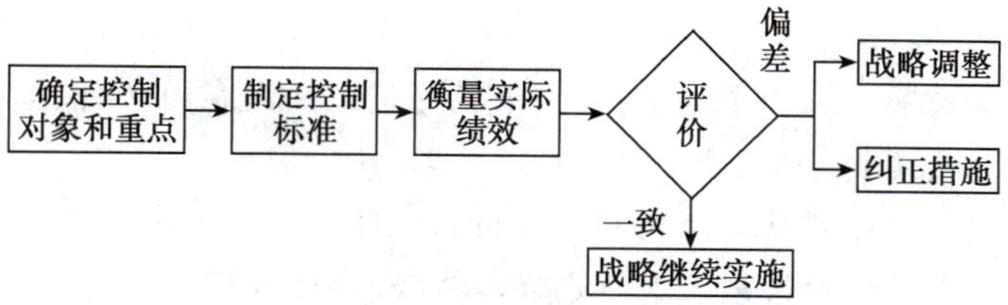

图 4-14　控制过程

1. **确定控制对象和重点**　本着有的放矢、减少控制费用的目的，根据战略目标需要完成任务的关键环节，确定具体控制什么及其重点，诸如是控制财务上的成本、利润，还是控制市场营销中的销售额、市场份额或是回货款等。

2. **制订控制标准**　一般是把预期的战略目标分解成各项指标水平，作为战略控制的标准，形成评价指标体系。这种评价指标体系的重点应放在那些可以确保战略成功实施的领域里或环节上。

3. **衡量实际绩效**　通过企业内部和外部信息反馈，及时收集和处理战略实施过程中的数据资料，了解实际绩效的高低大小。

4. **评价分析**　将实际绩效与评价指标水平进行比较，确定两者之间的差距，并尽量分析形成差距的原因及其影响因素。

5. **采取纠正措施**　在战略实施过程中，针对分析形成差距的原因及其影响因素，采取不同的措施。若是属于生产经营执行中的问题，则应及时采取纠正措施，使战略得以顺利实施；如若是外部环境发生变化引起的非可控制问题，则必须对既定的战略做适当的调整，以适应或影响新的环境。

（三）战略控制方式

从控制时间来看，企业的战略控制方式可以分为以下三类。

1. **事前控制**　通过预测分析发现战略行动的结果可能会偏离既定的标准，在战略实施之前，就确定好控制标准和控制方案，使战略实施朝着既定方向进行。

2. **过程(随时)控制**　根据战略实施进程及时反馈信息，检测实际绩效，对产生的偏差随时采取相应的纠正措施，将问题处理在萌芽状态，把损失或不利影响减至最小。

3. **事后控制**　这种控制方式是在企业的经营活动之后，将战略活动的结果与控制标准相比较，由相关部门定期地将战略实施结果向上级管理层汇报，由领导者决定是否采取纠正措施。事后控制有利于通过绩效评价总结提高，合理激励，引导企业员工的行为方向。

以上三种控制方式所起的作用不同，因此在战略实施中可根据实际情况选择采用。

（四）战略控制手段

企业常用的控制手段有巡视法、分析报告法、预算法（收入、支出、现金、负责）、比率分析法（财务比率法、经营比率法）、审计法（外审、内审、管审）、盈亏控制法、网络控制法等。

本章小结

本章说明了战略的概念，企业战略的含义、层次、特点以及战略规划的过程。接下来具体阐述了环境分析的价值以及进行外部与内部环境分析的典型工具：如 PEST 外部环境分析和 5F 模型产业分析工具；内部价值链分析、资源能力以及 SWOT 分析等。同时，在基于外部与内部分析基础上，介绍了如何进行战略目标的设定，企业使命与愿景对战略管理的意义，具体分析了实现战略目标的可持续增长战略以及 BCG 矩阵等规划业务组合方法。最后介绍了企业战略管理相关的战略实施与控制过程、BSC 等战略评价工具与意义。

（何　强）

思考题

1. 战略计划和公司计划两个词中,哪一个能更好地描述在组织目标、能力和变化的发展机会之间取得和保持平衡的过程,为什么?

2. 为什么要进行战略环境分析?环境分析的内容和常用方法有哪些?

3. SWOT 分析是一种严格意义上的分析工具吗,为什么?

4. BCG 增长-份额矩阵定义了四种战略业务单位:明星、现金牛、问题、瘦狗。简要讨论为什么管理者可能会发现在处理问题业务时会很困难。

5. 如果在战略实施过程中遇到新发现的问题,如何平衡战略的刚性与柔性矛盾?

Note

第五章　健康企业经营决策与计划

本章要点

1. **掌握**　健康企业经营决策程序、决策方法。
2. **熟悉**　健康企业经营计划的编制方法。
3. **了解**　企业市场调查的主要内容、种类划分、步骤，熟悉企业市场预测的基本原则、主要方法及基本步骤。

导入案例

某药业公司某产品的市场调查与经营策略

某药业公司研发的某产品，具有益气保元和化瘀去毒的功效，对于气虚腹胀、胃肠道功能紊乱，以及慢性便秘等症状有一定的疗效。该药业公司对此产品进行了消费者群体分析：手术后腹胀者、胃肠道功能紊乱者，以及中老年消费者将成为本产品的主要消费群体。市场机遇方面，随着人们生活节奏与工作节奏的加快，患有胃肠道功能紊乱的人们日益增多，需要通过药物改善其症状。因此，该药业公司经过市场调查发现，某产品的市场潜力非常好。

随后，该药业公司制订了营销策略：市场目标方面，新产品上市第一年，以上海、北京、广东、福建、山东、湖南、湖北等省市为重点市场，将上述地区作为该年度的第一主攻市场；以东北、华北、西南为第二主攻市场。同时，第一年主要目的是做好市场部署，不以利润为主，为以后拓展全国市场做准备。为达到上述目标，该公司有针对性地实施差异化的市场策略，以第一主攻市场为主要战场，在广告方面，以电视、网络等为主要媒体。

问题：该药业公司针对其产品如何制订经营决策？

第一节　经营决策的市场依据

一、市场调查

在企业经营过程中，市场调查工作尤为重要，在了解消费者需求，制订合理的产品价格、渠道、促销手段，保持和扩大市场占有率，实现企业的经营目标等方面，发挥着非常重要的作用。

（一）市场调查的概念

市场调查的概念及范围随着社会经济的发展得以不断丰富拓展：商品经济发展初期，商品交换规模小、活动简单，市场调查的对象主要是购买商品的个人或团队，市场调查的实施者多是企业经营决策者，市场调查的目的是通过了解消费者的需求来改进产品或服务，以实现盈利最大化。随着商品经济的发展和市场规模的扩大，交换过程以及所涉及的因素越来越多，此时的市场调查对象从简单的消费者发展到与交换过程相关的所有要素，除了对消费者开展调查之外，还包括对社会调控与环境因素系统、产品供给系统、中间环节及其他相关内容的调查。

在商品经济发展的今天，市场调查已经被赋予更加丰富的内容，是指运用科学的方法，有目的、有系统地搜集、记录、整理有关市场营销信息与资料，分析市场情况，了解市场的发展现状及其未来发展趋势，为市场预测与经营决策提供客观的正确的资料。

（二）市场调查的内容

市场调查所涉及的内容比较广，主要内容包括：商品需求调查、市场环境调查、市场营销因素调查，市场竞争状况调查等。

1. **商品需求调查** 商品需求调查是市场调查的主要内容，主要调查内容包括：消费者需求量、消费者收入情况、消费结构状况，以及调查消费者行为，即消费者为什么买、买什么、买多少、什么时间买、以什么方式买、购买频率、购买习惯、购买偏好和买后评价等。

2. **市场环境调查** 企业的生产经营活动离不开其所处的社会环境，一个地区的社会环境包括政治、经济、社会文化、环境气候、自然地理等要素，这些要素是企业难以驾驭和影响的，企业必须在了解的基础上去适应，才能取得经营的成功。市场环境调查主要包括政治环境、经济环境、社会文化环境、气候环境和地理环境等。具体的调查内容可以是市场的购买力水平、经济结构、国家的方针政策和法律法规、风俗习惯、科学发展动态、气候等各种影响市场经营的要素。

3. **市场营销因素调查** 市场营销因素调查主要包括产品、价格、渠道以及促销调查。其中，产品调查主要包括了解市场上新产品开发及设计情况、消费者使用情况、消费者评价、产品生命周期阶段、产品组合情况等；产品价格调查主要包括了解消费者对价格的接受情况、对价格策略的反应情况等；渠道调查主要包括了解渠道的结构、中间商情况、消费者对中间商的满意情况等；促销活动调查主要包括了解各种促销活动的效果，如广告宣传效果、人员推销效果、营业推广效果与对外宣传的市场反应等。

4. **市场竞争状况调查** 企业若想在市场中生存和发展，会面临各种竞争。市场竞争可以分为直接竞争和间接竞争。其中，生产或经营同类产品的厂家之间是直接竞争；产品不同但用途相同的产品生产企业之间是间接竞争。企业要在激烈的竞争中居于有利地位，就必须对其竞争对手开展调查，以此制订其营销策略。市场竞争状况调查主要包括竞争对手的数量、企业名称、生产能力、产品特点、市场分布、销售策略、市场占有率及其竞争发展战略等。

（三）市场调查的类型

市场调查可以按照调查目的与调查方式的不同，划分为不同种类。

1. **根据调查目的不同** 市场调查可以划分为探测性调查、描述性调查、因果性调查以及预测性调查。

探测性调查是指在市场状况不明了的情况下，为了发现问题，查找问题的症结，明确进一步深入调查的具体内容而进行的调查。探测性调查主要运用二手资料调查和专家访谈等调查方法，对相关问题做初步的研究。

描述性调查是指为了查明事实真相，能够描述清楚客观现象而开展的市场调查。通常运用面谈访问法、观察法、邮递访问调查和实验法等，以查明问题的来龙去脉和相关因素，为进一步的市场研究提供信息。

因果性调查（又称相关性调查）是指为了探索有关现象或市场变量之间的因果关系而进行的市场调查。通常运用描述性调查获得数据，进行因果关系分析。

预测性调查是指为了预测市场供求变化趋势或企业经营前景而进行的具有推断性的调查。通常运用描述性调查和因果性调查的资料，在调查内容中加入市场未来发展变化的变量，收集和分析新情况、新动态等信息。

Note

2. **根据调查方式的不同**　市场调查可以划分为市场普查、重点调查、典型调查以及抽样调查等。

市场普查是对市场总体，即对所要认识的研究对象全体进行逐一的、普遍的、全面的调查，以获得较为完整、系统的信息资料，是企业科学管理的基础。

重点调查是在调查对象中选定一部分重点对象进行的调查。这里的重点对象是指在总体中处于十分重要的地位，或者在某项标志总量中占极大比重的对象。市场调查可以节省调查成本，较快地分析并得出结论。

典型调查是在调查对象中有意识地选择一些具有典型意义或有代表性的对象进行专门调查的方式。典型调查可用于调查新生事物，调查中对个别的新生事物进行深入细致的剖析，以总结经验、掌握典型事例，指导全面工作；也可用于分析典型对象，以推断出总体指标。

抽样调查是指从市场总体中抽取一部分样本进行调查，然后根据样本信息，推算市场总体情况的一种调查方式。在市场调查实践中，抽样调查的方式比较普遍。

上述各类市场调查在实际调查中往往相互结合、相辅相成，共同完成市场调查工作，为科学的经营决策提供依据。

（四）市场调查的方法

根据调查对象的资料类型不同，市场调查方法划分为文案调查法和实地调查法。

1. **文案调查法**　文案调查法是查询、阅读与研究项目资料的过程。文案调查法的优点是获取的信息较多，比较容易获取，收集过程所花费的时间较短，费用较低。文案调查法的局限性：资料的原收集方法、时间等与当前的研究项目要求有区别，如何加以区别和利用这些已有资料，判断其有效性是文案调查的关键；多数文献资料是支离破碎的，无法满足企业个别研究的需要，结论的可信度有限；某些二手资料在印刷、翻印、转载、翻译过程中可能会出现错误。

2. **实地调查法**　观察法是通过跟踪、记录被调查事物和人物的行为痕迹来取得第一手资料的调查方法。观察法的优点：使被调查者未觉察到自己的行动被观察，能保持正常的活动规律，使调查资料真实可靠；只记录实际发生的事项，不受历史或将来意愿的影响；观察者到现场观察，既可了解事件发生和发展的全过程，又可身临其境，取得其他方法无法得到的体察和感悟。观察法的局限性：观察行为或间断地发生或持续时间长，成本相对较高；当人们觉察被观察时，可能会改变他们的行为或出现不正常的表现，从而导致观察结果失真；人的思想以及个人隐私等不易观察到，无法用观察法来收集信息；观察的结果受观察者的主观影响，尤其容易被表面现象迷惑，使结论失真；只能观察行为结果，无法了解其原因和动机。

询问法（又称访问法）是通过询问方式，向被调查者了解并收集市场情况和信息资料。具体有个人访谈（或面谈调查）、网络调查、电话调查、问卷调查、座谈会等方法。询问法的优点是较容易实施，被广泛采用；缺点是有可能被误导。

实验调查法是在调研过程中，调研人员通过改变某些变量的值，在保持其他变量不变的情况下，来衡量这些变量的影响效果，从而取得市场信息第一手资料的调查方法。实验调查法的优点：结果具有一定的客观性和实用性；具有一定的可控性和主动性，可根据调查项目的需要，进行适当的设计并反复研究。实验调查法的局限性：有些非实验因素不可控制，会影响实验效果；实验中的市场和真实的市场条件并不完全一致，导致结果有误差；实验调查法比其他方法费用高，运用难度大。

（五）市场调查的步骤

市场调查是一种有目的、有计划地进行的一项十分复杂的调查研究活动，是正确认识市场现象本质和规律性的过程。要顺利地完成调研任务，必须有计划、有组织、有步骤地进行，保证市场调查的顺利进行和达到预期目的。市场营销调查并没有一个固定的程序可循，一般而言，根据调查活动中各项工作的自然顺序和逻辑关系，具体应包括确定问题和调查目标、制订调查计划、收集信息、分析信息、提出调查报告、跟踪等六个步骤。

（六）市场调查的意义

市场是不断变化的，如果不能根据市场的变化采取相应的对策，企业就很难在激烈的竞争中生存和发展。市场调查对企业经营管理来说，具有以下重要意义：了解市场发展的方向，可以改善经营管理，不断提高经营管理水平和竞争能力，提高总体经济效益；了解企业外部环境的变化，可与外部环境保持紧密的联系，适时地调整发展战略，使自己在市场竞争中立于不败之地；了解市场的供求情况，了解和掌握消费者的需求变化情况，可根据市场的供求状况和消费者的需求变化组织生产和销售，顺利实现商品价值；了解市场缺口，有利于开发新的市场，使其产品成功进入市场。

二、市场预测

预测是采用一定的预测方法，对特定商品在一定时间内与一定地域内需求量与销售量的预测，或者是对相关供需指标与效益指标的预测。

（一）市场预测的基本原则

1. **连贯原则** 连贯原则是指从总的过程上看，事物发展的各个阶段具有连续性。今天的情况是由昨天演变而来的，明天又是今天顺序发展的一个结果，即市场的未来情况与其过去和现在的情况存在着某种联系。连贯原则可以用来分析未来经济过程的变化，并依此预测未来的经济规模和发展趋势。

2. **类推原则** 类推原则是指经济过程的结构和变化有一定的模式。大到整个社会，小到企业以至家庭，经济活动都有一定的模式，市场经济也有自己的模式：竞争形成买方市场，垄断形成卖方市场，供过于求物价下跌，供不应求物价上涨。因此，经济运转的模式是可以认识的，它有某种规律性。在观察到某种现象时，就可以根据以往的经验推断出会发生的变化，并进一步预测到未来的情况。

（二）市场预测的种类

通常情况下，市场预测可以从空间范围、方法、时间等角度进行种类的划分。

1. 按市场预测活动的空间范围分类

（1）宏观市场预测：是对整个市场的预测分析，研究总量指标、相对数指标以及平均数指标之间的联系与发展变化趋势，其对企业确定发展方向和制订营销战略具有重要的指导意义。宏观市场预测是同宏观经济预测相联系的，是为了对全国性市场的需求量和销售量做出科学预测，从而为企业的发展提供宏观经济指导，或者是为了依据宏观经济发展指标对企业或地区市场的经营预测提供基础性资料。宏观经济预测提供的值包括：国民生产总值及其增长率、人均国民收入及其人均增长率、物价总水平和商品零售总额、工资水平和劳动就业率、投资规模及其增长率、积累和消费结构、产业结构、国际收支的变化等。宏观经济预测还应包括世界范围的市场动态、商品结构、进出口贸易行情、国际金融市场对国际贸易的影响趋势等。

（2）中观市场预测：中观市场预测的任务在于确定地区性或区域性的市场容量及其变化趋势、商品的地区性或区域性需求结构与销售结构及其变化趋势、相关的效益指标变化趋势及其影响因素的关联分析等。中观市场与中观经济预测紧密相关。中观经济预测是对部门经济或地区经济活动与发展前景和趋势的预测，包括部门或地区的产业结构、经济规模、资源开发经济效益等。

（3）微观市场预测：是对一个生产部门、企业或企业的营销活动范围内的各种预测，其是企业制订正确的营销战略的前提条件。微观市场预测是宏观市场预测的基础和前提，宏观市场预测是微观市场预测的综合与扩大。微观市场预测的内容包括产品的市场需求量、销售量、市场占有率、价格变化趋势等。

2. **按预测的时间分类**

(1) 近期预测:是指在一年以内,以周、旬、月、季为时间单位的市场预测。

(2) 短期预测:是时间在1~2年的市场预测,以帮助企业适时调整营销策略,实现企业经营管理的目标。

(3) 中期预测:是指预测时间为2~5年的预测,以帮助企业确定营销战略。

(4) 长期预测:是时间在5年以上的市场变化及其趋势的预测,为企业制订总体发展规划和重大营销决策提供科学依据。一般情况下,预测期越长,预测结果的准确程度就越低。由于企业面对的市场千变万化,为了降低经营风险,企业会力图使市场预测值尽可能精确,通常会做更多的短期及近期预测。不过在企业制订中长期发展规划或对重大项目做可行性研究时,还应做长期预测。

3. **按预测的对象分类**

(1) 单项产品预测:是市场预测的基础,是对某种具体产品的市场状态与趋势的预测,一般按产品的品牌、规格与型号进行预测,为企业编制季度计划、年度计划与安排生产进度提供科学依据。

(2) 同类产品预测:是按照产品类别进行预测。一般而言是按照同类产品的具体标志性特征进行具体预测。总的类别有生产资料与生活资料预测,每一类别又可分为较小的类别层次,如生活资料类预测可分为食品类预测、衣着类预测、日用品类预测、家电类预测等。按不同的等级与用途,生活资料还可以再分为具体的类别层次,如家电类可分为电视类、音响类,冰箱类、微波炉类等。

(3) 产品市场供需总量预测:主要是对消费者需要的各种产品的总量进行预测,一般属于行业预测。在进行预测时,可以预测商品的总量,也可以用货币单位表示的商品总额。

(三)市场预测的方法

市场预测的方法主要有定性预测法和定量预测法。

1. **定性预测法** 定性预测法是依靠决策人员的知识、经验和综合分析能力 对产品未来市场需求的变化做出推断和描述的预测方法。定性预测法主要有以下几种。

(1) 德尔菲法(也被称为专家意见法或函询调查法):采用匿名通信或反复征求意见的形式,使专家们在互不知晓、彼此隔离的情况下交换意见,这些意见经技术处理后会得出预测的结果。

(2) 集合意见法:是预测组织将有关的管理人员与工作人员召集起来,就市场未来的发展变化发表意见,交换看法,然后由预测人员将各种意见汇总起来,进行综合分析与研究,以形成预测结果的预测方法。集合意见法的优点:通过面对面的讨论,可以互相启发,互相补充,方法简单易行,无须经过复杂的计算。集合意见法的局限性:仅凭个人经验,偏重于主观估计,容易产生失误。该方法主要适用于缺乏历史资料的预测对象。

(3) 社会调查法:是通过座谈、访问或网络、信件、电话、报表、展览等手段,直接向消费者进行调查,并将调查结果加以分析和综合进行预测的方法。社会调查法能获得对市场的较为透彻的了解,但是其运用能否成功,主要取决于调查对象是否真正配合预测人员,并且这种方法的费用较高。

2. **定量预测法** 定量预测法是通过对经济现象量的方面的描述,来解释经济现象的发展规律或者发展趋势,并在定性分析的基础上,对未来经济发展的程度以及数量关系进行预测的一种方法。定量预测法比定性预测方法更完善、更成熟,预测结果更为精确、更详尽,适用于经常性的预测。常用的定量预测法有时间序列预测法、指数平滑法和回归预测法等。

(四)市场预测的步骤

市场预测结果要准确可靠,应该有计划、有步骤地进行,主要包括以下步骤。

1. **确定预测目标** 在市场预测过程中,首先要确定预测的目标,不同的预测目标会导致不同的预测内容与产品所需资料及使用方法的不同。确定预测目标,应根据经营活动中的具体问题,拟定预测项目、设计预测计划、编制预算、组织力量、具体实施,以保证市场预测有计划、有节奏地开展。

2. **搜集资料** 市场预测中要有充分的资料,作为市场预测分析与判断的依据。企业应根据市场预测计划,调查和搜集预测有关资料,这是进行市场预测的重要环节和基础性工作。

3. **选择预测方法** 根据市场预测的目标与预测方法的适用条件及特点,可以使用多种预测方法完成对同一目标的预测。预测方法的选用是否恰当,直接影响到预测结果的准确性与可靠性。市场预测方法的核心是建立描述、概括研究对象特征和变化规律的模型,根据模型完成计算或处理,以得到预测结果。

4. **预测分析和修正** 对于得到的预测结果,通常要进行评估与修正,它是建立在分析判断的基础之上。所谓分析判断,是对调查搜集的资料进行综合分析,并通过判断、推理,使感性认识上升为理性认识,从事物的现象深入到事物的本质,从而预计市场未来的发展变化趋势。

5. **编写预测报告** 预测报告应概括市场预测的主要活动过程,包括预测目标、预测对象及有关因素的分析结论、主要资料与数据,预测方法的选择和模型的建立及对预测结论的评估、分析和修正等。

第二节 健康企业经营决策

一、健康企业经营决策的内涵

健康企业经营决策是指健康企业为实现某一特定目标,按照科学的程序方法对有关企业全局性重大问题进行分析、研究对比,从中选取最佳方案加以组织和实施的过程。健康企业经营决策是一个系统分析的动态过程,是提出问题、分析问题、解决问题的过程。健康企业经营决策主要包括明确目标、收集资料、制订方案、方案的评价与选择、采取行动、付诸实施、信息反馈、追踪检查等活动。

二、健康企业经营决策的程序

健康企业经营决策的程序主要包括:分析问题、制订决策目标、制订备选方案、评价与选择备选方案、实施方案、跟踪与评估结果等。

(一)分析问题

健康企业经营决策是围绕一定问题展开的。健康企业关系到人类的健康水平和生命质量,融合了大数据、互联网、人工智能等,更与信息技术、生命科学、生物工程、基因工程、细胞工程、蛋白质组学等高新技术紧密相连。因此,健康企业的管理者在经营决策过程中,必须首先明确企业面临什么问题、问题的起因是什么、该问题与其他因素之间是否存在联系等。面对上述问题,健康企业的管理者要分析问题,明确问题的性质,确定其是关乎企业全局的战略性问题还是局部性问题,是非程序性问题还是程序性问题,以判断解决问题的决策层次,这将有利于健康企业的决策者规避一般性问题而更加专注重大问题的决策。由于健康企业是围绕维护健康、修复健康、促进健康而生产相关产品或提供相关服务,如果某健康企业出现了产品质量较差的问题,将造成非常严重的后果,必须分析其中原因,而其原因是有诸多方面的。如果健康企业经过分析,发现其产品质量较差的主要原因是企业员工的业务素质和技术操作水平较低;再经过纵向分析,发现企业员工业务技术素质低的根本原因在于缺乏系统的业务培训。根据对上述问题的分析,该健康企业就可以将加强企业员工业务培训作为决策的目标。

（二）制订决策目标

决策目标是根据所要解决的问题来确定的。健康企业经过上一阶段的分析确定企业面临什么问题后，接下来是制订决策目标：健康企业的管理者在经营决策过程中，首先分析了本企业面临的什么问题后，应在一定的内部和外部环境条件下，在市场调查和研究的基础上明确本企业预测达到的结果。健康企业必须在充分的市场调查研究基础上，准确把握住本企业所要解决问题的关键之处。由于健康企业关系到人类的健康水平和生命质量，肩负着重要的社会责任，只有明确了决策目标，才能避免决策的失误。

（三）制订备选方案

健康企业经过上一阶段制订决策目标后，接下来是制订备选方案：指出决策与选择方案的关系，提出备选方案的方向，将与预定目标不一致的备选方案排除。在各方案中，以人的健康为核心，只要是具有明显性、标准性、创造性、创新性的方案都是需要多加关注的。一般来说，决策越重要，投入方案的关注越多。

健康企业制订备选方案的过程，是设想、分析和选优淘汰的过程，开始时要多设想一些方案，然后按照“相对性”与“有效性”的原则淘汰掉那些现有条件很难做到的方案，剩下的才是可行方案，可供备选之用。由于健康企业提供的健康产品、技术、服务关系到人类的健康状况，关系到人类的健康水平和生命质量，因此，健康企业在制订备选方案时，必须牢牢记住健康企业的责任，聘请专家或专门机构参与完成，将智囊团技术与大数据、互联网、云计算、人工智能等相融合。尽管健康企业的管理者应努力寻求创造性的解决方案，但也应认识到选择方案的限制，时刻牢记健康企业关系到人类的健康水平和生命质量，所承担的社会责任重大，健康企业所制订的备选方案必须考虑到法律法规约束、道德与伦理规范、管理者自身权力与权威的局限、技术条件、经济条件和社会规范等，不仅要考虑经济性，更要考虑社会效益和可持续性。

（四）评价与选择备选方案

在评价备选方案过程中，健康企业需要了解备选方案，判断某一行动方案好坏的标准是看其是否符合决策目标。为了选出最佳方案，健康企业管理者必须采取一定方式对这些备选方案进行比较。对方案的评价可以从方案的可行性、满意性和综合影响等方面展开，可行性就是要考察方案实现的可能性和现实性。例如，对于一个资金紧张的小型医疗器械企业而言，一个需要巨大投资的方案是不具有可行性的。满意性是指通过可行性方案的评估来考察其实现目标的程度，即使是一个可行性和满意性兼备的方案，也必须对其可能产生的各种后果进行综合分析、考察与评价：这一方案对健康企业的其他部门会产生什么影响？这些影响会付出多大代价？这些都是必须考虑的问题。健康企业在方案评估过程中，一定要采用统一的、客观的量化标准来衡量，防止主观臆想，以提高整个评估过程的科学性。主要的评估技术包括数量模式、系统分析、决策矩阵、决策树等。当前，随着科学技术的发展，健康企业的决策者更多使用定量分析方法来权衡企业经营决策的利弊得失。

健康企业对备选方案的选择过程中，健康企业经过逐层筛选后最终会留下几个方案，在这些方案中选出最优者成为决策的关键点。首先，从选优方案的评价标准来说，越接近原定目标越好。其次，在实际工作中真正做到“最优标准”是办不到的，此时可在现有的条件下，追求一个满意的结果，也就是决策时只要求一个可以满足的有限目标，这也称为“有限理性”标准。因此，健康企业经营决策选取的最终方案，要找出一个平衡点，不是最优方案，而是选出一个合理的满意方案。最后，对于风险性方案，一般采用期望值标准方案，因此对于风险性决策来说，具备上述标准后，还必须选好期望值，从而确立期望值标准，期望值是按各种状态的出现概率计算的平均值。

健康企业对优秀的备选方案进行选择的过程中，可供选择的决策方法主要有以下几种。

1. **经验判断法** 健康企业决策者依据以往经验和掌握的信息资料，经过权衡利弊，做出判断。在某些难以量化的质的决策和较规范的确定型决策中，经验判断仍被视为一种有效的选择方法。此时，健康企业的决策者个人的素质、性格、知识和能力起着决定性的作用。

2. **数学分析法** 健康企业可以运用数学方法从数量关系角度比较各个备选方案的优劣程度，从中选出最佳备选方案。健康企业在经营决策中使用数学方法，可使决策更加准确优化。

3. **实验法** 健康企业采用实验法，是对各个备选方案进行模拟实施或实验，一次获取第一手资料，用以验证方案的优劣，从中选出较优的备选方案。

（五）实施方案

健康企业的管理者选定方案后，为使其发挥作用，要制订具体的实施措施，并使执行者了解和接受所选决策。在上述过程中，应及时掌握实施进度和情况。由于健康产业的多样性、健康产品的复杂性，虽然对方案及其可能的结果进行了尽可能细致的评估与准备，但在健康企业决策方案的具体实施过程中仍然可能出现无法预料的结果，这就需要及时向健康企业的决策系统反馈决策执行情况和变化了的客观情况。

（六）跟踪与评估结果

健康企业经营决策程序的最后一步，就是对决策的有效性进行评估，保证所选方案符合最初目标，如果一个方案经过实施证明不可行，健康企业的管理者要对决策方案做必要的修改与补充，或者重新制订决策，制订新的方案，使决策与环境的变化保持动态平衡。

三、健康企业经营决策的方法

（一）定性决策法

主观决策法是一种定性的方法，是指一种凭借个人经验，充分发挥人的创造力对问题进行分析、做出决策的方法。主观决策法简单易行、经济方便，被广泛采用。考虑到健康企业是围绕维护健康、修复健康、促进健康而生产相关产品或提供相关服务的一类企业，其在经营决策过程中可采取主观决策法。一般情况下，主观决策法主要有以下几种。

1. **德尔菲法** 德尔菲法是由美国兰德公司命名并首先使用的，它是对传统专家会议法的改进和发展。它采用匿名通信或反复征求意见的形式，使专家们在互不知晓、彼此隔离的情况下交换意见，这些意见经技术处理后会得出预测的结果。

德尔菲法在使用过程中需要经过几轮调查。

第一轮，把意见征询表寄给专家小组的成员，请他们填写意见。预测小组收回调查表后，进行初步的统计和计算，发现具有共识性的意见和看法。

第二轮，将第一轮得到的相对比较集中的意见再反馈给每位专家，要求他们以此为参考，重新填写意见。如果他做出的第二轮预测仍与多数人的意见不符，则要求他陈述理由，说明为什么他的意见不同于大多数人的意见。预测工作小组收到调查表后，就要根据新的数据重新进行统计和计算。

第三轮，将第二轮统计结果及有些专家的陈述理由告知每位专家，请他们在这个基础上进行新的预测。一般情况下，经过三轮或四轮调查后，专家意见将会比较集中，再把最后调查所得到的结果作为专家小组的意见。

2. **头脑风暴法** 头脑风暴法是由一群人通过相互启发以尽可能地形成多种方案的一种方法。小组一般由 5~9 人组成，在讨论过程中，鼓励参加者提出各种建议，并禁止对他人想法进行批评，以便各种创新方案不断地被提出。头脑风暴法是激发人们创造性思维的一种行之有效的方法，经常用于决策的方案设计阶段，以获得广泛的、具有创新的新设想。同时，在制订备选方案时还要充分考虑到各方面的制约因素，比如政府法律方面的限制、传统道德观念的限制、管理者本身权力和能力的限制以及技术条件、经济因素等方面的限制。

3. **发散思维法** 发散思维法是促使人们通过发散思维方式从全新的角度来提出解决问题的方案的方法。在传统的方法中,人们按照标准化的步骤来解决问题:先判断问题、再明确目标、然后提出方案等,而发散思维法则鼓励人们摆脱传统的思维方式,从不同的角度去看待问题,提出解决问题的方案。

(二)定量决策法

定量决策法是指运用现代数学方法和管理科学原理,将决策涉及的变量和决策目标之间的关系通过建立数学模型加以分析决策的方法。定量决策法适用于具备完整历史资料的项目,运用定量决策技术,可以把企业管理经常出现的常规问题编成处理的程序,供下次处理类似的问题时调用,因此,定量决策法在程序化决策中被广泛应用。健康企业是围绕维护健康、修复健康、促进健康而生产相关产品或提供相关服务的一类企业,其在经营决策过程中可采取定量决策法,采用定量决策法可以减少决策者日常的常规管理事务,使其把主要精力集中在非程序化的战略决策问题上。

1. **确定型决策方法** 确定型决策方法的运用应具备以下四个条件:一是存在决策者期望达到的一个确定型目标;二是只存在一个确定的自然状态;三是存在可供决策者选择的两个或两个以上的经营方案;四是不同经营方案在确定状态下的损益值能够计算出来。

制订决策的关键环节是计算出什么样的行动方案能产生最优的经济效果。在比较和选择活动方案时,如果未来情况只有一种并为管理者所知,则应采用确定决策方法。常用的确定型决策方法有直观判断法、线性规划法和盈亏分析法。

(1) 直观判断法:是指决策的因素很简明,无须复杂的计算。可以直接选择出最优方案的决策方法。

【例 5-1】 某保健品企业所需原材料能够分别从甲、乙、丙三地购买,如果甲、乙、丙三地距该企业的距离相等、运费相同,甲、乙、丙三地的同种原材料价格如表 5-1 所示。问:该企业应从何地购进原材料?

表 5-1 甲、乙、丙三地同种原材料价格

产地	甲	乙	丙
价格/元 · 吨$^{-1}$	2 000	3 000	4 000

示例说明:在其他条件相同的情况下,上述保健品企业应选择原材料价格最低的供货商,即选择从甲地购买原材料为最佳方案。

(2) 线性规划法:是在一些线性等式或不等式的约束条件下,求解线性目标函数的最大值或最小值的方法。运用线性规划建立数学模型的步骤:首先,根据影响所要达到目的的因素找到决策变量;其次,由决策变量和所需达到目的之间的函数关系确定目标函数;再次,由决策变量所受的限制条件确定决策变量所要满足的约束条件;最后,找出使目标函数达到最优的可行解,即为该线性规划的最优解。

线性规划是研究在线性约束条件下,使一个线性目标函数最优化的理论和方法。线性规划法在经营决策中常用于解决利润最大、成本最低、时间最省、资源调配最合理等问题。在企业的各项管理活动中,如计划、生产、运输、技术等问题,线性规划可以从各种限制条件的组合中,选择出最为合理的计算方法,建立线性规划模型,从而求得最佳结果。

【例 5-2】 某医疗器械企业生产 4 种医疗器械,其产品规格、各生产车间设备的日生产能力、每件产品的利润以及生产各医疗器械所需设备台时数如表 5-2 所示。问:如何组织生产才使该医疗器械企业的利润实现最大化?

表 5-2 某医疗器械企业生产医疗器械的设备台时数

车间	台时数				生产能力
	医疗器械 A	医疗器械 B	医疗器械 C	医疗器械 D	
甲	8	18	14	20	3 600
乙	2	2	6	80	2 400
利润/元	24	40	36	80	……

示例说明：用线性规划求解。

1） 设置决策变量：设 X_1、X_2、X_3、X_4 分别为 A、B、C、D 四种产品的计划产量，Z 表示利润。

2） 建立目标函数：

$$\max f(z)=24X_1+40X_2+36X_3+80X_4$$

3） 列约束方程：

$$\begin{cases}8X_1+18X_2+14X_3+20X_4=3\ 600\\2X_1+2X_2+6X_3+80X_4=2\ 400\end{cases}$$

4） 求解：得 $X_1=400, X_2=0, X_3=0, X_4=20$

这时目标函数的最佳值为：

$$\max f(z)=24\times400+80\times20=11\ 200(\text{元})$$

即：该医疗器械企业可以生产医疗器械 A 的数量为 400 件；不生产医疗器械 B 和医疗器械 C；生产医疗器械 D 的数量为 20 件，如此方案可获得最佳利润 11 200 元。

【例 5-3】某生物制品企业生产两种生物制品：甲和乙。它们都要经过制造和装配两道工序，有关资料如表 5-3 所示。假设市场状况良好，健康企业生产的生物制品都能卖出去，试问何种组合的生物制品可以使该企业的利润最大？

表 5-3 某生物制品企业生产甲和乙两种生物制品的情况

工序	生物制品		工序可利用时间/h
	甲	乙	
在制造工序上的时间/h	4	8	48
在装配工序上的时间/h	8	4	60
单位产品利润/万元	8	6	——

示例说明：这是一个典型的线性规划问题。

1） 确定影响目标大小的变量：在例 5-3 中，目标是利润，影响利润的变量是甲数量 T 和乙数量 C。

2） 列出目标函数方程：$\pi=8T+6C$

3） 找出约束条件：两种生物制品在一道工序上的总时间不能超过该道工序的可利用时间，即：

制造工序：$4T+8C\leqslant48$

装配工序：$8T+4C\leqslant60$

除此之外还有两个约束条件，即非负约束：$T\geqslant0, C\geqslant0$

因此，线性规划问题成为如何选取 T 和 C，使 π 在上述四个约束条件下达到最大。

4）求出最优解—最优产品组合：求出上述线性规划问题的解为 $T^*=6$ 和 $C^*=3$（T^*，T 的最优解，C^*，C 的最优解），即生产 6 个甲产品和 3 个乙产品，使该生物制品企业的利润为最大。

（3）盈亏分析法：又称量本利分析法，是依据与决策方案相关的产品产量（销售量）、成本（费用）和盈利的相互关系，分析决策方案对企业盈利和亏损发生的影响，据此来评价、选择决策的方法。

盈亏分析法的关键确定成本分界点（成本平衡点）。所谓成本分界点，是指两个备选方案的预期成本相等时的业务量。确定了成本分界点，可以明确在某个业务量范围内哪个方案最优，指导健康企业选择能够以最小的生产成本生产最多产品并可使企业获得最大利润的经营方案。采取措施降低盈亏平衡点也可以增大经营安全率。

一般可根据表 5-4 的标准来判定健康企业经营安全状况。

表 5-4 健康企业经营安全状况标准

经营安全率/%	30 以上	20~30	15~25	10~15	10 以下
经营安全状况	安全	较安全	不太好	要警惕	危险

2. **风险型决策方法** 风险型决策也称概率型决策，在该决策中，决策者虽不能准确地知道每种决策的后果如何，但可以估计出每一种方案出现的概率，知道了概率及各种条件值，就可以确定每种方案的期望值。概率反映方案成功的可能性，条件值是该方案成功时公司可能获得的利润，期望值是条件值与概率的乘积。决策者可以根据各个方案的最终期望值的大小来决定其方案的选择。风险型决策通常用于新产品研制和投资决策等方面。风险型决策的方法很多，如决策树法、决策表法等。

3. **非确定型决策方法** 不确定型决策是在研究环境不确定、可能出现不同自然状态且每种自然状态出现的概率也无法估计的条件下所进行的决策。对于这类决策，一般强制性地将不确定型转化为确定型，由经营预测人员集体估计出各种方案的期望获利值，从而做出决策。因此，这类问题的解决需要靠人的知识、经验、能力和思维判断力等。不同学者和不同的决策者对不确定型决策提出的决策标准不同，采用的决策方法也不同，大致有以下五种。

（1）大中取大法：如果决策者对未来持乐观态度，可采用大中取大法，即在几种不确定的随机事件中，选择最有利的市场需求情况下收益值最大的方案作为中选方案的决策方法。该方法的具体步骤为：先从每一个方案中选出收益最大者，然后再把各方案最大收益加以比较，从大中再选大。大中取大法以乐观标准去选优的，故也称乐观分析法，其缺点是风险程度较大。

（2）小中取大法：如果决策者对未来持悲观态度，可采用小中取大法，即在几种不确定的随机事件中，选择最不利的市场需求情况下的收益值最大的方案作为中选方案。其具体步骤为：先从每一个方案中选出收益最小者，然后再把各方案最小收益加以比较，从小中再选大。

小中取大法是以悲观标准去选优的，故也称“悲观分析法”。据此标准，一旦销路差时，能稳定地得到一定收益，但在其他自然状态下见效不大，因此这种方法比较保守和稳健，适应于资金非常拮据的企业。

（3）大中取小法：又称最小的最大后悔值法，是在几种不确定的随机事件中，选择最大后悔值中的最小值方案作为中选方案的一种方法。所谓后悔值，即损失额，是指各种不同需求情况下的最大收益值超过本方案收益值的差额。它表示如果选错方案将会受到的损失。其具体步骤为：首先计算出各方案的后悔值，然后从每一个方案中选出最大后悔值，最后再把各方案最大后悔值加以比较，从中再选最小值。

大中取小法以损失最小作为择优标准，因此偏于保守，它对富有冒险精神的决策人有一定的束缚力，但对把握不大的长期投资决策又具有一定的实用价值。

(4) 折中法:决策者对未来情况比较乐观,同时也考虑到不利形势发生的影响,根据市场情况和个人经验,预先确定一个乐观系数 α 作为主观概率,然后选出每一方案的最大和最小收益值,用 α 乘以最大收益值,加上 $(1-\alpha)$ 乘以最小收益值,作为该方案的期望收益,再比较各方案的期望收益值,大者为最佳方案。此法也称乐观系数法,α 的取值范围是 $0\leqslant\alpha\leqslant1$,如果 α 取值接近1,则比较乐观;如果接近0,则比较悲观。每个备选方案的期望收益值按照以下公式计算:

$$期望收益值=\alpha\times最高收益值+(1-\alpha)\times最低收益值$$

折中法决策标准较接近实际,但确定乐观系数难度很大,而且往往带有决策者的主观性。

(5) 同等概率法:当决策者认为没有理由说明哪个事件有更多的发生机会时,只能认为它们发生的机会是均等的,这时各种自然状态的概率就是 $1/n$,以此概率去计算各方案的期望值,然后比较选择期望值最大的方案为最佳方案。该法也称等概率法或等可能法。

同等概率法把决策标准建立在同等概率的基础上,而同等概率并不是事物分布的一般规律。在实践中,这种逻辑推理标准有时会造成决策的失误。

在不确定型决策中,由于没有大量资料,没有自然概率可依,决策者主张各异,决策标准也因人而异,因此会出现各种结果,前例中,按照大中取大和乐观系数标准,选大批生产方案;按同等概率标准和后悔值标准选中、小批生产方案;按小中取大标准,却选择试验批生产方案。对同一决策,结果如此不同,是因为决策标准各不相同。各种标准之所以同时存在,是由于各种标准都有一定理由但又不太充分,至于采用哪种标准,主要取决于决策人的志向、经验及冒险精神。近些年来,随着决策技术的发展,对这五种决策标准的采用逐渐减少,而倾向于根据软资料估计出主观概率,或结合硬资料计算出客观概率,将不确定型决策转化为风险型决策,按期望值标准进行评价择优。

第三节 健康企业经营计划

一、健康企业经营计划的内涵

(一) 健康企业经营计划的概念

健康企业经营计划就是通过一定的科学方法,制订健康企业实现决策方案的具体、详细和周密的行动安排。在管理学中,计划具有两重含义:一是指计划管理工作,管理学家们一致认为,计划是最重要的管理职能之一;二是指以规划、预算等体现的计划形式,它们是实施计划管理职能的书面文件。健康企业主要涵盖医药产品、健康食品、医疗、养生、养老、康体运动、健康管理、健康旅游等与人类健康相关的生产和服务的提供方。健康企业计划管理工作的中心内容是以人的健康为核心,制订计划和执行计划。

一般地,一个完整的健全的计划应该规定任务的性质和目标,必须使计划执行者了解、接受和支持这项计划。但是目标的确定并不能保证目标的实现,而且实现一个目标可能有各种各样不同的方法。因此,健康企业必须通过计划的编制、执行和检查,同时合理利用组织的人力、物力和财力资源来安排组织的各项管理活动,才能有效地实现组织目标。

(二) 健康企业经营计划的特点

1. **计划要考虑健康企业的可持续发展** 虽然各项管理职能都必须考虑健康企业的日后发展,但都不可能像计划那样以谋划日后发展为主要任务。健康企业作为满足人民群众基本健康需要及日益增长的多元健康服务需求的经济性组织,无论是规划、预算还是政策、程序,都是为了未来的健康企业组织行动具有明确的目标和具体的方案作指导。

2. **计划的实质是要保证健康企业经营行动的有序性** 计划形式是组织行动的标准,如果一个健康企业没有计划，走一步算一步，那么这个健康企业必然会陷入混乱之中。通过计划明确健康企业经营行为的目标，规定实施目标的措施和步骤，来保证健康企业活动的有序性，有利于拉动内需增长与保障和改善民生。

3. **计划的本质是要经济地使用健康企业的各种资源**　健康企业是以提高劳动力人口素质、提升全民健康水平为主要目的，健康产品、技术、服务关系到人类的健康状况，更与社会稳定及经济可持续发展息息相关，所承担的社会责任更大，健康企业的发展，不仅要考虑经济性，更要考虑社会效益和可持续性。因此，健康企业的经营计划不仅要保证健康企业未来的行动有条不紊地进行，并且还必须使之在投入产出效益最高的状态下有序进行。任何一个健康企业的资源都是有限的，计划就是要对健康企业内有限的资源在空间和时间上做出合理配置和安排，即达到资源配置和使用的最优化。

二、健康企业经营计划的编制程序

（一）明确目标

健康产品、技术、服务关系到人类的健康状况，更与社会稳定及经济可持续发展息息相关，因此，健康企业经营计划的主要任务是将决策所确立的目标进行分解，以便落实到健康企业中的各个部门、各个环节。健康企业的目标指明主要计划的方向，而主要计划又根据健康企业目标规定各个主要部门的目标。健康企业主要部门的目标又依次控制下属部门的目标，如此等等，形成健康企业的目标结构。

（二）认清现状

计划是连接健康企业所处的此岸和要去的彼岸的一座桥梁。目标指明了健康企业要去的彼岸。认清现状就是要认清健康企业所处的此岸。认清现状的目的在于寻求合理的通向彼岸的路径，即实现目标的途径。认清现状要考察环境，分析外部环境给健康企业带来的机会和威胁，分析自身的优势和不足，分析竞争对手的情况。

（三）分析过去

分析过去可以从过去发生的事件中得到启示与借鉴，能够探讨由过去通往现在的一些规律。一般情况下，分析过去有两种方法：演绎法，是将某个大前提应用到个别情况，从中引出结论；归纳法，是从个别情况发现结论，推导出具有普遍原则意义的大前提。健康企业可以总结过去经验为基础，预测并确定企业的经营计划。

（四）拟订方案

健康企业拟订的可行的行动计划越多，对选中的计划的满意程度就越高，行动就越有效。计划拟订阶段要充分发扬民主和创新精神。健康企业对拟订方案的评价计划应注意：分析每一计划的制约因素和隐患；用总体的效益观点来衡量计划；考虑每一计划定量因素和非定量因素；动态考察计划的效果，考虑利益和损失，考虑潜在的、间接的损失。

（五）制订计划

在上述步骤的基础上，健康企业将所选择的计划用文字形式表现出来，作为该企业的管理文件。健康企业在选择了基本计划后，并不意味着计划工作的完成，因为一个基本计划总是需要若干个派生计划来支持，只有在完成派生计划的基础上才可能完成基本计划。因此，健康企业应在主要计划制订后，根据企业经营情况，制订派生计划。

（六）确定预算

预算是数字化了的计划，是健康企业各种计划的综合反映，它实质上是资源的分配计划。通过编制预算，对健康企业各类计划进行汇总和综合平衡，控制计划的完成进度，才能保证计划目标的实现。

Note

三、健康企业经营计划的编制方法

（一）目标管理法

1. 目标管理的概念及特点 目标管理可以表述为：健康企业的最高领导层根据组织所面临的形势和社会需要，制订出一定时期内组织经营活动所要达到的总目标，然后层层落实，要求下属各部门管理者以至每个员工根据上级制订的目标制订出自己工作的目标和相应的保证措施，形成一个目标体系，并把目标完成的情况作为各部门或个人工作绩效评定的依据。简单地说，健康企业的目标管理就是让健康企业的管理者和员工亲自参加目标的制订，在工作中实行“自我控制”并努力完成工作目标的一种管理制度或方法。

目标管理的特点主要包括以下几点。

（1）目标管理运用系统论的思想：通过目标体系进行管理。通过目标的制订和分解，在企业内部建立起纵横交错的完整目标连锁体系。健康企业管理工作主要是协调各个目标之间的关系，并考核监督目标的完成情况。

（2）目标管理既重视科学管理，又重视人的因素：强调“自我控制”，充分发挥每一个职工的最大能力。目标管理是一种民主的，强调职工自我管理的管理制度。目标管理的各个阶段都非常重视上下级之间的充分协调，让职工参与管理，实行管理的民主化。激励员工尽自己最大努力把工作做好，而不是敷衍了事，蒙混过关。

（3）目标管理促使权力下放：推行目标管理，就要在目标制订之后，上级根据目标的需要，授予下级部门或个人以相应的权力。否则，再有能力的下级也难以顺利完成既定的目标，“自我控制”“自主管理”也就成为空话。因此，授予是提高目标管理效果的关键，推行目标管理，可以促使权力下放。

（4）目标管理强调成果，实行能力至上：目标管理中，对目标要达到的标准，成果评定的方法都规定得非常具体、明确。按照成果优劣分成等级，反映到人事考核中，作为晋级、升职、加薪的依据。实行目标管理后，有一套完善的目标考核体系，就能够根据员工实际贡献的大小如实地评价员工的表现，克服了以往凭印象、主观判断等传统的管理方法的不足。

2. 目标管理的优点

（1）形成激励：当目标成为健康企业的每个层次、每个部门和每个成员自己未来时期内欲达到的一种结果，且实现的可能性相当大时，目标就成为健康企业成员的内在激励。特别当这种结果实现且健康企业还有相应的报酬时，目标的激励效用就更大。

（2）提高管理效率：目标管理方式的实施能够有效提高健康企业的管理效率。目标管理方式比计划管理方式在推进健康企业工作进展、保证健康企业最终目标完成方面更胜一筹。

（3）明确任务：目标管理使健康企业各级主管及成员都明确了健康企业的总目标、结构体系、分工与合作及各自的任务。这些方面职责的明确，使得主管者认识到为了完成目标必须给予下级相应的权力，而不是大权独揽，小权也不分散；健康企业通常在目标管理实施的过程中会发现健康企业体系存在的缺陷，有助于进行健康企业体系的改造。

（4）实现自我管理：在实施目标管理过程中，健康企业成员不再只是做工作，执行指示，等待指导和决策，而是已经成为有明确规定目标的单位或个人。健康企业成员已经参与了目标的制订，取得了组织的认可；健康企业成员在努力工作实现自己目标的过程中，除目标已定之外，如何实现目标则是由其自身决定的。由此可见，目标管理至少可以算作自我管理的方式，是以人为本的管理的一种过渡性试验。

（5）监督控制：目标管理方式本身也是一种控制方式，即通过目标分解后的实现最终保证健康企业总目标实现的过程就是一种结果控制的方式。目标管理并不是目标分解下去便了事，事实上健康企业高层在目标管理过程中要经常检查、对比目标，进行评比，及时纠正偏差。健康企业如果有一套明确的可考核的目标体系，其本身就是进行监督控制的最好依据。

3. 目标管理的不足

（1）强调短期目标：大多数的目标管理中的目标通常是一些短期的目标，年度的、季度的、月度的等。短期目标比较具体，易于分解；而长期目标比较抽象，难以分解。短期目标易迅速见效，长期目标则不然。因此，在目标管理方式的实施中，健康企业似乎常常过于强调短期目标的实现而对长期目标关心不够。这样一种理念若深入健康企业的各个方面、所有成员的脑海中和行为中，将对健康企业发展产生不利影响。

（2）目标设置困难：真正可用于考核的目标很难设定，尤其健康企业实际上是一种产出联合体。它的产出是一种联合的不易分解出谁的贡献大小的产出，即目标的实现是大家共同合作的成果，这种合作中很难确定你已做多少，他应做多少，因此可度量的目标确定也就十分困难。一个健康企业的目标有时只能定性地描述，尽管我们希望目标可度量，但实际上定量是困难的，例如健康企业后勤部门有效服务于组织成员，虽然可以采取一些量化指标来度量，但完成了这些指标，可以肯定地说未必达成了“有效服务于组织成员”这一目标。

（3）无法权变：目标管理执行过程中目标的改变是不可以的，因为这样做会导致健康企业的混乱。事实上目标一旦确定就不能轻易改变，也正是如此使得健康企业运作缺乏弹性，无法通过权变来适应变化多端的外部环境。许多人认为“以不变应万变”是僵化的观点，非权变的观点，实际上所谓不变的不是组织本身，而是客观规律，掌握了客观规律就能应万变，这实际上是真正的更高层次的权变。

（二）滚动计划法

滚动计划法是一种动态编制计划的方法。与静态计划相比，它不是等计划全部执行之后再重新编制下一个时期的计划，而是在每次编制或调整计划时，均将计划向前推移，即向前滚动一次。五年计划改为每年编制一次，滚动计划适用于计划期限较长、不确定因素多的场合。这种方法，对于距现在较远时期的计划编制得较粗，只是概括性的，以便以后根据计划因素的变化而调整和修正，而对较近时期的计划制订得比较详细、具体。这种计划的连续滚动，既切合实际，又有利于长远目标的实现，同时使计划具有弹性，便于根据新时期、新情况，把握时机，避免风险。

滚动计划法的具有如下优势。

1. 计划更加切合实际　战略性计划是指应用于整体组织的，为健康企业未来较长时期（通常为5年以上）设立总体目标和寻求健康企业在环境中的地位的计划。由于人们无法对未来的环境变化做出准确的估计和判断，所以计划针对的时期越长，不准确性就越大，其实施难度也越大。滚动计划相对缩短了计划时期，加大了计划的准确性和可操作性，从而是战略性计划实施的有效方法。

2. 滚动计划方法使长期计划、中期计划与短期计划相互衔接　短期计划内部各阶段相互衔接。这就保证了即使由于环境变化出现某些不平衡时也能及时地进行调节，使各期计划基本保持一致。

3. 滚动计划方法大大加强了计划的弹性　这在环境剧烈变化的时代尤为重要，它可以提高健康企业的应变能力。

（三）网络计划技术

1. 网络计划技术的基本内容　网络计划技术是用于工程项目的计划与控制的一项管理技术。20世纪50年代末，在美国产生和发展起来以网络为基础制订计划的方法，如关键路径法、计划评审技术、组合网络法等。1958年美国海军武器部在制订研制“北极星”导弹计划时，应用了网络分析方法与网络计划，但它注重对各项工作安排的评价和审查，这种计划称为计划评审法（PERT）。从那时起，网络计划技术开始在组织管理活动中广泛应用。网络计划技术包括以下基本内容。

(1) 网络图:是指网络计划技术的图解模型,反映整个工程任务的分解和合成。分解是指对工程任务的划分;合成是指解决各项工作的协作与配合。绘制网络图是计划技术的基础工作。

(2) 时间参数:在实现整个工程任务过程中,涉及人、事、物的运动状态。这种运动状态都是通过转化为时间函数来反映的。反映人、事、物运动状态的时间参数包括各项工作的作业时间、开工与完工的时间、工作之间的衔接时间、工程范围和总工期等。

(3) 关键路线:通过计算网络图中的时间参数,求出工程工期并找出关键路径。在关键路线上的作业称为关键作业。这些作业完成的快慢直接影响着整个计划的工期。在计划执行过程中关键作业是管理的重点,在时间和费用方面则要严格控制。

(4) 网络优化:网络优化是指根据关键路线法,利用时差不断改善网络计划的初始方案,在满足一定的约束条件下,寻求管理目标达到最优化的计划方案。网络优化是网络计划技术的主要内容之一,也是较之其他计划方法优越的主要方面。

2. 网络计划技术的主要步骤 可分为六个步骤。

(1) 确定目标:是指决定将网络计划技术应用于哪一个工程项目,并提出对工程项目和有关技术经济指标的具体要求,如在工期方面、成本费用方面要达到什么要求。依据健康企业现有的管理基础,掌握各方面的信息和情况,利用网络计划技术为实现工程项目寻求最合适的方案。

(2) 分解工程项目,列出作业明细表:一个工程项目是由许多作业组成的,在绘制网络图前就要将工程项目分解成各项作业。作业项目划分的粗细程度视工程内容以及不同单位要求而定,通常情况下,作业所包含的内容多、范围大可分粗些,反之则细些。作业项目分得细,网络图的结点和箭线就多。对于上层领导机关,网络图可绘制得粗些,主要是通观全局、分析矛盾、掌握关键、协调工作、进行决策;对于基层单位,网络图就可绘制得细些,以便具体健康企业和指导工作。

在工程项目分解成作业的基础上,还要进行作业分析,以便明确先行作业(紧前作业),平行作业和后续作业(紧后作业)。即在该作业开始前,哪些作业必须先期完成,哪些作业可以同时平行地进行,哪些作业必须后期完成,或者在该作业进行的过程中,哪些作业可以与之平行交叉地进行。在划分作业项目后便可计算和确定作业时间。一般采用单点估计或三点估计法,然后一并填入明细表中。

(3) 绘制网络图,进行结点编号:根据作业时间明细表,可绘制网络图。网络图的绘制方法有顺推法和逆推法。

顺推法:从始点时间开始根据每项作业的直接紧后作业,顺序依次绘出各项作业的箭线,直至终点事件为止。

逆推法:即从终点事件开始,根据每项作业的紧前作业逆箭头前进方向逐一绘出各项作业的箭线,直至始点事件为止。

同一项任务,用上述两种方法画出的网络图是相同的。按照各项作业之间的关系绘制网络图后,要进行结点的编号。

(4) 计算网络时间,确定关键路线:根据网络图和各项活动的作业时间,就可以计算出全部网络时间和时差并确定关键线路。具体计算网络时间并不太难,但比较烦琐。在实际工作中影响计划的因素很多,要耗费很多的人力和时间。因此,只有采用电子计算机才能对计划进行局部或全部调整,这也为推广应用网络计划技术提出了新内容和新要求。

(5) 进行网络计划方案的优化:找出关键路径,也就初步确定了完成整个计划任务所需要的工期。这个总工期,是否符合合同或计划规定的时间要求,是否与计划期的劳动力、物资供应、成本费用等计划指标相适应，需要进一步综合平衡，通过优化，选择最优方案。然后正式绘制网络图，编制各种进度表以及工程预算等各种计划文件。

（6）网络计划的贯彻执行：编制网络计划仅仅是计划工作的开始。计划工作不仅要正确地编制计划，更重要的是组织计划的实施。网络计划的贯彻执行，要发动员工讨论计划，加强生产管理工作，采取切实有效的措施，保证计划任务的完成。在应用电子计算机的情况下，可以利用计算机对网络计划的执行进行监督、控制和调整，只要将网络计划及执行情况输入计算机，它就能自动运算、调整并输出结果，以指导生产。

（四）线性规划法

线性规划主要研究线性约束条件下线性目标函数的极值问题，它是运筹学的一个重要分支，广泛应用于军事作战、经济分析、经营管理和工程技术等方面，为合理地利用有限的人力、物力、财力等资源做出最优决策，提供科学的依据。这种方法是研究在有限的资源条件下，对实现目标的多种可行方案进行选择，以使目标达到最优的方法。也就是说如何将有限的人力、物力和资金等资源合理地分配和使用，使完成的计划任务最多。

从实际问题中建立数学模型有以下步骤：第一，根据影响所要达到目的的因素找到决策变量；第二，由决策变量和所要达到目的之间的函数关系确定目标函数；第三，由决策变量所受的限制条件确定决策变量所要满足的约束条件。

所建立的数学模型具有以下特点：第一，每个模型都有若干个决策变量（X_1，X_2，X_3，X_4……X_n），其中，n 为决策变量个数。决策变量的一组值表示一种方案，同时决策变量一般是非负的。第二，目标函数是决策变量的线性函数。根据具体问题可以是最大化（max）或最小化（min），二者统称为最优化（OPT）。第三，约束条件也是决策变量的线性函数。当我们得到的数学模型的目标函数为线性函数、约束条件为线性等式或不等式时称此数学模型为线性规划模型。

求解线性规划问题的基本方法是单纯形法。已有单纯形法的标准软件，可在电子计算机上求解约束条件和决策变量数达 10 000 个以上的线性规划问题。为了提高解题速度，又有改进单纯形法、对偶单纯形法、原始对偶方法、分解算法和各种多项式时间算法。

本章小结

企业经营过程中，市场调查发挥着非常重要的作用。市场调查主要包括市场需求调查、市场环境调查、市场营销因素调查，市场竞争状况调查等内容。市场调查的步骤包括确定问题和调查目标、制订调查计划、收集信息、分析信息、提出调查报告、跟踪等。市场预测是采用一定的预测方法，对特定商品在一定时间内与一定地域内需求量与销售量的预测，或者是对相关供需指标与效益指标的预测。市场预测的方法主要包括定性方法和定量方法；市场预测的基本步骤包括确定预测目标、搜集资料、选择预测方法、预测分析和修正、编写预测报告等。

健康企业经营决策是健康企业为实现某一特定目标，按照科学的程序方法对有关企业全局性重大问题进行分析、研究对比，从中选取最佳方案加以组织和实施的过程。健康企业经营决策是一个系统分析的动态过程，其经营决策程序主要包括分析问题、制订决策目标、制订备选方案、对备选方案的评价与选择、实施方案、跟踪和评估结果等。

健康企业经营计划是通过一定的科学方法，制订健康企业实现决策方案的具体、详细和周密的行动安排。健康企业经营计划的编制程序主要包括明确目标；认清现状；分析过去；拟订方案；制订计划；确定预算等。

（全　颖）

思考题

1. 健康企业经营决策程序主要包括什么？
2. 健康企业经营计划的编制程序主要有哪些？

第六章 健康企业文化建设

本章要点

1. **掌握** 健康企业文化的定义；健康企业文化建设的内容；健康企业文化建设的步骤。
2. **熟悉** 健康企业文化建设的原则。
3. **了解** 健康企业文化的特征。

导入案例

西安YS的企业文化建设之路

西安YS制药有限公司(简称西安YS)是目前我国医药工业规模最大、品种最多、剂型最全的先进技术型合资企业之一。西安YS成立以来，以文化为“魂”，大力宣传以“鹰”和“雁”为代表形象的企业文化，并以此为核心开展企业文化建设，促进合资公司的健康发展。

首先，以“鹰”为主体形象，加强制度建设，严格管理，注重激励。由于最初的中层管理人员和基层员工管理意识不强，思想意识涣散，不适应严格规范管理要求，公司决定严格遵循总公司管理标准，严格劳动纪律，培养员工责任感，以促使员工逐步使用新的管理模式。调查研究发现，员工尤其是较高级别的员工，具有追求高报酬和工作成功的双重价值取向。基于此，西安YS通过优厚的待遇吸引和招聘人才，通过丰富的工作意义、工作的挑战性和成功的机会留住人才。遵循“人员-职位-组织”匹配的原则，选用具有冒险精神、勇于探索、有责任感、认同公司哲学的人作为销售代表，鼓励这些人才不仅要做出头鸟，还要做搏击长空的雄鹰。

其次，以“雁”为主体形象，强化精神层文化建设，提升团队凝聚力。在1996年年底的销售会议中，集中学习并讨论了关于“雁的启示”。“当每只雁展翅高飞时，也为以后的队友提供了向上之风。由于组成V字队形，可以增加雁群71%的飞行范围”，带来的启示是团队成员形成默契，互相帮助，能更轻松地到达目的地，因为他们在彼此信任的基础上，携手前进。“当某只雁离队时它立即感到孤独飞行的困难和阻力。它会立即飞回队伍，善用前面同伴提供的向上之风继续前进”，启示是员工应该像大雁一样具有团队意识，在队伍中跟随带队者，与团队同奔目的地，愿意接受他人的帮助，也愿意帮助他人。经过大力开展企业文化建设，员工的素质和工作效率不断提高，员工忠诚度不断提升。

最后，打造人性化工作环境，营造家的感觉。逢年过节过生日时，公司领导会给员工贺卡和祝福；员工生病时，部门负责人甚至总裁会亲自前去看望或写信问候；员工结婚生子时，公司将其视为自己家庭的喜事给予热烈祝贺，曾举办过集体婚礼；公司会邀请员工家属参加公司的一些活动，分享大家庭的快乐。此外，还创办了内部刊物作为沟通信息、联络感情的桥梁。

第一节 健康企业文化的内涵与意义

一、健康企业文化的定义

健康企业文化内涵的探讨需要追溯至企业文化的定义。"企业文化"(corporate culture)概念诞生于20世纪80年代初,由美国加利福尼亚大学教授威廉·大内在其专著《Z理论——美国企业界如何迎接日本的挑战》中提出,他认为独特的企业文化是日本企业成功的关键要素,企业的传统和氛围是企业文化的源泉,通过榜样的力量将企业中的行为、言论、活动的模式和风格传递给员工。关于企业文化的定义百花齐放,具有代表性观点有以下几种。

日裔美籍管理学家威廉·大内和哈佛大学教授安东尼·G. 阿索斯认为企业文化是指导企业制订员工和客户政策的宗旨。特伦斯·E. 迪尔和艾伦·肯尼迪认为企业文化是企业员工共同遵守的价值体系和行为准则,包括企业环境、价值观、英雄人物、习俗和仪式、文化传播网络五个要素。彼得斯和沃特曼认为企业文化是通过一些象征性的方法,如故事、虚构人物、传说、口号、轶事等,传达的一些主导的、核心的价值观。哈佛商学院终身教授约翰·P. 科特认为企业文化是企业员工、至少是企业高层管理者所共同拥有的价值观和行为方式。

我国学者对企业文化的研究起步晚于西方,清华大学教授魏杰认为企业文化是企业信奉并付诸实践的价值理念;清华大学张德教授认为企业文化是企业长期生产经营活动中所自觉形成的并为广大员工恪守的经营宗旨、价值观念和道德行为准则的综合反映;北京大学陈春花教授认为企业文化是企业形成的一种"个性",包括企业的信仰、观念、价值观、态度、工作方式、工作氛围和工作行为。

由此可见,关于企业文化的定义非常丰富,虽然学者们对企业文化内涵的界定有所区别,但均强调了企业价值观念、行为方式的重要性。健康企业的企业文化内涵尚未有明确的界定,根据学者们对企业文化的定义,结合健康企业的特征,人们认为,健康企业文化是指以实现公众健康福祉为导向,食药材种植企业、健康产品制造业、健康服务业等健康企业在长期的生产经营过程中形成的全体员工共同遵守和奉行的价值观念、经营宗旨、基本信条和行为准则。

【案例6-1】

TRT的企业文化精髓

TRT是我国中药行业的老字号,始创于1669年至今已有300多年的历史。在TRT长期发展过程中,建立了"以现代中药为核心,发展生命健康产业,成为国际知名的现代中医药集团"的愿景,形成了"同修仁德,济世养生"的企业精神和"修合无人见,存心有天知"的诚信理念,秉承"炮制虽繁必不敢省人工,品味虽贵必不敢减物力"的古训,遵循"以义为上,义利共生"的经营理念,坚持"配方独特,选料上乘,工艺精湛,疗效显著"的制药特色,形成了"独立运行、各有侧重、资源共享、整体发展;抓住品牌整体发展、抓住共性协调发展;抓住人才促进发展、抓住文化保障发展"企业运行原则。2003年,在抗击"非典"及改革发展中,TRT企业文化进一步升华,"四个善待""四条标准""四个抓住"新理念应运而生。"四个善待":善待社会、善待员工、善待经营伙伴、善待投资者。TRT人"四条标准":用TRT的文化吸引人,用TRT的干劲鼓舞人,用规范化的管理要求人,用优良的业绩回报人。"四个抓住":抓住品牌整体发展,抓住共性协调发展,抓住人才促进发展,抓住文化保障发展。

二、健康企业文化的特征

(一)独特性

健康企业文化建设需要以生产经营需求为导向,以健康产业特性为依据。由于每个企业在

Note

生产规模、生产流程、产品特征、规章制度、价值理念以及企业愿景方面均存在差异，因此健康企业的企业文化也存在独特性。

（二）系统性

通常来讲，健康企业文化由四个层次构成，包括精神层文化、制度层文化、行为层文化和形象层文化，相互关联，相互作用，构成一个有机整体。其中，精神层文化是健康企业文化的灵魂与核心，制度层文化是健康企业文化建设的制度保障，行为层文化是健康企业文化外化于行的行动纲领，形象层文化是健康企业文化的物质载体。因此，健康企业文化建设需要围绕以上四个层次系统开展，才能形成合力，缺少了任何一个层次，企业文化对企业发展的助力作用将会大打折扣。

（三）稳定性

健康企业文化一旦形成，在较长的时间内将具有相对稳定性，从而为健康企业发展提供精神指引、制度保障和行为规范。当然，健康企业文化具有稳定性，并不是说企业文化不能变化，随着社会生产力的发展、生产关系的调整、政策环境的变化，企业文化需要与时俱进、开拓创新，甚至变革，以适应生产发展的需求。例如，TRT 已有 300 年的历史，形成了“同修仁德，济世养生”的企业精神和“修合无人见，存心有天知”的诚信理念，在企业发展过程，虽然 TRT 对企业文化的内涵进行了丰富和深化，但企业文化的核心尚未发生变化。

（四）约束性

健康企业文化对全员具有约束性，主要通过价值观念的约束性、制度的约束性、道德规范的约束性实现。企业制度是企业内部的法规，无论是领导，还是普通员工都必须遵守和执行，从而形成约束力。道德规范是从伦理道德角度来约束领导者和员工的行为，违背道德规范要求时，就会受到舆论的谴责，心理上会产生内疚感。例如 TRT“济世养生、精益求精、童叟无欺、一视同仁”的道德规范约束着全体员工必须严格按工艺规程操作，严格质量管理，严格执行纪律。

（五）人本性

健康企业文化的人本性体现在内部和外部两个方面。内部人本性强调企业全体人员的理想、道德、价值观、行为规范在管理中的核心作用，强调在日常管理中需要理解人、尊重人、关心人，用愿景鼓舞人，用精神凝聚人，用机制激励人，用环境培育人，充分发挥个人和团队的作用。外部人本性强调提供的产品和服务的人本性，健康企业需要以满足公众健康需求为出发点，以维护人群健康、修复健康、促进健康为目的，生产健康产品或提供健康服务及传递健康信息。

（六）责任性

健康企业提供的产品和服务与公众健康密切相关，对企业责任的要求更高。如果企业领导和员工的责任心懈怠，将更容易导致产品或服务安全问题，威胁消费者的生命健康安全。因此，健康企业文化需凸显责任性特征，不但要在思想上重视企业责任、人员责任，还需要建立责任制度，规范员工责任行为。

三、健康企业文化建设的意义

（一）有助于引领方向

健康企业文化包括企业愿景、企业使命、核心价值观等关键要素。健康企业通过文化建设明确企业愿景、企业使命和企业核心价值观，引导员工的价值观念和行为方式符合企业文化的要求。企业愿景展现了健康企业发展的宏伟蓝图和长期目标，企业使命明确了健康企业发展中肩负的责任，当企业自上而下对企业愿景和企业使命有深刻的认知并形成共鸣时，将激发员工的事业心、责任心与行动力。健康企业核心价值观是指企业所崇尚的经营哲学和管理理念，对员工的价值取向、思维模式、行为习惯等都具有引导作用。

（二）有助于凝心聚力

凝心聚力建立在企业的核心价值观被员工广泛认同的基础上。健康企业通过文化建设，使员工在思想意识上形成共识，在日常工作中，锚定同一目标，从而形成强大的向心力和凝聚力。员工在日常工作以企业目标为统领，以企业核心价值观为规范，将个人的目标与企业目标结合起来，将个人情感与企业兴衰结合起来，对企业具有强烈的归属感，在工作中齐心协力，共同进步，促进企业目标实现。企业文化的凝心聚力作用，不仅体现在企业的日常经营过程中，亦有助于企业克服创业或变革过程中遇到的艰难或阻碍，平稳度过可能出现的各种危机。

（三）有助于提升执行力

执行力是指企业有效利用各种资源、全面贯彻战略意图，完成战略目标的操作能力。对于健康企业而言，即使战略目标制订的再完美，如果无人执行或执行不力，目标将仅仅是空中楼阁，无法落地。企业文化建设是提升健康企业执行力的重要保障。健康企业通过文化建设，让员工在精神层面得到指引，在制度层面得到约束，在行为层面受到规范，在物质层面得到激励，激发全体员工的责任感与战斗力，从而保证企业整体执行有力。

（四）有助于激发员工能动性

健康企业文化建设内容包括精神层面、制度层面、行为层面和形象层面。精神层面的激励主要源于员工对企业价值观的认同感、归属感、责任感。当员工将企业愿景和个人发展目标集合起来时，将激发员工的主观能动性。制度层面包括员工培养制度、绩效考核与奖惩制度、员工晋升制度等建立与完善。当制度文化建设与精神文化建设匹配时，员工的工作积极性、主观能动性将得到充分激发与调动。行为层面的激励是指当员工行为规范、工作标准与企业行为规范一致时，将得到正面强化；当存在差距时，将不断修正自身的行为。形象层面文化激励是指良好的企业形象使员工具有获得感、荣誉感、责任感和安全感，从而激发员工的主观能动性。

（五）有助于塑造品牌形象

企业文化具有辐射作用，向内辐射表现为影响员工的价值观和行为，向外辐射表现为塑造和传播品牌形象。健康企业通过视觉形象设计，产品和服务传递、文化传播网络建设、社会责任形象塑造等途径，向客户、社会传递企业文化价值观，有利于企业塑造良好的品牌形象，从而提升企业的美誉度与消费者的忠诚度。

（六）有助于持续开拓创新

优秀的健康企业往往在企业文化中强调创新。创新文化的建设表现在健康企业价值理念传递、企业制度中创新工作的支持、鼓励，企业对创新失败的包容，从而激发组织的创业思想、员工的创新精神，鼓励员工不断开拓进取。中国医药生物上市公司百强企业往往将创新作为企业核心价值观，助力于企业不断研发新产品。而医疗服务企业通过创新，开拓新的商业模式，解决行业痛点，满足患者多样化与个性化的健康需求。

第二节　健康企业文化建设的任务

一、健康企业文化建设的内容

企业文化建设包含哪些内容，目前学术界尚未形成统一观点，具有代表性的观点是“三层次”“四层次”和“五层次”结构理论。“三层次”理论中被广泛认同的观点是企业文化包括物质文化、精神文化和行为文化。“四层次”理论认为企业文化包括物质层、行为层、制度层和精神层四个层次。特劳斯·E. 迪尔和艾伦·肯尼迪提出了五层次模型，即企业文化包括企业环境、价值观、英雄人物、习俗和仪式、文化传播网络五个要素。无论哪种层次理论，均围绕企业文化的内核和外延展开。企业文化内核主要指企业文化的精神层，企业文化外延主要是指企业精神在生产经营中的具体体现，包括规章制度、员工行为习惯、企业有形形象、企业社会形象等。根据以往企业文化的相关研究，结合健康企业的特征，本书认为健康企业文化建设的内容主要涵盖四个方面，即精神层建设、制度层建设、行为层建设和形象层建设（图6-1）。

（一）精神层建设

健康企业文化精神层是企业文化建设的根基，是物质层、行为层和形象层建设的航标，包括企业使命、企业愿景、企业精神、企业核心价值观以及具体的经营管理理念。

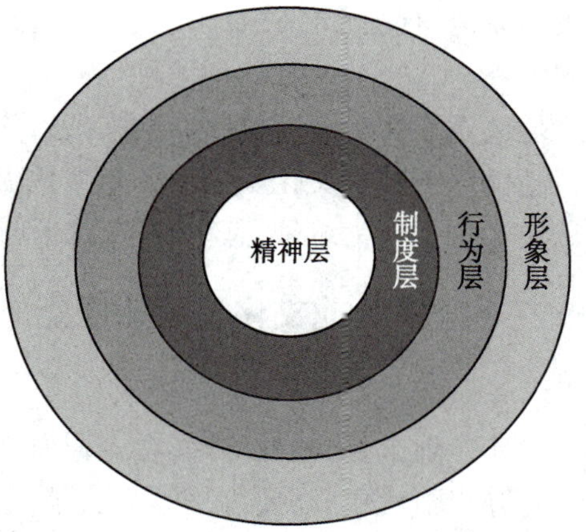

图6-1　健康企业文化建设内容

1. 企业使命　企业使命是指企业在社会经济发展过程中所担当的角色及承担的责任，包含了企业存在的原因或理由、企业的经营理念和企业的经营形象定位。例如，“为医药健康产业提供高性价比服务”“持之以恒，致力于提升民众的健康生活品质”“打造中国最大的一站式医疗健康生态系统”。企业使命是企业文化精神层建设的根基，一旦确立，不能朝令夕改。健康企业的企业使命聚焦于健康产业，反映了企业的经营战略和价值理念。

2. 企业愿景　愿景（vision）包含两层内容，即愿望和景象。愿望是指有待实现的意愿，景象是指具体生动的蓝图。企业愿景是指全体员工共同接受和认同的企业共同愿望和蓝图。例如，“成为受人尊重、拥有行业美誉度的领先品牌制造商和健康领域服务商”“以现代中药为核心，发展生命健康产业，成为国际知名的现代中医药集团”。由以上健康企业的企业愿景可见，企业愿景和企业目标有一定的关联度，企业愿景从本质上属于企业目标的范畴，但企业愿景又不同于企业目标。企业目标往往由企业决策层和企业管理层制订，而企业愿景建立在员工个人愿景的基础上，是个人愿景和组织愿景的有机融合。企业愿景的建立过程一般包括四个主要步骤：第一，收集员工个人愿景；第二，将个人愿景作为公司愿景的基础；第三，不断提炼和充实；第四，不断沟通、确认，最后达成一致。

3. 企业精神　企业精神是企业文化的源泉，是企业文化发展到一定阶段的产物，是企业有意识提倡和培养的企业全体成员共同拥有的优良精神风貌。由企业精神的定义可见，企业精神是企业根据已有的价值观念、行为习惯中的积极要素进行总结、提炼、升华而形成。例如，“诚信勤勉、务实高效、创新创业、和谐共赢”。

4. 企业核心价值观　企业核心价值观是指企业长期坚持的基本信仰和价值取向，是指导员工行为的基本准则。围绕核心价值观，企业会建立相应的价值体系，指导企业内部上下级之间、企业员工之间、企业与合作伙伴、企业与客户之间的行事逻辑，及行为方式。在企业发展过程中，企业的价值观体系可能随着环境的变化而做出调整，但企业的核心价值观往往相对稳定，长期、深刻的影响企业的生存、发展和变革。例如，TRT在300年的发展过程中一直坚持“同修仁德、济世养生”的核心价值观，保持基业长青。

（二）制度层文化建设

制度层文化处于企业文化的中间层次，主要包括一般制度、特殊制度、企业风俗等方面。制度层文化是精神层文化的体现，精神层文化是制度层文化建设的依据。精神层文化建设和制度层文化建设协同一致，才能发挥企业文化的竞争力效应。

（三）行为层文化建设

行为层文化是指健康企业文化理念在员工言行方面的表现，包括员工的思维方式、行为规范、行为习惯、企业风俗、仪式活动等。

（四）形象层文化建设

形象层文化是健康企业通过企业视觉识别系统设计、产品的外在设计、服务的有形展示、企业英雄模范、社会责任践行等线索，通过文化传播网络，系统传递、塑造，以提升企业的社会形象、品牌形象。

健康企业文化的精神层、制度层、行为层和形象层密不可分、相互关联、协同统一，构成一个有机整体。精神层文化是健康企业文化建设的核心和重点，制度层、行为层和形象层文化建设需要以精神层文化为统领，这三个层次的建设有助于强化精神层。

二、健康企业文化建设的原则

（一）战略引领

健康企业文化建设必须契合企业发展战略，促进企业战略目标的实现。具体而言，健康企业在文化建设过程中，需要以战略为引领，服从企业发展战略的需求，融入至企业运营管理的各个层面，充分发挥企业文化的凝心聚力作用，激发员工的主观能动性，提升中层管理人员和基层员工的执行力，实现企业文化软实力向生产力的转换，从而提升企业的核心竞争力。

（二）传承创新

健康企业文化建设需要传承和创新。健康企业在发展过程中，逐步形成核心价值理念和行为规范，有的文化要素有助于促进企业的发展，而有的文化要素成为企业发展道路上的绊脚石，阻碍企业的发展壮大。因此，企业在进行文化建设时，需要提炼优秀的企业文化要素并发扬光大，并且去除企业文化中的不利要素。随着宏观环境、市场环境和企业内部环境的变化，企业需要调试甚至变革发展战略，此时，健康企业文化建设应需与时俱进，适应组织战略，以更好的支撑企业发展。

（三）融合管理

健康企业文化需要融入经营管理的各个方面，才能充分发挥企业文化的效能，成为企业发展的助推力。企业文化融合管理体现在与规章制度的融合、与岗位职责的融合、与考核激励的融合三个方面。与规章制度的融合是指将企业文化理念融入至生产与服务流程、管理流程中，并且通过规章制度加以固化。与岗位职责的融合，是指将企业文化理念与岗位职责结合起来，基于文化价值观确定岗位能力需求和岗位职责。与考核激励的融合，是绩效考核、激励制度体现企业的文化价值观。

（四）全员参与

健康企业文化是企业全体员工共同遵守的价值观和行为准则，并非仅仅企业领导者倡导和遵守，因此健康企业文化建设需要全员参与。在健康企业文化建设过程中，领导干部需要身先士卒，起模范带头作用，通过领导层的示范作用让员工知晓企业倡导什么，反对什么，从而影响员工的理念和行为。与此同时，健康企业需要营造全员共同建设企业文化的氛围，齐心协力，共创共建，共享发展。

（五）形神合一

健康企业文化包括精神、制度、行为、形象等诸多内容，因此企业文化建设不仅仅体现在企业核心价值凝练上，还包括制度层次、行为层次和形象层次的建设，各个层次之间应具有协同性，即制度、行为、形象应与核心价值观一致。

三、健康企业文化建设的途径

（一）建立共同愿景，激发员工工作动能和责任精神

企业愿景是企业文化三要素的核心，是企业文化建设的基石，杰克·韦尔奇认为应该“设立愿景，使愿景体现在生活作息中，并激发团队去实现它”。健康企业文化建设的重中之重就是建立共同愿景，将公司愿景和个人愿景有机融合，为员工提供发展平台，将员工的个人成长与企业

的整体发展结合起来。构建共同愿景主要包括以下途径。第一,建立共同价值观、共同使命、共同兴趣,使全员对企业具有认同感、归属感,从而形成责任感,激发员工的工作动能。第二,开展团队学习,使全体员工在理念、行为规范上具有一致性;与此同时,通过团队学习,激发团队的智慧,提升团队效能。第三,建立沟通机制。通过深度沟通,上级不但可以了解下级的所思所想,而且可以帮助员工解除工作中的困惑和困难,有利于提升员工工作热情。

(二)弘扬企业家精神,企业家做企业文化的领航者、奠基者和建设者

企业家是企业文化建设的领航者,在健康企业文化建设过程中,企业家应率先垂范,将企业家精神融合至企业文化之中。《中共中央国务院关于营造企业家健康成长环境弘扬优秀企业家精神更好发挥企业家作用的意见》中明确了企业家精神的内涵:爱岗敬业、遵纪守法、艰苦奋斗;创新发展、专注品牌、追求卓越;履行责任、敢于担当、服务社会。在众多企业中,企业文化建设通常由企业家发动、组织、贯彻和落实,企业文化中往往带有企业家精神的印记。企业家是企业的领航者,企业家的价值观、行为方式,备受员工关注,往往对整个企业产生潜移默化的影响。因此,企业家应起模范带头作用,确保自己的行为方式发挥良好的示范效应。

作为健康企业文化建设的奠基者,企业家除了精通业务、善于管理,还要有强大的领导力、感染力和人格魅力。领导者要心胸宽广、高瞻远瞩、身先士卒,将企业文化的理念和精神传递至员工内心。作为企业的领导者,可通过倡导、表彰、批评、惩罚等方式,明确企业提倡什么、反对什么,从而取其精髓、去其糟粕,使企业文化良性发展。作为健康企业文化的建设者,企业家应坚持以人为本的原则,了解人、尊重人、关心人、教育人,将员工的个人发展与企业的发展联系起来,激发员工的主观能动性。

(三)建设制度文化,健康企业运用制度强文化

“不以规矩,不能成方圆”,健康企业需完善各项制度,通过制度保证企业文化建设的顺利推行。通过制度规范,使文化固化于制、内化于心、外化于行。健康企业制度建设需要以精神层文化为核心,服务于企业经营目标,体现企业经营理念,与管理流程、工作流程、岗位职责、考核激励相结合。健康企业制度建设并非一劳永逸,须根据环境的变化不断优化。健康企业制度建设需要各级管理者和员工共同参与,并广泛认同,制度的执行效果才能得到保证。

制度文化建设的重点不仅仅是制订制度,还应包括执行制度。企业的规章制度应保证各层管理人员和员工在履行岗位职责、处理问题时有章可循,而不是根据个人意愿行事。制度面前人人平等,无论是企业管理层还是普通员工,都需要严格执行制度,为了提高制度的执行效果,健康企业管理者应做好表率,严格执行制度。为了保障制度的权威,奖罚要分明、及时,一旦有人未遵守制度而未受到惩罚,将产生“破窗效应”,制度将形同虚设,失去权威性和约束力。

(四)借助榜样力量,营造健康企业文化氛围

借助榜样力量,是指通过典型人物塑造和宣传,塑造企业文化、营造企业文化氛围。企业应善于发现其价值取向、行为方式与企业价值观念、企业精神相契合的优秀员工,并对他们进行重点培养,给予更多锻炼机会,在工作实践中历练成长。在此基础上,健康企业应注重对典型人物进行宣传,提高其知名度、感召力,发挥模范带头作用,激发员工进行模范学习的动力。在进行典型人物宣传时要制订鼓励先进、保护典型人物的规章制度,消除可能对典型人物嫉妒、讽刺、打压的潜在破坏因素。在进行典型人物宣传时要注意实事求是,切忌夸大其词。

(五)建立企业识别系统,塑造健康企业品牌形象

企业识别系统(corporate identity system,CIS)运用视觉设计,将企业的理念和行为以视觉化、规范化和系统化的方式表现出来。CIS 以商标的造型和色彩设计为核心,将企业的经营理念、管理特色、商标设计、社会使命与责任、产品包装风格等内容融合为一体,以塑造良好的企业形象。CIS 由企业理念识别(mind identity,MI)、企业行为识别(behavior identity,BI)和企业视觉识别(vision identity，VI）三部分构成（图 6-2）。

MI 是 CIS 的核心，是企业整体形象的灵魂，具有表达企业使命和愿景、决定企业经营方式、规范员工行为的作用。企业理念识别的基本要素包括企业目标、经营策略、管理体制、分配原则、人事制度、人才观念、道德规范、行为准则等，企业理念识别的应用要素主要包括企业信念、经营口号、企业标语、企业守则、座右铭等。

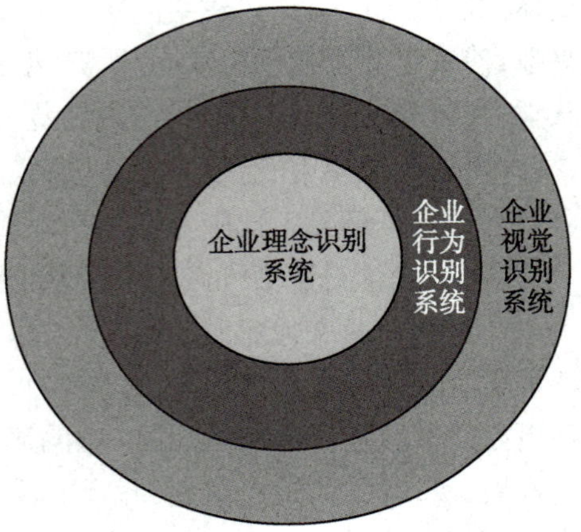

图 6-2 健康企业 CIS 系统

BI 主要由企业内部系统和企业外部系统两部分构成。企业内部系统包括企业环境的营造、员工教育和员工行为规范化等。企业外部系统包括产品规划、服务活动、广告活动、促销活动和公共关系活动等。

VI 的设计要素通常包括企业名称、企业标志、企业标准字、企业标准色、企业象征造型或图案、企业标语口号。企业在进行 VI 设计时应充分表达企业使命、精神和价值理念，并坚持艺术性和个性化原则，在制作过程中应充分调动员工参与设计的积极性，吸收广大员工的设计灵感。企业视觉形象可以在企业建筑、企业招牌、企业标识、企业环境、办公用品、企业产品、企业广告、交通工具、员工制服等方面呈现。

（六）开展团队建设，打造健康企业高效执行文化

健康企业经营战略能否落地，企业目标能否实现，与组织执行力密切相关。打造高效执行文化，是提升执行力的关键路径。因此，健康企业需加强团队建设，打造高效执行文化，主要包括以下七个方面：①倡导团队精神，以团队利益为重；②明确团队目标，对目标进行全面沟通，使团队目标和员工个人目标融合；③团队领导应身先士卒，发挥模范带头作用；④分工明确，职责清晰，避免多头领导；⑤工作流程设计标准化、规范化；⑥建立绩效考核制度，坚持多劳多得的原则；⑦建立激励机制，根据员工需求，在规范化激励的基础上，注重个性化激励。

（七）推行创新文化，激发健康企业创新精神

创新是企业发展壮大成为行业领导者的动力之源，提升创新能力是健康企业发展的重中之重。而创新文化是培养创新精神、提升创新能力的沃土，创新文化营造的创新氛围，会激活企业的创新细胞，激活员工的创新动能，从而提升健康企业的创新能力。推行创新文化的路径主要包含以下几个方面。第一，鼓励新观点、新想法。通过项目立项、定向征文、专题讨论、个别交流等方式，企业内部形成集思广益、鼓励创新的氛围，并对具有开拓性、可行性的方案、方法提供落地生根的条件。第二，鼓励创新、容忍失败。创新并非百分之百成功，因此要摒弃"只能成功，不能失败"的错误认识。针对失败，重在总结教训，找出失败根源所在，为创新成功积累经验。第三，建立创新奖励机制，激发员工创新动力。企业应根据创新贡献的效益及影响力等，对做出创新贡献的员工进行相应的表彰、奖励。

（八）打造责任文化，树立健康企业社会责任形象

健康企业所涉足的业务，提供的产品和服务与人民大众的生命健康安全息息相关，因此，健康企业需要将责任作为至高无上的行为准则，将责任文化理念根植于企业文化之中。健康企业打造责任文化可以从以下几个方面着手。①构建责任体系，包括责任精神、责任制度、责任行为，全面提升员工的责任意识。②建立明确的责任制度，责任到位，责任到人。③将责任落实到具体工作细节中，工作无小事，岗位无大小，均需落实到位。④严厉惩罚不负责任的行为，严格执行责任奖惩，若出现了责任问题，不论职位高低，均根据相关制度实施惩罚。⑤履行社会责任，树立企

业社会责任形象。企业社会责任是指企业在创造利润、对股东和员工负责的同时,还需要对消费者、社区、环境承担责任。根据卡罗尔的社会责任金字塔模型,健康企业社会责任不仅包括经济责任、还包括法律责任、道德责任、慈善责任。

四、健康企业文化建设的步骤

健康企业文化建设的核心步骤包括三个方面,分别为企业文化调研、企业文化设计、企业文化实施(图 6-3)。

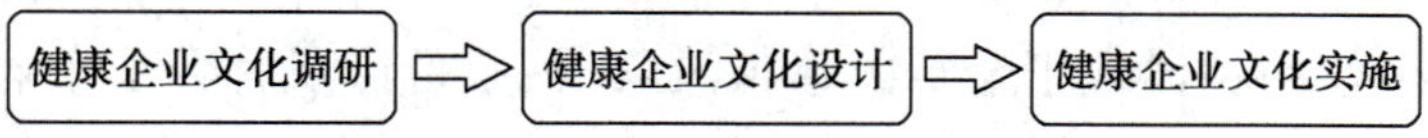

图 6-3　健康企业文化建设步骤

(一)企业文化调研

健康企业文化建设切忌邯郸学步,应根据健康产业的特点以及健康企业自身的发展状况,建设符合企业发展需要的文化体系。企业文化调研是健康企业文化建设的起点,调研内容主要包括企业的发展历史、发展现状、发展前景、发展过程中存在的问题、领导层和员工广泛认同的价值理念、员工对企业理念的认知状况、员工的满意度和忠诚度等方面。健康企业文化调研可由企业内部独立完成,也可请咨询顾问协助,或依托外部调研机构开展。

健康企业文化调研常用的方法主要包括访谈法、问卷调查法、现场观察法等原始资料收集方法,以及二手资料法等次级资料收集方法。可根据企业的规模和业务特点,自上而下、分层开展,也可以大规模一次性实施。由于健康企业文化调研需要全员参与,因此,在开展调研工作之前,企业领导需要召开动员大会,说明企业文化建设的必要性、重要性、价值性,以调动员工的积极性,提升员工的参与度。

访谈法是健康企业文化调查中使用频率最高的方法,为了方便调研工作的顺利开展,企业应设立专用的访谈室,在调研之前,需做好访谈计划、制订访谈提纲。通过对企业各层管理人员和员工开展访谈,可为开展问卷调查提供设计基础。问卷调查也是健康企业文化调查中较为常见的调查方法,可以很好地反映企业文化的现状以及员工对企业文化的认知、认同度。在开展问卷调查之前,应做好问卷设计,其基本原则是目标明确、区分度高、便于统计分析。

现场观察法是指观察者有目的、有计划的借助感觉器官或借助观察工具,了解在自然状态下或设计状态下员工的行为,企业视觉识别系统的各种要素。按照观察周期分,现场观察分为连续性观察和非连续性观察。按照所采取的方式,现场观察分为隐蔽性观察和非隐蔽性观察。按照调查者扮演的角色,现场观察分为参与性观察与非参与性观察。按调查者对观察环境施加影响的程度分,现场观察分为结构性观察和非结构性观察。按观察者与观察对象的接触程度,现场观察分为直接观察、间接观察,借助机械观察。

健康企业的内部资料,往往能反映出企业文化特征,可作为原始资料收集的补充、延伸和对比。因此,需要对企业历史资料、规章制度、重要文件、内部报刊、企业基本状况、先进个人资料、员工奖惩机制、媒体相关报道等资料进行收集和结构内容分析。

健康企业文化调研包括资料收集和分析研究两个环节,在通过上述方法完成数据收集后,需要对企业文化进行深入分析,并撰写分析报告。调查分析主要集中在以下几个方面:第一,分析健康企业的生产经营特点,明确企业在行业中的水平;第二,分析企业管理理念、管理思路、管理能力、管理水平、管理效果和管理瓶颈等;第三,分析企业文化的建设状况,领导和员工对企业文化的重视程度,价值取向,和对现有文化的认同程度;第四,分析企业理念、企业习惯、人际关系、工作态度、员工行为规范等内容。

（二）企业文化设计

健康企业文化是一个有机的系统，包括精神层、制度层、行为层和形象层，其中理念层是核心、制度层是保障、行为层是规范、形象层是延伸。健康企业文化设计应坚持完整性、一致性和可操作性的设计理念。

1. 健康企业精神层文化设计 精神层文化是企业文化的灵魂，是企业文化建设的重中之重，在企业文化设计中具有统领作用，决定了企业文化建设的整体效果，也是企业文化设计的难点。精神层文化体系主要包括企业愿景、企业使命、企业精神、核心价值观、经营理念、管理模式、企业作风和企业道德等。企业愿景描述了企业的奋斗目标，企业使命回答了企业的责任和存在的理由，企业精神体现了全员的精神风貌，核心价值观解释了企业的价值主张和判断标准，经营理念是企业持续发展的指导思想，管理模式反映了企业的管理理念，企业作风和企业道德是对全体员工的无形约束。精神层文化设计要求各个要素之间相辅相成、协调统一。

2. 健康企业制度层文化设计 制度层文化设计需要以精神层文化为引领，保障精神层文化的理念得以落实。制度层文化设计内容包括一般制度、特殊制度、企业风俗等方面。健康企业的一般制度是指企业的管理制度、工作制度和责任制度，如，人力资源管理制度、财务管理制度、生产管理制度、销售管理制度、激励制度、岗位责任制度、安全制度等等，对企业全体成员的行为具有指导和约束作用，帮助企业高效运转。特殊制度主要指非程序化的制度，包括表彰制度、沟通制度等，往往更能凸显企业文化特色。组织风俗主要指组织中约定俗成的典礼、仪式、节日、活动等，与一般制度相比，具有灵活性和非强制性特点。

3. 健康企业行为层文化设计 员工行为层文化设计包括仪表仪容、待人接物、岗位纪律、工作程序、素质素养等方面。健康企业在进行行为规范设计时，应以企业核心价值理念为导向，坚持简洁、易记易行、针对性强的原则。

4. 健康企业形象层文化设计 此处所讲的形象层主要指有形形象，包括企业标志、企业名称、企业建筑物设计及其应用等方面。企业标志是企业理念、企业精神的载体，健康企业在进行形象层文化设计时，不仅要考虑美感，更应注重形象文化对企业理念和企业精神的表达和传递作用，从而加深公众对企业的认知和了解。

（三）企业文化实施

对于健康企业而言，企业文化的实施往往是企业的一次变革。根据勒温提出的组织变革过程理论，企业文化的实施分为导入、变革、制度化、评价总结四个阶段。

导入阶段的核心任务是从组织上、理念上、氛围上做好企业文化变革的准备。在该阶段需要组建企业文化实施领导小组，做好企业文化变革的宣传和动员，规划企业文化实施的步骤。

变革阶段是健康企业文化实施的关键，要对理念层、制度层、行为层、形象层进行全面建设，其核心任务是价值观的形成、行为规范的落实以及企业形象的塑造，这一段通常至少需要一年时间完成。

制度化阶段是企业文化变革的巩固阶段，其核心是通过制度将成熟的做法固化下来，建立完整的企业文化体系，企业文化建设工作从突击性工作转变为常态化工作，领导小组的工作从宣传动员转变为文化管理。该阶段的主要任务是建立完善的企业文化管理制度，包括企业文化建设考核制度、企业文化建设先进单位和个人表彰制度、企业文化传播制度等。

评价总结阶段是对健康企业文化建设的阶段性总结，其主要任务是对照企业文化变革方案，检查企业文化变革是否达到预期效果，是否有助于提升企业绩效，总结企业文化建设的经验教训，并提出下步工作方案。评价总结阶段的工作方法，包括现场考察、研讨会、座谈会、总结表彰会等。

本章小结

健康企业文化是指以实现公众健康福祉为导向，食药材种植企业、健康产品制造业、健康服务业等健康企业在长期的生产经营过程中形成的全体员工共同遵守和奉行的价值观念、经营宗旨、基本信条和行为准则。健康企业文化具有独特性、系统性、稳定性、约束性、人本性、责任性等特征。健康企业文化建设对于健康企业发展具有重要意义，主要体现在以下几个方面：第一，有助于健康企业引领方向；第二，有助于健康企业凝心聚力；第三，有助于提升健康企业执行力；第四，有助于激发健康企业员工动能；第五，有助于塑造健康企业品牌形象；第六，有助于健康企业持续开拓创新。

健康企业文化建设的内容主要精神层建设、制度层建设、行为层建设和形象层建设四个层次，密不可分、相互关联、协同统一，构成一个有机整体。精神层文化是健康企业文化建设的核心和重点，制度层、行为层和形象层文化建设有助于强化精神层，需要以精神层文化为统领。健康企业文化建设需要坚持战略引领、传承创新、融合管理、全员参与、形神合一五项基本原则。健康企业文化建设的核心步骤包括三个方面，分别为企业文化调研、企业文化设计、企业文化实施。

（段桂敏）

思考题

1. 健康企业文化的内容包含哪些层次？各层次之间的关系是什么？

2. 健康企业文化建设的原则和步骤是什么？

3. 请收集某知名健康企业文化建设相关资料，分析该企业在企业文化的特征、企业文化建设的内容。

4. 请收集长春 CS 公司问题疫苗事件相关资料，分析该企业的企业文化，剖析企业文化建设与问题疫苗是否存在相关性。

07章

第七章 健康企业创新

本章要点

1. **掌握** 企业技术创新、企业管理创新和企业服务创新的含义与内容。

2. **熟悉** 新产品(或服务)开发的含义、分类与流程;知识产权保护的对象以及知识产权管理的内容与分类。

3. **了解** 企业创新的理论和健康企业创新的意义。

导入案例

HW 公司药品创新之路

创新药研发链条通常分为几个阶段,研发靶标的筛选、确定、临床前药学、动物实验、临床研究、新药申请、生产及上市,整个过程长达十几年甚至更久,而每个阶段都是一场残酷的“淘汰赛”。中国医药市场全世界第二位,但是创新药的数量只占全球的6%。

自主创新是HW公司事业不断发展壮大的强大动力。虎杖苷注射液是HW公司自主开发、具有完全自主知识产权的创新新药。从我国传统中药中提取、分离出的单体有效成分——虎杖苷,用于抗休克及治疗微循环障碍和心脑缺血性疾病。2015年,虎杖苷注射液通过美国食品药品监督管理局(FDA)的审评,获批在美国进入临床试验。2017年,虎杖苷注射液完成美国FDA第二阶段美国临床试验申请。2018年1月8日,HW公司发布公告,已获准开展美国Ⅱ期临床试验。

萘普替尼片是HW公司完全自主原创的新型EGFR靶向抗肿瘤新药,其为治疗非小细胞肺癌的口服化学小分子TKI类抑制剂。与第一代药物相比,萘普替尼对相关靶点抑制能力更强,不易产生耐药;与德国某药品公司的阿法替尼相比,具有更强的肿瘤抑制能力,潜在心脏不良反应风险更低;萘普替尼在活性升高的基础上将治疗窗范围翻倍,在提高药效的基础上显著的增加了药物的安全范围,改善了药物分布,在肺癌原发器官的药物含量显著提高并降低了无关脏器的药物分布,显著提高了靶向作用。2018年1月19日,萘普替尼片获得美国FDA批准临床研究,可以正式启动在美国的临床试验。标志着HW公司在处于新药研发金字塔顶端的化学一类创新药研发方面实现重大突破。

2018年,HW公司连续两个创新药一次性通过FDA审评、批准,从虎杖苷到萘普替尼,从中药现代化创新到化学小分子靶向新药创新。HW公司通过团队的共同努力与坚持,在新药创制与国际化的道路上结出新的硕果。

第一节　健康企业创新概述

一、创新的含义

美籍奥地利经济学家约瑟夫·阿罗斯·熊彼特 1912 年在其著作《经济发展理论》中首次提出“创新”概念，他认为“所谓创新就是一种生产函数的转移，或是一种生产要素与生产条件的重新组合，其目的在于获取潜在的超额利润”。他把创新概括为五种形式：引入新的产品或提供产品的新质量，引入新的生产方法、新的工艺过程，开辟新的市场，开拓并利用新的原材料或半制成品的供给来源，采用新的组织方式。

创新，既可被看作一种过程，又可被看作一种活动。作为一种过程，创新是对新型处事方式的寻求，它是一种“变革”，包括新知识的创造和商业化的过程。作为一种活动，创新是一种具有不同程度新颖性的组织活动，它既包括探索性活动，又包括拓展性活动。因此，广义上，创新是指创造新价值（商业价值或社会价值）的创造活动；狭义上，创新是指从新思想（创意）产生、研究、开发、试制、制造，到商业化的全过程，是将远见、知识和冒险精神转化为财富的能力。创新除了技术创新，即新产品、新工艺以及产品和工艺的显著技术变化外，还应包括制度创新、组织创新、管理创新等。

自主创新与模仿创新是两个相对的概念。自主创新是指在创新中不单纯依赖技术引进和模仿，也不仅仅是封闭式的独立研发，而是在以创造市场价值为导向的整合内外资源的开放式创新中掌握自主权，并能掌握全部或部分核心技术和知识产权，打造自主品牌、赢得持续竞争优势为目标的创造新价值的创造性活动。

自主创新不一定是单纯技术层面的，管理、制度、战略、市场、文化乃至商业模式等各非技术方面都是自主创新的有机组成部分。

二、企业创新的理论

（一）熊彼特创新理论

熊彼特认为经济系统的均衡只是一种理想的状态，在实际的经济生活中是永远不可能达到的。因此，经济发展应该理解为一种变化，造成经济发展或经济变化的动因，“是流量系统自发的和不连续的变化，是对均衡的扰动，永远改变和替代不了先前存在的均衡状态”。这种经济系统内部“自发的和不连续的变化”，就是创新。企业家之所以进行创新活动，在于获取潜在的经济利润或者争取带来盈利的机会，只有创新者才是企业家。

熊彼特的创新理论主要观点：创新是经济发展的内动力；创新是一种革命性变革；创新决定经济实体的兴衰；创新目的在于创造出新的价值，认为发明是新工具或新方法的发现，而创新是新工具或新方法的应用；创新是经济发展的必然选择，认为经济发展是不断地从内部革新经济结构的一种创造性的破坏过程；创新的主体是企业家，认为每个企业家只有当其实际上实现了某种生产要素和生产条件新组合时才是一个名副其实的企业家；创新才能产生企业家利润，认为企业家利润是企业家由于实现了生产要素和生产条件新组合而获得的合理报酬。

熊彼特之后，创新理论主要沿着两个分支展开研究。一是以爱德温·曼斯菲尔德、莫尔顿·卡曼、南希·施瓦兹、克里斯托夫·弗里曼等为代表的技术创新学派，他们强调技术创新和技术进步在经济发展中的核心作用；二是以道格拉斯·诺思和兰斯·戴维斯等为代表的制度创新理论，他们将熊彼特的创新理论与制度学派的制度理论相结合，以此研究了制度安排对国家经济增长的影响。

（二）技术创新理论

目前关于技术创新的定义很多，例如索罗、曼斯菲尔德和弗里曼等，他们从企业产品生产、销售和效益等方面把技术创新定义为创造价值的全过程。索罗曾经在 1951 年较为全面地对技术创新理论进行了研究。他在《资本化过程中的创新：对熊彼特理论的评论》一文中首次提出技术创新成立的两个条件，即新思想来源和以后阶段的实现发展。伊诺思也曾经在 1962 年《石油加工业中的发明与创新》一文中首次直接明确地对技术创新做出界定，认为："技术创新是集中行为综合的结果。这些行为包括发明的选择、资本投入保证、组织建立、制订计划、招用工人和开辟市场等。"英国创新经济学家弗里曼认为，"技术创新在经济学上的意义只是包括新产品、新过程、新系统和新装备等形式在内的技术向商业化实现的首次转化"。

（三）制度创新理论

兰斯·戴维斯和道格拉斯·诺思在 1970 年发表在美国《经济史杂志》的《制度变革与美国经济增长》一文中提出了制度创新理论。他们认为，制度创新是指经济的组织形式或经营管理方式的革新。

诺思认为，历史上的经济增长并不是由技术进步决定的，技术进步只是伴随着经济增长的一个现象或结果，制度变革决定性地影响技术创新。制度创新是经济长期增长和人类社会进步的原因。他与其合作者设计出一个有关制度创新变革的经济模式，从产权制度、法律制度以及其他经济结构的变革与创新等角度进行了深入研究。诺思认为，新技术、新工艺发展的社会收益率总是高的，因此，在找到提高发展新技术和新工艺的私人收益率的手段之前，产生新技术和新工艺的进展一直是缓慢的，直到近代创新发展出一整套产权制度来。到 1624 年通过了垄断法令，英国才有了一项专利法。无限的好奇心或边干边学，固然也能引起人们在整个人类历史上所见过的那种类型的技术变革，但是坚持不懈地为改进技术做出努力——如人们在现代社会所看到的——则只有靠提高私人收益率来激励。在创新缺乏产权的情况下，技术变革的速度基本上受市场规模的影响。其他情况相同，创新的私人收益率随市场扩大而增加。以往技术变革速度的增长与经济增长的时代有关。因此，按照诺思的观点，制度创新决定技术进步，虽然技术创新对制度创新有重要的作用，例如技术创新可以降低某些制度安排的操作成本，增加制度创新的潜在利润，但制度创新对技术创新起着决定性的作用。

（四）国家创新体系与创新体系建设

20 世纪 80 年代末期和 90 年代初期国家创新体系的研究开始兴起，研究的共同学术特征是将创新视为一个复杂的系统，强调从社会经济的宏观角度来解释各国技术创新领域的差异，强调从更为广阔的社会文化背景来研究不同企业的技术创新行为差异。

英国经济学家克里斯托夫·弗里曼强调政府政策、企业研发、教育培训以及产业结构在创新中的作用。创新的成败取决于国家调整其社会经济范式以适应技术经济范式的要求和可能性的能力。20 世纪 90 年代初，美国经济学家理查德·纳尔逊在其出版的《国家创新体系：比较分析》一书中将国家创新体系定义为"其相互作用影响到企业技术创新成果的一整套制度"。他在更加广泛的范围内分析国家创新体系，把企业、企业附属研究所、公共研究机构和高等院校视为国家创新体系的主体。他指出，现代国家创新体系既包括各种制度因素、技术创新因素，也包括致力于研究公共技术知识的大学以及提供政府基金、规划的机构等。国家创新体系的另外一个创始人是丹麦经济学家本特阿克·伦德瓦尔，他的研究重点是创新的微观领域，如技术创新过程中的创新者与用户之间的相互作用等。

三、健康企业创新的意义

创新是现代企业发展的原动力，是增强企业核心竞争能力、获得可持续发展、实现企业目标的重要保障。健康企业创新是企业家把大健康企业作为创新平台，将生产要素和生产条件进行

Note

重新组合。

（一）有助于推进我国经济稳定与可持续发展

随着我国经济的快速发展，人民生活水平不断提高，健康问题已成为社会各界的主要关注点之一。2016 年 10 月，国家出台的《“健康中国 2030”规划纲要》中，提出到 2030 年要实现人民健康水平持续提升，主要健康危险因素得到有效控制，健康服务能力大幅提升。同时提出要推动健康科技创新，加强专利药、中药新药、新型制剂、高端医疗器械等创新能力建设；加强医药技术创新，提高具有自主知识产权的医学诊疗设备、医用材料的国际竞争力；加快发展康复辅助器具产业，增强自主创新能力；构建国家医学科技创新体系，推进医学科技进步；完善人口健康信息服务体系建设，推进健康医疗大数据的应用，等等。健康企业创新是健康中国建设的必由之路，也是我国社会经济稳定发展的必然要求。

（二）有助于满足社会对健康产品和服务的多层次需求

人们对健康的认识与感知，因年龄、收入、职业和受教育程度等不同而有差异，这样，人们对健康产品与服务的需求重点也是判若云泥。消费者对健康需求的差异大，就给予了健康企业更多的创新与发展商机。健康企业可以从不同的层面切入，分析不同消费者对健康产品与服务的真实需求，有针对性地开发新产品与服务，以满足某个消费者群体的健康需求。同时，消费者的健康需求也不是一成不变的，健康企业只有不断地创新，才能跟上消费者健康需求市场的变化，更好地满足消费者的同时获得利润。

（三）有助于健康企业维持与巩固其市场地位

创新是企业寻求生存和提升竞争力的关键途径。每一个企业都是经历从诞生、成长、成熟到衰退的过程，成长和成熟阶段历时越长，企业的寿命就越长，而创新是为企业注入新生活力，是延长企业成长和成熟阶段的唯一方法。在健康产业蓬勃发展的良好形势下，健康企业只有抓住机遇不断创新，才能增强自身实力、应对市场变化，以确保健康企业能够更长久地生存与发展。

第二节　健康企业创新体系

企业创新是一个系统工程，需要企业有一个完整的创新体系。健康企业创新体系主要包含三部分：技术创新、管理创新和服务创新，其中技术创新主要指企业新产品、新材料和新工艺等方面的创新，管理创新主要指企业制度、战略、经营机制与方法、市场以及绩效等方面的创新，服务创新主要是指企业服务活动的创新。

一、企业技术创新

（一）企业技术创新的内涵

熊彼特认为技术创新包括新产品的开发、老产品的改造、新生产方法的采用、新供给来源的获得以及新原材料的利用。经济合作与发展组织（OECD）1992 年在《技术创新统计手册》中指出：“技术创新包括新产品和新工艺以及产品和工艺的显著性的技术变化。如果在市场上实现了创新（产品创新）或者在生产工艺中应用了创新（工艺创新），那么就说创新完成了。”

因此，技术创新的内涵应包括以下三方面：一是技术创新是建立在市场基础上的活动。技术创新始于研究开发而终于市场实现，技术创新将通过营销环节来实现其价值。二是技术创新强调开发拥有自主知识产权的新产品、新技术。技术创新是一种经济行为，是科技成果产业化和商业化的过程。三是技术创新强调系统性。技术创新不单是企业行为，创新过程还需要消费者、金融、财政、政府等各方面的协调参与。技术创新的实质是新技术的产生与商业应用。

（二）企业技术创新的分类

1. 从技术创新过程中技术变化强度不同，分为突破型创新与改进型创新。突破型创新是指将一种突破型的新技术引入市场，是指世界上首创的和现有产品及工艺完全不同的创新；改进型创新是指通过对现有技术的改良而引起的渐进的、连续的创新。企业只有掌握了突破性技术，才可能做出“改进性创新”。

突破性创新与改进性创新是随着时间的变化而交替进行的，突破性创新一旦投入市场，随之而来的一系列改进性创新就会引发相关的技术进步，并将持续很长一段时间。但是最终，这种技术进步的连带效应会逐渐减弱，这时人们会兴起新的基础性研究，从而引发新的突破性成果的诞生。

2. 根据企业技术创新中创新对象的不同，分为产品创新和工艺创新。产品创新是指技术上有变化的产品的商业化，按照创新的程度，产品创新可划分为全新产品、换代新产品、改进新产品和仿制新产品。工艺创新是指企业在管理其业务的方式上的创新，如在产品的生产流程、服务提供方式以及营销模式上的创新。产品创新与工艺创新经常是交替出现的。新工艺可能使得新产品的生产能够实现，新产品也可能使得新工艺的开发得以实现。

3. 按照企业创新的方式划分，分为模仿创新、协同创新和自主创新。模仿创新就是通过合法的方式和手段引进已有创新成果，并在其基础上进行一些改进的一种创新形式，模仿创新并不是简单地仿造，而是有所发展、有所改善；协同创新是指创新资源和要素有效汇聚，通过突破创新主体间的壁垒，充分释放彼此间人才、资本、信息、技术等创新要素活力而实现深度合作，是以企业为主体，以大学、企业、研究机构为核心，以政府、金融机构、中介组织、创新平台等为辅助的多元主体协同互动的网络创新模式；自主创新是指以获取自主知识产权、掌握核心技术为宗旨，以我为主发展与整合创新资源，进行创新活动，提高创新能力的科技战略方针。

从企业层面来看，自主创新也就是企业自身起主导作用的创新，包括项目的选择、资金的筹集、组织的控制、进度和经济指标的确定，特别是知识产权的归属等。自主创新通常有三种类型：一是原始创新，二是集成创新，三是引进技术的消化吸收和再创新。

4. 从技术创新的过程程度来看，分为增量型创新、技术开发型创新、市场应用型创新与根本型创新。

增量型创新是指企业对原有产品生产过程进行改进，主要致力于增加单位投入产出量，以减小消耗、降低成本，获得更大的经济效益，它是一种较小技术变动下的单纯性过程创新。比如，在传统成熟行业的企业中，对已有装备的一般技术改造的生产扩张就属于此类创新。

技术开发型创新是指企业在技术行为与产品特征上有很大变化，主要致力于中长期发展上的产品更新换代或创立全新产品。一般具有较强技术力量和经济实力或得到特定外部支持的企业，特别是新兴行业企业常采用此类创新。

市场应用型创新是指企业整个生产系统和产出的基本技术特征并未发生根本性变化，而是通过对原有产品质量、性能、品种和销售等方面的改进，使产品的市场状态发生突破。企业立足于市场应用来改进产品，并不一定注重技术本身变化强度。在所有创新技术类型中，这种创新的实际发生率最高。

根本型创新是指企业采用新技术生产出新产品，并首次成功引入市场。相对于技术开发创新，企业不仅在技术上有重大突破，而且在经济上获得高额收益。但由于现实中存在一系列强约束条件，这种技术创新的实际发生率不高。

（三）企业技术创新过程

企业技术创新过程可分创新设想形成阶段、论证立项阶段、研究开发阶段和商业化阶段。创新设想形成阶段是企业技术创新的起点，主要来自技术开发工程师和市场营销人员；论证立项阶段是对创新设想进行评价，以确定其可行性和企业资源的支持性；研究开发阶段完成从技术开发到产品试生产的全部技术问题，以满足生产需要；商业化阶段，实现创新成果的价值，包括批量生产、试销和正式销售。

1. **创新设想形成阶段** 任何一个技术创新过程，首先来源于创新的设想。企业技术创新的设想主要来自两个途径：一是来自从事技术研发或产品开发活动的工程师们的推测或发现；二是来自市场营销人员对市场变化或用户使用感受的反映。

2. **论证立项阶段** 当创新设想形成以后，企业要对这一设想进行可行性论证。各相关部门分别从技术角度、财务角度、生产工艺和市场接受等方面，对新设想进行考虑分析并做出初步评价，其间可能还会听取专家意见，然后由企业决策层组织会商，根据企业的发展战略及实现的可能性决定是否立项。创新设想评价主要包括创新产品的市场容量、市场变化趋势、市场竞争力、技术可行性、企业内部资源的支持性、成本、效益及风险等。一旦立项，即组建项目开发团队，并调用企业的资源进行研究开发。

3. **研究开发阶段** 研究开发阶段首先要制订具体合理的开发计划，然后对关键技术进行攻关，最后要生产出达到性能要求的样品，并且要通过中试的检验。可以说，研制出可供利用的新产品或新工艺，是研究开发阶段的基本任务。有些企业也可能根据自身的情况购买相关技术或专利，但是购买的技术或专利也要进行二次开发，以使这项技术或专利适应企业的生产条件和工艺条件。

4. **商业化阶段** 商业化阶段是企业技术创新的最后一个阶段，也是技术创新的目的所在。此阶段的任务是在中试的基础上实现批量生产，并进行创新产品的试销和正式销售。试销具有探索性质，探索市场的可能接受程度，进一步考验其技术的完善程度，并反馈到以上各个阶段，予以不断改进和完善。商业化阶段实现了企业技术创新所追求的经济效益，完成技术创新过程中的质的飞跃。

在企业的实际创新过程中，阶段的划分不一定有十分严格的界线，各个阶段的创新活动也不仅仅是按线性序列递进的，有时存在着过程的多重循环与反馈以及多种活动的交叉和并行。下一个阶段的问题会反馈到上一个阶段以求解决，上一阶段的活动也会从下一阶段所提出的问题及其解决中得到推动、深入和发展。各阶段相互区别又相互联结和促进，形成科技创新的统一过程。

【案例 7-1】

国内首创长效抗艾滋病新药的炼成过程

2002 年，QY 公司董事长带着自主知识产权技术回到国内，在重庆创立了 QY 生物技术有限公司，把目标瞄准了艾滋病这一重大传染病。由于技术全球领先，公司连续获得科技部重大专项基金支持、比尔及梅琳达·盖茨基金会和美国国立卫生研究院也连续 4 年提供无偿资金支持。

经过 6 年艰苦攻关，2008 年公司首个抗艾滋病新药艾博韦泰研制出来，并获准进行临床 1 期试验，2012 年临床 1 期试验结束。从试验结果看，艾博韦泰比已上市的传统抗艾滋病药物要领先一大步，不仅能有效抑制绝大多数人类免疫缺陷病毒（HIV），包括耐药病毒，而且不会攻击人体细胞，显示了良好的安全性。更重要的，在用药方式上发生了革命性变化。

QY 生物成立以来，仅在新药研发上就先后投入数亿元人民币，完成各项科学研究 150 多项。艾博韦泰进入临床 2 期试验时，资金非常窘迫。南京市江宁区政府以股权投资的方式注入 7 000 万元支持资金，同时在国家有关部委的大力支持下，QY 生物顺利完成了艾博韦泰 2 期、3 期的临床试验。

通过不停地探索和攻关，2016 年，艾博韦泰 3 期临床试验中期结果达到了所有预设的临床终点指标。正是因为坚持 16 年研发创新药，QY 生物不仅填补了中国在抗艾滋病药研发领域的空白，更开创了艾滋病长效治疗药物的先河。2018 年 6 月 5 日，公司正式对外宣布注射用艾博韦泰已获得国家药品监督管理局批准上市。

二、企业管理创新

管理创新涉及企业管理的各方面，包含企业制度、发展战略、经营机制、市场管理和人员激励机制等方面的创新。管理创新是企业适应内部经营环境和外部经营环境的需要。在当今科学技术和经营环境急剧变化的复杂环境之中，企业管理者必须要把握管理创新发展的新趋势、新要求，不断进行管理创新，把创新渗透于管理整个过程中。要为企业员工发挥创造性才能搭建平台，使企业员工都有机会成为创新者。

（一）企业制度创新

1. 企业制度创新的含义 制度是组织运行方式的原则规定，对其成员的权、责、利关系的合理界定。制度一般包括组织结构、权责划分、运行规则和管理规章等。企业制度就是企业作为一个有机体组织，为了实现企业既定目标实现内部资源与外部环境的协调，在财产关系、组织结构、运行机制和管理规范等方面的一系列制度安排。

企业制度创新是企业创新的保证，是将企业的生产方式、经营模式、分配形式、管理理念等顶层设计的创新活动。企业制度创新的目的是建立一种更优、更高效的管理制度，综合协调企业所有者、经营者、劳动者的权力和利益关系，使企业具有更高的管理效率。

2. 企业制度创新的内容 改造企业管理制度的内容，就是要使现代企业管理制度运用现代管理思维模式，树立以全过程活动和提供服务为目标、以人的智力和技能为主要资源、以全过程控制为手段的思想，追求单一的发展速度转变为追求成本、质量、服务、速度和职工满意相统一，企业效益与社会效益相统一。从管理思想、管理方式、组织制度、管理程度等方面进行改造，这是建立现代企业管理制度的关键。企业制度创新主要涉及以下四方面。

（1）管理制度的观念创新：从以管财物为中心转向以人的管理为中心；从以目标责任为基础转向以过程管理为基础；以产定销为导向转向以市场需求为导向；以领导决策为主转向以科学决策为主；以人治企为手段转向以依法治企为手段。

（2）建立健全企业管理约束机制：建立健全管理系统和组织机构是企业管理制度创新的根本保证。健全企业约束管理机制，就必须建立企业管理系统和组织机构，形成有效的组织机构，进行一系列的改革和调整精简机构、削减冗员，以期节约管理成本求得更大的管理效益。

（3）科学地制订目位职责标准：建立健全企业部门及岗位职责标准，是保证企业各项管理制度（或标准）顺利实施的基础。

（4）抓好制度执行情况的检查和相关考核：制度贯彻执行情况的检查和对相关工作的考核问题是健全企业管理约束机制的重中之重，是发挥监督约束机制效能的关键。

3. 企业管理制度创新应遵循的原则 一是贯彻“治事”“人为本”的原则。企业制度建设的着眼点是放在单纯的维护生产秩序上，还是放在企业员工身上，是有着原则区别的。企业制度是要“治事”，是要解决企业生产经营中存在的问题，而不是解决人。企业制度贯彻“以人为本”原则，就是要从尊重人、理解人、关心人、爱护人出发，不能伤害企业人。二是充分贯彻企业价值观念的原则。按照企业制度文化的要求，企业在制订其制度时应努力提倡贯彻企业应有的价值观念，使其发挥出应有的导向功能。一方面企业应该制订某些特殊的、自身独有的制度，以倡导企业的价值观念；另一方面应该让企业的价值观念体现在其所有制度中。三是企业制度科学化、定量化、规范化、系统化与鼓励企业人自觉性、创造性结合的原则。

（二）企业组织创新

企业组织创新是指企业对管理组织结构本身进行调整和变动不断变化的外部环境和内部条件的过程。促使企业管理组织改革的因素是多方面的外部环境的变化和内部条件的变化。外部环境包括历史环境、自然物质环境、政治法律环境、社会文化环境、科学技术环境和经济环境等方面；组织内部条件的变化，是指组织成员的工作态度、工作期望、个人价值观念的变化等这是促使

Note

组织调整与变革的内部动力。

一般认为,组织创新需经过八个步骤。

1. **确定改革的问题** 以便确定改革的方向。

2. **组织诊断** 首先采取行之有效的方式将组织现状调查清楚;其次对所掌握的材料进行科学的分析,找出期望与现状的差距,进一步确定需要改革的问题和所要达到的目标。

3. **提出方案** 在方案中必须明确问题的性质和特点;解决问题所需要的条件;变革的途径;方案实施后可能造成的后果等内容。

4. **选择方案** 既要考虑到方案的可行性、针对性,也要考虑方案实施后能带来的效益。

5. **制订计划** 包括时间的安排、人员培训、人员调动、财力和物力的筹备等内容。

6. **实施计划** 即实施计划的各项内容。

7. **评价效果** 评价改革是否解决了组织中存在的问题,是否提高了组织的效能。

8. **反馈** 反馈组织创新方案实施的具体情况,阐明方案需要完善修订之处。

(三)企业市场营销创新

企业市场营销创新是指改变传统的市场营销模式,确立以市场需求为中心的营销观念、营销手段和营销方法。具体地说,就是根据市场需求的变化和趋势,不断形成新的营销观念,并以此为指导,选样有市场潜力的投资项目;根据对于市场营销环境的监测和最新市场信息的调研了解选择目标市场进行市场定位,采用新的营销手段、适当的市场营销策略,刺激、满足并创造市场需求,实现企业创新和持续发展。

一般说来,市场创新主要指不改变现有产品,对现有产品不做大的、根本性的变革而寻找新的市场机会,扩大产品销售。市场创新有两个基本方向:一是纵向创新,即对现有市场的挖掘和深化,提高产品的市场渗透率;二是横向创新,即开拓新的市场,扩大产品的销售量。

1. **渗透型市场创新** 是指企业利用自己在原有市场上的优势,在不改变现有产品的条件下,通过挖掘市场潜力,强化销售,扩大现有产品在原有市场上的销售量,提高市场占有率。有三种基本途径:一是通过各种促销活动扩大现有顾客多购买本企业产品;二是通过完善售后服务等将竞争对手的顾客争取过来;三是寻找新顾客。

渗透型市场创新应该是企业首选的市场创新途径,因为企业所付代价最小、成功率最高。

2. **开发型市场创新** 是指企业用已有产品去开发新市场。有三种基本途径:扩大市场半径,即企业在巩固原有市场的基础上,努力使产品从地区市场走向全国市场,从国内市场走向国际市场;开发产品的新用途,寻求新的细分市场;重新为产品定位,寻求新的买主。

采用开发型市场创新,要求企业不断了解新市场用户的要求和特点,预测该市场的需求量,同时要了解新市场中竞争对手的状况,估计自己的竞争实力。

(四)企业激励创新

激励是以人本理论为基础、以人为中心的管理活动、追求管理活动的人性化;机制则是以对系统内各要素内在关系的认识为基础,强调人的行为的理性层面,它追求管理活动的理性化,即制度化。激励机制就是以制度化为基础,以人为中心的人力资源管理理论。从静态看,激励机制是通过一整套理性化的制度来反映激励主体与激励客体相互作用的方式。运用激励创新机制是一个动态的过程。它针对人们生理、心理的需要,利用各种环境条件的刺激引起人们心理变化,使人们的潜力和才华得以更好地发挥,以实现企业制订的目标。

企业激励机制创新是指组织为实现其目标,根据其成员的个人需要,制订适当的行为规范和分配制度,以实现人力资源的最优配置,达到组织利益和个人利益的一致。企业激励机制创新的实质是要求管理者抱着人性的观念,通过理性化的制度来规范员工的行为、调动员工的工作积极性谋求管理的人性化和制度化之间的动态平衡,以达到有序管理和有效管理。企业激励机制设计包括以下几个方面的内容:第一,激励机制设计的出发点是满足员工个人需要;第二,激励机制设计的直接目的是调动员工的积极性；第三，激励机制设计的核心是分配制度和行为规范；第四，激励机制设计的效率标准是使激励机制的运行富有效率；第五，激励机制运行的最佳效果是在较低成本的条件下达到激励相容，即同时实现了员工个人目标和组织目标，使员工个人利益和组织利益达到一致。

三、企业服务创新

（一）服务创新的内涵

服务创新是指服务组织为了获得商业和社会利益，通过组织内外各种经营资源进行配置与整合，也即通过服务概念、服务传递方式、服务流程或服务作业系统等方面的变化、改善或变革，向目标顾客提供更高效、更完备、更准确、更满意的服务包，并增强客户满意度与忠诚度，进而实现组织价值增值的过程。

佩顿（Paton）和麦克劳克林（McLaughlin）从经济、技术、社会、方法论角度对服务创新的内涵进行了界定。从经济角度看，服务创新是指通过非物质制造手段所进行的、增加有形或无形“产品”之附加价值的经济活动；从技术角度看，服务创新是以满足人类需求为目的的对软技术的创新活动，从社会角度看，服务创新是创造和开发人类自身价值，提高和完善生存质量，改善社会生态环境的活动；从方法论角度看，服务创新是指开发一切有利于创造附加价值的新方法、新途径的活动。

我国学者蔺雷和吴贵生认为，服务创新的内涵包括以下五方面：服务创新是一种概念性、过程性的创新活动，具有明显的无形性；服务创新的新颖度范围广，是可复制创新和解决特定顾客问题的不可复制变化的混合体；服务创新的形式具有多样性，并包含了几种特有的创新形式，技术只是服务创新的一个维度；服务创新的“顾客导向”非常明显，顾客作为“合作生产者”积极参与整个创新过程，创新更多是一种需求推动现象；服务创新是根据本企业顾客的需求以及企业自身特点开发的，可能并不适用于其他企业。这五个要素“无形性”是核心要素，其他四个要素都是它为基础的某种程度的衍生，不同要素间还存在相互关联和相互作用。

（二）服务创新的特性

我国学者舒伯阳认为，服务创新不同于技术创新，服务创新的特征源于服务的特性，服务在本质上是一个行为过程，具有“无形性”“生产和消费的同时性”“易逝性”和“不可储存性”等特性，因此，服务创新具有不同于技术创新的独特性质。

1. 从服务的无形性上看 服务创新更多地考虑组织创新，是一种概念性、过程性的创新活动，具有明显的无形性。服务创新的新颖度范围更广，是可复制创新和解决特定顾客问题的不可复制创新的混合体。服务创新通过有创新能力的员工的流动或信息化来促进知识和技能的传播。服务的产品和过程创新包含更多的无形的信息化元素。

2. 从服务的生产与消费同步性上看 服务创新活动中生产者和消费者之间的相互作用非常重要，这种相互作用使得难以区分服务的产品创新和过程创新，而这种与顾客的关系也就组成了服务创新的一个基本的和重要的特征因素，服务产品的生产者与消费者共同生产的本质在服务创新过程中仍然存在。也就是说，服务创新过程本质上是一个服务提供者和顾客间的“合作生产”的过程。

除了因服务生产与消费同步性而导致的与顾客联系紧密特征之外，相比较于制造业创新，服务创新还有许多特征。如在研发的方面，研发（R&D）投入指标与创新能力表现出相对较少的联系；服务创新以渐进性创新为主，激进型创新较少，遵循的轨道形式多种多样；服务创新的开发周期短，很少有专门的研发部门；创新的影响方面，服务业更多地表现在服务质量的改善上。

Note

（三）服务创新的四维度模型

不同服务行业的创新侧重点各不相同，已有的服务创新模型不能对在所有产业中都适用的关键维度进行识别和整合。因此需要总结出一个创新的整合概念模型，该模型不仅适用于服务部门，还适用于更为广泛的其他部门。比尔德贝克（Bilderbeek）、赫托格（Hertog）、马克伦（Marklund）和米尔斯（Miles）等人（1998）所提出的服务创新“四维度模型”，便能从更为一般的角度对服务创新包含的维度进行分析和讨论，并指导实际的创新活动，参见图 7-1。

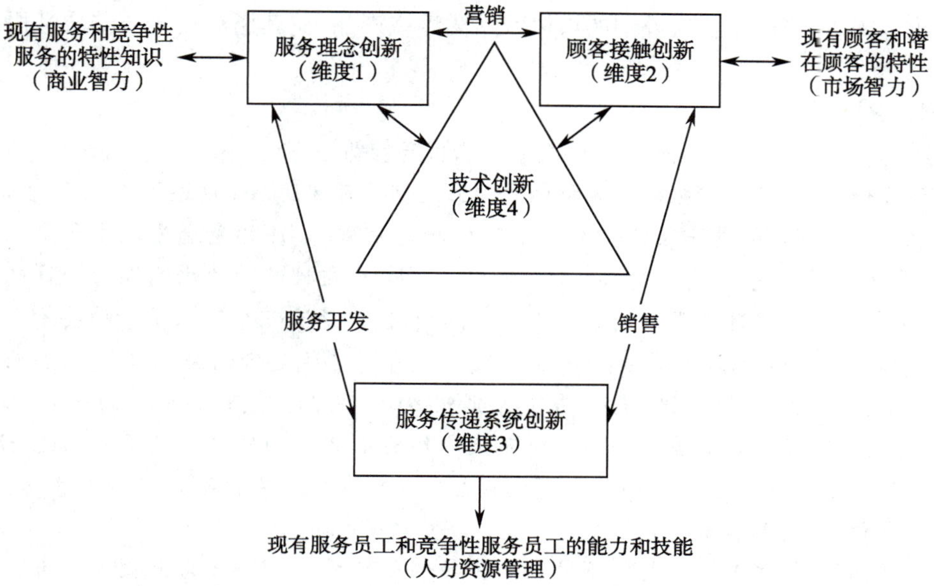

图 7-1 服务创新四维度模型

1. **服务概念创新** 即解决问题的方法和思路创新。服务企业在进行新服务概念开发时，需要明确回答这样一些基本问题：企业需要什么样的产品以保留现有客户并发展新的客户？竞争者提供的产品是什么？如何将新服务传递给实际顾客和潜在顾客？这些问题就构成了“新服务概念”范畴。显然这种意义下的概念创新是市场驱动型的，企业通过对市场需求的扫描和分析发现创新来源。“服务概念创新”维度要求企业对自己提供的已有服务和新服务，以及竞争者提供的已有服务和新服务都有准确的认识，尤其要对创新特性有准确的把握。通过对“新服务概念”的理解，服务企业可以不断地根据市场变化、顾客要求以及竞争者的行为开发新的服务并改进原有服务，形成企业的“商业智力”。

2. **顾客接触创新** 即顾客界面的设计，包括服务提供给顾客的方式以及与顾客间交流、合作的方式。服务提供者与顾客间的交流和相互作用已成为创新的一个主要来源。在那些不具有明显有形特性或容易被竞争者产品替代的服务中，服务提供者与顾客间的接触方式就更为重要，更需要服务提供者投资于与顾客关系的建设之中，并不断开发新的顾客交互作用方式。实现这种创新的首要条件是获得企业实际用户和潜在用户的大量信息。

3. **服务传递系统创新** “服务传递系统”维度主要指生产和传递新服务产品的组织。该维度侧重于服务企业的内部组织安排，即通过合适的组织安排、管理和协调，确保企业员工有效地完成工作，并开发和提供创新服务产品。与该维度密切相关的问题是：如何对企业员工授权？如何促使员工完成其工作并传递新的服务产品？“服务传递系统”维度的核心是强调现有的组织结构以及现有员工能力必须适应新服务开发的需要，如不适应，就要通过新的组织结构设计和员工能力的培训、提升促使创新顺利进行。

4. **技术创新** 技术创新是由技术引领的创新，涉及多个方面，如硬件技术或软件技术必须符合服务企业的定制化要求,培训员工使用新技术,改变服务传递系统,而且要在技术创新的基础上发展新的服务。在这个过程中,服务企业并不是技术的消极接受方。虽然这些技术本身为服务创新的发展奠定了基础,但是新技术的发展也是以现实的服务创新需求为基础的,因此必须综合考虑服务概念、服务接触、服务传递系统。

健康服务是一个过程,它是一种无形产品,不能储存,其生产与消费过程具有同一性、不可分割,并且服务因提供者不同而具有差异性。服务的核心产品可能占据所提供服务成本的70%,但可能只有30%能影响到顾客,而附加的增值产品可能只占30%的成本,却可能有70%影响到顾客。对于服务来讲,应尽量扩大外围的增值产品和潜在产品,使其形成较大的差异性而成为品牌商品。

【案例 7-2】

印度 NH 的服务创新

通过服务创新,印度以心脏外科为特色的私立连锁医疗集团 NH 创造了许多奇迹。首先,NH 很好地协调了公益与逐利这一常常被视为不可调和的矛盾。NH 的患者中近 1/3 要么获得全免费的治疗,要么获得减免,只需支付部分治疗费用。尽管公益性治疗的比例很高,NH 仍然实现了9%的净利润率。其次,NH 在医疗服务的价格、质量和供应量这三个难以平衡的要素上取得了令人惊讶的成绩。以心脏开胸手术(open-heart surgery)为例,NH 定价仅为 3 160 美元,而美国这类手术的定价约为 75 000~350 000 美元(得克萨斯州 2010 年统计数据)。同样的手术,心脏和心血管外科专业连续 20 年位列全美第一的诊所死亡率约为 1.20%,NH 的死亡率约为 1.27%。在保证质量和价格的基础上,NH 还做到了大量的供应。NH 每年能够完成 11 400 台手术,而美国该诊所年手术量仅为 1 577 台。

上述成绩的取得,主要源于其以下管理和产品的创新措施:①NH 为低收入人群设计了创新型小微医疗险产品,年保费低至 4 美元,2003 年在印度卡纳塔卡州的政府支持下正式推向市场。②NH 设立了专门的助理护士培训项目,旨在将高中辍学学生培训为助理护士。助理护士积累一定经验后,可通过进一步的培训成为重症护士。③NH 对手术管理进行精细化分工,心脏超声波检查和许多在其他医院通常需要由医生来操作的检查,在 NH 都是由重症护士来操作的。外科医生通常配有一组分工细致的助理。医生高度专门化,即长期专注于某几种特定类型手术,以提高熟练度和效率。④NH 严控成本,医疗机构所用药品、设备及耗材通过统一采购,尽可能压低进价;NH 与优质的维护商合作,实现一些昂贵设备的可用寿命延长一倍以上。⑤NH 创造了多样化的盈利点,为所有患者提供同样的医疗服务,但是为经济能力不同的患者提供不同的非医疗类增值服务,NH 通过向富裕患者提供非医疗类增值服务来增加利润。

第三节　新产品(或服务)开发与保护

一、新产品(或服务)的概念

(一)新产品的含义与分类

创新过程涉及从一个想法的产生到一个产品或服务进入市场的过程,是一个从创新机会发现到价值实现的过程,同时也是知识创造、积累和运用的产出过程。新产品是指与老产品在性能、结构、规格和技术经济指标上有显著差异的产品,或者是填补国内外空白的产品。从空间上来区分,新产品有全国性的、地区性的和企业的新产品。本国、本地区、本企业从未生产过而试制的产品,都是新产品。

根据新产品的性能、结构等特点,可以把新产品分为如下五种类型。

1. **改进型新产品**　是指对老产品采用各种改进技术制成的其性能有一定提高的新产品。

2. **换代新产品** 是指采用新的材料和元件，或新的技术制成的、性能上有显著提高的新产品。

3. **具有新用途的新产品** 是为适应新用途和市场需要而制成的新产品，其性能可以满足某些特殊需要。

4. **全新型新产品** 是采用新原理、新结构、新材料制成的新产品。

5. **引进的外来产品** 是指本企业没有生产过，是从外企业、外地、外国引进的各种新产品。

一般第 2 和第 4 两种产品是由科技发明转化而成的新产品，而第 1、第 3、第 5 种产品往往是由用户或企业提出要求试制的新产品。

（二）新服务的含义与分类

新服务是指企业在服务的理念、项目、方式、管理、培训和体系等各个方面、各个环节上进行创新的服务，尽可能地实现服务对顾客价值的最大化。新服务按照创新程度分为以下五种类型。

1. **替代型新服务** 它是利用新的服务手段或服务技术来实现原有的服务。替代型服务与原有服务相比，服务内容是相同的，但服务手段不同。替代型服务一般会采用新的技术或方法来实现，其创新程度比全新服务低。替代型服务的出现将加剧市场竞争的激烈程度。

2. **延伸型新服务** 它是在原有服务的基础上开发不同的新服务，使服务范围向其他相关领域延伸。如服务台缺货退货登记、寄存和导购等都属于延伸服务创新。这种服务创新比较普遍，对市场而言并非新服务。

3. **扩展型新服务** 它是在原有的服务产品线上的扩展，如免费服务、医疗门诊、健康大课堂等。扩展创新在服务创新中非常普遍，是服务创新的主要方法。延伸创新和扩展创新的区别是：延伸型服务创新是增加服务种类，即增加服务产品线；而扩展服务创新是增加服务项目，即增加现有服务产品线的宽度。

4. **改进型新服务** 它是对原有服务在服务程序、方式、手段、时间、地点、人员等要素方面进行的改进，目的是增加服务的可接近性、方便性、安全性和可靠性等。改进型服务创新是最普遍的创新方法，主要是在“量”上的创新，如会员制、24 小时营业等。

5. **形式变化型新服务** 它是通过改变服务环境、辅助服务设施、服务有形展示、包装等来改变现有服务产品的创新。实际上，这类服务本身并没有实质性变化，但可能带动服务创新。

二、新产品（或服务）开发的特点与原则

新产品开发，简称为产品开发，它是一个系统概念，是指企业为了满足市场上的消费需求和企业自身发展的需要，组织有关人员收集新产品的开发构思，并运用一定的方法和工具对新构思进行评估和筛选，估计新构思的销售量、成本和利润，组织产品生产，选择目标市场对新产品进行试销，直至新产品完全商业化的整个过程。

新服务开发是服务创新的主要内容，新服务开发的过程与制造业的新产品开发过程类似。其开发过程包含新服务目标形成、概念产生、概念筛选、概念开发、概念检验、商业分析、项目授权、服务设计和测试、过程和系统的设计和分析、营销和项目设计、人员培训、服务检验和小规模试验、营销检验、大规模投放市场、投放后评价。

（一）新产品（或服务）开发的特点

新产品开发具有如下的特点：新产品的开发是一个过程；新产品的开发是技术和管理密切结合的活动；新产品的开发是一个综合性的活动；新产品开发是科技和社会需求相联系的一个过程。

（二）新产品开发的原则

1. **市场需求性** 市场需求是新产品开发的源泉，企业开发新产品必须适应市场需求，具有社

会适用性，让广大消费者满意。

2. **政策可行性** 新产品开发必须遵循国家所颁布的产业政策以及多项技术经济政策。

3. **经济合理性** 要以尽量少的人力、物力和财力的消耗，去获得较大的新产品开发的成果，包括开发费用少、所开发的新产品成本低廉等。

4. **技术适宜性** 开发新产品在技术上要有创新精神，立足于赶超国内外先进水平，但又要切合实际，不盲目贪大求洋。

5. **功能新颖性** 新产品的“新”，在功能的改进和革新上是主要的，新产品开发要着力追求功能的新颖与优良，为广大消费者提供独特、完美的服务，以满足人们不断增长的物质和文化需要。

6. **质量可靠性** 开发新产品，要确保其设计合理、便于操作，运行、使用的故障发生率低，且耐用性好。

7. **发展前瞻性** 要能预测市场需求的发展变化，准确地把握经济社会的发展趋势。开发出在发展上具有前瞻性的新产品，特别是在高技术产品和耐用消费品的开发上，更要注意发展上的前瞻性。

（三）新服务开发的原则

1. **适应顾客需求原则** 这是指服务产品开发务必与顾客的服务需求相吻合。空想出来的服务很难得到市场认同，所以在新服务开发过程中，服务管理者应在市场定位和可行性分析中多下功夫，并重视市场试验中的反馈信息，及时调整设计思路。

2. **相辅相成原则** 这是指服务产品开发应与服务企业的中长期战略规划、增长目标相辅相成。在投入资金、设备、人员进行新服务开发时，必须保证该开发过程有助于推动企业战略实施和实现企业成长目标。

3. **突出特色原则** 企业开发的服务产品，必须要有新意、有特色。只有特色服务产品才具有明显的卖点；只有特色服务才是真正的竞争优势；只有特色服务才难以被模仿，顾客吸引力才持久。

4. **成本收益原则** 企业在进行服务创新时，必须优先考虑成本与收益的配比关系，长期在盈亏平衡点下的经营是不理性的。当服务足以满足顾客要求，并拥有一定的竞争优势时，开发一些“出力不讨好”的附加“花样”会造成企业经营的不经济。但是为了未来竞争态势向有利于自己的方面转化或为了宏观上的战略性目的，忍受一定限度的低收益或负收益，有时也是服务开发管理的战略性所在。

三、新产品（或服务）开发的过程

（一）新产品开发过程

1. **编制新产品开发计划** 组织编制新产品开发计划是开发新产品的第一步，也是关键的一步。新产品开发计划是对新产品开发的总体安排。在开发计划中，要明确地阐述新产品开发所要达到的目的；应包括开发组织和人员的安排、开发费用预算等内容；应当指明着重研究的各种产品和市场方向；应该阐明该新产品的目标，该产品的资金流量是否高，能否在市场份额上占优势或其他一些目标。

2. **新产品构思的产生和发展** 新产品构思是指开发人员设想发展什么产品。寻找新产品构思不依赖于偶然的发现，也不是无穷地搜索，应该依据产品开发计划指明的研究重点和市场方向。

首先，对可能出现的新产品形成最初模糊的概念，这种概念也许是新产品的具体形式，某一新技术的实际运用，或者是顾客的需要；其次，要对概念进行初步的评价，通过概念测试，使新产品的概念得到扩大、提炼，使原先含糊的概念变得清晰起来，以接受全面的筛选。

3. 新产品概念的筛选 新产品概念产生的目的是产生大量的新产品构思，其后的各个阶段在于减少新产品概念的数目，筛选就是这一阶段的具体形式。通过筛选，大部分概念被淘汰掉了，这样就避免了资金的浪费和减少了新产品开发费用。新产品概念筛选阶段涉及许多人，要从技术和市场的角度对概念进行反复的分析和论证，以增加概念的实际操作性和可行性。

4. 新产品的商业分析 新产品概念通过筛选一经确定，企业决策者就要立项，将新产品概念的开发落实下来，对其进行经济分析，分析它的生产成本、经营成本、可能的销售额、能给企业带来的经济效益等。

5. 新产品的设计和生产 当新产品被设计出来以后，企业要投入足够的人力、物力和财力，按照新产品的设计模型将其生产出来。在生产之前，要做好一切准备工作，确保新产品生产的准确性和完整性，并且要找出可能延误生产的原因，订购关键的材料和设备，以缩短生产所需的时间。

6. 新产品试销 新产品被生产出来以后，就要确定它的品牌名称、包装设计以及制订一个准备性的营销方案，选择一定的具有典型意义的市场对产品进行销售。

7. 新产品的正式上市 经过市场试销，决策者已经掌握了足够的信息资料来决定是否将这种新产品投放市场。在这一阶段，产品开发决策者应当作以下决策：何时推出新产品，即新产品决策者决定在什么时间将新产品投放市场最为适宜；何地推出新产品，指决策者要决定在什么地方（某一地区、某些地区、全国市场或国际市场）推出新产品最适宜；向谁出售新产品，是指决策者要把它的分销和促销目标面向最可靠的顾客群；如何推出新产品，即企业营销部门要制订开始投放市场的营销战略。

（二）新服务开发过程

1. 创意概念阶段 第一，锁定目标市场。企业开发何种类型的新服务或产品，取决于企业的目标市场，企业应当通过市场调查，分析消费者需求，锁定目标市场。它的主要作用体现在两个方面，其一是确定不同细分市场的优先顺序，找准创新动机与目标；其二是有助于企业整合资源，充分利用企业的创新能力。第二，概念产生与筛选。这一过程分为三个环节，分别是服务创意产生、概念构造与开发和概念筛选与检验。创新思想的来源分为外部渠道和内部渠道。外部主要来自创新目标市场顾客、现有顾客及供应商等。其中，最主要的来源是顾客。企业可以根据整体战略和创新战略，采用多种方法和途径向顾客获取创新概念。内部则主要来自前台服务人员、市场营销部门和后台研发人员。因此，企业应建立相应的机制来激励员工产生创新的思想，然后应有一定的运行机制和工作部门促成内外创新思想的融合，并向创新概念转化。

2. 创新开发阶段 首先进行可行性研究。在服务概念得到认可以后，企业需要对此项服务创新活动展开可行性研究。其具体的研究内容包括服务创新项目建设理由、市场需求研究、技术方案研究、投融资研究以及财务评价和经济评价。其次，进行设计开发，对新服务概念的进一步细化、对服务方案的整体性细化、完善和确定新服务方案实施所需要的各类资源、确定新服务方案实施的流程等。

3. 内外部检验阶段 分为内部检验和外部检验。内部检验是通过召开内部论证会、内部试运行等方式，在创新团队内部进行初步方案的检测，并延伸到企业的管理者、员工对初步方案的检测，发现初步方案可能存在的问题或漏洞，并及时改进；外部检验是指在内部检验完毕后，将服务创新初步方案交给顾客、供应商等做进一步的检验。通过顾客的外部检验可以进一步证实创新方案是否满足顾客需求，可以检验服务创新方案在真实环境下的运行效率和稳定性。通过供应商的外部检验可以对服务创新方案做进一步的完善与修改。

4. 跟踪评价与保护阶段

（1）小规模测试：企业在新服务或产品上市前进行小规模测试是降低风险的一种有效手段。

小规模测试的方法主要包括模拟市场测试、标准市场测试和受控市场测试。通过小规模测试,企业可以初步了解新服务投放市场后可能遇到的情况,并对设计开发过程进行及时改进。

(2)商品化:企业需要对服务投放市场后的各个方面进行全面监测,并要考虑到所有细节,如服务提供的难易、投诉问题、面对面的交流、单据的获取、电话热线等。

(3)评价与改进:这一阶段主要任务是收集新服务商业化过程中的反馈信息,包括顾客、员工、竞争者的态度等。在反馈信息的基础上,对新服务的获利能力、营销手段、顾客满意度、服务质量、服务环境等进行评价,并对服务提供过程中涉及的各种要素进行调整,以便提升顾客感知的服务质量。

(4)创新保护:创新保护是服务创新过程模型的最后阶段。一般来讲,服务企业很少运用正式的司法手段诸如专利进行保护,而是运用一些非正式的方法来对创新成果进行保护,例如通过企业形象进行保护、通过信任度进行保护、通过品牌形象进行保护等。

四、知识产权管理与保护

知识产权最早于17世纪中叶由法国学者卡普佐夫提出,比利时著名法学家皮卡第进一步发展。皮卡第将知识产权定义为“一切来自知识活动的权利”。直到1967年7月14日《成立世界知识产权组织公约》在斯德哥尔摩签订以后,该词才逐渐为国际社会所普遍使用,中国于1980年6月3日加入该公约。

(一)知识产权的定义

知识产权有广义和狭义之分。广义的知识产权范围划定,依据的是1967年签订的《成立世界知识产权组织公约》,其范围包括著作权、著作邻接权、商标权、商号权、商业秘密权、地理标记权、专利权(发明权、发现权、外观设计权)、植物新品种权、集成电路布图设计田等各项权利。知识产权是私权,是一种无形财产权,具有专有财产权利性质。狭义的知识产权,包括文学产权和工业产权,文学产权包括著作权以及与著作权有关的权利,工业产权包括专利权、商标权等。

(二)知识产权性质

知识产权是一种新型的民事权利,是一种有别于财产所有权的无形财产权。知识产权的客体是知识产品,即智力成果,是一种无形的精神财富。客体的非物质性是知识产权的本质属性,是知识产权与其他民事权利的本质区别所在。知识产权的无形性使其存在、利用、处分的形态也有别于其他有形财产权,表现为以下几点。一是不发生有形控制的占有。人们对它的占有表现为对某种知识、经验的认识和感受。二是不发生有形损耗的使用。知识产品可以同时被若干主体共同使用而不发生损耗。三是不发生消灭知识产品的事实处分与有形交付的法律处分。知识产品不存在实物形态消费而导致其本身消灭之情形,仅因法律保护期限届满而丧失专有权。因此,国家法律对这种财产权的保护应有别于其他传统财产权保护制度。

(三)知识产权保护的对象

知识产权的保护对象是指在科技或文化等活动中创造或创作的、以发明创造或文艺作品方式等存在的产品,简称知识产品。知识产品大致分为三类,一是创造性成果,包括作品(著作权客体)及其传播媒介(邻接权客体)、工业技术。其中,作品是指文学艺术领域中以不同表现形式出现并且具有原创性的创造成果;传播媒介是指在作品传播过程中产生的与原创作品相关的各种产品或其他传播介质;工业技术是指在产业领域中物化在物质载体上的、依据科学理论和生产实践发展而成的工艺操作方法或技能及其生产工具和其他物质形态。二是经营标记,即在产业领域中标示产品来源和厂家特定人格的商标、商号、产品名称等区别性标记。三是经营性资信,即工商业主体在经营活动中具有的经营资格和优势及其所获得的特许专营资格、特许交易资格、信用及商誉等。

Note

【案例 7-3】

TRT 的商标战略

北京 TRT 是中药行业著名的老字号，创建于清康熙八年（1669 年），自雍正元年（1723 年）正式供清皇宫御药房用药，历经八代皇帝，长达 188 年。历代 TRT 人恪守“炮制虽繁必不敢省人工，品味虽贵必不敢减物力”的传统古训，树立“修合无人见，存心有天知”的自律意识，确保了 TRT 金字招牌的长盛不衰。其产品以“配方独特、选料上乘、工艺精湛、疗效显著”而享誉海内外，产品行销 40 多个国家和地区。

TRT 积极注册商标。TRT 在国内申请注册商标 110 个，在世界 50 多个国家和地区办理了注册登记手续。1989 年 TRT 商标第一个被国家工商局认定为全国驰名商标，受到国家特别保护，2002 年 TRT 被国家商务部授予“中华老字号”品牌。

TRT 药店一直以来均采用“TRT”商标，这种单一品牌战略模式可以使企业在不同产品之间形成一种最强的品牌结构协同，使品牌资产在完整意义上得到最充分的共享，企业可以集中力量塑造一个品牌形象，让一个成功的品牌附带若干种产品，使每一个产品都能够共享品牌的优势。

近年来，TRT 发挥文化优势，把企业文化纳入各项建设中，推动企业快速、健康发展。TRT 中医药文化进入第一批国家非物质文化遗产名录，随着社会认可度、知名度和美誉度的不断提高，TRT 的著名商标和优秀品牌也已成为 TRT 集团不断发展的特有优势。

（四）知识产权管理的内容

知识产权管理主体包括国家机关和知识产权人（主要是企业）。知识产权管理对象包括专利权、商标权、著作权、原产地标志权、生物新品种权、集成电路设计图、技术秘密权及其他人类智力活动成果保护权等，涵盖了智力成果的创造、运用、保护与发展等方面。知识产权管理从实质看是知识产权人，即企业对知识产权实行财产所有权的管理。

1. **知识产权的开发管理**　企业作为知识产权主要权利主体，通过宣传、培训、教育等方法提高企业员工知识产权保护意识，通过制订相应的激励措施，鼓励企业员工积极开展生产技术的发明创造活动，通过制订相应的战术策略，促进企业知识产权的研发与应用，并做好知识产权的登记与核查、管理与保护工作，适时掌握产权变动情况，对知识产权实施有效的管理和监控。

2. **知识产权的经营使用管理**　企业应成立专门的知识产权管理机构，对知识产权的经营和使用进行规范管理。制订知识产权经营管理政策和规章制度，研究知识产权经营方式和管理模式，促进自主知识产权发展，防止企业无形资产流失。

3. **知识产权的收益管理**　企业应加强知识产权的收益管理，对知识产权使用效益情况进行统计，制订规章制度合理分配收益比例。并通过融资、投资、许可他人使用等运营方不断提高企业知识产权收益，提高企业专利、品牌等无形资产的经济效益。

（五）知识产权管理的分类

知识产权管理是一种对知识产权工作的宏观调控和微观操作进行全面系统协调的活动。依据管理内容可将其分为知识产权工作的宏观调控和微观操作管理。宏观调控方面主要是指知识产权战略管理，具体包括国家知识产权战略管理、区域知识产权战略管理、行业知识产权战略管理和企业知识产权战略管理等。微观操作管理方面主要包括知识产权管理机构的设置、知识产权管理制度的制订、专利管理、著作权管理、商标管理、商业秘密管理、集成电路布图设计管理、地理标志管理及其他内容的管理。

1. 依据管理主体来分，知识产权管理可分为六种类型。

（1）政府行政部门的知识产权管理：即知识产权行政管理部门依据相关法律的授权对知识产权进行的接受申请、审查、授权、登记等管理活动。

（2）企业知识产权管理：即企业根据自身条件和市场变化情况对其知识产权事务进行管理的相关活动。

（3）事业单位知识产权管理：即高等院校、科研院所等事业单位根据自身特点和法律法规，参考市场需求对其知识产权进行管理的活动。

（4）行业知识产权管理：即行业协会或组织依据自己的权力范围对知识产权进行相关管理的活动。

（5）中介机构的知识产权管理：即知识产权中介机构依法对其从事的知识产权相关事务的管理活动。

（6）个人知识产权管理：即个人对自己拥有的知识产权或者相关权力的管理。

2. 根据管理客体分，知识产权管理可分为四种。

（1）专利管理：是指知识产权管理部门根据国家经济和社会发展总方针，依法对社会主义市场经济中涉及专利的活动进行规划、指导、协调、监督和检查等管理工作。专利管理主要包含专利和技术秘密的管理，由于专利与技术秘密特点不同，采取的保护措施、保护方法也各不相同。

（2）商标管理：是指商标行政管理部门为维护社会经济秩序，保护商标权人的合法权益和消费者的利益，依法对商标注册、商标使用、商标印制等行为进行监督、检查等管理活动的总称。商标管理主要指对商标的注册和注册后的续展；知名商标广告宣传和市场培育，商标产品的质量监控和侵权监控，商标转让和使用许可等多方面的管理。

（3）著作权管理：是指国家版权管理部门为了有效实施国家著作权法律法规，保护和促进著作权的实现、维护著作权法律秩序而对著作权实施各种行政行为的总称。著作权管理主要涉及著作权取得管理；著作权许可使用、著作转让及著作权质押等利用管理，著作权的行政保护管理。

（4）其他知识产权管理。

本章小结

创新是一种变革，熊彼特把创新概括为五种形式。在熊彼特创新理论的基础上，技术创新理论、制度创新理论和国家创新体系建设理论相继发展。健康企业创新是一个复杂的系统工程，技术创新、管理创新和服务创新都不可少。技术创新有多种分类，但其过程主要有创新设想形成阶段、论证立项阶段、研究开发阶段和商业化阶段；管理创新涉及企业管理的各方面，主要是制度创新、组织创新、市场营销创新和激励机制创新；服务概念、服务接触、服务传递系统和技术等是服务创新的四维度。

健康企业创新必然带来新产品和新服务，新产品开发主要经过制订新产品开发计划、搜集新产品构思、筛选和评价构思、新产品研制、新产品试销、新产品的商业分析、新产品的正式上市等七个阶段；新服务开发主要经过创意概念阶段、创新开发阶段、内外部检验阶段和跟踪评价与保护阶段等。新产品或服务的知识产权保护是每一个健康企业都必须重视的工作，熟悉知识产权管理的相关知识与法律是必修课。

（李红丽）

思考题

1. 简述创新的含义与创新理论的流派观点。
2. 简述企业技术创新的分类。
3. 简述知识产权管理的内容。

资源篇

第八章 健康企业人力资源管理

本章要点

1. **掌握** 人力资源管理的概念,职位分析的定义及使用方法。
2. **熟悉** 招募及面试,绩效管理,薪酬管理的定义及程序、方法。
3. **了解** 员工关系管理的概念及内容。

导入案例

WS 公司的人力资源管理制度

WS 公司是国内一家著名的生物医药科技企业,主要从事疫苗制剂的开发,其市场主要面向国外日本、东南亚及中国沿海城市客户。该公司成立于 2006 年,近年来随着疫苗行业的高速发展,公司也获得了较快成长。但随着行业竞争的日益加剧和企业规模的迅速扩张,虽然近年来公司经营业绩较好,员工待遇也较好,但却很难吸引一流的人才,同时人才流失的现象较严重,导致公司发展受到严重限制,在市场拓展、业务运营方面感到越来越力不从心。因此公司管理层决心开展人力资源管理改革。

通过聘请外聘专家顾问进行指导,耗费巨大的人力财力和物力,公司新建成一套人力资源管理制度,内容包括招聘录用、培训开发、绩效考核和薪酬管理等。但公司管理层发现,当该人力资源管理制度体系建立起来之后,在实际运行过程中仍存在着不少的问题,例如不同部门均对绩效考核的结果表示不同程度的反对意见。WS 公司是一家高科技企业,其所面对的市场竞争要点在于对疫苗的研发及市场营销,但当时设计人力资源管理系统时,并未充分考虑其行业特点和战略发展要求,对这些部门的绩效考核和薪酬设计未能分层分类区别设计。其结果就是,公司一线的研发、销售人员对该人力资源系统意见很大,导致很难推行,企业在经营管理中面临的一系列人才问题也没有得以解决。

通过上述案例,请思考:WS 公司的人力资源管理制度建设失败的原因是什么?该如何设计、管理、运行健康类企业的人力资源管理系统?

第一节 人力资源管理概述

一、人力资源管理概念及内涵

(一)人力资源管理定义

1. **人力资源定义** 想了解人力资源的定义,首先需要了解资源的定义。对于资源的解释,不同领域的专家有所差异。根据《辞海》定义,“资源为资财的来源,一般指天然的资源”。马克思在资本论中认为,“劳动和土地是财富的两个原始的形成要素”。从经济学角度,熊彼特认为,土地、劳动、资本以及企业家精神，共同构成相关生产要素。因此，资源的来源及组成，一般可认为包括客观存在的土地等自然资源以及来自人类自身的知识、体力等要素资源。而人力资源是资源不可或缺的重要组成部分，可为社会不断创造新的价值及使用价值。

关于“人力资源”(human resource)的解释，不同领域的专家在不同历史阶段意见有所不同和发展。人力资源这一名词，最早见于约翰·康芒斯在20世纪早期的著作《产业信誉》《产业政府》。人力资源的正式定义，来源于著名管理学家彼得·德鲁克(Peter Drucker)的著作《管理实践》，即人力资源是指企业所雇佣的人，是所有资源中最具生产力和多种才能、最丰富的资源。他在1954年正式引入了“人力资源”这一概念，并详细说明。此后，不同学者提出各自对人力资源的定义。伊万伯格则认为，人力资源是指人类可用于生产产品或提供各种服务的活力、技能和知识的总和。内贝尔·埃利斯(Nabil Elias)等指出，人力资源是企业内部成员及外部相关人员(即总经理、雇员、合作伙伴和顾客)等能够提供潜在合作与服务及有利于企业预期经营活动的人力的总和。从能力角度，苏珊和兰德尔等提出，人力资源是指组织(或企业)所认定的可做出潜在贡献的人所具备的可被利用的能力，这些人能够创建和实现组织的使命、愿景、战略与目标。从人的角度，陆国泰等认为，人力资源是指在一定社会区域内所有具有劳动能力的适龄劳动人口及超过劳动年龄的人口的总和。

2. **人力资源管理定义**　关于“人力资源管理”的解释，不同领域的专家意见有所不同，在不同历史阶段不断发展。雷蒙德·诺伊在《人力资源管理:赢得竞争优势》中认为，人力资源管理是指影响雇员的行为、态度以及绩效的各种政策、管理实践以及制度。舒勒等在《管理人力资源》中认为，人力资源管理是采用一系列管理活动来保证对人力资源进行有效的管理，其目的是实现个人、社会和企业的利益。加里·德斯勒在《人力资源管理》中指出，人力资源管理是指获取人员，培训员工，评价绩效和给付报酬的过程，同时也关注劳资关系、工作安全与卫生以及公平事务。赵曙明等认为，人力资源管理是对人力这一特殊的资源进行有效开发，合理利用与科学管理。

在本书中，人力资源管理可定义为，为了实现个人、社会和企业的利益和目标，管理者对人力这一特殊的资源进行管理时所采用的一系列活动及过程的集成，包括战略规划、招聘录用、培训开发、绩效管理、薪酬管理、员工关系管理等。

(二) 人力资源管理的内涵

人力资源管理的基本内容与职能通常包含7项。

1. **职位分析**　对组织内的工作内容和职责进行清晰的界定，给出确定的任职资格。

2. **人力资源战略规划**　对组织在一定时期内的人力资源需求和供给做出预测，根据预测制订出平衡供需的计划。

3. **招聘录用**　招募、甄选、录用。

4. **绩效管理**　对员工工作作出评价，发现问题提出建议。

5. **薪酬管理**　确定薪酬的结构和水平，实施职位评价，确定福利待遇。

6. **培训与开发**　建立培训体系，实施，反馈。

7. **员工关系管理**　各主体之间围绕雇佣合同关系而形成的权利和义务关系。

二、人力资源管理的理论

人力资源管理发展的历史，从已有资料来看，总体可分为以下几个时期。

(一) 萌芽时期

伴随着工业革命和社会生产力的迅猛发展、先进技术的快速涌现、生产方式的变革，劳动分工思想开始出现，同时企业和工厂对劳动力提出更高要求和重大转变，希望员工更好地协同工作。在此背景下，当面临着不断新出现的员工劳动管理方面问题，当时管理者在企业和工厂进行一些改革，包括在分工基础上对工作职责的界定，对工作的绩效考核及评价，实行员工福利制度等。这些管理改革的实践经验及思想为此后的人力资源管理理论做出了非常有益的探索。

(二)初步形成时期

在19世纪末到1920年期间,美国著名管理学家泰罗(Taylor)等人运用科学的实验方法,通过长期的实践和探索,创立了一套全新的管理思想和管理方法体系。例如,对企业员工的筛选,提倡企业工作内容、流程的标准化,“动作与时间研究”理论等;提出报酬激励制度,探索企业管理职能制或直线职能制,实施监督控制,沟通劳资关系等方面,最终有效提高劳动生产率,为人力资源管理理论的发展奠定良好的开端。

(三)快速发展时期

自20世纪20年代初到40年代后期,行为科学理论与实践有了不少重大突破,有力地推动现代人力资源管理理论发展。在早期研究中,美国著名学者梅奥(Mayo)关注员工在企业工作生产中的关系,开展著名的霍桑试验(Hawthorne experiment),正式提出“行为科学”,创立人际关系学说,引导后续的行为科学研究。在后期研究中,不同学者结合自身研究及实践,提出一系列新理论,美国心理学家马斯洛(Maslow)提出的需要层次理论,美国心理学家赫茨伯格(Herzberg)创立的激励-保健双因素理论,美国社会心理学家麦格雷戈(Mcgregor)创立的X理论-Y理论,以及其他心理学家提出的Z理论、成就需要理论、期望理论、目标理论、挫折理论、强化理论等。在现代人力资源管理活动中,这一系列理论成果已得到广泛实践应用,如目标管理、工作岗位分析与再设计、参与管理、薪酬制度改革、工作环境改善、员工关系与健康等诸多方面,成效较为显著。

(四)现代管理时期

自20世纪60年代至80年代,随着世界经济的快速发展和科技的巨大进步,企业面临着内外部环境的急剧变化和各种不确定因素,传统的人事管理理论已无法满足客观形势发展的要求,新兴的“人力资源管理”逐渐取代传统的“人事管理”。欧美、日本等发达国家的知名大公司纷纷将其传统的“人事部门”改名为“人力资源管理部”,越来越多的企业开始接受权变管理理论,认为应更加重视“人力”,将其作为一种具有主动性和创造性的资源,强调可运用综合的多种管理方式及措施开发来应对现实困难。

(五)战略管理时期

自20世纪90年代以来,随着世界经济的全球化以及加剧的兼收并购等趋势的不断发展,众多世界500强企业为了提升核心竞争力,开发更好的产品、技术,吸引更多的资本和人才,占领更多的市场份额,开始对人力资源管理提出更高的要求,要求人力资源管理者更多地参与企业的战略规划制订,并在实践中帮助实现其战略目标。

第二节　招募与配置

一、职位分析

在企业中,不同员工在相应岗位开展具体的经营活动,因此需要对组织内的每个岗位的活动都要充分了解。通过工作分析,管理者可明确该岗位的职责以及从事该工作的员工的应具备的能力素质。

(一)职位分析定义

职位分析(job analysis)是指健康类企业采用专门方法对企业内某特定岗位工作的性质、任务、责任及完成该工作所需要的资格条件等进行调查,并进行系统性描述和规范化的记录,从而使其他人了解该职位的过程。通常在以下情形下需开展工作分析:①当企业开始建立、需正式对岗位职责进行确定时;②当组织内产生新的工作岗位时;③当因引入新技术、新工艺或新系统导致原有工作产生重大变化时。

职位分析的作用极大，是健康类企业开展后续多项的人力资源管理工作的基础，例如可为后续的人力资源总体规划、招聘录用员工、培训开发员工、制订薪酬政策和绩效管理提供信息和依据。

（二）职位分析步骤

1. 确定职位分析信息的用途。

2. 了解职位相关的背景信息。

3. 选择有代表性的工作岗位。

4. 通过收集关于工作活动、工作对员工行为的要求、工作条件、工作对员工的能力素质要求等多方面信息来开展工作分析。

5. 与员工及其直接主管来共同审查收集到的工作信息。

6. 编写工作说明书和工作规范。

（三）职位具体流程（图 8-1）

1. **准备阶段**　收集职位分析信息的工作，确定职位分析的目的和用途；成立职位分析小组，通常由人力资源管理专家、企业管理者、员工直接主管以及从事该岗位的企业员工代表组成；对职位分析人员进行培训、动员，做好其他准备，了解企业组织结构图、工作流程图、过去的职务描述资料等。

2. **调查阶段**　由人力资源管理专家了解、观察和分析相关岗位工作，并编写出工作说明书和工作规范。制订时间计划表；选择调查工作内容及相关信息的方法，确定调查的范围、对象和内容；搜集背景资料及职位相关信息，员工及其直接领导需填写相关资料及问卷，根据要求列出该岗位工作的主要活动，工作绩效的信息，工作中所使用的工具、设备及辅助用品，工作对人的要求。

3. **分析阶段**　由人力资源管理专家分析和整理资料；由从事该岗位的企业员工、员工直接主管来审查和修改上述所编写的描述工作内容和职责的信息资料。

4. **实践运用**　由人力资源管理专家牵头工作小组，编写职位说明书；对整个职位分析过程、材料进行归纳、总结，并运用到企业实践。

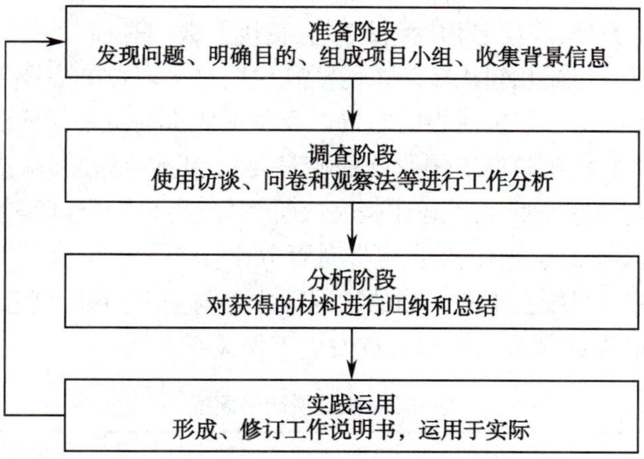

图 8-1　职位分析工作流程

（四）职位分析方法

收集职位分析信息的方法有很多种，其中在健康类企业中较为重要且使用广泛的方法有定性工作分析技术（访谈法、观察法以及工作日志法）、定量工作分析技术（职位分析问卷法）等，可根据工作目的单独使用或综合应用。例如，当编写工作说明书时使用访谈法效果较好，当确定工作薪酬时使用职位分析问卷法更多见。

访谈法是指与职位的承担者面谈收集信息的一种方法。其优点为可简单、快速地收集职位分析资料，适用性强；缺点为被访谈员工易夸大自身所承担工作的责任和难度，从而导致职位分析资料的扭曲和失真。访谈对象通常分为 3 种:一是对企业特定岗位的员工进行个人访谈;二是对从事相同岗位的员工群体进行群体访谈;三是对熟悉岗位工作的直接主管进行访谈。为保证访谈效果,通常需事先列出可能需提问的问题,准备好相关访谈提纲。

观察法是指由职位分析人员直接观察所需分析的工作,记录某一时期该职位工作的内容、形式、过程和方法,在此基础上进行分析的方法。优点:职位分析人员能较全面、深入地了解工作的要求和内容。缺点:只适用于工作内容主要是由身体活动来完成而且重复性大、重复周期较短的工作。

工作日志法是指由职位的任职者本人按照时间顺序记录工作过程,然后经过归纳提炼取得所需要资料的一种方法(表 8-1)。优点:搜集的信息比较全面,一般不容易遗漏。缺点:使用范围较小;信息整理量大,归纳工作烦琐;员工反感,分析工作量太大。

表 8-1 工作日志法范例

日期 9 月 9 日　　工作开始时间 8:00　　工作结束时间 17:00

序号	工作活动名称	工作活动内容	工作活动结果	时间消耗	备注
1	参加会议	上级布置任务	1 次	45 分钟	参与
2	起草公文	起草相关政策	3000 字	2 小时	上交
3	复印	公司文件	66 页	10 分钟	存档
…	…	…	…	…	…
16	整理文档	会议纪要	2 篇	30 分钟	承办

为解决定性工作分析的不足,企业通常也会采用定量工作分析技术,即使用职位分析问卷(PAQ)、职能职位分析(美国劳工部分析程序,US Department of Labor job analysis procedure)等工具来对工作岗位分析。

(五)职位工作说明书

一份完整的职位说明书通常应包括以下主要内容(表 8-2,表 8-3)。

1. **职位标识** 职位编号、职位名称、所属部门、直接上级、职位起薪等。

2. **职位概要** 要用一句或几句比较简练的话来说明这一职位的主要工作职责。

3. **履行职责** 描述出这一职位承担的职责以及每项职责的主要任务活动。

4. **业绩标准** 职位上每项职责工作业绩的衡量要素和衡量标准,衡量要素是指对于每项职责,应当从哪些方面来衡量它是完成得好还是完成得不好;衡量标准则是指这些要素必须达到的最低要求,这一标准可以是具体的数字,也可以是百分比。

5. **工作关系** 指某一职位在正常工作的情况下主要与企业内部哪些部门和哪些职位发生工作关系,以及需要于企业外部哪些部门和人员发生工作关系。

表 8-2 职位说明书表格

公司名称		所在部门		职位名称	
工作内容					
任职资格	1. 学历要求;2. 工作经验;3. 必备的知识、技能、能力;4. 综合素质要求;5. 其他				
工作环境	1. 工作条件;2. 工作地点				

表 8-3 职位说明书范例

部门	办公室	职等	八	职位	文员	职系	行政管理
工作内容:负责企业人事管理、办公室管理等事项							
人事管理规章草拟; 人员招聘与培训; 人事资料登记与整理、统计; 人员的任免、调动、奖惩、考核、薪资等事项办理; 员工请假、考勤管理; 文体活动与员工福利事项办理; 文具、设备、事务用品的预算、采购、修缮、管理; 公司文书、信件等的收发事宜; 办公环境安全及卫生管理工作;接待来访人员							
职务资格: 本科毕业,曾任人事及办公室工作 3 年以上; 具有高度服务精神与善于处理人际关系者;男性为佳,女性亦可							

6. **使用设备** 工作过程中需要使用的各种仪器、工具、设备等。

7. **工作环境和工作条件** 包括工作的时间要求、工作的地点要求、工作的物理环境条件等。

8. **任职资格条件** 应包括以下几项内容:所学的专业、学历水平、资格证书、工作的经验、必要的知识和能力、身体状况。

9. 其他信息。

二、人力资源战略规划

(一)人力资源战略规划概念及内容

随着全球化和市场竞争的加剧时,目前健康类企业人力资源管理部门面临的主要任务为,如何更好地参与该企业的战略规划制订,并在实践中帮助实现其战略目标。

为了能够保持自身的竞争优势,健康类企业进行战略规划,其目的是促进企业内部的优劣势与外部的机会与威胁在一定范围内达到适应,包括四部分:一是对健康类企业的内外部形势进行详细分析;二是对健康类企业的业务及自身使命进行清晰的界定、描述;三是将使命转换为明确的战略目标;四是制订战略来实现战略目标。

在不断实践探索中,管理者会从企业宏观、业务领域、职能部门等三个层面来制订企业的战略规划,而人力资源战略主要是考虑从职能部门层面来制订,往往需要与企业宏观战略、业务领域战略相一致。因此,可将健康类企业人力资源战略规划定义为,健康类企业为实现自身战略目标,采取多种方法和措施,建立和管理自身所需要的人力资源管理体系的过程。

人力资源战略规划的分类有很多种,可按时间来划分,分为长期计划、中期计划、短期计划;也可按涉及范围划分来划分,分为整体计划、部门计划、项目计划。健康类企业人力资源战略规划的程序通常可分为以下四个阶段:一是准备阶段(调查企业内外部环境的信息以及企业人力资源的现状、困难);二是预测阶段(在已有信息基础上,选择适合方法进行预测);三是实施阶段(在人力资源供需预测结果后,制订并实施使供需达到平衡的措施);四是评估阶段(实施过程中定期评估,对预测结果及制订的措施进行评估及修正)。

健康类企业人力资源战略规划的具体内容,可包括总体规划和业务规划。人力资源总体规划包括:目前人力资源需求与供给之间的差距结果,即人力资源的当前现实需求;描述企业在战略规划期内的分类分层人力资源的需求,以及总体配置框架,根据企业战略目标和价值链来确定人力资源的重要方针、原则和政策;初步预测在战略规划期内人力资源的投资预算。人力资源相关业务规划包括：人员配置计划、人员补充计划、人员接替和提升计划、教育培训计划；工资激励计划、劳动关系计划、退休解聘计划。

影响人力资源战略规划的因素有很多，可分为内部因素和外部因素。内部因素包括健康类企业目标的变化；员工素质的变化；组织形式的变化；企业最高领导层的理念；外部因素包括卫生健康人才市场的变化；政府对大健康产业相关政策变化；行业发展状况变化；医疗科技的发展。

（二）人力资源战略规划常见方法

人力资源需求预测，是指健康类企业对未来战略规划期内发展所需的人力资源的总量、结构、质量进行估计。其预测方法通常可分为以下：①经验判断法（凭借自己以往工作的经验与直觉）；②德尔菲法（专家预测法）：邀请在医疗健康行业的人力资源专家和企业管理者对需求问题进行预测，并最终达成一致意见；③趋势预测法；④回归预测法：采用多元回归分析法，根据已有的经验、理论初步建立线性回归（$Y=a+K_1\times X_1+K_2\times X_2$），以往 5 年内的数据（$Y, X_1, X_2$）确定有效的预测因子、相关系数（通过线性回归计算出 a, K_1, K_2），最终根据战略规划期内已给定新的 X'_1，X'_2，可计算出新的 Y'；⑤比率预测法：基于对员工个人生产效率的分析来进行的一种预测方法，所需人力资源=未来业务量/人均生产效率。例如，某三甲医院未来 5 年的医生数量，可通过按国家卫生健康委员会对该区域三甲医院的要求（服务每千人口的医生数）来进行测算。

人力资源供给预测是指健康类企业对未来战略规划期内自身能够提供的人力资源的总量、结构、质量进行估计。人力资源供给的预测方法，通常会对企业内部较多使用，常见方法包括：①员工任职资格数据库（反映员工工作能力特征、个人背景的人员储备与开发记录卡，见表 8-4）；②职位调配图（对企业现有人员的状况做出评价，晋升或调动，预测企业潜在的内部供给）。

表 8-4 人员储备与开发记录卡

姓名：	部门：		科室：	工作地点：	填表日期：
到职日期	出生年月：			婚姻状况：	职称：
教育背景	类别	学位种类	毕业日期	学校	主修科目
	大学				
	硕士				
	博士				
培训背景	培训主题		培训机构	培训时间	
技能	技能种类			证书	
意愿	你是否愿意担任其他类型的工作？			是	否
	你是否愿意调到其他部门工作？			是	否
	你是否愿意接受工作调换？			是	否
	如果可能，你愿意承担哪种工作？				
你认为自己需要接受何种训练？			改善目前的技能和绩效：		
			提高晋升所需要的经验和能力：		
你认为自己现在就可以接受哪种工作指派？					

人力资源供给和需求的平衡关系，会直接影响到健康类企业在人力资源方面所采取的政策和措施，其结果可分为三种：①供给和需求总量平衡，结构不匹配（措施：人员重新配置，针对性专门培训，人员置换）；②供大于求（措施：扩大经营规模增加需求，永久性裁员或辞退员工，鼓励员工提前退休，冻结招聘，缩短员工工作时间、实行工作分享或降低员工工资，对富余员工进行培训人员储备）；③供小于求（措施：从外部雇用，提高现有员工工作效率，延长工作时间，降低员工离职率，企业业务外包）。

在国内外的实践中，健康类企业管理层常常通过不同工具来评估人力资源管理部门实现其战略目标的程度。

人力资源计分卡（HR score card）是最常见的一种管理工具，可被企业用来评估人力资源活动，企业员工行为方式、战略相关绩效的量化产出等。人力资源计分卡的具体实施通常分为七个步骤。

1. **界定企业战略**　首先，人力资源管理者可基于自身对企业战略的理解以及对企业自身、竞争对手的人力资源状况的了解，为企业制订战略规划时提供有效的信息，并帮助高层管理者最终制订出高质量的规划；其次，将战略规划分解为具体可行的战略目标，同时也将企业战略和人力资源部门的职能战略进行对接。

2. **概述并分析企业价值链的活动**　为了更好地提高企业的组织绩效，首先须了解实现企业战略所必需的活动，即对企业价值链（企业为客户创造价值的主要及相关活动）进行分析，这个过程通常包括设计、生产、营销和流通、配送企业产品（服务）等。通过对企业价值链的分析，高层管理者可了解和分析这些活动以及相关战略成本，有助于建立人力资源系统以及最终组织产出结果。

3. **明确与组织绩效相关的战略性要求**　为了实现企业的战略目标，企业须在某些方面达到当初制订的组织绩效要求。企业管理者基于自己对企业价值链的分析和理解 以及对于企业发展的期望，提出具体且可操作的绩效要求。

4. **明确所需员工的能力素质和行为**　根据要求，为实现预期的企业组织绩效，企业管理者确定不同岗位的员工所应具备的哪些能力和素质，在企业工作期间应具备哪些合适的行为。

5. **根据战略制订具体的人力资源政策和保障措施**　当明确企业所需要的员工的能力、素质和行为后，企业人力资源部门首先需要调查了解企业目前的人力资源现状及问题，再根据战略来制订具体且合适的人力资源措施和政策。通常这些政策及措施应非常具体，例如如何招聘、筛选企业实现战略目标所需的人员（具体医疗岗位的哪些能力素质和行为），如何制订培训计划、提升关键员工具备相应的能力素质（哪些种类、多长时间的培训计划），如何设计并执行薪酬措施促进员工为实现企业战略目标而不断努力的行为。

6. **设计人力资源计分卡测量体系**　在战略确定、价值链分析、明确绩效要求、明确所需员工素质行为、制订具体人力资源政策后，健康类企业管理者需对企业各环节进行测量和评估，通常结合实际情况来设计具体的测评指标体系（各相关指标间需具备可靠的逻辑关系及稳定的相关性），并使用人力资源平衡计分卡工具来测评。

7. **定期重新评估测量体系**　在现实中，测评体系里的各指标随着企业的不同发展阶段也有所不同，因此管理者需定期要求人力资源部门对测量体系进行重新评估，保证其与企业的战略目标及组织绩效保持一致。

三、招聘

（一）招聘定义及内容

招聘是指健康类企业在自身战略规划的指导下，根据人力资源战略规划和职务分析，制订相关职位空缺计划，获得所需的人才，并配置到合适职位的过程。

在现实工作中，影响健康类企业人才招聘活动的因素有很多，一是外部因素，例如国家法律法规，外部医疗健康人才市场供求状况，竞争对手招聘政策及现状等；二是内部因素，健康类企业（医院、药企等）的自身形象、招聘预算、招聘政策及现状。

在开展招聘工作时，健康类企业通常需遵守特定原则（“因事择人、德才兼备、能级对应、用人所长”等原则），从而更好地获取更优秀的医疗健康人才加入企业。招聘工作，健康类企业通常按一定的工作程序开展。

1. **确定招聘需求** 企业首先需以人力资源战略规划、职位分析为基础来确定，重点明确招聘需求的总量（职位空缺数）以及质量（职位任职资格等）。

2. **制订招聘计划** 人力资源管理者需与业务部门一起制订招聘计划，其具体内容包括招聘的总体规模，涉及地域范围，所需时间，投入预算等。

3. **招募** 包括选择招聘来源，即如何选择潜在应聘者的目标群体；以及选择招聘方法，即如何选择合适的发布方式及途径，使更多潜在应聘者了解企业的招聘信息。

4. **甄选** 通过心理测试等多种方法筛选出符合企业发展要求的员工。

5. **录用** 包括很多环节，例如录用决策、通知录用者及未录用者、员工入职、试用和正式录用。

6. **效果评估** 是招聘最后的环节，企业从所耗时间、实际成本、应聘比率、录用比率等方面来进行评价，优化后续招聘工作。

（二）招聘重点环节及方法

在这些招聘工作程序中，有两个环节最重要：一是招募，通过宣传扩大影响，树立形象，吸引应征者；二是甄选，使用各种技术测评与选拔方法，挑选合格员工。

1. **招募** 健康类企业招募的途径通常可分为内部招募和外部招募，在实际工作中，企业根据实际情况，会单独或综合使用这两种方式。

内部招募的来源有多种，包括内部提拔，工作调换/轮换，重新聘用，公开招募（内部竞聘）等。具体内部招募方法包括：①工作公告法，即向企业员工通报职位空缺，吸引内部员工前来申请，在现实工作中最为常见；②档案记录法，即企业管理者根据员工个人信息，与人力资源管理部门一起决定符合空缺职位的应职人员，一般需征求本人意见，获得同意后调整。

外部招募的来源也有多种，一般都在企业外部，包括学校、竞争者和其他公司、失业者、老年群体、退伍军人、自由雇佣者等。具体外部招募方法包括：①广告招募，是企业使用较常用的一种，主要关注企业根据自身条件和实际情况，如何选择不同种类的广告媒体（纸质媒体，广播电视等传统媒体，互联网、微信等新媒体）以及构思广告内容；②外出招聘，即企业招募者前往学校（主要考虑学校声望，以及以往从该校招聘员工的工作表现和绩效），或参加各类招聘会直接招聘；③通过职业中介机构招募，即企业也可借助或委托不同类型的中介机构（如职业介绍所、人才交流中心、猎头公司等）进行招募。该方式针对性相对较强，可节省时间，但通常中介费用较高；④推荐招募，即通过企业自身员工、合作伙伴或客户推荐，成本较低，但范围较小。

综上，内部、外部招募两者相比较，各有优点及不足。内部招聘的优点包括：有利于激励企业员工士气、提高工作绩效；更加认同企业目标，辞职较少；熟悉企业文化，适应较快；招募时间较少，费用更低。其不足包括：可能造成人才来源局限、水平有限；易形成“近亲繁殖”现象；容易形成内部员工的竞争矛盾。

外部招聘的优点包括：来源广，余地大，有可能招募到一流人才；能为企业带来新思想、新方法；可缓解内部员工之间的竞争矛盾；可树立企业较好的外部形象。其不足包括：外聘人员不熟悉企业情况，适应较慢；企业对外聘人员情况了解不深；容易影响内部员工的积极性。

2. **员工甄选** 员工甄选是指借助不同类型的特定工具和技术，对健康类企业已招募的应聘者进行筛选，再由该职位的直接管理者面试，最终确定企业发展所需的职位候选人的过程。在该环节中，企业通常应遵循“因事择人，人岗相适、公平竞争、择优录用”等原则。

员工甄选的程序一般包括：评价申请表和简历，选拔测试，面试，审核应聘者材料的真实性，体检，试用期考察，决定正式录用等环节。

员工甄选的工具和技术，包括测试、面试、工作样板、工作模拟测试（管理评价中心）、背景调查、推荐信确认、聘用前信用调查等方式，目的是对应聘者的生理素质、心理素质（人格、兴趣偏好等）、认知（智力）素质、知识/技能情况（学历、专业、资格证书、专业工作和培训经历等）进行考核。员工甄选所选择的工具和技术，应从信度、效度、普遍适用性、效用、合法性等方面达到专业化标准。

（1）测试：测试通常包括笔试、身体能力测试、认知（智力）测试、人格测试、职业兴趣测试等。

1）笔试：主要测量应聘者的基本知识、专业知识及综合分析、文字表达等方面的情况，该方法信度、效度较高，评价较客观，时间少、效率高、成本低，是目前企业使用较多的方法之一，但不能全面考察工作态度、品德等，常作为初筛的方法或其他方式的补充。

2）身体能力测试：是指对应聘者身体能力进行测试，判断求职者能否达到从事特定体力劳动职位的基本要求，通常包含肌肉力量、耐力、灵活性、平衡能力、协调能力等。

3）认知（智力）测试：是指测试应聘者的一般思考能力（智商），以及特殊思考能力（记忆力、表达能力、归纳能力、计数能力等），常用测验包括韦克斯勒智力量表、旺德利克人员测验等。

4）人格测试：是指测试应聘者内在性格中与职位绩效匹配或密切相关的素质特征。常用测验有两种，人格测验主要包括吉尔福特气质调查表、明尼苏达多相人格测验（MMPI）、艾森克人格问卷（EPQ）以及“大五”人格测验等，投射法测验包括墨迹测验、选句填空测验。

5）职业兴趣测试：是指测试应聘者对职位工作的偏好，即将应聘者从事该申请职位的兴趣与从事不同职业的人员的兴趣相比较，帮助企业判断应聘者在该职位的绩效及离职率，常使用霍兰德职业性向测试等工具。

（2）面试：面试是指通过应聘者与企业面试人员之间面对面的交流沟通，帮助企业对应聘者进行有效评估的方法，是现实中健康类企业在员工甄选环节使用最广泛的工具。面试的类型有很多，按不同条件可分为以下几种。

1）按面试结构化程度分：结构化面试（面试官提前准备问题，按照严格顺序，进行面试）和非结构化面试（面试官并未提前设计问题和顺序，允许双方自由交流回答）。

2）按组织方式分：个人面试（一对一面试）和集体面试（一组面试官同时面试数个应聘者）。

3）按面试内容和问题的关注点分：情景面试（通过观察应聘者在一系列假设的情境下的反应情况，对应聘者进行评价）和行为面试（要求应聘者回答以往工作中真实发生的事件，通过观察其在面对被询问时的行为进行评估）。

4）按面试氛围分：压力面试（通过询问应聘者一系列有压力的问题，观察其反应以及承受压力的能力）和非压力面试（询问应聘者无压力的问题）。

具体在现实工作中，面试过程通常可分为4个阶段：面试准备阶段、面试开始阶段、正题阶段、结束阶段。

（3）工作样板：是指面试官要求应聘者完成职位工作中的具体一项或多项任务，根据最终完成结果评价面试结果。该方法直接有效，通常选择职位工作的关键任务，但成本较高。

（4）工作模拟测试：管理评价中心测试是指面试官基于多个信息来源，通过情景模拟的方法来对应聘者个体行为进行的标准化评价。该方法起源于德国，被现代企业较多运用来选拔、测试管理人才。常见方法包括以下几种。

1）无领导小组讨论：由一组5~7名应聘者组成临时工作小组，对面试官给出特定问题进行讨论，并做出决策。测试内容包括个人特质（主动性、自信心、决断性和独立性等）、团队合作能力（沟通表达、人际交往、组织协调等）、解决问题能力（理解力、想象力、逻辑能力及归纳能力等）。

该方法可观察应试者的行为特征及群体间互动，测试应聘者多方面的能力或素质，在同时对同一批应试者的表现进行横向比较。

2）公文处理：即“公文筐”测验，是通过观察应聘者在情境模拟条件下处理业务过程的行为表现和书面报告，评估其计划、组织、预测、决策和沟通的能力，是评价中心技术中最常用、最具特色的工具之一。该测验模拟组织或企业的实际工作情境，提供信息包括涉及财务、人事备忘录、市场信息、政府法令公文、客户关系等材料（10~30份），面试官要求应聘者以管理者身份，在规定条件下（2~3小时内）对相关公文进行处理，并形成公文处理报告。该测验灵活性强，可直接观察个体行为并多维度评价。

3）角色扮演：要求多个应聘者共同参与同一个管理性质的活动，每人扮演特定的角色，模拟实际企业工作中的一系列活动。该测试可有效考察应聘者的团队合作能力、创造性、实际工作能力、组织协调能力等，效率相对较高。

4）演讲：应聘者需按面试官给出的特定材料组织，并表达个人观点、理由。该测试可检测应聘者的表达能力、思维逻辑能力、反应能力和承压能力等，操作简单、成本低，但有一定局限性，因此常与其他方法（无领导小组讨论）结合使用等。

5）案例分析：要求应聘者阅读一些目前反映部门或组织中问题的材料，并使其准备提出一系列相关针对性的建议，并上交给管理层。该方法可考察应聘者的综合分析、判断力、决策等能力，主要运用于企业中高管理层人才的选拔测试。

（5）背景调查、推荐信确认：面试官可对应聘者的背景信息及推荐信进行审查、确认。核对的信息主要包括：身份证、学历、专业资格、犯罪记录、工作经历、个人信用和推荐信等，其目的是审查应聘者之前提交的材料是否真实以及发现是否存在虚假信息。部分企业还会通过电话、网络等方式询问现有或原有的雇主，了解应聘者的动机、技能及团队合作能力等。

第三节　培训与开发

一、培训与开发定义

（一）培训与开发定义及原则

培训与开发是指健康类企业通过多种方式向员工提供职位工作所必需掌握的知识、技能的过程。其目的在于，通过提高员工的工作绩效与满意度，强化企业的竞争优势，形成良好的企业文化，提高企业自身对人才的吸引力，进而最终提高企业整体绩效。

培训与开发的原则有以下几项。

1. **总体方面**　需围绕企业整体战略规划，以目标为导向作用，培训目标需设置明确、合适。
2. **内容及对象方面**　要讲究差异化，即培训内容差异化，被培训的员工差异化。
3. **结果及绩效方面**　需讲究实效及效益，培训内容要有助于个人及企业绩效改善，学以致用，投入少，见效快。
4. **方法方面**　需强化激励，充分调动员工参与培训的积极性和主动性。

（二）入职引导

入职引导指企业为确保新招聘的员工了解职位工作内容及方法，将为其提供完成工作所需的基本背景信息，目的是帮助新员工尽快熟悉工作环境，适应公司氛围，了解组织历史、现状、文化、愿景、政策等，可顺利进入正式工作状态。入职引导可通过多种形式（非正式介绍或正规课程等）向新员工介绍，内容包括企业历史与组织结构、规则制度、工作职责、人事政策、安全措施、员工福利以及参观企业。通常健康类企业会向发放新员工一份员工手册，详细包含上述事项。

人力资源管理专员通常执行引导的初步工作，并将新员工介绍给其直接主管。直接主管则负责后续引导工作，向新员工简介部门内部的组织结构、规章制度，并介绍新同事给原有同事认识，帮助熟悉工作环境。

二、培训与开发过程及方法

健康类企业培训与开发的过程，通常包括以下4个环节：培训需求分析、培训活动设计、培训活动实施以及培训效果评估。

（一）培训需求分析

总体思路是解决健康类企业及个人两个层面存在的问题，可从组织分析、任务分析、人员分析等三方面来开展。组织分析从企业层面考虑其战略与环境分析（如大健康产业总体环境），包括管理变革与新技术的使用、组织氛围、员工知识技能水平及培训现状，如何更好促进企业整体绩效提高。任务分析从企业职位方面考虑，通过对职位说明书、任职资格标准、业务运营分析等分析，量化确定各职位的工作任务，以及完成该任务的所需的知识、技能、能力及其他因素。人员分析从员工方面来考虑，通过对员工个人绩效、职位变动计划、员工对培训的意愿及准备等分析，确定培训对象及培训的具体需求。具体方法很多，常用包括观察法、问卷法、资料查阅法、访问法等。

（二）培训活动设计

该环节包括制订培训计划、培训前准备。培训计划的类型可分为长期、中期、短期培训，还可分为综合培训及单项培训。培训计划应包含培训目标、培训内容、培训对象、培训者、培训时间、培训地点和设施、培训方法及总体费用。培训内容需根据本次培训目标来确定培训课程大纲、授课计划，要尽可能符合企业实际需求，运用自身实际案例和素材，企业培训组织者还应对培训内容进行事先审核。

（三）培训活动实施

该环节包括接待培训师，培训员工前往签到（在签到表签字），向培训员工简介培训师、项目内容，发放相关培训资料，培训师进行授课，向培训员工发放并收回培训效果问卷，结束工作（支付培训费用，资料整理，环境打扫等）。

（四）培训效果评估

该环节是一个完整的培训流程的最后环节，培训效果评估要通过不同测量工具评价培训目标的达成度，既对培训活动效果的评价与总结，又为下一次培训活动提供重要信息，有助于企业在选择、调整各种培训及判断其价值时进行决策。可从培训员工及企业的四方面来评估，包括反映及满意度，对培训内容及技能的掌握程度，在实际工作的应用程度，工作绩效改善程度。培训评估方法，通常包括问卷法、座谈法、考试法、角色扮演等。评估方式，通常采用培训后测试、培训前后对比测试、培训人员与控制组前后测试、时间序列法等。

培训开发的主要方法，分为在职培训、脱产培训两大类。在职培训是指员工在实际工作岗位及场地进行培训学习，包括学徒培训、辅导培训、工作轮换等。脱产培训，是指员工离开实际工作岗位，专门参加培训，包括授课法，讨论法，案例分析法，角色扮演法，工作模拟法，网络培训法，拓展训练法，行动学习法等。

第四节 绩效管理

一、绩效管理概述

（一）绩效管理定义

绩效是指健康类企业员工在实际工作过程中所表现出来的与企业战略性目标相关且可被评

估的工作成果与行为,包括业绩、能力及态度等方面。

绩效管理是指为实现组织目标,企业管理者及员工共同参与设定员工目标与内容、提升员工工作能力、评估和反馈员工工作成果的连续性循环改进过程,其目的体现在健康类企业战略、管理、开发等三方面,最终可有效持续促进个人、部门和企业的绩效同步提升。

目前企业绩效管理中常见的问题,包括绩效目标与企业战略相脱节,绩效目标设置烦琐、单一,过分关注短期绩效,沟通不充分导致绩效管理遭遇抵触等。

(二)绩效管理内容

为更好地发展健康类企业,避免上述问题出现,其绩效管理应包括以下四个步骤。

1. **绩效计划** 是指企业管理者和员工共同参与,就员工在绩效期内的目标、过程及方法进行充分沟通,达成共识,并形成最终结果。

2. **绩效监控** 是指企业管理者和员工在绩效期内,就工作中可能或已出现的问题,持续充分沟通来预防、解决的过程。该环节中,上级主管注意选择合适的领导风格,与员工保持持续充分沟通,对可能或已出现的问题进行辅导与咨询,同时随时收集绩效信息。

3. **绩效评价** 即绩效考核,是指当绩效期结束时,企业选择相关评估主体,借助特定的考核方法,收集绩效信息,对员工在绩效期内的成果及行为做出评价。

4. **绩效反馈** 是指当绩效期结束时,企业管理者与员工就考核结果进行面谈,上级主管将考核结果告知员工,提示其在绩效期内工作的问题与不足,并与员工共同制订改进计划,同时还进行相应的奖惩措施。

二、绩效评价概述

(一)绩效评价定义

绩效评价是健康类企业开展绩效管理的重点环节。绩效评价的定义,是指当绩效期结束时,健康类企业选择相关评估主体(例如第三方),借助特定的考核方法,收集绩效信息,对员工在绩效期内的成果及行为做出评价。

绩效评价过程通常包括5个环节。

1. **确立目标** 包括使评价指向企业战略规划目标,正确选择评价对象,制订评价计划等环节。使评价指向企业战略规划目标,通常较多使用关键绩效指标(key performance indicator,KPI)方法(指企业宏观战略目标决策经过层层分解产生的可操作性的战术目标,对组织和个人进行绩效目标设计的工具、绩效监控),用来衡量企业战略决策执行效果的执行效果。

2. **建立评价系统** 确立并培训评价主体,形成评价指标体系,选择适当的评价方法。

3. **整理数据** 回顾在绩效监控环节收集和存储的数据,形成系统的画面或印象,与评价系统做相应的对比。

4. **分析判断** 运用评价方法,进行信息重审,收集其他信息进行比较。

5. **输出结果** 形成最终判断,确定评价等级,找出原因。

绩效评价存在一些关键节点,值得健康类企业管理者在过程中重点考虑:主要有绩效评价对象的确定,绩效评价主体的确定,上级、同事、下级、员工本人和客户。

(二)绩效评价常见的使用方法

绩效评价常见的使用方法,包括以下几个方面。

1. **图尺度评价法** 即等级评价法,是健康类企业最简单和运用最普遍的工作效率评价技术之一(表8-5)。该方法需结合绩效目标及工作实际,先给出不同等级的定义和描述,评价主体再针对每一个绩效指标、管理要项按照给定的等级进行评估,最后进行总体评估,关键在于评价等级说明这一环节。

表 8-5　图尺度评价法

等级符号	等　级	评价尺度	评价等级说明
O	杰出(outstanding)	100~90	该员工绩效在所有方面的均突出,且绩效明显优于其他人
V	较好(very good)	90~80	该员工绩效大多数方面明显超出职位要求,且在考核期间稳定一致
G	好(good)	80~70	该员工绩效水平称职且可信,已达到目标要求
I	需要改进(improvement needed)	70~60	该员工绩效某方面存在缺陷,需改进
U	令人不满意(unsatisfactory)	60 分以下	该员工绩效水平总体令人不满意,须立即改进,不能增加工资
N	无法评价(not rated)		该员工绩效用标准或因时间太短无法评价

2. **关键事件法**　评价主体将下属员工在相关工作表现的具体关键事件(优秀或不良)记录下来,再每隔一段时间(3 个月或 6 个月),评价主体与下属员工根据所记录的关键事件,进行交流、讨论员工的工作绩效。应用关键事件法,需注意将关键事件与绩效目标、计划相结合。该方法可为评价主体向员工绩效评估结果提供客观具体的事实证据、实例,以及动态的关键时间记录,通常可作为绩效考评其他方法的补充。

3. **交替排序法**　即排队法,是健康类企业根据绩效评价的标准对员工从工作绩效最优者到绩效最差者进行排序。通常操作方法是:①将需进行考评的所有员工名单列举出来,再将工作业绩不是特别优秀的员工名字从名单中删除;②在被评价员工名单中,按照绩效评价的标准,选择工作绩效最优者以及绩效最差者;③在余下的被评价员工名单中,再选择工作绩效的次优者以及绩效次差者。依此类推,直至所有被评价员工都被排序为止,形成完整的排序表格。

4. **配对比较法**　健康类企业将每个被评价员工按照评价指标(业绩的数量及质量)与其他被评价员工单独配对,分别进行比较,目的是使排序型的工作绩效评价法更加精准、有效(表 8-6)。首先进行列表,列出每个指标所有可能的员工配对。其次,再单独比较时,就每个指标评出配对组中的表现较好的员工(记"+")与较差员工(记"-")。最后,计算每位员工的"+"的个数,对员工做出总体评价,按获得"+"总个数多少对被评价员工名次排序。

表 8-6　使用配对比较法对被评价员工工作质量名次排序

比较对象	甲	乙	丙	丁	戊	"+"数	排序
甲		-	-	-	-	4	1
乙	+		+	-	+	1	4
丙	+	-		-	-	3	2
丁	+	+	+		+	0	5
戊	+	-	+	-		2	3

5. **强制比例法**　是健康类企业按照一种提前确定的数值比例,将被评价员工单独分配到不同的工作绩效等级中,适用于员工较多的企业(表 8-7)。值得注意的是,每个工作绩效等级数值比例不必平均,可以不同。

在实际绩效评估环节中,存在常见的误区及问题,包括晕轮效应、逻辑错误、首因效应、类我效应、对比效应、溢出效应等。

表 8-7 强制比例法示例

等级	对应绩效状况	比例分布
A	被评价员工绩效最高者	20%
B	被评价员工绩效一般者	60%
C	被评价员工绩效最低者	20%

第五节 薪酬管理

一、薪酬管理概述

（一）薪酬管理定义

薪酬是指健康类企业员工因对企业提供劳动、完成工作而获得的不同种类的报酬与奖励。根据经济要素，薪酬可分为经济性报酬、非经济性报酬。经济性报酬又可分为直接经济薪酬（工资、绩效、短期奖励、津贴、激励薪酬）和间接经济薪酬（劳动保护、服务、福利等）。非经济性报酬包括职业安全感、挑战性工作、学习机会、认可和地位等部分。

薪酬管理是指在企业战略规划的指导下，健康类企业设计并确定薪酬体系、薪酬水平、薪酬结构、薪酬形式，并连续调整、管理其薪酬制度的过程。其意义十分重要，有助于企业吸引和保留优秀卫生健康人才，实现对员工的正向激励，形成积极向上的企业文化，促进企业的整体绩效改善和长远发展。薪酬管理的原则有很多，通常需考虑到合法性、内部公平性、外部竞争性、激励性、可行性等原则。

影响薪酬管理的主要因素：①需考虑健康类企业的外部因素（例如所在国家的法律法规政策，当地卫生健康人才市场供需状况、物价水平，其他同领域的企业薪酬现状水平等）以及内部因素（例如健康类企业的总体战略规划，目前发展阶段，财务现状等）；②需考虑员工的个人因素，如员工所处的职位、级别、工作年限、自身能力与绩效等。

薪酬管理的内容通常包括四个部分。

1. **薪酬体系** 常见有职位薪酬体系与能力薪酬体系两类。职位薪酬体系是指企业根据其内部职位的价值来设计和明确相关薪酬，是当今国际上使用最广泛的薪酬系统。员工薪酬与其所在职位保持一致，体现出对企业的价值和贡献。能力薪酬体系，是企业根据员工所拥有的与工作相关的能力（知识、技能、素质等）来设计和明确相关薪酬。员工薪酬与其自身能力高低密切相关，以员工能力为基础的工资包括知识工资、技能工资，例如企业研发人员、教授、医疗专家等。

2. **薪酬水平** 是指健康类企业整体平均薪资及内部各层各类的职位薪酬的现状，通常可反映出企业薪酬的竞争性和薪酬成本。健康类企业根据与其他同领域的竞争对手企业水平相比，可采用不同薪酬发放策略，包括领先型策略（相同职位薪酬高于竞争对手企业）、持平型策略、追随型策略、混合型策略。目前大部分企业选择混合型策略。

3. **薪酬构成** 是指在企业及员工的薪酬中不同类型薪酬的组合方式，通常有基本薪酬，可变薪酬及间接薪酬三种部分构成，在企业及员工的薪酬中根据这三部分各自所占比例不同，可分为高弹性薪酬模式、高稳定型薪酬模式、混合型薪酬模式等三种模式。

4. **薪酬结构** 是指健康类企业内部薪酬等级数量、每一等级变动范围和不同薪酬等级之间的关系。薪酬结构可分为包括窄带结构（等级多、区间小），宽带结构（等级少、区间大）2 种结构。

（二）薪酬设计

基本薪酬是指健康类企业根据员工的职位工作及能力所支付的定期向员工发放的报酬。在现实中，基本薪酬设计通常按以下步骤开展：首先制订本企业的薪酬原则和策略，开展职位分析，其次进行职位评价，再进行薪酬调查，建立薪酬曲线，最终来确定薪酬等级。

1. **职位分析**　具体内容在本章第二节已详细介绍，故不再叙述。

2. **职位评价**　是指企业根据内部各职位对企业目标的贡献，通过特定的技术、程序对各职位价值进行综合比较，确定其相对价值差异的过程，是薪酬级别设计的基础。之前需要通过职位调查、职位分析获取职位评价的基础信息资料。具体常用方法包括排序法、归类法、要素比较法、要素计点法等。

（1）排序法：包括直接排序法（根据职位的价值大小进行总体排队）、交替排序法、配对比较排序法（见本章第四节）。

（2）归类法：是指按特定标准将企业内部职位归入事先已设定的职位等级中的方法。具体步骤为，首先确定出职位等级的数量，其次选择报酬因素（工作知识、经验、责任、复杂度、灵活度、创造力、人际关系等），最后根据各职位说明书，按标准将职位归入与等级定义相同、相近的职位等级。

（3）要素比较法：是根据不同的报酬要素对健康类企业内部各职位进行多次排序的复杂方法。具体步骤为，首先确定企业的报酬要素（包括责任、技能、努力度和条件等），选择典型职位；再按照每个报酬要素对典型职位进行单独的多次排序；确定每一典型职位各报酬要素的工资率，并根据其工资率对典型职位再次进行排列；剔除不合理的典型职位，确定典型职位，最终确定其他职位的薪酬水平。

（4）要素计点法：是指根据健康类企业内部各职位在报酬要素上的得分来确定它们价值的相对大小，在实践中使用最为广泛。具体步骤为，首先确定报酬因素，其次对每个报酬因素划分成不同的等级，并对报酬要素和各等级进行界定；确定各个报酬要素及对其内部各等级赋予分值，最终进行评价。

3. **薪酬调查**　健康类企业通过特定的专业方法来调查、收集同领域、同行业或同地区竞争对手企业的薪酬信息，最终确定企业薪酬水平的过程，是薪酬设计中的重要组成部分，重点解决企业薪酬的外部竞争力、内部公平性问题。薪酬调查应包括主要内容有调查职位的基本信息（包括职位名称、基本工作特征），职位描述（即需要在调查表中罗列该职位的职责和内容）；调查对象的企业信息（包括规模、行业、地域、企业性质等）；调查职位的员工个人信息（包括性别、年龄、学历、专业和资历等）；调查职位的总体薪酬水平及构成（包括基础工资、奖金、福利等）。薪酬调查通常通过问卷法、访谈法、电话调查、网络调查等方法进行。

4. **建立薪酬曲线**　薪酬曲线是指各职位的市场薪酬水平和内部岗位等级或评价点数之间的关系曲线。通常将薪酬调研的结果与职位评价的结果相结合，可建立该企业薪酬曲线。此外，企业还可根据自身薪酬策略（领先型，持平型，追随型，混合型等策略）来对薪酬曲线进行最终的调整。

5. **薪酬结构设计**　健康类企业在考虑、设计分层分类、基于战略的薪酬构成及等级时，常需考虑以下多方面因素（职位层级，职位职系，职位员工的技能和资历，职位绩效等），设计关键是要首先根据职位评价的结果，将职位划分成不同的等级，再确定薪酬体系的起点、各等级薪酬幅度，再将每个薪酬等级划分为若干级别，并确定薪酬级差（相邻两个薪级间的差距）。

6. **调整基本薪酬**　当健康类企业首先建立起分层分类、基于战略的关键业绩指标体系和绩效管理系统并实施后，企业通常会根据员工的具体绩效考核结果来进行基本薪酬的调整，通常进行季度调薪、半年度调薪和年度调薪，而年度调薪是企业实施最普遍的方式。

（三）可变薪酬

可变薪酬，也称为激励薪酬、绩效薪酬，是指健康类企业以员工、团队、部门或者自身的工作绩效为依据而支付给员工个人的薪酬。通常可分为个人可变薪酬和团队可变薪酬两个部分。

Note

1. 个人可变薪酬 是指企业以员工个人的绩效表现为基础而支付的固定薪酬。通常有助于提高员工的工作绩效水平,不利于团队相互合作。具体可分为计件制、计时制、绩效工资。

(1) 计件制:是企业根据员工完成的生产成果及相关工资率来支付薪酬的方法。通常使用非常广泛,计算公式为 $E=N\times R$,E 为企业支付薪酬,N 为员工完成的生产结果数量,R 为工资率。特点是计量方法简单,激励作用比较大,鼓励数量,质量要求较少,易受影响。

(2) 计时制:是企业根据员工完成的工作时间数量来支付薪酬的方法。计算公式为 $E=N\times T$,E 为企业支付薪酬,N 为员工完成的工作时间数量,T 为标准工作时间。特点是测量简单,实施方便,鼓励出勤,易导致“出工不出力”的现象。

(3) 绩效工资:是指企业以员工的绩效评价结果来支付薪酬的方法,通常在很难用计件制、计时制来计算工作成果时使用。具体方式包括绩效调薪(根据员工的绩效评价结果来增加或减少其基本薪酬),绩效奖金(根据员工的绩效评价结果来发放一次性奖金)等。

2. 团队可变薪酬 是指企业以员工所在团队或企业自身的绩效为依据来支付薪酬。使员工更加关注团队和企业的整体绩效,但容易出现“搭便车”现象。具体可分为利润分享计划、收益分享计划,员工持股计划。

(1) 利润分享计划:包括三种方式,①以企业获得的总体利润为基数,将总利润的一定比例分享给员工,如规定将当年企业总利润的 10%来奖励员工;②采用企业超额利润分享的方法,即设定当年企业总利润的一个具体数值目标(如 800 万),将超过数值目标利润的部分的一定比例(30%)来奖励员工;③采用累进分享比例的方法,即规定若干个利润段,在不同的利润段采用不同的分享比例。

(2) 收益分享计划:包括三种方式,斯坎伦计划、拉克计划、分享生产率计划。

(3) 员工持股计划:包括股票期权、延期支付计划、限制性股票、股票增值权、业绩股票等。

二、福利管理

(一)福利定义

福利是指健康类企业为提高员工的满意度,向员工及其家属提供的除工资、奖金之外的各种保障计划、补贴、服务以及实物报酬总称。福利通常可采取实物或延期支付的形式,具有定期发放、集体和平等的特点。福利具备很多功能,从员工角度来说,可增加员工收入,享受更多的优惠,满足员工的平等感、归属感等多样化的需求,对卫生健康人才的家庭生活、退休后的生活质量有较好保障。从健康类企业角度来说,可吸引和保留优秀的卫生健康人才,形成和谐、正面的企业文化,同时还可享受国家的优惠税收政策等。

(二)福利体系及内容

在现实生活中,福利种类通常可分为法定福利、企业自主福利等。法定福利,是指按国家法律法规所明确的个人可享受的福利,包括基本养老保险、基本医疗保险、失业保险、工伤保险、生育保险、住房公积金、公休假日、法定休假日、带薪休假。企业自主福利是指企业根据自身情况向员工所提供的福利,包括企业补充养老金,团体人寿保险计划,健康医疗保险计划,假期,退休计划,家庭服务项目等。

第六节 员工关系管理

一、员工关系管理概述

员工关系管理是指健康类企业管理者通过多种管理方式和方法、手段调节管理者与员工、员工之间的相互联系和影响,使其获得较好的工作绩效,从而实现企业战略目标的过程。

员工关系管理内容通常包含劳动关系管理(员工上岗、离岗面谈及手续办理,处理员工申诉、人事纠纷和意外事件)、员工人际关系管理(帮助、引导员工建立良好的工作关系,创建融洽的人际关系环境),员工沟通管理(保证企业有较为畅通的沟通渠道,引导管理者、员工及时沟通)、员工纪律管理(引导员工遵守公司的各项规章制度、劳动纪律,提高其组织纪律性等。在现实中,劳动关系管理是健康类企业开展员工关系管理的重点环节之一。

二、劳动关系管理

(一)劳动关系定义

劳动关系是指用人单位与劳动者依法签订劳动合同,接受用人单位的管理,从事用人单位安排的工作,成为用人单位的成员,从用人单位领取劳动报酬和受劳动保护产生的法律关系,包括企业所有者、企业管理者、工会、员工之间的关系。

劳动关系通常由三要素组成,包括内容(主客体双方依法享有的权利承担的义务)、主体(劳动关系参与者)、客体(劳动关系包含的内容,如规定的时间、纪律、报酬等)。

劳动合同是指用人单位与劳动者确立劳动关系、明确双方权利和义务的协议。《中华人民共和国劳动合同法》第十七条明确规定:劳动合同应当具备以下条款:①用人单位的名称、住所和法定代表人或者主要负责人;②劳动者的姓名、住址和居民身份证或其他有效身份证件号码;③劳动合同期限;④工作内容和工作地点;⑤工作时间和休息休假;⑥劳动报酬;⑦社会保险;⑧劳动保护、劳动条件和职业危害防护等。

劳动合同管理的程序包括劳动合同的订立、履行、变更、解除、终止、续订等环节。

(二)劳动争议及其处理程序

劳动争议,根据我国《企业劳动争议处理条例》有关规定,是指劳动者与自身所在用人单位之间因劳动关系中的权利义务而发生的纠纷。

劳动争议不仅在各行各业中时有发生,而且在健康类企业中也较为常见。因此,处理好劳动争议,较好处理劳动者与用人单位的各自利益,既是企业人力资源管理的重要环节,也是健康类企业快速发展的客观需要。通常,劳动争议处理按相关原则来进行:①依法依规公正处理;②调查清楚,以事实为依据;③注重调解手段;④注重时效性;⑤注重平等性。

劳动争议的具体处理程序,通常包括四个环节。

1. 协商 以双方自愿为前提,由劳动者及用人单位双方当事人自行协调、商量,分清责任,达成和解协议。

2. 调解 通常由企业内部第三方(如调解委员会等)来调解双方纠纷,达成和解协议。

3. 仲裁 由企业之外的固定第三方,担任仲裁委员会,来调解、裁定双方纠纷,具有法律约束力。

4. 诉讼 是指当事人对仲裁结果不满,依法向法院起诉,最终由法院来对双方纠纷进行依法依规的审理、裁决。

劳动争议具体涉及的范围,根据相关法律规定及现实情况,可将其分为以下几类:因确认劳动关系发生的争议;因订立、履行、变更、解除和终止劳动合同发生的争议;因除名、辞退和辞职、离职发生的争议;因工作时间、休息休假、社会保险、福利、培训以及劳动保护发生的争议;因劳动报酬、工伤医疗费、经济补偿或者赔偿金等发生的争议;法律、法规规定的其他劳动争议。

为保护我国劳动人民的合法权益,我国政府已陆续出台系列相关法律、法规,包括《中华人民共和国劳动法》《中华人民共和国安全生产法》《社会保险费征缴条例》《中华人民共和国工伤条例》《中华人民共和国企业劳动争议处理条例》等。

(三)离职管理

员工离职管理是指健康类企业管理者对员工离开企业及工作岗位进行管理的过程。员工离职通常包括自然离职(如退休、工伤、死亡等)、自愿离职(如辞职、自动离职等)、非自愿离职(如解雇、开除等)等情况。

对自愿离职员工管理,健康类企业通常可采取以下步骤:一是分析原因;二是查找组织层面因素;三是改进政策;四是效果评估。

对非自愿离职员工管理(即裁员管理),健康类企业通常采取以下步骤。

1. **裁员计划** 明确企业战略及目标,制订计划,制订沟通策略,建立裁员小组,制订裁员工作时间表。

2. **裁员筛查** 制订筛选标准,确定应保留员工名单,确定裁员对象,沟通并定最后裁员名单。

3. **裁员实施** 面谈沟通,确定遣散费用方案,与保留员工沟通并安抚。

4. **裁员评估** 评估裁员计划效果及进度,了解员工(情绪)状况,评价裁员名单科学性、合理性。

本章小结

人力资源管理是指为了实现个人、社会和企业的利益和目标,管理者对人力这一特殊的资源进行管理时所采用的一系列活动及过程的集成,包括战略规划、招聘录用、培训开发、绩效管理、薪酬管理、员工关系管理等。

职位分析常采用定性工作分析技术(访谈法、观察法以及工作日志法)、定量工作分析技术(职位分析问卷法)等。人力资源战略规划包括统计目前企业人力资源需求与供给之间的差距结果,描述需求以及总体配置框架,初步预测在战略规划期内人力资源的投资预算。

招聘中包括两个最重要环节——招募、甄选。招募可分为内部招募和外部招募,企业在实际工作中会单独或综合使用这两种方式。甄选程序包括:评价申请表和简历,选拔测试,面试,审核应聘者材料的真实性,体检,试用期考察,录用等环节。培训与开发过程包括4个环节:培训需求分析、培训计划制订、培训活动组织实施以及培训效果评估等。

绩效管理包括4个步骤:绩效计划、绩效监控、绩效评价、绩效反馈。薪酬可分为经济性报酬、非经济性报酬。基本薪酬设计包括职位分析、职位评价、薪酬调查、建立薪酬曲线、薪酬结构设计、调整基本薪酬。劳动争议包括4个环节:协商、调解、仲裁、诉讼。

(曹维明)

思考题

1. 什么是人力资源管理?职位分析包含哪些内容?
2. 什么是绩效管理?设计该体系包括哪些操作环节?
3. 什么是薪酬管理?薪酬体系包括哪些部分?

第九章 健康企业财务管理

本章要点

1. **掌握** 健康企业的主要财务报表分析方法。
2. **熟悉** 健康企业财务管理的特征和现实问题。
3. **了解** 健康企业的财务管理实务操作。

导入案例

MJK 获评"中国大健康产业最具投资价值企业"

作为中国经济新亮点，大健康产业具有巨大的发展潜力。2014 年以来，A 股公司陆续披露了 131 起医药医疗并购或投资的公告，其中高端医疗器械、专科连锁医院及移动医疗三大领域最受青睐；从产品分布来看，肿瘤药物、心血管疾病药物、糖尿病药物、肝病治疗药物、保健品等是热门并购领域。截至 2019 年 9 月，在健康中国概念板块中，生物医药白马股 CCGX，股价突破 400 元；PZH 的股票价格超过百元，YNBY 也达到了 70 元以上。2018 年第三届中国大健康产业升级峰会在京举办，"2018 年中国大健康产业最具投资价值企业 TOP10"榜单也在此次峰会上正式出炉，MJK（北京 MYJ 信息技术有限公司）凭借在健康管理领域的突出表现入选榜单。

MJK 是一家以健康行为大数据和人工智能为基础的健康科技公司，拥有国内最大的健康数据及服务开放式平台，已接入智能手环、血压仪、血糖仪、体脂称等 28 个品类超过 300 款智能穿戴设备的数据；独创了国内首个通过国家权威认可，以数值的方式来评定个人健康的综合型指数；将健康管理与体检、保险、寻医问药、游戏化运营等进行跨界融合打造出的"企业员工健康管理平台"，已为超过 4 000 万用户提供健康管理服务。到 2019 年 4 月，MJK 已完成近 5 亿元的 C 轮融资，将继续围绕核心业务加速产品研发及客户拓展，建设以高频健康管理场景为核心的"健、医、药、保"服务闭环，打造移动健康管理第一品牌。

第一节 健康企业财务管理概述

一、健康企业财务管理内涵

（一）企业财务管理概述

财务管理（financial management）是基于企业再生产过程中客观存在的财务活动和财务关系而产生的，它是利用价值形式对企业再生产过程进行的管理，是组织财务活动、处理财务关系的一项综合性管理工作。

财务活动(financial activities)指企业再生产过程中的资金运动,即筹集、运用和分配资金的活动。企业的财务活动是企业再生产过程中周而复始、循环往复的资金运动,从购买生产要素开始,到投入生产过程,生产出中间产品和最终产品,再进入销售过程,最后取得销售收入和利润;然后进行质或量的扩张,进入下一个再生产过程。这是一个资本不断运动变化的过程。资本是企业财务活动的基本要素,资本的运动过程,决定了企业财务活动的内容。(图 9-1)

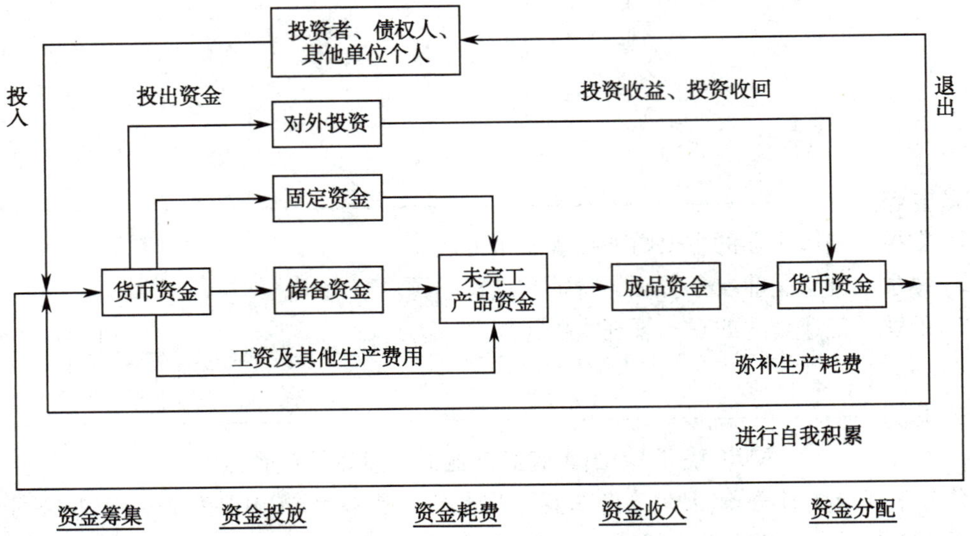

图 9-1 财务活动的内容

财务关系(financial relationship)包括企业和所有者之间的财务关系,企业和债权人、债务人之间的财务关系,企业和被投资单位之间的财务关系,企业和税务机关及行政部门之间的财务关系,企业各部门和各级单位之间的财务关系。

(二)健康企业财务管理的内涵

财务管理理论是随着经济和社会的发展而发展变化的,从最初的定性管理,逐渐演变为使用数字模型量化管理。在一些其他学科,如统计和运筹学应用到财务管理后,从单纯的数字分析逐渐演变成定性加定量分析,数字与实际问题相结合的模型理论,从简单的融资,投资,分配到利用各种金融衍生工具进行筹资、投资。此外,国际融资和投资的也开辟了更广阔的空间,让财务管理理论往国际化的方向拓展。总之,这些变化表明,财务管理的理念是随着经济和社会的发展而不断创新的,已经成为企业业务发展的重要组成部分。

健康企业财务管理是处理健康企业财务活动及财务关系等一系列工作的总称。主要内容可以概括为:财务分析和财务规划,筹资管理,投资管理,运营资产管理,收入和分配管理,以及并购,重组;破产企业清算,跨国经营等等。健康企业财务管理的内涵有两个基本出发点:一个出发点是要解决财务管理工作所面临的共性问题,也就是说,如何将普遍的金融理论和管理工具,应用于健康企业的筹资,投资活动和股利分配活动,解决企业资金的时间价值、风险和收益之间的关系问题;另一个出发点是基于健康企业财务工作的特殊性,如健康服务运作操作流程或者企业的财务报告来对健康企业的财务活动及财务关系进行管理。

本章以当前健康企业财务管理中的新问题和热点为重点,跟踪健康产业相关财经法律制度的最新进展,使之能更好地反映相关企业的特点和财务特征。以"财务管理是基于财务报告的分析、控制和决策等财务活动"这一主题思想为前提,着重介绍健康企业的资产负债表、利润表、现金流量表及其要素,并适当加以延伸,重点突出了规划、预测、分析、管理和控制等功能。

二、健康企业财务管理的特点

近年来，健康产业获得了社会的高度重视。作为满足大众的多个健康服务需求的经济组织，健康企业具有多样性，复杂性，系统性，技术含量高等特征。总体而言，健康企业的财务管理工作有以下几大特点。

（一）资金容量大，规模持续增长

据估计，到2020年，大健康产业规模将达到10万亿，到2030年将达到16万亿，而资本将成为产业不断做大的有力推手。各类大健康相关的产业基金纷纷成立。2015—2017年成立了108支健康产业基金，合计规模达到约1 682亿元。

（二）利润率高，但回报率低，融资困难

目前大健康产业的利润率在10%～30%，其中药品制造业的年平均销售利润率为10.11%（2010—2014年），医疗器械行业为10.61%（2010—2014年）。保健品年平均销售利润率为20.80%（2012—2014年）。虽然总体利润率高，但很多公立医院实际利润率只有6%。另一方面，私营医疗机构也存在盈利能力不足的问题。目前，在北京或上海建立医疗机构至少需要5年才能收回投资成本。对于追求高风险和高回报的私募股权公司或风险投资来说，这是一个不可接受的数字，导致健康企业特别是医疗机构的融资困难。

（三）综合性强

健康企业的财务管理人员必须了解和掌握现代经济学、金融学、会计学、统计学、管理学、健康服务与管理、公共卫生等相关知识和方法。从这个意义上说，健康企业的财务管理人员具有知识综合性强的特点。

（四）核心性

现代企业管理包括生产管理，技术管理，人力资源管理，财务管理，营销管理，资产管理，战略管理等诸多内容，其核心是资源配置和价值创造。钱从哪里来？钱都花到哪儿了？公司的最终目标是什么？如何少花钱多做？如何有效地使用资源？如何有效激励经理和员工？如何评估和衡量业务绩效？如何分享业务这些是业务经理必须注意的问题。即使是最好的公司，如果它们长期处于亏损状态，也不能说是一家好公司。无论管理有多好，如果公司的价值目标无法实现，股东的财富或公司价值不能增加，也不能说是有效的管理，从这个意义上说，财务管理是现代企业管理的核心。

（五）独特性

企业的综合能力取决于资产运营能力、盈利能力、企业偿债能力和发展能力的结合。常用指标包括流动比率、存货周转率、速动比率和总资产周转率。资产运营能力是任何企业最基本的要求，也是确保经济效益的重要前提。盈利能力是企业赚取利润的要求。计量指标包括销售净利润率和毛利率，资产利润率和股权利润率。公司偿付能力是公司在遇到意外困境时摆脱困境的能力，发展能力是反映企业利润可持续增长的能力。在进行财务分析时，有必要分析具体问题，做出针对每个企业的独特财务分析。

（六）不确定性和复杂性

世界充满了不确定性。由于信息不完全或信息不对称，以及委托代理关系的盛行，现代企业的财务管理决策将受到许多不确定因素影响。例如，改变商品和要素价格、利率和汇率政策制订者的偏好、竞争对手的策略变化、市场结构变化和市场需求波动性、国内和国际金融市场、宏观经济政策、技术创新和变化的调整、系统的变化等，都会对公司的财务管理活动和财务管理决策的重要影响。这些变量具有较大的不确定性或不可预测性，这使得企业的财务管理面临很大的不确定性，以及财务管理决策变得更加复杂。

三、健康企业财务管理面临的现实问题

（一）产业规模问题

随着国家对健康产业监管力度的加强，行业准入门槛提高，对硬件的投入大都导致投资成本相对较高。因此财务管理中应注重健康产业的规模经济，所谓规模经济是指产品的平均成本随着产量的增加而不断下降的情况。随着顾客群的不断扩大，健康产业规模经济效益才会显现。

（二）风险问题

众所周知，投资与风险同在，健康产业受经济形势、宏观政策、政局稳定、顾客消费观念和习惯变化等诸多外部因素影响较大。目前，健康产业关注的是社会长期需求，投资这一产业的消费者主要为 40 岁以上的人群，他们期望终身受益，因此产业的回报周期通常为十年甚至更长。同时，健康产业具有投入高、风险大、投资回报周期长的特点，这在一定程度上也加剧了行业的风险性。未来风险方面，从目前的市场调研来看，大健康产业初期通常处于亏损状态，债务违约风险很大，需要在实际评估服务作业中，注重大健康产业的反哺效应。大型集团公司一般通过房地产、娱乐、酒店等多业态经营来反哺大健康产业；或者大型集团公司打造出较为完善的健康产业链，如医药养生、大健康+物业的融合模式。

（三）销售及财务结算问题

1. **销售方面问题** 健康服务在销售环节具有极强的时间性，提供的服务不具备贮存性。比如：健康服务无法储存。如果今天没有销售出去，今天的价值就丧失了。销售部门积极拓展业务是健康服务企业业绩驱动的保障，但健康服务企业众多，竞争激烈，销售部门，竞争日益激烈的同时也增加了业务开拓的压力。因此，作为业绩驱动的保障因素之一，销售费用的管控显得尤为重要，一套全面、积极、合理、贴合本企业情况的销售推广业绩考核制度，需要在健康企业建立初期就制订好，并坚持持续完善。

2. **财务结算问题** 目前财务结算软件技术功能强大，能满足各行业核算需求。财务部门作为数据归集部门和系统使用部门，应熟悉各个系统的各项功能，企业要重视财务结算系统各部门数据接口衔接，做好各部门业务需求和财务管理需求的翻译对接工作。各部门要与财务部门、软件技术服务部门保持良好的沟通机制，积极反映部门结算技术需求，力争实现财务软件结算及时高效满足企业服务市场需求，部门系统数据及时、准确顺应财务管理的要求。

（四）财务人员问题

小企业财务部门可以只设出纳会计，大中企业财务岗位设置要划分会计、资金、成本费用、税务筹划等方向，做好授权分工，不兼容岗位分离。做好财务制度建设，并严格执行；避免人管人，实现制度管人。提高财务人员业务素质，增强转轨意识，提高理财工作积极性。财务人员要为各级领导提供会计信息，协调内部关系，这不仅要经常关注新的政策法规，拓展知识面，钻研业务，还要通过多种形式的培训，提高技能，增强转轨意识。合理保障财务人员薪资待遇，积极提供技能培训、专业资质提升条件，保证财务人员能够脚踏实地，长期稳定陪伴企业发展，不断提供专业、优质、热情的职业服务。

第二节 健康企业财务管理基础

一、资金时间价值的含义

资金在周转使用中由于时间因素而形成的差额价值，即资金在生产经营中带来的增值额，称为资金的时间价值（time value of money）。

资金时间价值的实质，是资金周转使用后的增值额。资金由资金使用者从资金所有者处筹

集来进行周转使用以后，资金所有者要分享一部分资金的增值额。资金时间价值可以用绝对数表示，也可以用相对数表示，即以利息额或利息率来表示。

二、一次性收付款项终值和现值的计算

（一）单利终值和现值的计算

1. **单利终值** 在单利（*simple interest*）方式下，本金能带来利息，利息必须在提出以后再以本金形式投入才能生利，否则不能生利。单利的终值（future value）就是本利和，是指若干期以后包括本金和利息在内的未来价值。单利终值的一般计算公式为：

$$FV_n = PV_0 \times (1+i \times n)$$

式中，FV_n 为终值，即第 n 年末的价值；PV_0 为现值，即 0 年（第 1 年初）的价值，i 为利率，n 为计算期数。

2. **单利现值** 现值（present value）就是以后年份收到或付出资金的现在价值，可用倒求本金的方法计算。由终值求现值，叫做折现（discount）。因此，单利现值的一般计算公式为：

$$PV_0 = FV_n \times \frac{1}{1+i \times n}$$

（二）复利终值和现值的计算

1. **复利终值** 在复利（compound interest）方式下，本能生利，利息在下期则转列为本金与原来的本金一起计息。复利的终值也是本利和。现在的 1 元钱，年利率 10%，从第 1 年到第 5 年，各年年末的终值可计算如下：

1 元 1 年后的终值 $=1\times(1+10\%)=1.1$（元）

1 元 2 年后的终值 $=1.1\times(1+10\%)=1\times(1+10\%)^2=1.21$（元）

1 元 3 年后的终值 $=1.21\times(1+10\%)=1\times(1+10\%)^3=1.331$（元）

1 元 4 年后的终值 $=1.331\times(1+10\%)=1\times(1+10\%)^4=1.464$（元）

1 元 5 年后的终值 $=1.464\times(1+10\%)=1\times(1+10\%)^5=1.611$（元）

因此，复利终值的一般计算公式为：

$$FV_n = PV_0 \times (1+i)^n$$

式中，FV_n 为终值，即第 n 年末的价值；PV_0 为现值，即 0 年（第 1 年初）的价值，i 为利率；n 为计息期数。

2. **复利现值** 复利现值也是以后年份收到或付出资金的现在价值。若年利率为 10%，从第 1 年到第 5 年，各年年末的 1 元钱，其现值可计算如下：

1 年后 1 元的现值 $=1\div(1+10\%)^1=1\div1.1=0.909$（元）

2 年后 1 元的现值 $=1\div(1+10\%)^2=1\div1.21=0.826$（元）

3 年后 1 元的现值 $=1\div(1+10\%)^3=1\div1.331=0.751$（元）

4 年后 1 元的现值 $=1\div(1+10\%)^4=1\div1.464=0.683$（元）

5 年后 1 元的现值 $=1\div(1+10\%)^5=1\div1.611=0.621$（元）

因此，复利现值的一般计算公式为：

$$PV_0 = FV_n \times \frac{1}{(1+i)^n}$$

上列公式中的 $(1+i)^n$ 和 $\frac{1}{(1+i)^n}$，分别称为复利终值系数（future value interest factor）和复利现

值系数(present value interest factor)。其简略表示形式分别为 $FVIF_{i,n}$ 和 $PVUF_{i,n}$。在实际工作中，其数值可以查阅按不同利率和时期编成的复利终值系数表和复利现值系数表。以上两个公式，可分别改写为

$$FV_n = PV_0 \cdot FVIF_{i,n}$$
$$PV_0 = FV_n \cdot PVIF_{i,n}$$

(三)年金终值和现值的计算

1. **年金(annuity)** 是指一定期间内每期相等金额的收付款项。折旧、租金、利息、保险金、养老金等通常都是采取年金的形式。年金的每次收付发生的时间各有不同;每期期末收款、付款的年金,称为后付年金,即普通年金(ordinary annuity);每期期初收款、付款的年金,称为先付年金(annuity due),称即付年金;距今若干期以后发生的每期期末收款、付款的年金,称为递延年金(deferred annuity);无限期连续收款、付款的年金,称为永续年金(perpetual annuity)。

2. **后付年金终值和现值的计算** 后付年金是指一定时期每期期末等额的收付款项。由于在经济活动中的后付年金最为常见,故又称普通年金。后付年金终值(已知年金 A,求年金终值 FVA)犹如零存整取的本利和,它是一定时期内每期期末收付款项的复利终值这和。每年存款 1 元,年利率 10%,经过 5 年,年金终值可表示如图 9-2 所示。

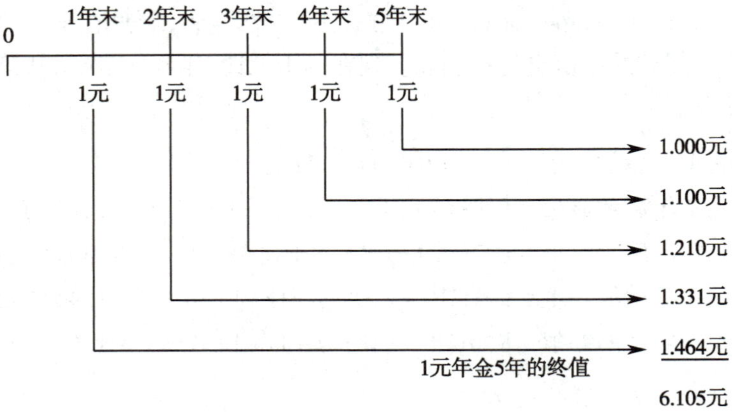

图 9-2 后付年金终值计算示意图

图 9-2 可称为计算资金时间价值的时间序列图,计算复利终值也可以利用这种时间序列图。绘制时间序列图可以帮助我们理解各种现金流量终值和现值和关系。

上例逐年的终值和年金终值,可计算如下:

1 元 1 年的终值 = 1.000(元)

1 元 2 年的终值 = $1\times(1+10\%)^1$ = 1.100(元)

1 元 3 年的终值 = $1\times(1+10\%)^2$ = 1.210(元)

1 元 4 年的终值 = $1\times(1+10\%)^3$ = 1.331(元)

1 元 5 年的终值 = $1\times(1+10\%)^4$ = 1.464(元)

1 元年金 5 年的终值 = 6.105(元)因此,年金终值的一般计算公式为:

$$FVA_n = A\sum_{t=1}^{n}(1+i)^{t-1}$$

式中,FVAn 为年金终值,A 为每次收付款项的金额;i_t 为利率;t 为每笔收付款项的计息期数;n 为全部年金的计息期数。

以上公式中 $\sum_{t=1}^{n}(1+i)^{t-1}$ 称为年金终值系数(future value interest factors for annuity),其简略表示形式为 $FVIFA_{i,n}$。

后付年金的终值系数的数值,可以查阅年金终值系数表。后付年金终值系数可按以下公式计算:

$$FVIFA_{i,n}=\frac{(1+i)^{n}-1}{i}$$

上例逐年的现值和年金现值,可计算如下:

$$1\text{ 年 1 元的现值}=1/(1+10\%)^{1}=0.909(\text{元})$$
$$2\text{ 年 1 元的现值}=1/(1+10\%)^{2}=0.826(\text{元})$$
$$3\text{ 年 1 元的现值}=1/(1+10\%)^{3}=0.751(\text{元})$$
$$4\text{ 年 1 元的现值}=1/(1+10\%)^{4}=0.683(\text{元})$$
$$5\text{ 年 1 元的现值}=1/(1+10\%)^{5}=0.621(\text{元})$$

因此,年金现值的一般计算公式为: $PVA_0=A\sum_{t=1}^{n}\frac{1}{(1+i)^{t}}$

三、资金风险价值

资金时间价值是在没有风险和通货膨胀下的投资收益率,没有涉及风险问题。但是在财务活动中风险是客观存在的,所以,还必须考虑企业冒着风险投资时能否获得额外收益的问题。资金风险价值(risk value of investment)就是指投资者由于冒着风险进行投资而获得的超过资金时间价值的额外收益,又称投资风险价值、投资风险收益。

1. 确定性投资决策和风险性投资决策

(1) 确定性投资决策:指未来情况能够确定或已知的投资决策。

(2) 风险性投资决策:指未来情况不能完全确定,但各种情况发生的可能性——概率为已知的投资决策。

(3) 不确定性投资决策:指未来情况不仅不能完全确定,而且各种情况发生的可能性也不清楚的投资决策。

2. 资金风险价值的表示方法　资风险价值也有两种表示方法:风险收益额和风险收益率。投资者由于冒风险进行投资而获得的超过资金时间价值的额外收益,称为风险收益额;风险收益额对于投资额的比率,则称为风险收益率。在实际工作中,对两者并不严格区分,通常以相对数——风险收益率进行计量。在不考虑物价变动的情况下,投资收益率(即投资收益额对于投资额的比率)包括两部分:一部分是资金时间价值,它是不经受投资风险而得到的价值,即无风险投资收益率;另一部分是风险价值,即风险投资收益率。其关系是投资收益率=无风险投资收益率+风险投资收益率。

3. 风险与收益的权衡　风险意味着有可能出现与人们取得收益的愿望相背离的结果。

第三节　健康企业财务报表分析

一、财务报表概念及构成

财务报表分析的概念有狭义和广义之分。狭义的财务报表分析是指以企业财务报表为主要依据,有重点、有针对性地对有关项目及其质量加以分析和考察,对企业的财务状况、经营结果进行评价和剖析，以反映企业在运营过程中的利弊得失、财务状况和发展趋势，为报表使用者的经济决策提供重要信息支持的一种分析活动。广义的财务报表分析是在此基础上还包括公司概况分析、企业优势分析、企业发展前景分析以及证券市场分析等。财务报表是对企业财务状况、经营成果和现金流量的结构性表述，其组成和适用范围财务报表至少应当包括资产负债表、利润表、现金流量表、所有者权益（或股东权益，下同）变动表和附注。资产负债表是反映企业在某一特定日期的财务状况的财务报表。利润表是反映企业在一定会计期间的经营成果的财务报表。现金流量表是反映企业在一定会计期间的现金和现金等价物流入和流出的财务报表。所有者权益变动表是反映构成所有者权益的各组成部分当期的增减变动情况的财务报表。附注是对在资产负债表、利润表、现金流量表和所有者权益变动表等报表中列示项目的文字描述或明细资料，以及对未能在这些报表中列示项目的说明等。财务报表上述组成部分具有同等的重要程度。

二、财务报表分析方法

常见的财务报表分析的方法包括以下几种（图 9-3）。

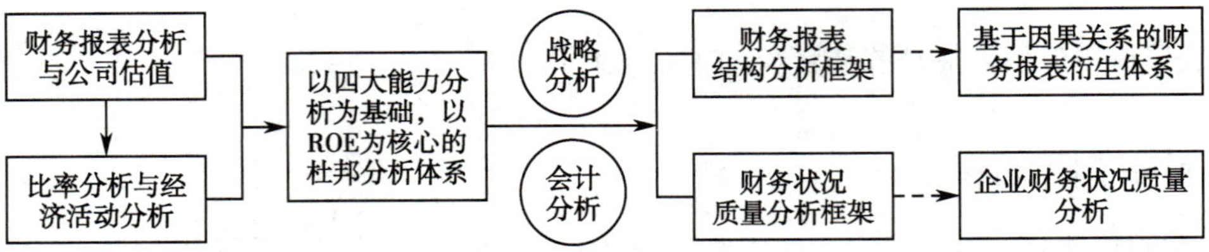

图 9-3 财务报表分析方法体系的演进

1. **结构分析法** 又称为垂直分析法、纵向分析法、共同比分析法。它是以财务报表中某个总体指标为 100%，再计算出其各组成项目占总体指标的百分比，来比较各个项目百分比的增减变动，揭示各个项目的相对地位和总体结构关系，判断有关财务活动的变化趋势。

2. **趋势分析法** 又称为水平分析法、横向分析法。它是将连续两期或连续数期的财务报表中相同指标进行对比，确定其增减变动的方向、数额和幅度，以说明企业财务状况和经营成果的变动趋势的一种方法。采用这种方法时，确定基数是至关重要的，通常有两种：固定基期和移动基期。趋势分析的目的在于决定引起财务和经营变动的主要项目、变动趋势的性质是否有利、预测将来的发展趋势。

3. **比率分析法** 把某些彼此存在关联的项目加以对比，计算出比率，据以确定经济活动变动程度的分析方法。由于比率是相对数，采用这种方法，能够把某些条件下的不可比指标变成可以比较的指标，将复杂的财务信息加以简化，以利于进行分析。它还揭示了报告内各有关项目（有时还包括表外项目）之间的相关性，实际上产生了许多新的、更为有用的信息。

4. **比较分析法** 通过比较不同的数据，发现规律性的东西并找出预备比较对象差别的一种分析法。用于比较的可以是绝对数，也可以是相对数，其主要作用在于揭示指标间客观存在的差距，并为进一步分析指出方向。比较形式可以是本期实际与计划或定额指标的比较，本期实际与以前各期的比较，可以了解企业经济活动的变动情况和变动趋势；也可以将企业相关项目和指标与国内外同行业进行比较。

5. **项目质量分析法** 对财务报表的各项目组成金额、性质的分析，还原企业对应的实际经营活动和理财活动，并根据各项目自身特征和管理要求，在结合企业具体经营环境和经营战略的基础上对各项目的具体质量进行评价，进而对企业的整体财务状况质量做出判断。这种方法下，财务报表分析可以包括资产质量分析、资本结构质量分析、利润质量分析以及现金流量质量分析，最终上升到财务状况整体质量分析。

三、公司财务报表分析

（一）公司背景及财务报表摘要

从图 9-4 中可以看到，自 2013 年以来某公司资产规模总体呈上升的趋势。从规模上看，2018 年固定资产较 2013 年增加了约 24 亿 2 761 万元，而营业务收入增长了 11 倍多。可见，固定资产的增长是有效的。2017 年 6 月 30 日至 2018 年 6 月 30 日，公司并购加自建增加了 53.5 亿的经营性资产。固定资产增加约 12 亿，一部分可能为自己投资建设后转为的固定资产，一部分为收购后获得的固定资产。经营资产（营运资本+长期经营资产）占比为 72%。从经营资产的占比来看，长期经营资产（87%）则远高于营运资本（13%），这也说明 MNJK 并非轻资产运营，而属于典型的重资产模式，这也间接地说明了其固定成本，比如说折旧与摊销、租金、人员工资等开支相对较高，从而导致企业的经营杠杆较高。因此如果营业收入出现小幅下降，利润则可能大幅下滑。公司近五年的营业收入一直呈上升趋势，但 2014 年相较于 2013 年却呈下降趋势，2015 年后都呈现上升趋势，截至 2018 年底，在比较相对应的现金流量表之后发现，其经营活动现金净流入为 12.4 亿元。可以看到公司经营活动现金净流入是超出其息前税后经营利润的。也就是说，公司息前税后利润是有足够现金支持的，具有很高的现金含量。

根据图 9-5 所示，截至 2019 年 6 月 30 号，公司息前税后资产总额的收益率为 8%，较去年同期下降 1 个百分点，根据其他相关资料可以发现，相比于 2017 年同期，资产的周转率大幅下降

报告日期	2018-12-31	2017-12-31	2016-12-31	2015-12-31	2014-12-31	2013-12-31
利润表摘要						
营业收入/万元	845 845	623 305	308 186	210 148	[illegible]9 601	75 870
营业成本/万元	443 554	330 584	159 310	109 380	[illegible]5 638	62 426
营业利润/万元	129 686	90 384	49 696	35 766	6 823	-1 843
利润总额/万元	128 347	90 158	49 897	35 889	6 772	-1 925
所得税费用/万元	31 068	20 726	12 046	7 273	2 263	2 591
净利润/万元	97 279	69 433	37 852	28 616	4 509	-4 517
基本每股收益	0.26	0.24	0.14	0.25	0.22	-0.03
资产负债表摘要						
货币资金/万元	249 444	236 647	110 144	110 574	[illegible]7 230	31 846
应收账款/万元	196 949	140 644	86 677	53 758	5 599	6 355
存货/万元	12 651	8 312	4 518	2 466	6 393	6 251
流动资产合计/万元	580 640	458 966	237 060	190 111	54 546	46 734
固定资产净额/万元	256 214	180 873	93 719	62 427	[illegible]0 935	13 453
资产总计/万元	1 635 457	1 247 947	598 962	448 095	68 360	75 997
流动负债合计/万元	665 397	446 527	209 776	111 643	[illegible]9 586	29 321
非流动负债合计/万元	240 493	111 133	30 793	12 299	3 963	3 995
负债合计/万元	905 890	557 660	240 569	123 942	23 549	33 316
所有者权益(或股东权益)合计/万元	729 567	690 287	358 392	324 153	44 811	42 682
现金流量表摘要						
期初现金及现金等价物余额/万元	239 012	137 704	110 485	57 680	29 446	31 184
经营活动产生的现金流量净额/万元	153 861	144 453	70 708	32 984	2 985	2 616
投资活动产生的现金流量净额/万元	-278 093	-201 395	-116 132	-156 895	-2 499	-10 487
筹资活动产生的现金流量净额/万元	124 181	155 886	45 082	176 717	-13 072	6 974
现金及现金等价物净增加额/万元	11	98 943	-342	52 805	-12 466	-1 739
期末现金及现金等价物余额/万元	239 022	236 647	110 144	110 485	16 980	29 446

图 9-4　某健康管理公司财务报表摘要（按年度）

科目\年度	2019-06-30	2019-03-31	2018-12-31	2018-09-30	2018-06-30	2018-03-31
成长能力指标						
净利润/元	1 683.78万	-1.18亿	8.21亿	4.14亿	1.59亿	-1.11亿
净利润同比增长率	-89.40%	-6.45%	40.53%	68.18%	944.47%	21.45%
扣非净利润/元	-1.36亿	-2.71亿	7.11亿	3.43亿	1.01亿	-9 862.59万
扣非净利润同比增长率	-235.06%	-174.28%	33.55%	92.30%	530.51%	7.61%
营业总收入/元	36.41亿	12.79亿	84.58亿	58.19亿	35.38亿	12.27亿
营业总收入同比增长率	2.93%	4.21%	34.64%	43.04%	57.42%	65.00%
每股指标						
基本每股收益/元	0.0100	-0.0400	0.2600	0.1300	0.0500	-0.0400
每股净资产/元	1.98	2.06	2.10	2.02	2.05	2.46
每股资本公积金/元	0.39	0.43	0.43	0.44	0.54	0.91
每股未分配利润/元	0.64	0.64	0.68	0.56	0.49	0.54
每股经营现金流/元	-0.19	-0.18	0.49	0.03	-0.08	-0.06
盈利能力指标						
销售毛利率	35.62%	20.32%	47.56%	46.34%	44.70%	32.70%
销售净利率	1.23%	-10.59%	11.50%	8.58%	6.34%	-8.12%
净资产收益率	0.26%	-1.82%	13.54%	6.63%	2.59%	-1.53%
净资产收益率-摊薄	0.27%	-1.84%	12.50%	6.58%	2.65%	-1.54%
运营能力指标						
营业周期/d	112.35	150.21	80.35	98.16	96.47	106.05
存货周转率/次	19.26	8.28	42.32	31.31	21.11	10.14
存货周转天数/d	9.35	10.86	8.51	8.62	8.53	8.87
应收账款周转天数/d	103.00	139.34	71.84	89.54	87.94	97.17
偿债能力指标						
流动比率	0.85	0.83	0.87	0.88	0.87	1.14
速动比率	0.69	0.67	0.73	0.68	0.68	1.01
保守速动比率	0.69	0.67	0.73	0.68	0.68	1.01
产权比率	1.69	1.48	1.38	1.31	1.21	0.93
资产负债比率	60.06%	57.24%	55.39%	54.31%	52.83%	46.63%

图 9-5 某健康管理公司财务报表摘要（按报告期）

（从 98%下降到 60%）。公司经营资产的周转率从 2017 年 6 月 30 日的 201%下跌到 2019 年同期的 83%。而息前税后经营利润率（10%）则变化不大，较去年同期（11%）下降一个百分点。公司的固定资产平均周转率为 341%，大幅落后于 2017 年同期的 580%，也低于去年同期的 443%，固定资产周转率的逐年走低，有可能是短时间固定资产的大幅增加（由于并购），还无法立刻产生应有的经济效益，另外一个原因就是公司的管理层对已有固定资产的使用效率大幅下滑，一般来说，营业周期和现金周期越短，其管理效率就越高。

（二）综合评价

通过以上分析对该公司有了一个比较详细的了解，但是单独的分析任何一类财务指标，都不足以全面评价企业财务状况和经营效果，只有对各种财务指标进行综合、系统的分析，才能对企业的财务状况做出全面合理的评价。因此需要借助杜邦分析系统，利用企业偿债能力、营运能力、获利能力各指标之间的相互关系，对该企业的情况进行综合分析。

截至 2019 年 6 月 30 日，公司的流动比率为 0.85。从过去三年的走势来看，净资产收益率为 11%，低于去年同期的 12%，以及 2017 年同期的 15%。这主要是因为资产周转率大幅下降所致。

权益乘数的上升意味着公司财务杠杆的增加。但是大幅举债并没有对股东的收益率产生杠杆作用。这或许说明公司的息前税后资产收益率(8%)可能已经不能覆盖其税后债务成本。公司无论在流动比率和速动比率都是下降的,尽管截至2019年6月30日的速动比率较去年同期稍微提升,还是可以得出资金流动性在迅速减弱的结论。截至2019年6月30号,该公司的产权比率为1.04,而企业标准的产权比率为0.5左右。公司有16亿的长期借款,另外其短期借款、应付利息以及一年内到期的非流动负债高达38.3亿。如果这些短期借款去支持其长期的资金需求的话,则有短债长投的嫌疑。

第四节 健康企业筹资及投资管理

企业为了开展业务筹集到的资金是开展财务活动的先决条件。现代市场经济中由对资金需求量的大规模增加,仅仅依靠自有资金的积累,难以满足要求。大量的投资活动需要依靠融资,关系到企业财务活动的效率与成败。本节将讨论资金筹集的基础知识和理论。

一、资金筹集的原则

金融市场是指以金融资产为交易对象而形成的供求关系及其机制的总和,金融市场具有聚敛配置调节反映功能。资金筹集要坚持科学的原则,才能取得良好的效果。

二、资金筹集的渠道

筹资渠道是指筹措资金来源的方向与通道,它体现着资金的来源与流向。我国实行经济体制改革以来,国民经济资金持有的形式和拥有量的分布已经发生了巨大变化,企业、部门、事业单位及个人拥有了更多的闲置资金,可供利用的储蓄存款显著增加。外资的大量涌入,也为企业筹措资金提供了众多的渠道。筹资渠道发展过程中,所采取的“国家、地方、部门、信贷、集体、个人、外资与内资一起上”的方针充分体现了筹资渠道的多元化。

三、资金筹集方式

资金筹集的方式是指企业取得资金的具体形式,选择什么样的筹资方式.首先应了解这些筹资方式的特点和适用性。需求按时间长短的不同一般可以分为两类。一类是临时性资金需求,这类资金需求时间不稳定,需要占用的时间较短,通常在一年以内或超过一年的一个营业周期以内,可以通过短期融资方式取得资金去满足。另一类是长期性资金需求,这类资金需求占用的时间较长,期限在一年以上或超过一年的一个营业周期以上必须通过长期融资方式去满足。

四、企业投资运营

包括企业投资机会、投资方向、投资方式、投资规模、投资组合、投资结构的选择和调整以及企业投资效益的评价等问题。投资时机是主客观条件相互作用的结果,从主观思想认识和客观条件两个方面入手。投资方向要从地区市场、产业政策、产品市场、竞争、经济增长率等诸因素入手,寻找其中的内在联系,抓住主导因素的变化。从整体上讲,在投资收益上,实物投资一般能获得投资利益,而金融资产不仅可以获得投资利益,还可以获得资本利得即金融工具的卖价和买价之差。与此相应,不同的投资方式也对应着不同的市场风险,企业在进行投资方式选择时,要权衡不同投资方式的收益和风险,尽量使投资目标得以实现。

(一)投资决策程序及影响因素

投资决策过程包括了确定投资目标、拟订投资方案、分析备选方案、选择方案、实施方案、评价决策效果等阶段的工作内容。在投资方案的选择过程中,投资决策者要考虑投资收益、投资风险、投资约束和投资弹性等多种因素的影响。投资应考虑的因素主要包括投资收益、投资风险、投资约束和投资弹性(投资弹性系数,即当年投资增长速度与当年GDP增长速度之比。投资弹性系数越高,说明投资对国民经济增长的贡献率越大,是影响国民经济增长的主要因素)等。

(二)投资决策的方法

就一般意义上讲有两种,一是经验决策,二是科学决策。

1. **经验决策** 经验决策主要依靠决策者个人的经验、智慧、胆识和预感进行决策。经验决策适应于简单的小规模的投资决策。随着科学技术的进步、人类社会经济的发展、投资活动范围及规模的扩大与投资运动过程的日益复杂,健康企业投资仅仅通过经验决策是不够的,必须以科学的决策方法取代经验决策。

2. **科学决策** 科学决策是相对于经验决策而言的决策方法,它适用于日益复杂的投资运动过程。科学决策方法包括数学决策方法和非数学决策方法,也就是定性和定量两种决策方法。在这里值得强调的是,定量分析的数学决策方法是有限的,它永远不可能代替人的作用。也就是说,人的判断是无法替代的,是不能用数学方法描述的。非数学的决策方法主要有头脑风暴法、名义群体法、德尔菲法以及电子会议法等等。企业决策者的心理、人格、知识差异等会导致对非数学决策方法做不同的选择。因此,企业投资决策过程中,应采用定性和定量相结合的方法。

(三)投资方式

1. **投资方式** 是指将资金投入具有不同存在形态的投资对象。由于投资对象的不同,投资方式也千差万别。每个企业在进行投资活动时,都需要了解每一种投资方式的特点,并根据投资的目的和自身的条件选择最佳的投资方式,实现投资回报的最大化。投资方式尽管千差万别,但一般可以分为实物投资和金融投资两大类。实物投资就是指购买或持有某种有形的实物资产,如土地、机器设备以及厂房楼舍等行为;而金融投资则是指购买或持有某种无形的金融资产或合同权益,如债券、股票、期货和期权等行为。

金融投资与实物投资存在着显著的差别。从整体上讲,在投资收益上,实体投资一般只能获得投资利润,而金融投资不仅可以获得投资利润,还可以获得资本利得即金融工具的卖价与买价之差。与此相应,在投资风险上,实体投资一般只遇到所生产产品或提供劳务在市场上不能实现的风险,即市场经营风险。而制约金融资产的市场因素不仅多变而且反应十分敏感。因此,金融市场的风险较之实体投资来说要大得多,但是投资收益也相对较高。与实物投资相比,金融投资具有更高的流动性,从而能更有效地满足企业各种不断变化的投资需求。因此,金融投资在企业投资方式的选择中占有重要的地位。

2. **企业投资组合决策** 企业投资组合是指健康企业为了提高投资收益水平,弱化投资风险,将各种性质不同的投资有机地结合在一起的过程。企业投资组合具有以下特点:投资组合是为了提高投资总额的收益水平,弱化投资总额的投资风险;投资组合是根据各种投资项目间在风险和收益上的关联关系,将一组相关程度较高的投资项目有机地结合在一起,而不是总投资额的简单切割或比例分割;投资组合表现为一个动态的过程,随着时间的推移和市场的变动,各种投资会相应地变化,与之相关的风险和收益也会发生变化,这种变化会导致投资总额在各种投资之间的相互关系发生变化。为了使投资处在一个总收益和总风险相对有利的状态下,健康企业必须根据这种变动,随时调整投资总额中不同性质的投资的组合。这样,投资组合就会表现为一个动态的调整过程。

第五节 网络财务管理

一、网络财务的概念

网络财务是基于Internet/Intranet技术，以财务管理为核心，业务管理与财务管理一体化，支持电子商务，能够实现各种远程操作（如远程记账/远程报表/远程查账/远程审计/远程监控等）和事中动态会计核算与在线财务管理，能够处理电子单据和进行电子货币结算的一种全新的财务管理模式，是电子商务的重要组成部分。简言之，网络财务是以网络系统为载体所进行的本金投入收益活动及其所形成的复杂经济关系体系。

二、网络财务系统应用软件的选择

网络财务软件是电子商务软件的重要构成。网络财务软件必须实现业务协同、远程处理、在线管理、集中式管理等管理模式。网络财务软件必须支持在线办公、移动办公等方式，同时必须能够处理电子单据、电子货币、网页数据等新的介质。网络财务软件必须在现有财务软件基础上提供包括但不限于以下功能：实现远程报表、远程报账、远程查账、远程审计、网上支付、网上催账、网上报税、网上报关、网上法规及财务信息查询，支持网上询价、网上采购、网上销售、网上服务、网上银行、网上保险、网上证券投资和网上外汇买卖等。在技术平台方面，网络财务软件必须以网络计算为技术核心，采用互联网/电子商务应用系统的主流开发和运行平台开发和运行。

（一）财务软件的发展历程

第一次企业信息化浪潮的标志是单一部门的信息化，其应用效果是单项工作的自动化，这一阶段的财务软件属于记账型。第二次浪潮的主要标志是跨部门信息化，其应用效果体现为多职能部门间的信息交换以及事前的规划，这个阶段所对应的财务软件是核算型财务软件。第三次浪潮的标志是企业级信息化，主要应用效果是实现企业内部职能的信息化，强调企业整个运用能力的提升，这时对应的财务软件是管理型财务软件。现在面临企业信息化的第四次浪潮——产业级信息化，更强调产业链的整合，强调产业链级的协同商务能力，这时候的财务软件将逐步过渡到集团网络财务。

（二）网络财务软件分类

目前国内各软件开发商所提供的基于互联网为基础的财务软件大致分为两类，一类以浏览器软件为客户端界面，不须安装其他软件，操作风格类似网页操作，应用程序和数据处理完全集中在服务器端，一般称之为WEB版或B/S版；一类为仅以互联网为数据传输媒介，有的软件客户端需安装软件，有的软件客户端不须安装软件，应用程序在客户端且数据处理集中在服务器端，总体上操作风格与传统C/S结构软件完全一致。

（三）网络财务系统应用软件的选择

1. **了解财务软件市场** 企业在选择财务软件之前，首先要对整个财务软件市场有一个整体的了解。财务软件从应用上讲可分为两类，一类是站在财会部门角度设计的传统会计软件，一切以财会部门为中心，仅满足财务管理需要，不考虑和其他职能部门的衔接，不对其他部门的业务进行实时监控。第二类是企业级财务软件，站在整个企业管理的角度上设计，它以资金流的形式反映企业的管理过程，充分考虑和企业其他职能部门的衔接，是整个企业管理系统中不可分割的一部分。这类软件基于C/S三层结构开发，大型数据库，面向大中型企业和集团公司的应用，在海量数据处理、远程应用、网络并发控制、安全性等方面有无法比拟的优势。

2. **确定需求** 对财务软件有一个初步了解之后，就需要认清环境，确定自己的需求：财务软

Note

件必须符合企业总体信息系统规划,与当前的计算机环境相适应。假设以企业拥有PC总量为标准,那么10台PC以下一般为小型企业,10~100台之间为中型企业,100台以上为大型企业。小型公司、办事处、中介机构没有复杂的成本核算、无大量存货,销售业务不多,传统的基于部门级应用的财务软件无疑是最好的选择。这类软件一般包括凭证处理、账务处理、报表处理、期末处理、工资核算、固定资产管理、财务分析、系统维护等功能。价格在万元左右,不仅能完全替代手工方式下的全部账务处理,进行会计核算,而且还极大地拓展了会计的核算和管理职能,随时可以输出各种有关企业债权、资金运作、资产管理、财务分析等方面的管理性报表辅助决策。

3. **选择大型数据库** 通过用户大量反馈证明,传统财务软件的维护量80%来自小型数据库。当小型数据库面临海量数据处理和频繁数据操作时,就不可避免地出现数据无缘无故消失和索引文件丢失的情况。小型数据库在数据处理上的局限性不仅严重危害了财务数据的严肃性,不能满足集团财务管理对技术的需求。此外,对数据库还具备高速运行的能力。除了加强了网络控制,减少了由于网络并发用户操作对小型数据库造成的关键字丢失的问题。大型数据库还大大改进了海量数据下读取的性能,每一个读取的数据块(或称"业务量")为小型数据库的几十倍、几百倍。以长远的眼光来看财务软件只有转向大型数据库平台才是企业实现财务管理现代化的保障。

4. **选择三层结构技术** 三层结构技术就是将客户机/服务器系统中各系统部件划分成三层服务(客户服务端、中间层服务和数据库服务)的一种技术。三层结构技术的特点是联机用户数多、每次业务处理时间短、处理的业务量大等。

5. **信息共享是企业级应用的最佳境界** 网络技术作为信息技术的核心,使财务管理信息系统开放,财务管理信息资源高度共享。网络财务软件立足于企业全方位管理,真正实现财务实时、集中化管理,并有效提供满足企业经营决策目标的预测、控制和分析手段,控制企业成本和经营风险,从而真正帮助企业提高竞争实力和盈利水平。

本章小结

健康企业作为满足人民群众基本健康需要及日益增长的多元健康服务需求的经济性组织,除具有一般企业的特征外,还具有多样性、复杂性、系统性、技术含量高、社会责任大、发展后劲强等特征。当前健康企业在财务管理中常常遇到产业规模与品牌、风险、销售及财务结算、人员素质等问题。

健康企业的财务活动是健康企业再生产过程中周而复始、循环往复的资金运动,从购买生产要素开始,到投入生产过程,生产出中间产品和最终产品,再进入销售过程,最后取得销售收入和利润;然后进行质或量的扩张,进入下一个再生产过程。这是一个资本不断运动变化的过程,通常包括筹资管理、投资管理、营运资产管理、收入与分配管理等等内容。

(邱 超)

思考题

1. 什么是财务活动、财务管理、财务关系、资金时间价值、风险?
2. 健康企业财务管理原则有哪些?

第十章 健康企业物力资源管理

本章要点

1. **掌握** 健康企业物力资源的种类及其相互关系，场址选择的影响因素及其基本过程；设备购置的可行性分析内容，经济订货批量模型法的应用。

2. **熟悉** 场地平面布置的影响因素，建筑物要求的基本要素，设备合理使用的要求，采购的基本过程以及物流管理的主要工作内容。

3. **了解** 建筑用地和建筑物要求，设备维护管理的内容，采购理念的发展历程以及ABC分类法的基本原理。

导入案例

某健康管理公司物力资源管理问题

某健康管理公司占地面积3 000多m^2。宽敞、优雅的候检大厅配有大屏幕电视、阅报栏、健教资料台。互动体验式健康科普展厅，趣味性、参与性强，让顾客在等待和休闲中不知不觉轻松完成体检项目。公司拥有正电子发射计算机断层显像（PET-CT）、纤维电子胃镜、纤维电子结肠镜、平板式全数字化心血管造影仪、磁共振成像仪、多层螺旋CT、彩色和黑白B超、数字胃肠机、医用诊断X射线机（DR）、经颅彩色多普勒诊断仪、数字乳房钼钯、乳腺血氧、超声骨密度、动脉硬化仪、人体成分分析仪等大型先进体检设备。目前，公司已经为保险、证券、投资、通信、电力、教育等行业，提供数十万人次的专业健康服务。公司董事会经过周密讨论和论证，决定在华中地区建立一家分公司，以满足日益增长的体检人群的需要。因此，在物力资源管理方面，公司面临着一系列亟待解决的问题：公司在华中地区哪个区域选址比较好？新建的建筑物将如何规划，如何合理布置空间？公司在购置重大设备时，需要进行周密的可行性论证，应该从哪些方面着手进行？设备购置后如何进行科学使用和维护？众多的低值物品，如药品、敷料、消毒材料、办公用品、试剂、燃料等如何合理使用，以降低库存成本？这些问题，都需要运用本章所学知识来进行系统化解决。

健康企业拥有各种类型的资源，主要有五种基本资源：人力资源、物力资源、财力资源、信息资源和时间资源。其中物力资源起着承载作用，一切活动的开展，最终要依托物力资源来运作。健康企业的物力资源是指对企业产生价值的实物形式，包括：建筑物、设备、材料等三大种类，如何合理地对这些资源进行合理规划、配置和使用，尽可能减少资源投入，增加资源产出，提高资源运作效率，是健康企业需要重视的问题。

第一节 健康企业建筑物管理

一、场址选择

一个新建企业必须选择适当的场址，选择场址可能出于企业发展新的生产(或服务)能力建设新设施的需要，也可能出于原有企业由于某种原因迁建的需要。不管哪种情况，场址选择总是设施规划的重要工作内容之一，它涉及企业的经营战略和规模经济学等问题。

(一)场址选择的影响因素

中华人民共和国住房和城乡建设部、中华人民共和国国家发展和改革委员会联合发布的《综合医院建设标准》(建标 110-2008)第二十五条指出，综合医院的选址应满足医院功能与环境的要求，院址应选择在患者就医方便、环境安静、地形比较规整、工程水文地质条件较好的位置，并尽可能充分利用城市基础设施，应避开污染源和易燃易爆物的生产、贮存场所。针对健康企业的特点，选址应考虑以下基本因素。

1. **社会经济环境** 为了企业的生存和发展，要考虑所选地的市场情况，包括产品和股市的需求情况、消费状况、竞争条件，权衡本企业在该地区是否有稳定的市场需求和竞争能力。要考虑当地的法规、政策、金融、财税等状况，是否能为本企业获得良好的投资环境和优惠政策。还要考虑当地的科技、教育发展状况和生产技术协作条件。

2. **资源条件** 考虑主要原材料、燃料、动力、水的来源，使企业能得到数量足够、质量合格的资源。如炼铝、铁合金、电解等大量用电企业应接近电源，纺织企业应配置在棉花产地等。

3. **气候条件** 场址应具备与企业性质相适应的气候条件，包括温度、湿度、降雨量、风力、风向等。如精密仪器厂等对气压、湿度、空气含尘量等有特殊要求，应选择空气洁净、气候稳定的地区。适宜的气候条件，不仅是产品技术特点的要求，对于职工的工作效率和身心健康也有直接好处。

4. **运输条件** 考虑运输方式、运输距离、运价等因素。铁路运输的特点是运量大、效率高、运输费用低，但建设投资高。水路运输费用低廉，木材、造纸原料、砖瓦等大宗货物的运输应尽量采用水运，并在通航河流的城镇选址。公路运输机动灵活、建设快，基建投资少，是运输量少、无法采用铁路、水运时的重要运输方式。

5. **人力资源条件** 应考虑地区的人口状况，重点考虑专业技术人员、熟练工人和其他劳动力的来源及其数量和质量要求是否能满足本企业的需要。考虑当地条件是否能就近解决这些人员的生活供应和居住设施，还要考虑当地的人事劳动工资政策是否能吸引数量和质量符合要求的劳动人员。

6. **环境条件** 对气压、湿度、空气含尘量、防磁、防电磁、防辐射线等有特殊要求企业，应考虑周围有工厂对本企业的影响。与易燃、易爆的生产企业之间，应考虑一定的防护距离。民用建筑的场址应选在与本身性质相适应的安静、安全、卫生的环境之中。生产中排放废水、废气、废物或产生噪声的企业，在选址时要减少和避免对周围环境的污染。

(二)场址选择的基本流程

企业选址决策通常包括以下几个步骤。

1. **明确企业设施选址的目标，列出评价选址地点优劣的标准** 一般来说，制造业企业设施选址的目标是追求成本最小化，服务业企业设施选址的目标是追求收益最大化。选址的第一步就是要明确企业选址的目标是什么，然后根据具体的目标，列出评价设施选址地点优劣的标准。

2. **识别选址决策所要考虑的重要因素** 如市场位置、原材料产地、交通条件、劳动力供应等。

3. **找出可供选择的设施选址方案，并进行选择** 第一种选址方案是扩建现有的系统规模。

Note

这种方案的选址工作比较简单,需要注意的问题只是现有的地点是否具有扩建余地,不需要考虑重新选择地址的问题。第二种方案是在保留现有系统设施的基础上,在其他地点增加新的地点。对服务业企业来说,新选址需要考虑的因素包括交通的便利性、劳动力条件、与供应商的距离、物流配送条件、租金和税金问题以及政府政策等。在通常情况下,增加新的地址是扩张性战略的一种反映。第三种方案是选择放弃现有场所,迁移到新的地点。选址时,需要综合考虑,从三种方案中选择一种相对满意的方案。

二、场地平面设计与布局

(一)场地平面布置的原则

场地平面布置是根据企业的经营目标和生产服务纲领,在确定的自营场所内,按从原材料的接收、零件产品的制造,到成品的包装、发运的全过程,将人员、设备、物料所需要空间做最适当的分配和最有效的组合,以便获得最大的经济效益。场地平面布置的原则有以下几条。

1. **符合生产运作过程的需要** 尽量使作业对象流动顺畅,避免工序间的往返或交错流动,使设备投资最少,作业时间最短。

2. **最有效地利用空间** 要使场地利用达到适当的建筑占地系数(建筑物、构筑物占面积占场地总面积的比率),使建筑物内部设备占有空间和单位制品的占有空间较小。

3. **物料搬运费用最少** 要便于物料的输入和产品、废料的输出,物流运输路线短捷,尽量避免运输的往返和交叉。

4. **保持生产与安排的柔性** 使之适应产品需求的变化、工艺设备的更新及扩大生产能力的需要。

5. **适应组织结构的合理化和管理的方便** 使有密切关系或者性质相近的作业单位布置在一个区域内或靠近布置,甚至合并在同一个建筑物内。

6. **为职工提供方便、安全、舒适的作业环境** 使之合乎生理、心理的要求,为提高生产效率和保证职工身心健康创造条件。

(二)场地平面布置的影响因素

做好场地平面布置,要考虑众多因素。影响场地平面布置最基本的要求是产品(或材料或服务)和数量(或产量),另外还有生产路线(服务过程)、辅助服务部门、时间(或时间安排)。这5项基本要求是场地平面布置的其他特征或条件的基础,是场地平面布置必不可少的基础资料。

1. **项目** P(product,program) 指规划设计的对象所生产的产品、原材料、加工的零件和成品或提供服务的项目。这些资料由生产纲领和产品设计提供,包括项目种类、型号、零件号、材料等。产品这一要素影响着设施的组成及其相互关系、设备的类型、物料搬运的方式等因素。

2. **数量** Q(quantity) 指所生产供应或使用的商品量或服务的工作量。其资料也由生产纲领和产品设计提供,用件数、重量、体积表示。数量这一要素影响着设施规模、设备数量、运输量、建筑物面积等因素。

3. **路线** R(route) 这一要素是工艺过程设计的成果,可用设备表、工艺路线卡、工艺过程图、作业流程图等表示。它影响着各作业单位之间的关系、物料搬运路线、仓库及堆放地的位置等因素。

4. **辅助服务** S(service) 指公用、辅助、服务部门,包括工具、维修、动力、收货、发运、铁路专用线、办公卫生站、更衣室、食堂、厕所等,由有关专业设计人员提供。这些部门是直接生产的支持系统,在某种意义上加强了生产能力。有的情况下,辅助服务部门的总面积大于生产运营部门所占的面积,所以必须给予足够重视。

Note

5. **时间 T(time)** 指在什么时候、用多长时间生产出产品，包括各工序的操作时间、更换批量的次数。在工艺和服务过程设计中，根据时间因素可以求出设备的数量、需要的面积和人员，平衡各工序。这些都影响着仓储、收货、发运以及辅助职能部门的配合等因素。

三、建筑用地和建筑物要求

2003 年卫生部对全国 30 个省、自治区、直辖市的 300 所综合医院的调查结果(2002 年底数据，其中有效数据 206 所)如表 10-1 所示。

表 10-1 建筑用地面积要求

规模/床	200	300	400	500	600	700	800	900	1 000
医院/所	21	23	22	28	27	15	28	6	36
面积/$m^2 \cdot$床$^{-1}$	78.11	90.37	82.66	91.70	87.27	101.10	92.92	106.43	92.77

由表 10-1 可以看到，各级各地区的医院用地面积差别很大，最小为 78.11m^2/床，最大为 106.43m^2/床，因此，加强对医院建筑面积的规范化管理，显得尤为必要。根据上述数据，平均用地为 91.48m^2/床。综合医院的建设用地，包括急诊部、门诊部、住院部、医技科室、保障系统、行政管理和院内生活用房等七项设施的建设用地、道路用地、绿化用地、堆晒用地(用于燃煤堆放与洗涤物品的晾晒)和医疗废物与日产垃圾的存放、处置用地。具体来讲，健康企业的用地和建筑物应该满足以下要求。

1. **建筑结构要求** 为使不同用途的房间得到合理安排，以及减少地震等，地震多发地区的主要建筑物的结构应采用框架结构并作防地震的结构处理。

2. **室内墙角、地角和地坪要求** 为防止灰尘和便于清洁卫生，各种用房的地角和墙角均应做成小钝角，墙裙与踢脚线均应与墙壁平齐。地坪要求平整光滑，不漏水，便于冲刷排水。安有地漏的房间，地坪应该稍有坡度，约 1%~2%。

3. **厕所要求** 健康企业的公用厕所和病室内的厕所，其设计标准都要高些，便于洗刷，利于管理。楼内的公用厕所应安排在"尽端"，并突出主体之外。

4. **楼梯和电梯要求** 建筑物的楼栋必须符合防火、防震要求，坡度不能陡。要有适宜的宽度。一般要求主要楼梯的宽度不小于 1.8m，楼梯平台宽度不小于 1.8m，平台下的通路高 2m。每组台阶高 10~12cm，宽度不小于 32cm。一般楼梯宽度不小于 1.5m，每级台阶高 13~15cm，宽度不小于 28cm。楼梯的两侧均要安装扶手。

三层以上门诊和病房应设电梯，若在五层以上，应分别设患者用电梯、工作人员电梯、运送物资电梯。楼层更高，必须有足够的电梯和备用电梯。患者用电梯，其内部面积，长和宽分别不小于 2.5m 和 1.5m，以便担架运送。为防止交叉感染。根据医院规模和条件，设置手术室专用电梯，血库送血专用小电梯等。

5. **供氧和吸引要求** 由于医院现代化程度提高，要求供氧、吸引尽量科学化。换言之，将局部供氧、移动吸引变为部分集中氧、部分震中吸引，成全院集中供氧、集中吸引。全院性集中供氧、吸引。效果较好，室内安静，管理方便但成本较高，三级甲等以上医院可以考虑采用。

6. **采光和色彩要求** 采光有两种，一是自然采光，二是人工照明。为保证医护工作的顺利进行，医院的人工照明，要注意有足够的亮度，要求光流分布均匀，不眩目。病室多用自然采光。夜间患者睡眠后，要用地灯。由于色彩对患者的情绪、心理和生理都会产生影响。所以，医院建筑要重视色彩的选择，尤其是病室、治疗室和食堂的色彩，应根据不同患者不同心理状态进行选择。室外的颜色，应尽量做到与大自然协调一致。不同用途的房间应选用不同的色彩。

第二节　健康企业设备管理

一、健康企业设备管理概述

（一）设备管理的概念

设备是指企业在生产经营活动过程中所使用的各种机械和装置的总称。设备配备的好坏表明了企业的生产服务水平和生产服务能力，而设备管理的好坏又直接影响着企业的发展，影响企业的经济效益。

设备管理是指企业为了使设备寿命周期费用最经济，从设备的选择、设计、购置、安装、使用、维护、改造、更新，直至报废的全过程进行综合的一系列技术、经济、组织措施等的活动，主要包括决策、计划、组织、协调、控制等基本管理活动。设备管理既包括设备前期管理阶段，即为了实现企业的发展规划而制订的设备配备规划、企业外购或自制设备计划、设备安装和调试工作等设备正式投入前的工作；也包括设备投入后的后期管理阶段，即设备投入生产后的使用阶段管理、维护保养及大中修管理、更新改造管理、设备转让及处置管理。

（二）设备的种类健康诊断类

按照健康企业的特点，设备可以分为以下几类。

1. **健康诊断类设备**　如X射线诊断设备、超声诊断设备、功能检查设备、内镜检查设备、核医学设备、实验诊断设备及病理诊断设备等。

2. **健康治疗类设备**　如病房护理设备、光谱辐射治疗仪器、理疗康复仪器、理疗用电极、磁疗仪器等。

3. **健康辅助类设备**　如消毒灭菌设备、制冷设备、中心吸引及供氧系统、制药机械设备、血库设备、医用数据处理设备等。

4. **办公类设备**　如空调、投影仪、电脑、复印打印机等。

5. **作业类设备**　如运输机、起重机、电梯、搬运车等。

（三）健康企业设备的特点

1. **技术综合化程度高**　科学的高度分化与综合，在健康医疗设备中也有明显的反映，“专项测定”“一次性使用”“无维修设计”等中小型医疗器械的出现，是科技分化的体现。而光、机、电、计算机、新材料等高新科技成果，多学科综合应用的大型医疗设备，如CT、MRI、PET等，也是科技综合的产物。它们有精密的设计、复杂的结构、智能化的电脑控制，使得医疗设备具有技术精度高、运转速度快、操作程序化及稳定性、重复性好的特点。

2. **技术更新速度快**　科技的发展使知识更新周期大大缩短，从而使健康医疗设备的技术寿命也相应缩短。技术知识的更新，带来的是新技术、新型号、新品种的健康医疗设备不断出现，产品陈旧化的速度加快。以CT为例，从第一台样机临床试用至今，产品不断改进，新产品的图像扫描时间已大大缩短，甚至可用于心脏的动态扫描。

3. **结构一体化和操作自动化**　随着大规模集成电路成本的下降，医疗设备中大量的电子线路结构已经由一体化组件构成，使设备的稳定性、可靠性大大提高，维修简便易行。又由于计算机技术的广泛应用，使医疗设备的智能化程度有所提高，操作实现自动化。如自动生化分析仪的检测，只需要把样品按规定输入，仪器能根据设定的程序，进行自动检测，并把处理好的数据打印在记录纸上。

二、健康企业设备购置管理

健康企业设备购置是设备管理的第一步工作。设备购置是指企业从设备供应商处获得所需设备的过程，包括设备的选择、设计、可行性论证、订单、送货、安装等一系列过程。在这些过程中，可行性论证是最为重要的工作，必须引起健康企业的重视。在过去很长一段时间内，企业轻视设备购置的可行性分析，设备购置无计划无论证现象非常常见，导致花费巨额的费用购置了一些不需要、陈旧的大型设备，设备管理效益低下。健康企业设备购置的可行性论证主要考虑以下几个方面。

（一）购置必要性分析

设备购置的必要性，一般应从一个单位所担负的工作任务和现有设备状况等因素入手进行分析评价。为完成工作任务所必需且现有设备不能胜任者、购置某设备是必要的。对于某些大型、精密、价格昂贵的仪器设备的购置，还应根据当地的疾病分布和发病状况统筹安排设备布局。一般来说，健康医疗仪器设备都有特定的适用范围，如果忽略当地的疾病分布和发病率状况，盲目购置与本地健康医疗需求不相适应的设备，必然造成闲置和浪费。

（二）技术可行性分析

技术可行性是指对欲购置设备的功能、精密度、灵敏度、自动化程度、安全性、可靠性、易维修性和消耗材料的易获性等技术标准进行分析和评价。从多种同类型设备中选取性能好、价格低的设备作为购置对象，是进行技术论证的根本目的。可以利用价值工程理论来降低成本、提高技备的功能，以取得最佳的效益。20 世纪 50 年代日本和联邦德国学习和引进了价值工程这一方法，1965 年前后，日本开始广泛应用。中国于 1979 年引进这一理论，现已在机械、电气、化工、纺织、建材、冶金、物资等多种行业中应用。价值工程的计算公式为：

$$V=F/C$$

式中，价值 V 是指购置对象具有的必要功能与取得该功能的总成本的比例。功能 F 指产品或劳务的性能或用途，即所承担的职能，其实质是产品的使用价值。成本 C 指产品或劳务在全寿命周期内所花费的全部费用，是生产费用与使用费用之和。通过价值工程分析，就可以综合判断拟选设备的功能和成本，选用价值高的设备作为购置对象。

（三）社会效益分析

健康企业设备的投资效益首先体现在社会效益上，在保证社会效益不受损害的基础上，还必须注重经济效益。社会效益主要体现在投资能否提高我国的医学科技水平，能否为人民健康和解除疾病作出贡献，能否降低或减轻人民防病治病的总费用或经济负担（包括防病治病所支付的直接费用和间接费用，如患者就诊的总费用应包括医药费支出等直接费用和误工损失及差旅费支出等间接费用）等方面。显然，对于能提高社会效益的设备无疑应予优先购置，反之则应严格控制。

（四）经济效益分析

在购置设备时，不仅仅考虑该设备在技术上是否先进，还考察它在经济上是否合理。其常用方法有以下几种。

1. **投资回收期法** 这是设备投资效益的主要方法之一。众所周知，购置设备必然要支付一笔投资费用。其中主要是购置费，其次还有运输、安装等各项费用，采用投资回收期法时，首先要计算不同设备的投资费用，然后再计算新设备所带来的净收益或节约额，最后根据投资与投资效果的比较确定设备优劣，并进行最终的取舍。一般情况下，如果各方案的其他条件相同，则投资回收期最短的设备为最优设备。投资回收期的计算公式如下：

投资回收期=投资设备额/采用新设备后的收益或者节约额

投资回收期有两种，静态和动态回收期。动态投资回收期需要考虑资金的时间价值。

2. **费用换算法** 设备在其整个寿命周期内发生的所有费用，由两大部分组成。一是在购买设备时的一次性投资费用，二是在设备使用过程中所发生的费用，可称之为维持费或使用费。由于资金具有时间价值，所以在不同时期所发生的费用不能直接进行数量比较。费用换算法就是按资金时间价值原理对费用进行动态地修正计算，从而能够更准确地进行经济性分析。

一是可以采用年费法。这种方法是将不同方案的年平均费用进行比较，从而评价其经济效益的方法。年费用总额是指按资金时间价值计算每年分摊的原始投资费用与每年平均支出使用费用之和。

二是采用现值法。这种方法就是把每年的维持费用折成相当于最初一次投资费时的数值。也就是说，以购置设备一年为基准，其他每年的维持费都折算成基准年的数额，然后再计算总的费用总额。

三、健康企业设备使用管理

健康企业设备的合理使用是保证设备经常处于良好状态的一项重要措施。概括地讲就是要充分、有效地利用设备的各种功能，正确使用设备，严格按照设备的使用环境和技术要求操作机器设备，使之保持良好的技术技能，充分发挥其应有的生产效率。主要涵盖以下几点。

（一）合理配备设备

根据企业产品生产的工艺技术特点和服务性质，按照一定的比例和衔接性配备在作业现场。这个比例及各类设备的衔接必须合理，即符合产品产量、品种和工艺流程的实际需要，并考虑今后作业情况的变化而便于调整。对于专用设备，配备时应尤为慎重；对于通用设备，可根据作业情况适当放松控制，以备适应作业任务临时增长的需要。

（二）合理安排作业任务

设备的作业任务，必须要符合设备的性能、结构和技术经济特点，设备的工作负荷也不能经常性地超越或大大小于其功率范围或工作时间限额。因为这种使用方式会不利于设备的功效发挥。因此，针对不同的设备，安排相应的任务，使其工作负荷不超过也不小于设备的额定负荷量，就能使设备的作业效率得到良好的发挥。

（三）配备熟练的操作人员

为保证机器设备能在最佳状态下运行，充分发挥其效能，必须配备与设备相适应的操作人员。操作人员必须熟悉并掌握设备的性能、结构、工艺加工范围和维护保养技术。对操作人员需进行技术考核。对于精密、复杂、稀有以及对作业带有关键性影响的设备，应指定具有专门技术的人员去操作，实行定人定机、凭操作证操作。

（四）提供良好运行条件

良好的运行条件是保证设备正常运转，延长使用期限，保证安全作业的首要条件。对于一般的设备，应为其提供一个整洁的工作环境和一个正常的生产秩序；安装必要的防护、保安、防潮、防腐、取暖、降温装置；配备必要的测量、控制和保险用的仪器、仪表装置。对于精密的设备，要求设立单独的工作室，还需针对设备特点对工作室的温度、湿度、防尘、防震等工作环境进行控制。

（五）健全设备使用制度

有关设备使用方面的规章制度，是指导技术人员操作、维修、检修设备的技术法规。它是根据设备说明书中注明的各项技术条件制订的，例如岗位责任制、设备操作规程、计划预防维修制度、维护保养制度、交接班制度等。正确地制订和贯彻执行这些规章制度，是合理使用设备的重要保证。规章制度一经确定，就要严格执行。根据这些制度和规章，从企业的各级领导、设备管理部门、各个二级单位到一线员工，在保证设备合理使用方面，都负有相应的责任，应实行严格的奖惩制度。

（六）加强设备安全管理

健康企业的设备安全管理，目的是保证设备在复合规定的标准和技术要求，处于安全、准确和有效的工作状态，满足生产、医疗教学、科研的需要。设备的安全，既涉及设备自身的质量，也与设备的使用、维护、保养等有关，体现在设备的整个生命周期中。因此，需要在各个环节的使用人员的共同配合和规范使用。为保证设备的安全，应该建立健全的管理体系和规章制度，制订正确的操作规程，定期的性能检测，及时进行设备维护及必要的人员培训。

四、健康企业设备维护管理

设备维护是设备管理的主要内容之一。设备在使用过程中，零部件会逐渐发生磨损、变形、断裂、锈蚀等现象。设备的维护就是对技术状态变化时发生故障的设备通过更换成修复磨损失效的零件，对整机或局部进行拆装、调整的技术活动，其目的是恢复设备的功能或精度，保持设备的完好。不同的企业由于设备的种类、性质不同，设备维护方式也各不相同。

传统的设备维护方式是事后维护，此种维护方式，就是对一些生产设备，不将其列入预防性维修计划，发生故障后或性能、精度低到不能满足生产要求时再进行修理。采用事后维护策略可以发挥主要零件的最大寿命。使维修经济性好。事后维护作为一种维护策略，不同于原始落后的事后修理，事后维护不适用于对作业影响较大的设备，一般适用于 3 种情况：对故障停机后再修理不会给生产造成损失的设备；修理技术不复杂而又能及时提供备件的设备；一些利用率低或有备用的设备。

近年来，出现了一种新的设备维护方式，即预防维护。这是一种为了防止设备性能、精度劣化或为了降低故障率，按照事先规定的修理计划和技术要求进行的维修活动。对重点设备和重要设备实行预防维护，是贯彻设备管理条例规定的“预防为主”方针的重要工作。预防维护主要有以下几种维修方式。

（一）定期维修

定期维修是在规定时间的基础上执行的预防维护活动，具有周期性特点。它是根据零件的失效规律，事先规定修理间隔期、修理类别、修理内容和修理工作量。它主要适用于已掌握设备磨损规律且生产稳定、连续生产的流程式生产设备、动力设备，大量生产的流水作业和自动线上的主要设备以及其他可以统计开动台时的设备。

（二）状态监测维修

这是一种以设备技术状态为基础，按实际需要进行修理的方式。它是在状态监测和技术诊断基础上，掌握设备劣化发展情况，在高度预知的情况下，适时安排预防性修理。这种维修方式的基础是将各种检查、维护、使用和修理，尤其是诊断和监测提供的大量信息，通过统计分析，正确判断设备的劣化程度、发生或将要发生故障的部位、技术状态的发展趋势，从而采取正确的维修类别。这样既充分掌握维修活动的主动权，做好修前准备，并且可以和作业计划协调安排，既能提高设备的可利用率，又能充分发挥零件的最大寿命。因受到诊断技术发展的限制，它主要适用于重点设备，利用率高的精、大、稀类设备等，即值得花费诊断与监测费用的设备，以使设备故障后果影响最小和避免盲目安排检修。

（三）改善维修

为消除设备先天性缺陷或频发故障，对设备局部结构和零件设计加以改进，结合修理进行改装以提高其可靠性和维修性的措施，称为改善维修。设备的改善维修与技术改造的概念是不同的，主要区别为：前者的目的在于改善和提高局部零部件的可用性和维修性，从而降低设备的故障率，减少维修时间和费用，而后者的目的在于局部补偿设备的无形磨损，从而提高设备的性能和精度。

第三节 健康企业材料管理

一、健康企业材料采购管理

采购是指从供应商处获得所需商品过程。采购应当包含两层基本意思:一是“采”,二是“购”。采即采集、采摘之意,是要从众多的对象中选择出若干个对象。购即购买之意,是通过商品交易手段把所选定的对象从对方那里转移到需求方。采购的基本含义一般包括:所有采购,都是从资源市场获取资源的过程。采购,既是一个商流过程,也是一个物流过程。对于健康企业而言,材料是指除了土地、建筑物、设备等经济价值较大的所有其他物力资源,包括药品、敷料、消毒材料、办公用品、试剂、燃料(汽油、柴油、煤油)等。与其他物资相比,材料的特点是经济价值低、数量多、使用频率高、库存量大等特点,因此其采购也有较为鲜明的特点。

(一)采购理念的发展历程

1. MRP 采购 物料需求计划(material requirement planning,MRP)是 20 世纪 60 年代发展起来的一种计算物料需求量和需求时间的系统。所谓“物料”,泛指原材料、在制品、外购件及产品。最初,它只是一种需求计算器,是开环的,没有信息反馈,也谈不上控制。后来从供应商和生产现场取得了信息反馈,形成了闭环 MRP(closed MRP)系统。按照 MRP 的基本思想,从产品销售到原材料采购,从自制零件的加工到外协零件的供应,都要围绕 MRP 的基本思想进行,从而形成一整套新的方法体系。

2. JIT 采购 JIT(just in time)采购又叫准时化采购,是 20 世纪 70 年代发展起来的,它由著名的准时化生产管理思想演变而来。JIT 生产方式是起源于日本丰田汽车公司的一种生产管理方法。它的基本思想是“彻底杜绝浪费”“只在需要的时候,按需要的量,生产所需要的产品”。这种生产方式的核心,是追求一种无库存生产系统。这种模式的特点是供需直接见面,节约了传统模式中的库存。它的作用有:其采购送货是直接送到需求点上,用户需要什么,就送什么。品种规格符合客户需要,用户需要什么质量,就送什么质量,品种质量符合客户需要,杜绝次品和废品。用户需要多少,就送多少,不少送,也不多送。用户什么时候需要,就什么时候送货,不晚送,也不早送,非常准时。用户在什么地点需要,就送到什么地点。

3. 供应链采购 著名管理学家迈克尔·波特 1985 年在他的价值链理论中发现了采购的战略重要性。波特认为采购包括了对新的供应商的资质认定、各种不同投入物资的采购和对供应商表现的监督,因而采购在供应链成员中起着重要的作用。供应链采购是指供应链上下游联盟性的节点企业之间的采购,即供应链上相邻上游企业向下游企业供应物品,供应企业将物品供应给需求企业。供应链采购与传统采购相比,其物品供需关系没变,但由于供应链各个企业之间是一种合作伙伴关系,采购活动在一种非常友好的环境中进行,所以采购的理念、特点和操作都发生了很大变化。

4. 电子采购 电子采购是一种 20 世纪 90 年代发展起来的采购理念,以供应链管理思想为指导,利用电子商务技术实施采购业务的管理理念,也就是网上采购。通过建立电子商务交易平台,发布采购信息,或主动在网上寻找供应商、寻找产品。然后通过网上洽谈、比价、网上竞价实现网上订货,甚至网上支付货款,最后通过网下物流过程进行货物配送,完成整个交易过程。电子采购是使用因特网、电子数据交换来进行的企业间采购行为。这一采购行为从技术平台角度看,是通过电子市场、内部网和外联网传输数据和完成交易。电子采购可分为四种方式,目录式电子采购、网上招标采购、竞价采购和询比价采购。

(二)采购管理的基本过程

1. 需求确定 采购一般是对新用户或老用户的需求作出反应。用户是指企业中的个人或部门。在某些情况下,已有的需求必须重新估计,因为它们可能发生了变化。在任何情况下,一旦需求被确认,采购过程就可以开始了。

2. **自制或者外购决策** 在决定如何满足需求之前,采购方应决定是由自己来制造产品或提供服务,还是通过购买来满足自身需求。

3. **确定采购类型** 采购的类型将决定采购过程所需的时间和复杂性。按时间和复杂程度采购可以分为三种类型:一是直接按过去的惯例采购:二是修正采购,需要对目前供应商或投入物作出决定;三是全新采购,由全新的用户需求引起的采购。

4. **确定潜在供应商** 供应商可以处于一个完全竞争市场或寡头市场或垄断市场的情况下。了解市场类型有助于采购专业人员决定市场供应商的数量、权利与依赖关系的平衡及哪种采购的方式最有效。进一步可以找出所有能满足需求的供应商。在全球化的环境下,找出所有的供应商具有挑战性,需要进行一定的研究。

5. **供应商评估** 在对供应商进行评估时,区分需求和期望是很重要的。产品或服务的需求,对用户很重要,而期望并不是十分重要,它是可以进行商谈的。初步估计将可能的供应商减少到可以满足需求的几家。供应商评估时,通常需要考虑的主要因素是价格、质量和交货期。对于价格低、质量水平高,而且交货期短的供应商,将会得到优先考虑。

6. **正式采购** 在供应商评估的基础上,综合考虑价格、质量和交货期等因素,从众多供应商处选择适合企业需求的供应商。向其发出订单,接受供应商提供的产品和服务。

(三)采购管理的方法

采购管理过程中,通常需要确定采购批量、采购次数和采购周期。通过科学确定这些因素,可以使得物资库存成本降低,提高物力资源使用效率。在向供应商采购物资时,供应商通常会给出两种基本模式:无价格折扣和有价格折扣。前者是对于不论采购数量是多少,采购价格都是一样;后者则意味着,采购数量越多,价格则有可能会越低。对于有价格折扣的情况,其采购批量、采购次数和采购周期的确定较为复杂。这里只讨论无价格折扣的情况,通常采用经济订货批量模型法。

一般来讲,药品库存成本由三部分构成:第一部分为存储费,为占用流动资金利息、仓库保管、储存药品变质损失所形成;第二部分为采购费,指每次采购的手续费、电话费、出差费等;第三部分为成本费,与货物本身价格和数量相关。

如果记材料价格为P,材料的年需求量为D,每次采购批量Q,每次采购费为S,单位药品单位时间的存储费为H,某材料耗用速率R为单位时间内的库存耗用量。

则有一个周期t内的耗用量Rt数值上等于周期开始时的库存量Q,即Q=Rt。

设t′时刻的库存量为Q′,有Q′=Q−Rt′,则一个周期t内的总库存量为

$$\int_o^t Q'dt' = \int_o^t (Q - Rt')dt' = Qt - \frac{1}{2}Rt^2 = \frac{1}{2}Qt$$

一个周期内的平均库存量为: $\dfrac{\int_o^t Q'dt'}{t} = \dfrac{\frac{1}{2}Qt}{t} = \dfrac{1}{2}Q$

一年内的总费用 $TC = \frac{1}{2}QH + \frac{D}{Q}S + PD$

求极小值 $\frac{d(TC)}{dQ} = \frac{1}{2}H + (-1)\frac{D}{Q^2}S + 0 = 0$

则有经济采购批量 $Q^* = \sqrt{\frac{2DS}{H}}$

例题：某医院每年使用某种药品 25 000 盒，采购价格是每盒 34 元。医院处理和接受每次订单的费用是 500 元，存储费是每盒每年 7.8 元。试问：

（1）医院一次应采购多少药品？

（2）医院每年采购几次？

（3）医院每间隔多少天采购一次？

解：已知：D=25 000 盒，P=34 元，S=500 元，H=7.8 元

（1）医院一次应采购药品数量为

$$Q=\sqrt{\frac{2DS}{H}}=\sqrt{\frac{2\times25\ 000\times500}{7.8}}=1\ 790(\text{盒})$$

（2）医院每年采购几次？

$$n=\frac{D}{Q^*}=\frac{25\ 000}{1\ 790}=14(\text{次})$$

（3）医院每间隔多少天采购一次？

$$T^*=365/14=26(\text{天})$$

二、库存管理

库存无论对制造业还是对服务业都十分重要。传统意义下的库存是指存放在仓库中的物品，指像蓄水池中的水一样，暂时派不上用场的备用品。库存是既有利又有弊的，库存一方面占用了大量的资金，减少了企业利润，甚至导致企业亏损。另一方面它能防止短缺，提高对顾客需求的响应性，并有效地缓解供需矛盾。因此，采用科学的方法，对库存进行有效管理是十分必要的。

（一）ABC 分类法

一个企业需要采购库存的物资品种一般较多，这些物资的重要程度又不一样，有的特别重要，绝不能缺货，一旦缺货将造成不可估量的损失；有些物资则相对不那么重要，即使缺货也不会造成多大的损失。而企业库存管理的人力、物力、财力是有限的，只能对一部分物资品种作精心的采购和库存管理。另外，从企业效益上看，有些品种的效益高、有些品种的效益低，对那些效益高的品种需要做精心管理，而那些效益低的品种没有必要作精心管理。面对这些情况，库存管理最有效的方法，就是采用 ABC 分析法。该方法最初来源于人口管理理论，后来广泛用于物资管理、人员管理、事务管理、生产管理、成本管理、价值分析、可行性研究等方面，在库存管理中可以用来选择重点管理的物资品种。

仓库里存放的物资品种成千上万，但这些品种中，只有少数品种价值高、销售速度快、销售量大、利润高，构成仓库利润的主要部分。而大多数品种价值低、销售速度慢、利润低，只能构成仓库利润的极小部分。于是，就将利润高的那一部分少数品种，划作 A 类，实行重点管理。对其库存数量严密监视，保证供应，不使其缺货；而将利润低的大部分品种划为 C 类，实行一般管理，对库存数量实行一般监控；剩余的一部分分为 B 类，根据人力物力财力等实际情况，可以实行重点管理，也可以实行一般管理。

（二）物资消耗定额法

所谓物资消耗定额，是在一定的技术组织的条件下，生产单位产品或完成单位工作量所必须消耗的物资的标准量。通过物资消耗定额，就可以根据产品的结构零部件清单或工作量求出所需要的原材料的品种和数量。企业制订物资消耗定额的方法通常有三种。

1. **技术分析法**　这是一种按产品结构设计、技术特点、加工设备和工艺流程来制订物资消耗

定额的方法。这种方法比较科学、精确，但需要精确计算，工作量较大，适用于制造型企业对产品的物料消耗制订定额。

2. **统计分析法** 这是根据生产运作中物资消耗的历史统计资料，并考虑到计划期内作业技术组织条件的变化等因素而制订定额的方法。

3. **经验估计法** 这是根据管理人员、技术人员、操作人员的实际工作经验，参考已有资料，并考虑到企业在计划期内作业条件的变化等因素制订定额的方法。该方法简单易行，但科学性和准确性较差。

三、健康企业物流管理

物流是指物资的实体流动。健康企业物流管理，就是通过计划、组织、指挥、协调、控制活动，使物流功能达到最佳组合，在保证物流服务水平的前提下，实现物流成本的最低化。实现把合适的产品以合适的数量和合适的价格在合适的时间和合适的地点提供给客户，由此创造企业在竞争中的战略优势。健康企业的物流管理内容主要有以下几项。

（一）供应物流管理

为企业提供原材料、零部件及其他物品时，物品在提供者与需求者之间的实体流动为供应物流，也就是物资生产者、持有者和使用者之间的物流。对于制造型企业而言，是指生产活动所需要的原材料、备品备件等物资助采购、供应活动所产生的物流；对于服务型企业而言，是指交易活动中从买方角度出发的交易行为中所发生的物流。

（二）作业物流管理

在作业过程中，原材料、在制品、半成品、产成品在该企业内部的实体流动称为作业物流。对于制造型企业而言，作业物流和生产流程同步。原材料、半成品等按照工艺流程在各个加工点之间的移动、流转形成了生产物流。对于服务型企业而言，是依照服务流程而伴随形成的物资使用、调配物流。

（三）销售物流管理

企业出售商品时，产品在供应方与需求方之间的实体流动称为销售物流，也就是产品的生产者或持有者到用户或消费者之间的物流。对于制造型企业是指售出产品，而对于流通领域是指交易活动中从卖方角度出发的交易行为中的物流。销售物流的特点是通过包装、运输、配送等一系列活动实现销售。因此，需要研究运输方式、包装水平、运输路线等，并采取各种诸如少批量、多批次、定时、定量配送等特殊的配送方式。

（四）回收物流管理

不合格物品的返修、退货以及周转使用的包装容器从需方返回到供方所形成的物品实体流动称为回收物流。在生产及流通活动中，有一些材料是要回收并加以利用的，如作为包装容器的纸箱、塑料瓶、酒瓶等，有质量问题的汽车的召回、建筑行业的脚手架也属于这一类物资。企业在生产、运作、供应、销售的活动中总会产生各种边角余科和废料，回收这些东西是需要伴随物流活动的。在一家企业中，回收物品处理不当，往往会影响整个生产环境，甚至产品质量，也会占用很大空间，造成浪费。

（五）废弃物物流管理

将经济活动中失去原有使用价值的物品，根据现实需要进行收集、分类、加工、包装、搬运、储存等，并分送到专业处理场所时形成的物品实体流动，叫作废弃物物流。生产和流通系统中所产生的废弃物，如生产药品时的催化剂、化学消毒剂、汞血压计、手术中产生的废弃人体组织、病理切片后废弃的人体组织、括医用针、解剖刀、手术刀、玻璃试管等，如果不妥善处理，不但没有再利用价值，还会造成环境污染，而且就地存放会占用生产用地以致妨碍生产。对这类物资的处理过程就产生了废弃物物流。

本章小结

健康企业在进行场址选择时,要考虑社会经济环境、资源条件、气候条件、运输条件、人力资源条件和环境条件。场地平面布置要考虑项目、数量、路线、辅助服务和时间要求。

健康企业设备购置过程中,可行性论证是最为重要的工作。设备使用管理要做到合理配备设备、合理安排作业任务、配备熟练的操作人员、提供良好运行条件、健全设备使用制度。在设备维护方面,近年来出现了预防维护方式。健康企业材料采购管理过程中,需要确定采购批量、采购次数和采购周期,主要方法有经济订货批量模型法。材料库存管理方法有:ABC分类法和物资消耗定额法。物流管理主要涵盖供应物流管理、作业物流管理、销售物流管理、回收物流管理和废弃物物流管理等五个方面的内容。

(江世英)

思考题

1. 健康企业的物力资源包括哪些?其主要区别是什么?
2. 在进行场址选择时,需要考虑的因素有哪些?
3. 建筑物要求有哪些基本要素?
4. 如何进行设备购置的可行性分析?
5. 健康企业材料管理,主要涵盖哪些内容?
6. 经济订货批量模型法的适用条件是什么?
7. 某健康企业每年使用某种药品5 000盒,采购价格是每盒10元。企业处理和接受每次订单的费用是500元,存储费是每盒每年2元。试问:①健康企业一次应采购多少药品?②健康企业每年采购几次?③健康企业每间隔多少天采购一次?
8. 已经某健康企业2019年3月份患者人数为250人,本月具体费用数据见表10-2(单位:万元),请计算设备静态投资回收期。

表10-2　某健康企业本月具体费用数据

材料费用	医疗收入	营业费用	设备投资	人员费用	管理费用	折旧费	能源费用	药品费用	财务费用
6	74	23	140	14	8	按5年直线折旧法计提	3	2	按年利息率5%计

11章

第十一章 健康企业信息资源管理

本章要点

1. **掌握** 信息资源管理的概念与发展沿革;健康企业管理信息系统的内涵及开发方法。

2. **熟悉** 管理信息系统的发展沿革和常用开发方式。

3. **了解** 信息、信息资源的涵义,健康企业的数字转型,大数据和人工智能在健康企业中的应用。

导入案例

WS 精准医疗的案例

近些年来,人工智能在很多领域都受到了广泛的关注,特别是 WS 向医疗领域扩展之后,智慧医疗成为新的挑战。2017 年 6 月,WS 和 CNYCC 宣布达成协议,协议称要创建一个老年人口健康平台,旨在改善区域内居民的健康状况。同时,在项目实施期间预计减少 25%的非急救诊疗和再住院次数,进而降低 Medicaid(美国联邦医疗援助计划)体系的成本。该平台将集成众多产品,且在 WS 云平台上运行。

权威咨询公司提供的数据指出,医疗行业的数据有很大的挖掘潜力,每年大约有 3 000 亿美元的预计价值。现如今,患者数据分布于众多孤岛之上,不利于医生及时准确地掌握影响患者护理质量的健康问题和潜在风险因素。例如,一个内分泌医生可能不知道她的糖尿病患者同时患上了抑郁症,这会给她带来严重的医疗风险。

对于 CNYCC 的人口健康管理(PHM)系统,WS 将集成多种治疗场景:包括初诊治疗、行为健康、急性后期护理、社区和急性护理以及超过 75 个电子健康记录系统、健康信息交流平台以及其他数据来源。CNYCC 的人口健康管理(PHM)系统收集多种数据,形成对患者整体病理信息的掌握,包括临床病例、社会决定因素和行为健康。临床医生可以通过这一平台获取患者信息,及时与患者取得联系,并提醒他们尽快寻求医生诊断、护理和管理。WS 将护理管理的最佳实践与自动执行的工作流程相结合,使护理经理具备制订个性化护理计划的能力,考虑各种健康因素,并通过个人联合的方式提高参与者的健康水平。该系统结合了认知计算功能和人口健康管理与社会项目管理方面的现有专家经验相结合,除了列出特定患者的病理信息之外,还可以进行相似性分析,利用 WS 云平台中的更广泛的健康数据来帮助临床医生寻找类似患者的潜在风险因素。更重要的是,WS 的人口健康平台提供了无缝的患者交互功能,形成了从患者观察到医患交互、再到医疗开展的完整医疗流程。

根据上述 WS 精准医疗的案例,认识健康企业进行信息资源管理的重要性,思考如何利用大数据和人工智能提升健康企业的实际效果。

第一节 信息资源管理概述

一、信息的涵义、特征与类型

(一)信息的涵义

信息(information)是人类社会中普遍存在的一种现象,它无处不在、无时不有,因此其概念非常广泛。早在一千多年前的唐代,诗仙李白就在《暮春怀故人》一诗中写下了"梦断美人沉信息,目穿长路倚楼台"这样的佳句,这里的"信息"一词是音讯的意思。现今社会,信息已成为脍炙人口的流行词,就像阳光和空气一样成为了人类日常生活中不可或缺的要素,然而对于信息的确切定义人们至今仍未达成共识。

作为一个科学术语,信息在不同的学科里有着不同的涵义,随着全球化信息浪潮的兴起,信息的地位和作用日益增强,人们对信息的认识不断加深,信息的涵义也在不断发展完善。

1948 年,美国数学家、信息论的创始人香农把信息作为科学概念确定下来。他在题为"通信的数学理论"这篇著名的论文中,把信息定义为"用以消除随机不确定性的东西",认为信息是关于环境事实的可以通信的知识。香农的通信系统模型图,如图 11-1 所示。

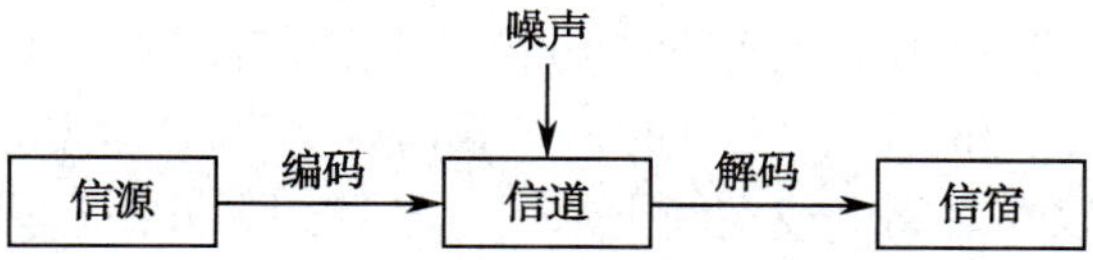

图 11-1 香农通信系统模型图

香农的定义存在一定的局限性,他提出的概念属于语法信息的范畴,并未从本质上回答信息是什么,没有涉及信息的内容和价值。

同年,美国科学家、控制论的创始人维纳在《控制论》一书中指出:"信息就是信息,既非物质也不是能量。"他认为信息是人们在适应客观世界的过程中与客观世界进行交换内容的名称。维纳将人类与客观世界交换信息的过程看作是一种广义的通信过程,其中信息是人类认识世界、改造世界的中介,如果没有信息,人类将完全与世隔绝。

在本章中,信息作为信息系统的核心概念,被定义为:信息反映了客观世界中各种事物的运动和变化,强调信息的客观性;信息是客观事物之间相互联系和相互作用的表征,表现的是客观事物运动和变化的实质内容,强调信息的系统性。

在理解上述概念时,有两点要特别注意:首先,信息是客观世界中各种事物的特征或运动状态在人脑中的反映,它体现出了人们对事物的认识和理解程度;其次,信息是人们从事某项工作或行动所需要的客观依据,人们可以通过获取有用的相关信息来认识事物、做出决策、改造世界。

综上所述,人们可以这样描述信息的涵义:信息既是可以传输和处理的数据和知识,又是管理和决策的重要依据。

(二)信息的特征

信息与人类经济、社会活动息息相关,也与众多学科有着密切的关系,因此信息表现出多种特征。

1. **客观性** 客观世界中任何事物都在不停地运动,从而呈现出不同的状态和特征,它描述了物质运动的状态和方式,忠实地再现和获取各种事物的变化和特征,它客观存在,可被处理、存储、传递和利用。

2. **系统性** 客观世界中各种事物在一定条件下相互联系、相互作用、引起事物结构和量度的变化，信息就是这种相互联系、作用的表征，要建立一个信息系统，我们必须掌握事物间的联系，注意业务之间的交互影响。

3. **无限性** 信息的范围极其广泛，涵盖人类物质生产生活中的各个方面，人类只能理解和接受无限丰富的信息中的一部分。

4. **相对性** 一方面，对于同一个事物，不同的认识主体总是依据自己的认识能力、认识目的和经验背景来理解信息的含义，故获得的信息并不相同；另一方面，同一个认识主体，也可以根据自己不同的需求，从同一事物中获取不同的信息。

5. **共享性** 信息可以被无限地复制，不会因传播而消失，从而为大家所共享，即信息不会因为多人使用而减少，相反还有可能会获得、创造新的信息。

6. **时效性** 信息是有“寿命”的，它的效用依赖于时间并有确定的期限，其价值的大小与提供信息的时间密切相关。实践证明，脱离了事物源的信息，提供的时间越早，使用信息越及时，其效用越高。反之，它的效用会逐渐降低，甚至会完全失效。

7. **有序性** 一方面，信息可以消除不确定性，即增加系统的有序性；另一方面，信息自身可按照一定的法则进行编码，从而增强信息的有序性。

8. **异步性** 包括超前性和滞后性两个方面。一方面，人们发现的信息通常要经过一段时间的实践才能创造出其价值，这就是信息的滞后性；另一方面，人们可通过现有的信息用于管理和决策，这是信息的超前性。

9. **依附性** 信息是可变换的，必须有不同的载体和方法来载荷，这样才能以一定的形式表现出来，进而被存储、传递、共享和交流。常见的信息载体有文字、图像和音频视频等。

10. **转移性** 信息可以在时间上或空间上从一点转移到另外一点。其中，在时间上的转移称为存储，在空间中的转移称为通信。

11. **两面性** 一方面，在一定条件下，信息能转化为能量、金钱和其他有形资源，因此，通过正确、有效地使用信息，可以在相同的客观条件下创造出更多的财富；另一方面，信息在衍生过程中会生成伪信息和虚假信息，不恰当地利用信息，会造成资源浪费、决策失误等不良后果。

（三）信息的类型

按照不同的分类标准，可以把信息划分成不同的类型，下面介绍四种最常见的信息分类方法。

1. **按信息生成的先后或处理的深度划分** 按信息产生的先后或加工深度划分，可以将信息划分为一次信息、二次信息和三次信息。

一次信息是对客观事物的原始记录（新闻报道、市场调查、专家报告等）；二次信息是对一次信息进行加工和处理后得到的信息（文摘、期刊、简报等）；三次信息是指系统地组织、压缩和分析一次信息与二次信息得到的结果（综述、专题报告、词典、年鉴等）。

2. **按信息源的性质划分** 按信息源的性质划分，可以将信息划分为数据信息、文字信息、语音信息、图像信息和视频信息等。

3. **按信息载体划分** 按信息的载体划分，可以将信息划分为纸介质信息、磁介质信息、光介质信息和生物介质信息等。

4. **按信息使用领域划分** 按信息使用领域划分，可以将信息划分为经济信息、管理信息、政务信息、科技信息、文教信息、军事信息等。

二、信息资源的内涵

要了解信息资源的内涵，首先要搞清楚信息和资源各自的涵义，前文已经对信息的涵义做了系统的阐释，下面首先介绍一下何为资源。

资源是一个复杂的概念，随着人类理解的深入而不断发展。传统的资源概念属于生态学、经济学和社会学的范畴。从语义角度来看,《现代汉语词典》中“资源”的定义是“生产资料或生活资料的天然来源”,也就是指自然界和人类社会中用以创造财富的具有一定积累量的物质,如土地资源、矿产资源、森林资源、海洋资源、石油资源和人力资源等。在英文中,资源译为 resource,根据构词法可理解为“源源不断的来源”。20 世纪中后期起,资源的概念在管理学、信息科学领域又得到了延伸和发展,从而出现了信息资源这一概念。

值得注意的是,信息资源是有别于信息的新概念,联系认识论来理解信息资源,可以说信息资源是人类开发和组织的信息集合,并非所有的信息都是信息资源。例如前文在信息的两面性中讲到,信息在衍生过程中会生成伪信息和虚假信息,这些无用的、过时的甚至是虚假的信息都不是信息资源。那么,到底什么样的信息才可以成为资源呢?

信息转化为信息资源需要具备三个条件:首先,必须是真实的、准确的、且经过编码处理后的有序的信息;其次,信息要达到一定的密集度;最后,可以为人类物质生产生活创造一定的价值。简而言之,信息要经过“包装”才能成为信息资源,“包装”的主要工序包括信息的采集、识别、分类、编码、存储、传递、分析、积累和维护,只有这样,才可能使之成为具有使用价值的资源为人类所用。

目前,人们对于信息资源的内涵有两种不同的理解,即从狭义和广义两个方面展开。狭义的信息资源指人类社会经济活动中经过加工处理的,对决策者有用信息的集合,如科技文教信息、政策法规信息、社会经济信息等,都是信息资源的构成要素。广义的信息资源认为信息资源是人类社会信息活动中积累起来的信息生产者、信息、信息技术等信息活动要素的集合,也就是信息活动中各种要素的总称。

从上述划分不难看出,狭义的信息资源(即信息要素)是信息资源中的核心部分,而其他要素则均为支持资源。需要说明的是,本章所涉及的信息资源这一概念,若无特殊说明则均理解为广义的信息资源,但并不否认信息活动中信息要素的核心地位。我们对信息资源的内涵做如下说明:所谓信息资源,即在人类社会信息活动中,经过加工和处理积累起来的以信息为核心的各类要素(信息生产者、信息、信息技术)的集合。其中信息活动指围绕信息的采集、识别、分类、编码、存储、传递、分析、积累和维护等开展的一系列社会经济活动。

综上所述,信息资源就是信息生产者、信息、信息技术的有机组成,有人将其称为信息资源的三要素。这三要素以信息为核心,信息生产者和信息技术为支持,相互联系、相互作用,实现了 1+1+1>3 的效果。

三、信息资源管理的产生与发展沿革

信息资源管理(information resource management, IRM),顾名思义就是对信息资源的管理过程。它是 20 世纪 70 年代末、80 年代才兴起于美国的一个新研究领域,其理论和方法在人类管理活动中不断丰富、发展和完善,最终发展成为一门独立的应用管理学科。

(一)信息资源管理的产生条件

在 20 世纪 70 年代和 80 年代,信息资源作为独立的组织资源与其他资源分离,它已经成为继人力资源之后的新资源,是信息社会的必然产物。一般而言,信息资源管理产生的前提条件是形成“信息资源”这一概念,这是信息资源管理产生的物质条件。这里涉及一个观念问题,简而言之,尽管信息资源随着人类社会的形成和发展也不断形成并积累,然而,人类并没有刻意地将其视作一种资源,因此管理这种资源更是无从谈起,只有当信息资源的积累量达到一定程度,且这种量的积累在其他因素的推动和刺激下引起质变,才会推动人类观念的转变,这也就构成了信息资源管理产生的观念条件。激发因素很多,但其中起关键作用的是信息技术,尤其是综合性的信息系统技术和网络技术,这些技术不仅促成了人类观念的质变,而且还直接促成了各类信息资源管理活动的集成发展,从而构成了信息资源管理产生的技术条件。最后,一旦具备了观念条件和技术条件，信息资源管理就必然会逐渐生成发展，由于信息资源管理最早的生成领域是政府部门的文书管理领域和工商行业的企业管理领域，故这可以称作信息资源管理产生的实践条件。

（二）信息资源管理的发展沿革

在信息资源管理发展阶段划分方法的问题上，国内外学者各执一词，归纳起来可分为以下三种观点。

一是“三阶段说”。我国学者强调信息管理的历史连续性，指出信息管理的发展可分为三个时期：第一时期，传统管理时期（1900—1950 年），以图书馆为特征；第二时期，技术管理时期（1950—1980 年），以信息系统为特征；第三时期，资源管理时期（1980 年至今），以信息资源管理为特征。马费成教授根据人类对信息认识的深化，将信息资源管理的历史沿革划分成为传统管理、信息管理和信息资源管理三个阶段。

二是“四阶段说”。美国的信息资源管理专家马钱德和克雷斯林提出了信息资源管理的“四阶段说”，由美国信息资源管理专家马尔香和克雷斯莱因提出。他们认为信息资源管理始于 19 世纪末期，从那时起到 20 世纪 90 年代，信息资源管理的发展大约可分为四个阶段：第一阶段（19 世纪末期—20 世纪 50 年代末期），信息的物理控制；第二阶段（20 世纪 60 年代—70 年代中期），自动化技术的管理；第三阶段（20 世纪 70 年代中期—80 年代），信息资源管理；第四阶段（20 世纪 90 年代至今），知识管理。除了详细地论述了每个阶段的发展情况，两位学者就每个阶段的推动力量、战略目标、基本技术、管理方法以及组织状态等因素进行了详尽地比较，见表 11-1。

表 11-1 马钱德和克雷斯林的“四阶段说”

阶段	推动力量	战略目标	基本技术	管理方法	组织状态
第一阶段：信息的物理控制	工商行业和政府部门的多样化管理，远距离管理	程序效率和物理控制	纸张，打字机，电话，文件柜，制表机，缩微胶卷	文书管理，记录/报告管理，通信管理，邮件管理，指令管理	监管和中低水平的管理分化、扩散的协作
第二阶段：自动化技术的管理	数据处理、电子通信和办公系统的独立发展和改进	技术效率和控制	第 2、3 代计算机，电子复印机，独立的组合式文字处理机，语音通信的改进	数据处理，电子通信协作和管理，文字处理中心 复制中心和独立单元的出现	中级水平管理分化，信息技术用户和提供者之间存在分歧
第三阶段：信息资源管理	数据处理、电子通信和办公自动化系统的聚合	信息、技术的集成管理，将信息视为一种战略资源	分布式数据处理，集成通信，网络多功能工作站，个人计算机	传统资源管理技术的应用，商业规划，信息资规划	中高水平的管理
第四阶段：知识管理	信息技术渗入公司每一层次的操作和管理决策制订过程中	信息资源的物质/技术管理与决策层、管理层和操作层的信息管理的整合	专家系统成基于知识的系统，决策支持系统，办公智能系统	信息价值与信息技术的集成，内部和外部信息处理的集成，信息规划和商业规划的紧密联系	管理知识资源已成为所有管理层次所采纳的管理哲学的基本部分

三是“五阶段说”。美国信息资源管理专家史密斯和梅德利在 1987 年合作出版了《信息资源管理》一书，他们认为信息资源管理始于 20 世纪 30 年代，其标志是穿孔卡片会计系统的广泛使用。从 20 世纪 30 年代起，信息资源管理的发展大致经历了 5 个阶段，即数据处理阶段、信息系统阶段、管理信息系统阶段、终端用户及其战略影响阶段、信息资源管理阶段。

由上可见，不同学者关注点的不同，形成了信息资源管理不同阶段的划分，但相同的是，信息资源管理的发展是一个渐进的过程，后一个阶段都是前一个阶段的延续与发展，随着人们对信息资源的认识逐渐深化，信息资源管理的内容也将日益丰富，管理方式也日渐多元化。

四、健康企业信息资源管理的内容

在当今社会经济生活中，信息资源的应用范围非常广泛，信息资源的拥有主体主要包括各种社会团体、政府和企业等。在这些主体中，企业是人类经济活动中最活跃的基本单位，它追求的是最大利润，它对信息技术和信息资源的需求超越了其他任何主体，故企业信息资源管理是信息资源管理的一个重要领域。

通过前文的讲述可知，并非所有的信息都叫信息资源。同样，并非企业的所有数据和信息都可以称为企业的信息资源，也并非所有信息资源都具有开发空间和价值，企业信息资源主要是指企业内在结构状态信息、竞争对手信息及客户群信息等。

20 世纪 70 年代末，信息资源管理首先应用于美国政府部门并取得了成功，这为企业管理领域信息资源管理的产生起到了铺垫作用。在物质、观念、技术、实践等条件的推动下，以信息技术为主线，结合企业战略要求及外部环境的变化，企业对于信息资源的应用能力逐步提升。目前，企业的信息资源管理正处于企业竞争者分析和竞争情报阶段，并开始向知识管理阶段转型。在此阶段，信息被视为企业的宝贵资产，适时获取和利用所需信息的能力决定了企业在管理职能、组织经营方面的竞争力。大多企业设立信息主管（CIO）负责数据处理和信息传递，从而高效管理并组织好企业的信息资源。

2017 年 10 月 18 日，习近平总书记在十九大报告中明确提出“实施健康中国战略”“为人民群众提供全方位全周期健康服务”等新时代卫生与健康工作纲领，健康企业也因此进入了蓬勃发展的时期。健康企业不是封闭的系统，而是面向市场的开放性产业。因此，健康企业必须从多种渠道获得对企业生存有利的信息资源，为己所用。

为加快健康企业管理的科学化与现代化进程、提高其竞争能力、促进其信息化建设，健康企业信息资源管理应主要兼顾内外两方面的内容。

企业内部信息资源的开发与利用。健康企业内部资源主要包括医药产品信息、健康食品信息、各类健康管理信息和与人体健康相关的信息，健康企业应将这些信息整合起来，构建涵盖人类全生命周期的健康相关产品或服务。

企业外部信息资源的开发与利用。随着互联网的发展，在互联网上出现了许多基于大健康产业的健康行业网站，如健康网、中国医药在线、医药政策法规信息等，很多信息与健康企业的发展密切相关，及时传递行业动态，发布行业需求。21 世纪是一个大变革的时代，健康企业要利用互联网技术，实现企业外部信息资源的合理开发与利用，跟踪市场动态，收集、掌握市场信息，使企业能及时制订竞争策略。

站在新时代的历史关口，健康企业机遇与挑战并存，需要职业健康工作者们登高望远、勇于变革、顺势而为，发挥信息资源在健康企业中的战略作用，不忘健康工作的初心，为推进健康中国战略砥砺前行。

第二节　健康企业管理信息系统

一、管理信息系统的定义

（一）系统与信息系统的定义

系统（system）一词来源于古代希腊文，意为整体的一部分，国内外学者关于系统的定义很多，其基本定义为：系统是一组相互关联、相互作用、相互配合的若干要素，按照某种规则，为实现某一特定目标而联系在一起的合理、有序的组合。

从定义中可以看出，系统必须具备三个条件：一是任何系统必须包含两个或者两个以上的要素，这些要素是系统最基本的单位和系统的实际载体。二是要素之间存在有机联系，在系统内外形成了一定的结构或秩序。三是任何系统都具有特定功能，且必须是组成其各个要素所不具有的新功能。

系统的结构可以划分为输入、输出、处理、反馈和控制这5个基本方面，它们共同使系统具有目的性、整体性、层次性、相关性、开放性、稳定性和相似性这些特性。

信息系统就是输入数据经过加工处理后输出信息的集成化系统，其特点在于输出的是信息。信息系统的首要任务是把分散在组织内外的信息收集并记录下来，整理成信息系统要求的格式和形式，为信息系统提供输入，然后对输入的内容加以处理，并依据处理后的结果做出决策。

信息系统通常具有以下功能：①数据收集和输入。这是指将分散在各地的数据进行收集并记录，整理成信息系统要求的格式或形式，数据的收集和输入既可以人工操作，也可以自动进行，如通过条形码、二维码等。②数据传输。为了收集和使用信息，需要把信息从一个子系统传送到另一个子系统，其实质是数据通信，数据传输的主要方式有计算机网络传输和存储介质传输。③数据存储。在管理过程中会产生大量的数据，人们往往将这些数据保存在磁盘等存储设备上，在此过程中应主要考虑存储量、存储介质、存储格式和安全保密等问题。④数据加工。通常数据在成为有效信息之前需要经过加工和处理，信息系统对信息加工主要包括：查询、排序、合并、预测、计算和优化等。⑤数据输出。这是指根据信息系统使用者的不同需要，将加工处理后的数据以不同的方式进行输出。信息系统的目的是为管理人员提供决策信息，因此信息系统的输出结果应简单易懂，尽量符合使用者的习惯。

（二）管理信息系统的定义

1985年，管理信息系统的创始人——美国明尼苏达大学卡尔森管理学院著名教授高登·戴维斯将其定义为：管理信息系统是一个利用计算机硬件和软件，手工作业，分析、计划、控制和决策模型，以及数据库的用户-机器系统。它能提供信息，具有支持企业或组织的运行、管理和决策等功能。

随着管理信息系统的发展，人们可将其定义进一步完善为：信息系统是一个人造的系统，由人、计算机硬件、软件以及数据资源组成，它以人为主导，吸取经验和遵照规律并重，利用适合的信息技术和相应的设备，及时正确地对信息进行收集、加工、存储、传递、更新和维护，实现组织中各项活动的管理、调节和控制，提高组织的效益效率，支持组织的高层决策、中层控制和基层运作。通过这个定义，人们可以知道：管理信息系统是一个以计算机技术为基础的人机系统，它把组织看作一个统一的整体，管理信息系统是对这个系统服务的信息处理系统；它是一个辅助性的决策支持系统，通过共享信息为各个部门、高层领导者提供管理决策服务，因此它是一个服务系统；实现了组织内部的信息共享。

为了满足用户的信息需求，管理信息系统需要完成大量信息处理工作，其基本功能有：①信息处理功能：即信息的采集、传输、存储、加工、检索和输出等；②计划功能：合理安排各个职能部门的计划；③预测功能：运用数学、统计或建模等方法，基于海量数据预测未来的情况；④控制功能：对计划的执行情况进行监控，比较执行结果与计划的差异，并分析产生差异的原因，辅助管理人员及时加以控制；⑤辅助决策功能：利用计算机强大的信息处理能力和决策者的判断力，以人机交互的方式辅助管理人员进行决策，从而能够合理地利用企业的各项资源，提高企业的经济效益。

二、管理信息系统的发展

管理信息系统是一个不断发展的概念。20世纪60年代，美国经营管理协会及其事业部提出了建立管理信息系统的设想，目的是使各级管理部门之间实现信息的共享，为各级决策人员提供所需要的信息。但受限于当时软、硬件水平及落后的信息系统开发方法，管理信息系统并未取得实质性的发展。直到20世纪80年代，随着数据库技术、网络技术、管理科学、软件工程、集成电路等科学技术的日趋成熟，特别是互联网的出现，极大地改善了管理信息系统的应用环境，使得其发展呈现出网络化、集成化和智能化的趋势，以下介绍管理信息系统具体的发展阶段。

（一）统计系统

这是管理信息系统的初级阶段，主要研究和处理数据间表面的关系，不能深入挖掘数据内部深层次的联系，因此无法实现预测与控制等功能。

（二）数据处理系统

数据处理系统（data process system，DPS）也叫电子数据处理系统，或称为业务处理系统，它能完成企业日常运行中记录、汇总、综合、分类等功能，其输入往往是各个职能部门发出的原始单据，而输出则是分类或汇总的报表。进入数据处理阶段该系统的功能是处理日常业务并产生报告，实现日常事务的自动化处理。该阶段系统的主要目的在于提高企业的效益，而缺点则是处理效率偏低，该系统仍无法实现预测与控制的功能，故也只是管理信息系统的初级阶段。

（三）知识管理系统

知识管理系统（knowledge management system，KMS）是支持知识管理战略实施与实现的工具与平台，通过系统的方法，借助先进的信息技术，在巩固发展已有知识，加快知识的传递与共享，引导知识创新等方面为知识管理战略的实现起到支持作用。一般来说，该系统能捕获组织的知识与技能，并将这些知识与技能分布到能够帮助组织实现最大产出的部门，从而高效率地管理组织的知识资产，对组织的知识创新、知识共享和知识应用提供帮助。随着数据挖掘等技术的不断发展，知识获取的渠道将更加广泛，组织可以对其业务流程中产生的数据、记录和文档等进行深入的分析，从而提高组织的效益。

（四）决策支持系统

决策支持系统（decision support system，DSS）是一种以计算机为工具，应用决策科学及有关学科的理论与方法，以人机交互方式辅助决策者解决半结构化和非结构化决策问题的信息系统。决策支持系统的目的是在决策者和机器进行交互的过程中，组织和管理供决策使用的数据或信息，针对不同的问题，通过建模和分析，知道决策者完成一系列判断，辅助其进行决策。总的来说，决策支持系统的功能可归纳为：管理和提供与决策有关的组织内外部信息，提供各项决策方案执行情况的反馈信息，存储与决策相关的各种计算模型，灵活运用模型对数据进行加工、汇总、分析和预测，具有方便的人机交互和输出功能等。随着企业资源计划（ERP）、客户关系管理（CRM）、物流与供应链管理、电子商务等技术的发展，决策支持系统也呈现出各种不同的新形势，如群体决策支持系统（group decision support system，GDSS）、智能决策支持系统（intelligence decision support system，IDSS）、经理信息系统（executive information system，EIS）等。

（五）计算机集成制造系统

计算机集成制造系统（computer integrated manufacturing system，CIMS）是指将CAD（计算机辅助设计）、CAM（计算机辅助制造）、CAPP（计算机辅助工艺规程）、CAE（计算机辅助工程）、CAQC（计算机辅助质量控制）、PDM（产品数据管理）、ERP（企业资源计划）及其他不同类型的子系统逐一连接起来，形成一个集成化、智能化的系统。CIMS是高科技密集型的大型一体化管理系统，集生产控制信息流、技术信息流和管理信息流于一体，达到数据的高度共享。

三、健康企业管理信息系统的开发方法

管理信息系统开发的目的是实现用户的需求，因此其开发是一个复杂的过程，需要多人合作，涉及的学科领域广泛，采用的技术也多种多样，不仅涉及技术问题，还涉及许多管理方法与理

念。将信息系统引入组织是一个十分复杂的系统该工程，为确保系统开发工作的顺利开展，必须遵循信息系统在组织中发展的规律进行引入和开发。本节主要介绍管理信息系统开发中常见的开发策略、开发方法及开发方式。

（一）系统开发的策略及方式

美国管理信息系统专家诺兰通过对上百个公司发展信息系统的实践和经验的研究，于1973年首次提出了著名的信息系统进化的阶段模型，即诺兰模型。该模型认为，把计算机应用到组织的管理中一般要经历从初装到成熟的成长过程，这个成长过程可划分为六个阶段，且模型中的各阶段一般是不能够跳跃发展的，其中前三个阶段具有面向计算机应用时代的特征，而后三个阶段则显示出面向信息资源管理时代的特点（表11-2）。

表11-2 诺兰模型各阶段划分

阶段	初装	蔓延	控制	集成	数据管理	成熟
时期	初级		中级		高级	
时代	面向计算机应用			面向信息资源管理		

此外，诺兰模型还指出了信息系统发展过程中的六种增长要素，即计算机硬软资源、应用方式、计划控制、组织地位、领导模式和用户意识。伴随着信息系统在组织中应用的深入，这些要素也发生着显著的变化，它们与信息系统相辅相成、共同发展。诺兰模型提出的管理信息系统发展的客观规律，既可以用于诊断组织当前所处在哪个发展阶段，也可以用于针对组织发展过程中的各种变化，科学合理地制订系统开发规划。

诺兰模型只是对系统开发进行规划和指引，具体在开发系统的过程中，还需要掌握一定的策略及方式。如前所述，管理信息系统的开发是项复杂的系统工程，其开发策略应具有战略性和指导性，策略制订的好坏将直接影响系统建设的质量和进度，甚至影响系统建设的成败。在制订策略时，需要遵循“一把手”参与原则、开放性和相关性原则、沟通原则等，并根据实际情况进行调整和改进。常用的系统开发策略通常有以下两种。

一是“自下而上”的开发策略。该策略的基本思想是从系统的业务情况入手，先实现每个数据处理的基本功能，再逐步增加管理和控制的功能，逐步实现由低级向高级建立信息系统。一些组织在初装和蔓延阶段，即在各种条件尚不完备的情况下通常会采用这种开发策略。该策略符合事物发展的规律，易开发、见效快，可以避免大规模系统可能出现的运行不协调的危险。但是由于考虑问题缺乏系统性，不能做到周密翔实，因此随着系统的开发，各子系统之间无法充分协调，此时往往需要做出许多重大修改，甚至重新进行规划与设计。

二是“自上而下”的开发策略。该策略的基本思想是从整体上对系统进行协调与规划，有全局到局部，从战略规划到业务实施，从探索全面合理的信息流出发来设计管理信息系统。该策略整体性和逻辑性极强，可以保证子系统的集成与通信。但是由于过于烦琐，实施起来难度极大，开发系统的前期周期很长、投入多、风险相对较大。

通常来说，“自下而上”的策略适合小型管理信息系统的设计，而在大型系统开发实践中，我们常将两种策略结合起来进行开发，先用“自上而下”的策略做好规划，再“自下而上”地逐步完成系统各个模块的开发。

在确定系统开发策略后，企业需根据自身财力及信息技术水平，选择由谁来承担系统开发任务和建设所需信息系统的问题。表11-3是对几种常见的系统开发方式进行的对比。

（二）系统开发的方法

管理信息系统的开发方法有很多，常用的方法有结构化开发方法、原型法、面向对象开发方法以及计算机辅助软件工程方法等。

表 11-3　信息系统开发方式的比较

	自行开发	委托开发	联合开发	购买套装软件
分析、设计能力	非常需要	逐渐培养	一般	一般
编程能力	很高	不需要	逐渐培养	一般
维护难易程度	容易	较困难	较容易	困难
开发费用	少	多	较多	较少
补充说明	开发时间较长，但软件实用度很高，同时培养了组织系统开发人员	最省事，但费用最高，且必须配备业务精熟的开发人员对系统进行检查	重在沟通，需要员工一定的开发水平，合作方有培训的义务和共享成果的权力	需要企业具备很强的鉴别能力，是系统符合组织的需要，并能独立完成系统的维护工作

1. **结构化开发方法**　结构化系统开发方法产生于 20 世纪 70 年代中期，是根据 Dijkstra 等人提出的结构化程序设计思想发展起来的。“结构化”一词出自结构化程序设计，结构化程序设计是指每一个程序都应该按照一定的基本结构来组织，包括顺序结构、选择结构和循环结构等。结构化方法结合了“自上而下”的开发方式和生命周期法，在所有开发方法中应用最广泛、发展最成熟。

结构化系统开发方法的基本思想是采用结构化的思想、系统工程的观点和项目管理的方法，以用户需求为核心，先利用“自上而下”的方式将整个管理信息系统分成若干个子系统模块，再遵循“自下而上”的方式完成各个子系统模块的基本功能，最终实现完整系统的开发。

具体说来，就是首先将整个系统的开发过程按照系统的生命周期依次划分为系统规划、系统分析、系统设计、系统实施和系统运行维护等几个相对独立的开发阶段。

（1）系统规划阶段：将新系统建设方案及实施计划编写出“系统设计任务书”。

（2）系统分析阶段：指出现行系统的局限性和不足之处，确定新系统的基本目标和逻辑功能要求，最终成果是完成“系统分析说明书”。

（3）系统设计阶段：根据系统分析说明书中规定的功能要求，结合组织的实际情况，具体设计并实现新系统的物理模型。这个阶段的技术文档是“系统设计说明书”。

（4）系统实施阶段：这个阶段的特点是同时启动了几个互相联系、互相制约的任务，必须精心安排、合理组织。系统实施是按实施计划分阶段完成的，每个阶段应写出“实施进度报告”，并在系统测试完成之后写出“系统测试分析报告”。

（5）系统运行维护阶段：对于不能修改或难以修改的问题记录在案，定期整理成新需求建议书，为下一周期的系统规划做准备。

结构化开发方法注重从开发过程的整体性和全局性出发去考虑，在开发策略上使用“自上而下”和“自下而上”相结合的原则分析和设计系统，在开发时严格区分工作阶段，每一阶段都有明确的成果，并作为下一阶段的依据。采用结构化的方式进行开发有利于提高开发质量，加快开发进度，且开发时目标明确，步步为营，极大程度上减少了返工带来的人力及财力的浪费。但是在实践过程中，由于其系统开发周期过长，必然延长系统的开发时间，与此同时还可能因为系统开发周期内计算机理论和技术的发展与更新，造成刚建立的新系统因无法适应企业经营环境的变化而迅速淘汰，从而缩短系统的使用寿命。

2. **原型法**　原型法是 20 世纪 80 年代随着计算机软件技术的发展，特别是在关系数据库系统和图形用户界面的基础上，提出的一种从设计理念到开发手段都全新的系统开发方法，并逐步成为一种流行的信息系统开发方法。与结构化开发方法相比，摒弃了按阶段细致调查分析，完成书面设计文档的烦琐做法，而是采用“自下而上”的开发策略，旨在缩短开发周期，减少开发风险。

这种方法的本质是根据对用户信息需求的大致了解,尽快地开发出可以使用的新系统原型,然后通过反复修改和完善,最终完成用户所需的系统。

原型法的基本思想是在系统开发初期,系统开发人员在初步获取用户基本需求和主要功能的基础上,迅速构造一个合适的原型并运行,之后系统开发人员与用户在此基础上,对原型的结构和功能进行不断分析、修改、细化、扩充和完善,直至完全符合用户的需求为止。由于各种因素的影响,系统的所有需求不可能在开发之初就预先确定,因此用户只有在看到一个具体的系统时,才能对自己的需求有更进一步准确的把握,才更容易发现当前系统存在的问题。原型法的开发过程大概分为以下几个阶段。

第一阶段,用户提出系统开发的初步需求,系统开发人员根据其需求迅速构造出一个系统原型。

第二阶段,双方进行沟通和测试,若该原型不可用,则抛弃并重新构造;若对初始原型满意,则在此基础上提出新的需求并要求修改。

第三阶段,反复对修改后的原型进行测试和评价,直到符合用户的需求,交付使用并提供相应的文档。

原型法符合人们认识事物的规律,循序渐进、反复修改,既可以增进用户对管理信息系统的了解,也可以激发用户参与开发的热情,从而确保较好的用户满意度;原型法开发周期短,费用相对较低,且有利于系统今后的交接与维护。但是,原型法不适合大规模系统的开发,没有充分的系统需求分析,整个开发过程采用“编码—实现—修改”的开发方式,返工现象严重;同时初始原型一旦建立,就失去了在开发中选择更好技术方案的机会;最后,由于过分强调速度,系统的质量也难以得到保证。

3. 面向对象开发方法 在软件开发过程中甚至软件投入使用时候,用户会不断提出各种更改要求,使用结构化开发方法或原型法不但无法根除旧的问题,还容易引发新的错误;此外,以往的开发方法代码重用率低,使得程序员的工作效率低下。因此,为了解决系统稳定性、通用性等问题,人们在实践中创造出面向对象开发方法。该方法产生的基础是1967年面向对象程序设计语言的产生,20世纪80年代和90年代又相继产生了C++语言和Java语言,这促使面向对象开发方法逐渐流行起来。

面向对象是认识和描述系统的一种方法,它认为系统是由一系列相互联系、相互作用的对象组成的,面向对象程序设计的基本思想包括以下几点:①抽象性:客观世界中任何事物都可以抽象为一个对象;②封装性:对象作为一个整体,它们包含一系列静态属性和相关操作,且对外不必公开这些属性和操作;③继承性:抽象的对象所具有的性质自然地成为其子类的性质;④多态性:向不同的对象发送同一条消息,不同的对象在接受时会产生不同的行为。

面向对象开发方法的开发过程主要包括面向对象的需求分析(OOA)、面向对象的设计(OOD)和面向对象的程序(OOP)三个阶段。其优点在于面向对象思想符合人类的思维习惯,有利于用户与开发人员进行沟通与交流;面向对象的各种特性使得软件的一致性和模块的独立性较好,代码的重用性也大大提高。但是,面向对象开发方法也存在着明显的不足。首先,必须依靠一定软件技术的支持;其次,开发大型系统时需要采用结构化开发方法中调查和分析作为基础,否则会导致系统结构不合理;最后,此开发方法不易掌握,开发时有一定的难度。

4. 计算机辅助软件工程方法 计算机辅助软件工程方法又称CASE方法,是一种自动化和半自动化的系统开发方法。其基本思想是结合系统开发的各种方法,在完成对目标系统的规划和调查后,如果系统开发过程中的每一步都相对独立且在一定程度上彼此形成相对应的关系,则整个系统开发就可以应用专门的软件开发工具和集成开发环境来实现。

CASE方法的优点在于它解决了从客观对象到软件系统的映射问题,支持系统开发的全过程,其自动检测的方法大大提高了软件的质量,简化了软件的管理和维护,提高了软件各部分的

Note

重用性。虽然 CASE 为用户提供了各种方法的开发环境，但在实际开发系统时，只能选择某一种具体的开发方法；此外 CASE 无法做到自动设计，设计者仍需在了解公司业务需求的基础上进行开发。

第三节 健康企业数字转型

一、互联网下的健康企业

随着"互联网+"时代的来临，移动互联网、大数据、云计算、人工智能等多领域的技术与大健康领域跨界融合，产生了新的服务模式，这些新模式快速渗透到大健康领域，特别是包括预防、诊断、治疗等在内的医疗领域的各个环节，给人们的就医习惯和就医方式都带来了重大的影响。

（一）"互联网+医疗"的内涵

2015 年 3 月，李克强总理在第十二届全国人民代表大会政府工作报告中第一次提出国家要制订"互联网+"战略，此后，国务院发布的《全国医疗卫生服务体系规划纲要（2015—2020 年）》指出要积极应用互联网、物联网、云计算等信息化技术来转变卫生服务模式，惠及老百姓。

"互联网+医疗"并不是简单的加法，而是运用互联网的思维，借助互联网这一平台，通过重构就诊流程、医患协同模式、健康管理方式、药品服务形式、治疗诊断方法和数据分析处理能力等方面，对传统医疗的独立环节进行思维模式和经营模式的创新，有利于重塑医院服务流程，提高医疗服务效率，实现合理就医和分级诊疗，极大缓解了看病难、繁、慢等现状。

（二）"互联网+医疗"存在的问题和应对措施

当前，"互联网+医疗"比较典型的应用有网上挂号、网上医疗服务咨询、网上药店等，然而其并未深入到医疗机构的核心业务诊疗服务，而是徘徊在诊疗服务的外围，根本原因有以下几点：一是行业监管和规范缺失；二是健康企业的互联网基础设施仍需完善；三是缺乏行业技术标准和统一的服务标准。

为应对上述问题，应加强医疗行业互联网基础设施建设，在完善健康行业技术标准和服务标准上下足功夫，与时俱进地建立和完善"互联网+医疗"相关政策法规，这样才能实现互联网与大健康领域的跨界融合，推动医疗卫生行业的改革与创新。

二、健康企业与大数据

21 世纪是数据信息的时代，社交网络、电子商务、移动互联大大拓展了互联网的应用领域，同时也产生了越来越多的数据。例如，国外某搜索引擎公司通过大规模集群和 MapReduce 软件，每个月处理的数据量超过 400PB；国内某搜索引擎则每天大约要处理几十 PB 数据；国外某社交媒体注册用户超过 10 亿，每月上传的照片超过 10 亿张，每天生成 300TB 以上的日志数据。

《纽约时报》2012 年 2 月的一篇专栏中称，"大数据"时代已经降临，在商业、经济及其他领域中，决策将日益基于数据和分析，而非基于经验和直觉。大数据时代对人类的数据驾驭能力提出了新的挑战，也为人们获得更为深刻、全面的洞察能力提供了前所未有的空间与潜力。哈佛大学社会学教授加里·金说："这是一场革命，庞大的数据资源使得各个领域开始了量化进程，无论学术界、商界还是政府，所有领域都将开始这种进程。"

"大数据"已经引起科技界和企业界广泛关注，在政府层面也受到了重视。2012 年 3 月，美国政府宣布投资 2 亿美元启动"大数据研究和发展计划"，这是继 1993 年美国宣布"信息高速公路"计划后的又一次重大科技发展部署。美国政府认为大数据是"未来的新石油"，决定将"大数据研究"上升为国家意志。一个国家拥有数据的规模和运用数据的能力将成为综合国力的重要组成部分，对数据的占有和控制也将成为国家间和企业间新的争夺焦点。数据是与自然资源、人力资源一样重要的战略资源，隐含巨大的经济价值。如果有效地组织和使用大数据，将对经济发展产生巨大的推动作用，孕育出前所未有的机遇。

（一）大数据的概念

“大数据”这个术语最早期的引用可追溯到 apache org 的开源项目 Nutch。当时，大数据用来描述为更新网络搜索索引需要同时进行批量处理或分析的大量数据集。随着 MapReduce 和 Google File System（GFS）的发布，大数据不仅用来描述大量的数据，还涵盖了处理数据的速度。目前关于大数据还没有准确权威的定义。在互联网数据中心（Internet Data Center，IDC）的报告中，他们对大数据进行了一个简单的描述：大数据是一个看起来似乎来路不明的大的动态过程。但是实际上，大数据并不是一个新生事物，虽然它确实正在走向主流和引起广泛的注意。

《著云台》的分析师团队认为，大数据（big data）通常用来形容一个公司创造的大量非结构化和半结构化数据，这些数据在下载到关系型数据库用于分析时会花费过多时间和金钱。大数据分析常和云计算联系到一起，因为实时的大型数据集分析需要像 MapReduce 一样的框架来向数十、数百或甚至数千的电脑分配工作。也有人认为，大数据是指那些超过传统数据库系统处理能力的数据，它的数据规模和传输速度要求很高，或者其结构不适合原本的数据库系统。为了获取大数据中的价值，人们必须选择另一种方式来处理它。数据中隐藏着有价值的模式和信息，在以往需要相当的时间和成本才能提取这些信息。部分领先企业需要支付高昂的代价才能从大数据中挖掘信息。而当今的各种资源，如硬件、云架构和开源软件使得大数据的处理更为方便和廉价。即使是在车库中创业的公司也可以用较低的价格租用云服务时间了。对于企业组织来讲，大数据的价值体现在两个方面：分析使用和二次开发。对大数据进行分析能揭示隐藏其中的信息。例如零售业中对门店销售、地理和社会信息的分析能提升对客户的理解。对大数据的二次开发则是那些成功的网络公司的长项。例如社交媒体通过结合大量用户信息，定制出高度个性化的用户体验，并创造出一种新的广告模式。这种通过大数据创造出新产品和服务的商业行为并非巧合，而是大数据时代的创新者。

（二）大数据的特点

关于什么是“大数据”，现在还没有统一的定义。有研究者曾对大数据作了如下的描述：数据增长如此之快，以至于难以使用现有的数据库管理工具来驾驭，困难存在于数据的获取、存储、搜索、共享、分析和可视化等方面。任何一个企业，尤其是金融企业，每天将产生大量的、各种各样的数据，而且数据具有量大、类型复杂，并且要求处理速度快。那么，大数据应具有如下特征。

1. **海量性** 即数据的量要大。这种大已经不仅仅是前面数字的改变或者膨胀，而是后面单位的急剧变化。企业面临着数据量的大规模增长，如 IDC 最近的报告预测称，到 2020 年全球数据量将扩大 50 倍。目前，大数据的规模尚是一个不断变化的指标，单一数据集的规模范围从几十 TB 到数 PB 不等。简而言之，存储 1PB 数据将需要 2 000 台配备 500GB 硬盘的个人电脑。此外，各种意想不到的来源都能产生数据。

2. **多样性** 一个普遍观点认为，人们使用互联网搜索是形成数据多样性的主要原因，这一看法部分正确。然而，数据多样性的增加主要是由于新型多结构数据，以及包括网络日志、社交媒体、互联网搜索、手机通话记录及传感器网络等数据类型造成。其中，部分传感器安装在火车、汽车和飞机上，每个传感器都增加了数据的多样性。

3. **高速性** 高速描述的是数据被创建和移动的速度。在高速网络时代，通过基于实现软件性能优化的高速电脑处理器和服务器，创建实时数据流已成为流行趋势。企业不仅需要了解如何快速创建数据，还必须知道如何快速处理、分析并返回给用户，以满足他们的实时需求。根据某管理信息系统机构对于数据创建速度的调查，据预测到 2020 年全球将拥有 220 亿部互联网连接设备。

4. **大数据的价值密度低** 导致大数据挖掘需要新的、更快速的方法。大数据一般是 1PT 以上的数据。如果按照一般的机器配置，要存1PT的话需要上千台机器。在数据分析上，如果在上千台机器上设计挖掘算法，就非常得不方便。如何把数据的潜在价值发挥出来，是一个挑战。

同时，大数据涉及的度发生了重大变化。随着数据收集手段的更加先进，存储手段的突破，数据的产生来源，影响的范围都将进一步向更广泛、更深入的区域延伸，越来越多的组织和个人被纳入到大数据的范畴，社会各个方面的联系在不断地增强，社会进化的步伐将变得越来越快。此外，大数据具有易变性。大数据具有多层结构，这意味着大数据会呈现出多变的形式和类型。相较传统的业务数据，大数据存在不规则和模糊不清的特性，造成很难甚至无法使用传统的应用软件进行分析。传统业务数据随时间演变已拥有标准的格式，能够被标准的商务智能软件识别。目前，企业面临的挑战是处理并从各种形式呈现的复杂数据中挖掘价值。值得注意的是，云计算是给大数据提供一个开放式的、分布式计算的技术支撑，为大数据研究提供了很好的技术支撑，促进了大数据分析的快速发展。

（三）健康大数据的应用

大数据已经被成功地应用于健康企业，尤其在医疗领域中的应用非常广泛。以下介绍大数据在疾病预防及诊疗、医药研发和精准医疗三个方面的应用情况。

1. **疾病预防及诊疗**　据估计，只有10%~15%的健康影响因素已被医疗服务提供者所测定，剩下的影响因素如健康行为、遗传因素、自然和社会经济环境等均未被测定。大数据可以将传统的健康数据（如医疗记录、家族病史等）与其他来源的个人数据（如收入、饮食习惯、娱乐方式等）联系起来，利用大数据技术对影响健康的因素进行关联分析，从而遴选危害健康的相关危险因素，制作健康监测评估图谱和知识库，并提出有针对性的干预计划，以促进居民健康水平的提高。

大数据可以帮助医生为患者提供高质量、有效而低成本的治疗方式。2012年，我国高血压发病率接近18%，患者接近2亿。通过健康云平台对每个居民的健康数据进行智能采集，供居民随时查阅，以了解自身的健康程度。同时，该平台还能提供专业的在线专家咨询系统，提醒可能发生的健康问题，实现对疾病的科学管理。对于医疗卫生机构，通过对远程监控系统产生数据的分析，医院可以减少患者住院时间，实现提高家庭护理比例和门诊医生预约量的目标。目前武汉协和医院已经与市区八家社区卫生服务中心建立远程遥控联系，并将在未来提供“从医院到家”的服务。

2. **医药研发方面**　大数据技术应用于医药研发的战略意义在于：利用大数据改善治疗措施的同时，也能提高制药公司药品研发的效率、促进其研发出能够获得更好疗效的个性化药物。此外，医药机构在新药研发阶段，可以通过大数据分析公众的药品需求趋势，确定更为合理的投入产出比。此外，大数据还能够缩短药物的上市时间，增加其临床试验的成功率，一般新药从研发到推向市场的时间大约为13年，医药公司可以通过优化物流信息平台，更快地获取回报，使用数据分析预测帮助企业提早将新药推向市场。

3. **精准医疗方面**　基于大数据的精准医疗服务主要提供精准诊断、精准治疗与精准药物。

（1）精准诊断：目前精准诊断主要是指分子诊断，首先，通过电子病历系统和生物样本库完整采集患者信息，为精准医疗提供数据支持；其次，通过基因测序平台采集患者分子层面的信息；最后，综合统计学、分子生物学、计算机科学，用大数据挖掘的方法对所有信息整合分析、可视化展现，形成精确的临床诊断报告。

（2）精准治疗：这一环节是指在精准诊断的基础上，医生利用大数据分析技术对大样本人群与特定疾病类型进行生物标记物的分析、鉴定、验证、应用，从而精确寻找到病因和治疗靶点，为临床决策提供精确的支持和依据。

（3）精准药物：精准药物是精准医疗的核心所在，是指根据疾病类别进行靶向特异性药物研发，利用基因组个体差异指导用药，是目前临床医疗的主要发展方向。

Note

三、健康企业与人工智能

人工智能(artificial intelligence,AI)一词最早是由约翰麦卡锡在1956年的达特茅斯会议上提出的,是研究、开发用于模拟、延伸和扩展人的智能的理论、方法、技术及应用系统的一门新的技术科学,是在计算机科学、控制论、信息论、神经心理学、哲学、语言学等多种学科研究的基础上发展起来的一门综合性很强的交叉、前沿学科。

(一)人工智能的概念

人工智能是计算机科学的一个分支,也被认为是21世纪三大尖端技术(基因工程、纳米科学、人工智能)之一。它企图了解智能的实质,并生产出一种新的能以人类智能相似的方式做出反应的智能机器,人工智能学科研究的主要内容包括:知识表示、自动推理和搜索方法、机器学习和知识获取、知识处理系统、自然语言理解、计算机视觉、智能机器人、自动程序设计及专家系统等方面。人工智能依据通用的学习策略,可以读取数据,从中发现规律、联系和洞见,因此能够根据新数据自动调整,而无需重设程序,利用机器学习,人工智能系统获得了归纳推理和决策能力。

人工智能自诞生以来,其理论和技术日益成熟,应用领域也不断扩大,无论在理论和实践上都已自成一个体系。本节将主要介绍人工智能在健康企业中的应用,理念改变技术,技术也会反作用于理念,相信智能医疗必将改变未来的医疗模式,人工智能也将在大健康领域大放异彩。

(二)人工智能在健康企业的应用

随着人工智能在大健康领域的巨大发展,"AI+医疗"成为了当前最具潜力的领域之一,"AI+医疗"的市场规模将从2014年的6亿美元增加到2021年的66亿美元,年复合增长率达到40%。各大科技巨头也纷纷布局健康医疗领域,国外机构起步较早,从2011年开始应用于医疗领域,到2014年投资10亿成立了业务集团,如今已收购医疗数据公司,并与基因公司、肿瘤医院、制药公司等展开全面合作。某软件公司于2016年提出医疗AI计划Hanover,并与俄勒冈卫生科学大学Knight癌症研究所展开合作。某搜索引擎公司于2016年成立了Deepmind Health,并与National Health Service(NHS)合作,开展辅助决策研究,旨在提高临床效果和患者安全性,减少开销。国内则起步较晚,截至2017年3月已有多家公司相继开展医疗大脑计划。

本章小结

对健康企业进行管理时,要明确信息资源在企业中占有的重要地位。本章从信息论的角度,对信息资源的涵义、特征、类型、产生和发展沿革做了详细介绍,并介绍了信息资源管理在健康企业中的应用。健康企业管理信息系统的开发,主要包括结构化方法、原型法、面向对象的开发方法以及计算机辅助软件工程方法。每种开发方法都有其优缺点及适用范围,不同企业需根据自身情况选择合适的方法进行开发。

在如今"互联网+"的时代下,大数据及人工智能的出现也为健康企业的发展提供了更多便利条件,明确企业发展方向并做好数字化转型,是健康企业未来发展的趋势。

(许 伟)

思考题

1. 简述信息资源管理发展的"四阶段说"。
2. 什么是管理信息系统,健康管理信息系统开发方法有哪些?
3. 健康大数据的特点是什么?
4. 人工智能的概念是什么?

职能篇

第十二章 健康企业市场营销管理

本章要点

1. **掌握** 市场营销的概念及营销要素组合；目标市场战略的内涵；市场营销基本策略。

2. **熟悉** 品牌经营策略的几种主要形式；服务营销管理的过程。

3. **了解** 市场营销观念的演变与发展历程。

导入案例

TJML 医疗美容中心的营销策略

TJML 医疗美容医院成立于 2014 年，发展迅速。旗下的医疗美容中心的上门客户占全院比重超 50%，业绩从开业之初的 10%提升到 30%以上。这与其系统、科学的营销策略密不可分。

1. 产品策略 TJML 医疗美容中心的主要产品包括紧肤除皱、美肤祛斑、医学纹绣、美肤嫩肤、祛痘项目、水光项目、脱毛项目、祛痣祛胎记、瘢痕修复等。针对面部综合皮肤美容和形体雕塑开发的需求，设计更有性价比高、竞争力强的医疗美容项目套餐，最大化吸引消费者；针对本院传统优势项目，受众多、普适性强，重点提升技术，确保产品可靠安全，让消费者放心；针对病症类、有医疗技术门槛项目，重点放在治疗效果的推广上，有利于提升医院品牌形象。

2. 价格策略 TJML 医疗美容中心将目标市场分为低端、中端和高端，把中端市场作为主打市场。对于价格相对固定的小项目，给予员工一定范围的定价权利，以提升销售积极性。另外，对收费较高的大项目，因消费者更注重效果和安全性，采取了灵活定价、适当调整策略；为避免陷入恶性价格竞争，该医院针对核心重点项目实施了“多种项目打包组合套餐”，制订了相对合理的价格策略。既体现了价格优惠，又确保了品牌核心地位。

3. 渠道策略 TJML 医疗美容中心采取线上和线下相结合的渠道策略。线上通过搜索平台吸引客户，成效显著，通过线上平台达成的门诊量、成交量和成交金额同比前期分别增加了 115.67%、123.6%和 78.76%。线下主要采用直接来院和传统媒体两种渠道，通过老带新的线下合作，避开恶性竞争。

4. 促销策略 TJML 医疗美容中心充分利用新媒体的优势，把职场白领所在的写字楼作为主要的宣传方式。推出各项销售促进计划，如针对节假日、寒暑假的促销；定期举办交流会；通过互联网金融开展促销活动等。在人员促销方面，强化销售人员的相关专业知识及销售技巧方面的培训，促成现场成交率。在公共关系促销方面，与中间商之间建立互惠互通关系，实现双赢，不断扩大品牌知名度；与新闻媒体建立有效的沟通渠道，为企业树立了良好的社会形象等。

随着国民经济的快速增长，医疗美容市场日渐扩大，正呈井喷式的发展势态。TJML 医疗美容中心能在市场竞争中独占鳌头，主要缘于能够树立正确的营销理念，深入分析目标市场，合理定位，实施了符合现代医疗美容市场的营销策略。其做法可为国内其他医疗美容机构提供一定的参考依据。

第一节　现代市场营销理论概述

“市场营销”是当下使用频率最高的词语之一，已成为企业的基本管理职能之一。现代管理之父彼得·德鲁克曾说过：“市场营销是企业的根本，不能视作一项单独的功能，从顾客的观点看，营销就是整个企业。”由此，健康企业必须准确把握市场的发展动态，提高营销活动的有效性。

一、市场营销的概念

（一）市场的概念及构成要素

1. **市场的概念**　现代营销之父菲利普·科特勒认为：“市场是由那些具有特定需求或欲望，而且愿意并能够通过交换来满足这种需求或欲望的全部潜在顾客所组成。”这是从卖方的营销角度来解释市场概念的，认为市场只是指买方，而非卖方。这是现代市场营销学的观点。

2. **市场的构成要素**　从市场营销学的观点来看，一个有效的市场是有现实需求的市场，应具备人口、购买力和购买欲望三个基本要素，用简单的公式概括为：

市场=人口+购买力+购买欲望

这三个构成要素是相互制约、缺一不可的，只有三者结合起来才能构成现实的市场，才能决定市场的规模和容量。

（二）市场营销的核心概念

菲利普·科特勒在 1997 年出版的《市场营销管理》中指出：“市场营销是个人或组织通过创造并同他人或组织交换产品和价值以获得其所需所欲之物的一种社会和管理过程。”这一定义得到众多专家的赞同，故被称为权威定义。

为了增进对市场营销更加深入的理解，还应掌握它的核心概念。

1. **需要、欲望和需求**　需要、欲望和需求是市场营销活动的出发点。需要是构成市场营销的最基本概念，是指人们没有得到某些基本满足的感受状态。欲望是指想得到这些基本需要的具体满足物的愿望。需求是指人们有支付能力并愿意购买某个具体产品或服务的欲望。健康企业要认识到需要不是市场营销者能凭空创造的，但欲望是可以通过创造、开发特定的产品或服务来影响的，一旦有购买力作为后盾时，欲望就变成了需求。在医养日趋融合的背景下，健康企业在行销过程中，应努力寻求“医养一体化”的新模式。

2. **产品或服务**　产品是指用来满足人类某种需要或欲望的东西。产品的价值在于它给人们带来对欲望的满足。产品包括有形与无形的、可触摸与不可触摸的。有形产品是为顾客提供服务的载体，无形产品或服务是通过其他载体，诸如人、地、活动、组织或观念等来提供的。因此，健康企业在行销过程中，不要只重产品而轻顾客需求。因为产品的实体只是服务的外壳，对顾客不仅要描述清楚产品的物理特征，更要侧重推销产品深层的利益和所能提供的服务。

3. **效用、费用和满足**　效用是指消费者对满足其需要的产品的全部效能的估价。费用是指人们在获得使其需要得以满足的产品效用的同时，必须支付相应的费用。满足是指人们通过对一种产品的可感知效用与自己的代价相比较之后，所形成的愉悦或失望的感觉状态。满足这一点对健康企业尤为重要。因此，健康企业在行销过程中，不仅要为顾客提供产品，更要使顾客感到在交换中价值的实现程度比较高，这样才能使顾客获得满足感，促使市场交易的顺利实现，为企业建立稳定的市场。

4. **交换、交易和关系** 交换是指从他人处取得所需之物,而以自己的某种东西作为回报的行为。交易是交换双方之间的价值交换。交换并非是一次性活动,交换双方都要经历一个寻找合适的产品和服务、谈判价格和其他交换条件以及达成交换协议的过程。建立在交易基础上的营销称为交易营销。从20世纪80年代开始,关系营销以一种新的概念和理论充实到市场营销学的理论体系中来。因此,健康企业在行销过程中,应将重点由单纯研究交易活动的实现转为研究顾客关系的维护和管理。

二、市场营销要素组合

市场营销要素是指企业为了满足顾客需求、促进市场交易而运用的市场营销手段。市场营销要素组合是指企业为追求预期的营销目标,综合运用企业可以控制的各种要素,并对之进行最佳组合。迄今,比较有影响的市场营销要素组合有4P、6P、4C、4R等。

(一)市场营销组合的基本框架:4P组合

20世纪著名的营销学大师杰罗姆·麦卡锡于1960年提出了著名的4P营销组合经典模型,即:产品(product)、价格(price)、渠道(place)、促销(promotion)。其中,产品是指企业向目标市场提供的物品和服务的组合;价格是消费者获得产品所需支付的货币数量;渠道是指企业为使产品到达目标顾客而采取的各种活动;促销是指传达产品价值并说服目标顾客购买的各种活动。4P是指导健康企业进行营销决策实践的市场营销学基本理论。

(二)大市场营销:6P组合

菲利普·科特勒在1984年提出一个颇具创新性的理论,他在市场营销组合的4P基础上,提出了6P组合,又增加了政治力量(political power)和公共关系(public relations),并将这种战略思想称为"大市场营销"。目的是通过运用政治力量和公共关系,打破国际或国内市场上的贸易壁垒。在全球一体化的大背景下,这种理念可以助推健康企业顺利进入国际市场。

(三)以客户为导向:4C组合

20世纪90年代,美国营销专家罗伯特·劳特朋提出了4C营销要素组合,即顾客(customer)、成本(cost)、便利(convenience)、沟通(communication)。4C组合是站在消费者的立场上重新反思营销活动的各要素,是对传统4P理论的发展和深化。4C相比于4P,更强调企业重视顾客要甚于重视产品。从这一点上,4C有助于指导健康企业与顾客之间建立新型的主动性关系,如互动、双赢、关联等关系。

(四)以关系为导向:4R组合

20世纪90年代,美国学者唐·舒尔茨教授提出了以关系为导向的4R组合,即关联(relevance)、反应(response)、关系(relationships)和回报(returns)。4R理论在新的层次上概括了营销的新框架,体现并落实了关系营销的思想。该理论可以指导健康企业与客户之间如何建立长期有效的关系,保证长期利益、实现互惠共赢。

总之,从4P、4C到4R,反映了营销观念在融合和碰撞中不断深入、不断整合的趋势。由于健康企业情况千差万别,企业环境和营销还处于发展之中,所以在实践应用中,切不可把三者割裂开来甚至对立起来。

三、市场营销观念的演变及发展

市场营销观念,又称市场营销哲学或市场营销理念,是指企业在进行市场营销管理、开展市场营销活动过程中,如何处理企业自身、顾客和社会三者之间利益关系的态度、思想和观念。市场营销观念自产生至今主要经历了两大阶段:传统营销观念阶段和现代营销观念阶段。

（一）传统营销观念

传统营销观念阶段包括生产观念、产品观念、推销观念，这三种观念是建立在卖方市场基础上、以企业为中心的营销观念。

1. 生产观念　生产观念是一种最古老的营销观念，产生于19世纪末20世纪初。由于当时资本主义国家正处于工业化初期，生产力水平比较低，市场需求又相对旺盛，物资短缺、产品供不应求的局面时有发生。这一时期，企业奉行的生产观念是以产品为中心，以提高生产效率、降低成本、增加产品产量为重点的一种营销观念。典型口号是“我们生产什么，就卖什么”。这是一种重生产、轻市场的经营理念。随着市场供求形势的变化，生产观念对健康企业的指导作用也必然也越来越小。

2. 产品观念　产品观念产生并盛行于20世纪二三十年代，几乎与生产观念处在同一个时期。当时，资本主义国家的市场正从卖方市场向买方市场过渡，虽然产品总量仍然供不应求，但供求之间的紧张关系已稍有缓解，顾客开始注重产品的质量价格比，购买行为日趋理性化。产品观念主张以改进产品、提高产品质量和增加产品功能来迎合消费者的需求。在产品上寻求“人无我有，人有我好，人好我变”。典型口号是“皇帝的女儿不愁嫁”“酒香不怕巷子深”。近几年，我国出现多起重大食品安全问题，如瘦肉精、染色馒头、回炉面包、牛肉膏、毒豆芽等，让老百姓对食品加工企业产生严重的不信任感。可见，产品观念可以指导健康企业重视产品质量，从而获得顾客认可度。

3. 推销观念　推销观念产生并盛行于20世纪30年代至50年代初。这一阶段，买方市场开始在西方国家逐渐形成。多数企业开始运用各种推销手段和广告宣传向消费者大力推销产品，以期提高产品的市场占有率，扩大产品销售。推销观念认为：如果听任消费者自然购买的话，他们通常会表现为一种购买惰性或抗衡心理，不会足量购买某一组织的产品。因此，强调“我们推销什么，人们就购买什么”。推销观念从原来只专注生产领域转向了流通领域。健康企业的产品经常出现供过于求的情况，因此，推销观念有助于指导健康企业快速提升产品销售量。

（二）现代营销观念

现代营销观念阶段包括市场营销观念、社会市场营销观念、客户观念，这三种观念是建立在买方市场基础上、以市场为导向的营销观念。

1. 市场营销观念　市场营销观念形成于20世纪50年代中期。随着第三次科技革命的兴起，欧美各国的军工工业很快转向民用工业，新产品竞相上市，社会产品供过于求，卖主间竞争十分激烈，市场变成名副其实的买方市场，市场营销观念应运而生。市场营销观念强调企业的一切活动都以顾客需求为中心，企业把满足消费者的需求和欲望作为自己的责任。典型的口号和座右铭是“市场（消费者）需要什么，我们就生产和推销什么”“顾客是上帝”“顾客至上”等。这一营销理念具有纲领性思想，对指导健康企业有效行销具有深远意义。

2. 社会市场营销观念　社会市场营销观念形成于20世纪70年代。该观念认为企业的任务是确定诸目标市场的需求、欲望和利益，并以保证或者提高消费者和社会福利的方式，比竞争者更有效、更有利地向目标市场提供消费者所期待的满足（图12-1）。典型口号是“我的产品对社会有什么影响”。当前，保健品行业屡屡爆出黑幕，为赚取非法利润，过大宣传产品功效，不惜以损害和牺牲消费者健康为代价。如被央视报道的某集团旗下产品火疗意外频发，其产品号称“鞋垫能治心脏病”“紫草体用精油治癌症”等，在社会上造成不良影响。

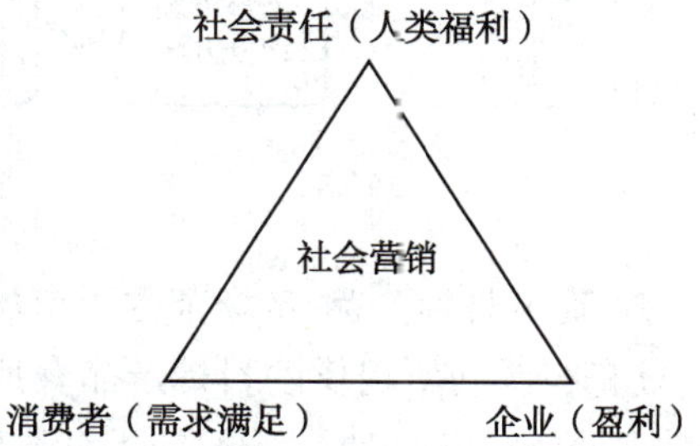

图12-1　社会营销观念

3. 客户观念　随着知识经济社会的来临，市场竞争焦点已经从产品竞争转向品牌竞争、服务竞争和客户竞争。为了适应多样化的市场需求，更多的企业开始奉行客户观念。客户观念是指企业注重收集每个客户以往交易信息、人口统计信息、心理活动信息、媒体习惯信息以及分销偏好信息等，据此确认不同客户的终生价值，分别为每一个客户提供各自不同的产品或服务，传播不同的信息，通过提高客户忠诚度，增加每一个客户的购买量，从而确保企业的利润增长。健康企业能否获利主要取决于是否拥有稳定的客户源。因此，客户观念可以更好地指导健康企业如何面向终端客户实施定制化服务，实现与客户之间的关系营销。

第二节 目标市场战略

目标市场战略包括三方面内容：市场细分、目标市场选择和市场定位。

一、市场细分

（一）市场细分的含义

市场细分是指企业通过市场调研，根据某些变量把某一产品的整体市场分割成若干个需求不同的子市场的过程。如根据性别，可以把服装分成男性和女性；根据年龄，可以分成婴儿、儿童、青少年、中年以及老年；根据质量和价格，可以分成高档、中档、低档；根据季节，可以分成春季、夏季、秋季、冬季等。健康企业在进行市场细分时可以依据一个变量或多个变量，变量选择的依据受行业、产品、市场、顾客等影响。

（二）市场细分的方法

消费者市场的细分变量主要有地理变量、人文变量、心理变量和行为变量（表 12-1）。

表 12-1 消费者市场细分变量

细分变量	概念理解	细分子变量
地理变量	根据某些地理变量把市场划分为不同的地理区域单位的过程	行政区划、城镇规模、人口密度、气候条件等
人文变量	根据某些人文学变量把市场划分成不同顾客群的过程	年龄、家庭生命周期、家庭规模、收入水平、职业、教育程度、宗教、种族、国籍、社会阶层等
心理变量	根据购买者的生活方式或个性特点将其划分成不同组的过程	生活方式、个性特点
行为变量	根据某些行为变量将购买者划分成不同群体的过程	使用时机、所追求的利益、使用者情况、使用率、品牌忠诚程度、待购阶段、对产品的态度等

（三）市场细分的步骤

市场细分过程主要包括六个步骤（图 12-2）。

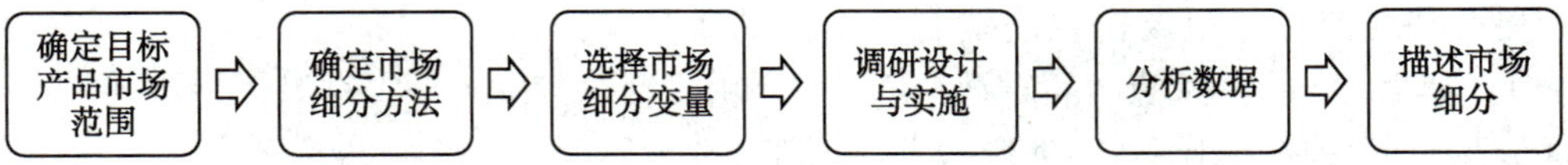

图 12-2 市场细分过程

1. **确定目标产品-市场范围** 市场细分是企业营销组合战略的基础。因此，对于健康企业而言，只有在明确所提供的目标产品及所进入的目标市场的情况下开展市场细分，才有实际价值。产品-市场范围应以顾客的需求，而不是产品本身特性来确定。

2. **确定市场细分方法** 首先，健康企业应列举出潜在顾客的基本需求，然后以这些基本需求为出发点,分析顾客在购买过程中可能会强调的各种侧重点。其次,健康企业需要剔除掉潜在顾客基本需求中的共同点,以识别特殊需求。最后,健康企业根据特殊需求确定细分方法。

3. **选择市场细分变量** 健康企业将潜在顾客的特殊需求划分为不同的组或子市场,并赋予每一个组或子市场一个特定的名称。深入分析每一个组或子市场的购买动机、偏好、标准和行为,以便在此基础上决定是否可以对这些组或子市场进行合并,或做进一步细分。

4. **调研设计与实施** 了解细分方法和变量之后,健康企业就明确了要收集哪些信息。根据此信息设计调研方案以及分配任务。此阶段是最耗时、花费最大和最容易出错的阶段,因此健康企业要尤其谨慎和认真。

5. **分析数据** 此阶段是技术性、专业性、科学性较强的一个阶段,它要求健康企业要运用某种数理统计分析软件、工具、模型等对收集来的信息进行处理与分析、分类、归纳、总结。

6. **描述市场细分** 健康企业根据调研结果对各细分市场进行客观描述,说明每个细分市场的特征、规模、竞争情况、和变化趋势等,为目标市场选择提供依据。

二、目标市场选择

(一)目标市场的含义

市场细分之后,健康企业就应该对每个市场细分片进行评估,然后结合自身的实际情况,选择最具有优势的市场细分片作为自己的目标市场。

目标市场是指通过市场细分之后,健康企业决定要进入的子市场。目标市场可以是一个也可以是几个,这取决于企业的内部资源以及各个市场细分片的情况。

(二)目标市场选择的影响因素

目标市场的选择应符合健康企业发展目标和总体战略,虽然某些市场细分片有较大吸引力,但与健康企业目标和总体战略相冲突,健康企业也应该放弃。在进行目标市场选择时,健康企业一般会主要考虑四个因素。

1. **企业资源情况** 如果健康企业不具备服务于某个目标市场的基本能力和条件,那么就无法进入该市场。只有当健康企业能够提供优越的条件并取得竞争优势时,才能进入目标市场。健康企业而且健康企业具备的资源和技能越多,可以进入的目标市场就越多。

2. **市场需求情况** 健康企业可以通过分析各个市场细分片的现有销售量、增长率和预期利润率等指标而获得此方面的信息。只有具备了适当需求规模和销售增长的市场细分片,才可能是一个有效的目标市场。

3. **产品情况** 目标市场所需产品最好是异质产品或无替代品,否则会限制健康企业产品在目标市场中的价格和可赚取的利润。如果目标市场所需产品是同质产品,则健康企业不仅需要承受较大竞争压力,还会降低改进产品特性的灵活性。

4. **竞争情况** 有吸引力的目标市场应该是竞争强度小甚至是没有竞争的市场细分片,这样健康企业就可以较容易实现自己的预期目标。当然,如果所选目标市场竞争很激烈,企业若有实力冲击竞争对手,也可以发挥自身优势抢占市场。

(三)目标市场选择战略

在市场被细分之后,健康企业应依次对各种细分市场进行评价,并决定为多少个细分市场服务。在对不同细分市场评估后,有五种目标市场选择模式(图 12-3)。

1. **密集单一市场战略** 密集单一市场战略是指仅选择一个细分市场集中营销。这种战略一般适用于中小型健康企业,企业可以通过密集营销,充分了解目标市场的需求,将有限的资源集中投放到专业化产品生产当中,因比较专一,易于打造培育忠诚的客户。这非常有利于推动健康企业提升产品知名度和美誉度,赢得消费者的欢迎。但该战略也存在较大的经营风险,一旦市场发生波动,或遇到强有力的竞争对手,都会给企业带来很大的威胁与压力。

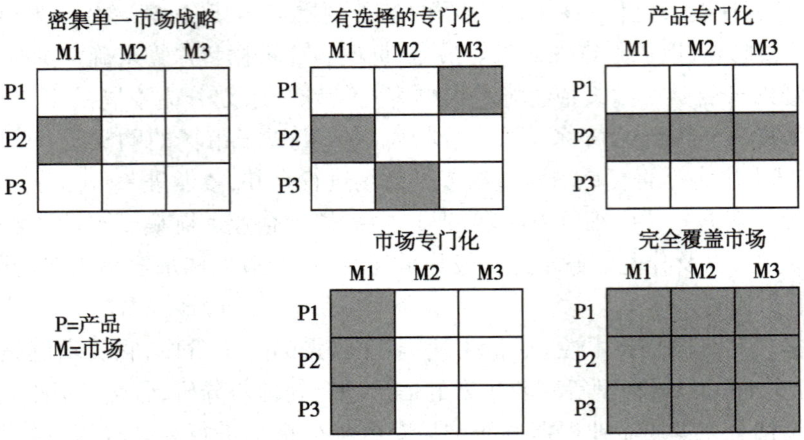

图 12-3 目标市场选择策略

2. **有选择的专门化战略** 有选择的专门化战略是指企业选择服务若干个细分市场，其中每个细分市场在客观上都有盈利的可能性。但各细分市场之间很少或根本就不能产生协同作用，经营成本较高。健康企业采用这种战略时一定要注意要慎重，如果确实预测现有的某个细分市场将会失去吸引力，则企业可以提前选择其他细分市场获利，分散经营风险。

3. **产品专门化战略** 产品专门化战略是指企业将集中生产某一种产品，并将此产品销售给各类需要它的客户。采用这种战略的健康企业最大的优势是可以快速提升产品品质。在消费者日益追求卓越品质的今天，这种战略如果运用得当，会给健康企业带来意想不到的收获。但企业也应该意识到，如果该种产品受到竞争对手强有力的攻击，或被新技术产品所取代，企业将会陷入巨大困境。

4. **市场专门化战略** 市场专门化战略是指企业集中服务某个目标市场，并致力于满足这个市场的各种需要。健康企业因要保证售后服务质量，经常受地域的影响。因此，健康企业采用这种模式最大的优点是：可以在所服务地域内的特定顾客群中，享有较高的声誉及良好的形象；有利于建立于发展与顾客之间的较稳定的亲密关系；交易成本较低。当然，一旦这类顾客群的购买力下降，或购买偏好改变，企业收益也会受到较大影响，甚至有倒闭的危险。

5. **完全覆盖市场战略** 完全覆盖市场战略是指企业将进入所有的细分市场，生产各种产品以满足各种消费群体的需要。包括无差异市场营销和差异市场营销。无差异市场营销是指对于所有的细分市场，企业仅推出一种产品，制订一种营销战略。优势是可以获取规模经济。差异市场营销是指对于不同的目标市场，企业推出不同的产品，制订不同的营销战略。优势是可以更好地、全面地满足顾客需求。但同时也会提升经营成本。完全覆盖市场战略更加适用于实力雄厚、资源丰富的大型健康企业。

三、市场定位

（一）市场定位的含义

市场定位是指对企业的提供物进行差别化设计，从而使之在目标顾客的心中占有一个独一无二的位置的活动。健康企业在选定目标市场后就要进行产品在目标市场上的定位。定位战略的成功与否，直接影响企业在目标市场营销的成败。

（二）市场定位步骤

市场定位主要包括以下七个步骤。这些步骤可能会随着产品种类、目标市场、企业情况等的不同而有所不同，但其核心操作流程都是大致相同的。

步骤一：识别目标市场上的竞争性产品。定位的实质就是寻求与竞争产品的差异。因此，健康企业必须明确目标市场上有哪些产品构成直接或间接的竞争威胁。

步骤二:识别影响当前产品定位的关键属性。任何产品都是若干属性的集合体,这些属性是判断产品优劣的标准。因此,健康企业必须明确现有产品是根据哪些属性进行定位,以此作为定位决策的依据。

步骤三:收集目标顾客在关键属性上对现有产品的认知数据。通过市场调研,健康企业可以获得目标顾客在各种关键属性上对市场上现有产品的评价数据,这些关键属性主要指产品质量、性能、规格、价格等。

步骤四:了解竞争产品的当前位置以及对该位置的评估。依据之前收集的数据,健康企业可以了解现有竞争产品在目标顾客心中的实际位置,客观分析、评价它们的竞争优劣势及潜力,然后再进行自己的市场定位。

步骤五:结合产品属性分析顾客偏好。健康企业要了解顾客对所要购买产品在关键属性上的最大偏好、预期、对其优劣的评价标准,以及他们最关心的问题,这些都是企业成功定位的依据。

步骤六:考虑与顾客偏好、市场吸引力相吻合的市场定位。健康企业应结合顾客偏好、企业自身的实力、目标市场竞争情况、成本-收益率等因素,选择合适的市场位置进行定位。

步骤七:拟出定位说明书。定位说明书是对健康企业所提供产品的独特利益的简明陈述,此陈述使人明白企业如何以鲜明的差异化推出产品。

(三)市场定位方法

市场定位的主要方法见表 12-2。

表 12-2　市场定位的方法

序号	基于角度	含　义
1	产品属性	健康企业以自己的产品特色进行定位
2	产品利益	健康企业把自己定位成某一特定利益上的领先者
3	产品使用或应用	健康企业把自己定位成使用或应用的最佳选择
4	使用者	健康企业把自己定位成对某些人群来说是最佳选择
5	竞争对手	健康企业把自己和竞争对手比较,通过强调与竞争产品相同或不同的特点来进行定位
6	产品类别	健康企业把自己定位成在某些产品类别上的领先者
7	产品质量或价格	健康企业把自己定位成能够给顾客提供最好价值的经济实体

第三节　市场营销基本策略

市场营销基本策略包括产品策略、价格策略、渠道策略促销策略。

一、产品策略

(一)产品整体概念

产品是企业进行市场营销活动的核心内容,是市场营销策略中的重要组成部分。产品=有形产品+无形服务。有形物品包括产品实体及其品质、特色、品牌和包装;无形服务包括可以给买主带来附加利益和心理上的满足感及信任感的售中及售后服务、保证、产品形象、销售者声誉等,这就是“产品整体概念”。从健康企业的经营特点来看,无形产品在某种程度上比有形产品更重要。

（二）产品主要策略

1. 产品组合策略 产品组合是指企业生产或销售的全部产品的组成方式，它包括所有的产品线和每一产品线中的产品项目。它反映了企业的经营范围或生产的产品结构，包括四个变数：产品组合的宽度、产品组合的长度、产品组合的深度和产品组合的关联度。调整产品组合策略，主要分为扩大产品组合策略、缩减产品组合策略、产品线延伸策略（表 12-3）。

表 12-3 产品组合策略

产品组合策略的类型	含义	具体实现方式
扩大产品组合策略	开拓产品组合的广度和加强产品组合的深度	①在维持原产品品质和价格的前提下，增加同一产品的规格、型号和款式 ②增加不同品质和不同价格的同一种产品 ③增加与原产品相类似的产品 ④增加与原产品毫不相关的产品
缩减产品组合策略	旨在着力经营获利大的产品线和产品项目	①减少产品线数量，实现专业化生产经营 ②保留原产品线削减产品项目，停止生产某类产品，外购同类产品继续销售
产品线延伸策略	可分为： 向上延伸、向下延伸、双向延伸	①向上延伸是在产品组合的某一条产品线中增加新的高档高价的产品项目 ②向下延伸是企业在原来生产高档产品的基础上，再生产低档的同类产品 ③双向延伸是企业向产品线的上下两个方向延伸，一方面增加高档产品，另一方面增加低档产品，扩大市场范围

2. 产品生命周期策略 产品生命周期是产品从进入市场到退出市场所经历的市场生命循环过程。一般可以分成四个阶段：引入期（也称进入期）、成长期、成熟期和衰退期（图 12-4）。

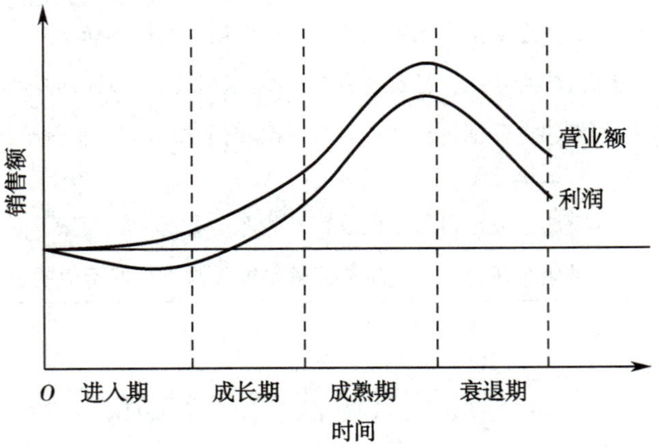

图 12-4 产品生命周期示意图

健康企业产品生命周期越来越短，因此，营销人员要根据产品的不同阶段采取有针对性的营销策略，以延长产品的生命周期（表 12-4）。

（三）品牌策略

1. 品牌的含义 品牌（brand）是一种识别标志、一种精神象征、一种价值理念，是品质优异的核心体现。品牌是一个较为复杂的符号标志，能表达出六层意义：属性、利益、价值、文化、个性、使用者。品牌是一种无形资产，在品牌行走天下的今天，有相当一部分消费者会以品牌的知名度或美誉度作为衡量产品可信度的判断标准，因此，健康企业必须重视品牌管理。

表 12-4 产品生命周期不同阶段的营销策略

生命周期阶段	特 点	营销策略侧重点
引入期	产品生产批量小,制造成本高,广告费用大,产品销售价格偏高,销售量极为有限,企业通常不能获利	应侧重创造产品的知名度,提高产品的试用率。主要营销策略有快速取脂策略、缓慢取脂策略、快速渗透策略、缓慢渗透策略
成长期	生产成本大幅度下降,利润得到快速增长	应尽可能维持高速的市场增长率。主要通过改进产品、开辟新的销售渠道、进行新的市场细分、适当调节价格等
成熟期	销售增长速度缓慢直至转而下降,由于竞争的加剧,导致广告费用再度提高,利润逐渐下降	应尽量延长产品的成熟期以获取更多的利润。主要通过开发产品的新用途、开辟新市场、改良产品等
衰退期	成本较高的企业由于无利可图而停止生产,该类产品的生命周期也随之结束,直至最后完全撤出市场	应尽可能运用一些方法延长其衰退期。常用方法有放弃策略、逐步放弃策略和自然淘汰策略等

2. **品牌经营策略** 主要有品牌名称策略和品牌战略决策

(1) 品牌名称策略:主要包括个别品牌策略、统一品牌策略、企业名称与个别名称并用策略。

个别品牌策略是对健康企业内的每个产品单独命名,即企业各种不同的产品分别采用不同的品牌。当某个品牌销量下降时,尚有其他品牌做支撑。但是如果某一品牌出现信用危机,则会波及整个企业的社会形象。

统一品牌策略是对企业内所有产品都使用共同的企业品牌名称。健康企业可以通过这种策略,节省建立新品牌名称而花费大量的广告费,降低推出新产品的费用。

企业名称与个别名称并用策略是企业决定旗下各种不同的产品分别使用不同的品牌,并在各个产品的品牌名称前面加上企业名称。健康企业采取这种策略,有利于产品享受企业的名声,迅速进入目标市场,同时又能突出个别产品的特色。

(2) 品牌战略决策:主要包括产品线扩展战略、品牌扩展战略、多品牌战略、新品牌战略、合作品牌战略。当前,健康企业经常陷入技术的同质化、人才同质化、营销同质化的竞争当中,于是出现了新的营销概念——品牌战略。这一战略将成为健康企业在自由竞争阶段最为重要的成功因素之一。

产品线扩展是指企业在同样的品牌名称下面,在相同的产品名称中引进新的项目内容,如新口味、形式、颜色、增加成分、包装规格,等等。健康企业采用这种战略的好处是可以获取低成本、低风险的优势。

品牌扩展就是对新推出的产品沿用企业现有的品牌。健康企业采用这种战略的好处是能让消费者快速熟识和接受新产品,节约相当可观的广告宣传成本。

多品牌战略是一个企业经常在相同产品类目中引起其他品牌。健康企业采用这种战略的好处是可以吸引更多的客户、占领更多的分销商货架、保护其主要品牌等。

新品牌战略是企业新推出的产品创立新品牌。健康企业在做这项决策时一定要做好成本-效益分析。

合作品牌战略是两个或更多的品牌在一个提供物上联合起来。合作品牌的形式有多种,如中间商合作品牌、同一企业合作品牌、合资合作品牌、多发起人合作品牌。健康企业采用这种战略的好处是每个品牌通过另一个品牌接触到新的受众,以扩大顾客基础。

二、定价策略

价格是反映市场供求变化最灵敏的因素，是市场营销组合中最活跃的因素。因此，定价策略在市场营销活动中地位十分重要，健康企业必须给予高度重视。

（一）影响定价的因素

价格的决定要受多种因素的影响。这些因素主要分为企业内部因素和企业外部因素（图 12-5）。

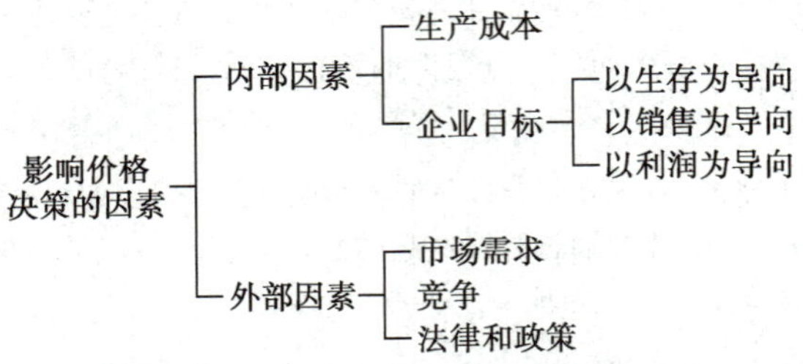

图 12-5 影响定价策略的因素

（二）定价方法

定价方法可分为三类：成本导向定价法、需求导向定价法、竞争导向竞争法。

1. 成本导向定价法 这类定价方法是以产品成本为基础，再加上一定的利润和税金来确定产品价格。其特点是简便、易用，是目前最基本也是最常用的一种定价方法。成本导向定价法比较常用的有成本加成定价法、目标利润定价法、损益平衡定价法、变动成本定价法。

（1）成本加成定价法：成本加成定价法是指在产品单位成本上附加一定的加成金额作为企业赢利的定价方法。加成的比例通常选用企业的目标利润率。其公式为：

$$单位产品价格=单位产品生产成本+单位产品利润$$

或：单位产品价格=单位产品总成本×(1+目标利润率)

（2）目标利润定价法：目标利润定价法是指根据总成本、预计销量和所确定的目标利润来决定产品价格的定价方法。其公式为：

$$单位产品销售价格=(总成本+目标利润)/计划总产量$$
$$P=(V\cdot Q+F+E)/Q$$

其中：

Q 为预测销售量；F 为固定成本；P 为产品单位价格；V 为产品单位变动成本；E 为目标利润。

（3）损益平衡定价法：损益平衡定价法是指企业根据公司盈亏分界点找到保本价格，进而决定售价的方法。其公式为：

$$P=F/Q+V$$

其中：

P 为盈亏平衡点的产品价格；F 为固定成本；Q 为预测销售量（假设产销量相同）；V 为产品单位变动成本。

（4）变动成本定价法：变动成本定价法又称边际贡献定价法。所谓边际贡献，就是只计算变动成本而不计算固定成本时的收益。这种方法在定价时不考虑价格对总成本的贡献，只考虑价格对变动成本的补偿，并争取更多的边际贡献来补偿固定成本。其公式为：

$$产品价格=单位产品变动成本+单位产品边际贡献$$

边际贡献>变动成本，其超过部分的收益可用以补偿固定成本。

在这种情况下，若：边际贡献=总成本，企业不亏不盈；边际贡献>总成本，企业就赢利。边际贡献<总成本，只能补偿变动成本，不能全部补偿固定成本，企业就亏损。

2. 需求导向定价法 这类定价方法又称顾客导向定价法或市场导向定价法，是指以顾客的需求强度以及对价格的承受能力作为定价的依据来制订价格的定价方法。需求导向定价法是随着营销观念的更新而产生的定价方法。常见的方法有理解价值定价法、威望定价法。

（1）理解价值定价法：某些产品需要经常、重复地购买，这类商品的价格在消费者心理上已经定格，成为一种习惯性的价格。这是消费者对产品价值的主观判断，反映了这种产品价值的市场接受水平。因此，健康企业应通过市场调查，认真分析消费者的偏好，准确判断消费者对产品价值的理解与认知水平。

（2）威望定价法：消费者一般都有求名望的心理。这种定价方法能有效地消除消费者的购买心理障碍，使顾客对商品形成信赖感和安全感，顾客也从购买和使用该产品中得到荣誉感。根据这种心理行为，健康企业可以将有声望的商品的价格定的比市场同类商品价格高，以满足消费者的购买心理需求。

3. **竞争导向竞争法**　这类定价方法是通过研究竞争对手的商品价格、生产条件、服务状况等，以竞争对手的价格为基本依据来确定同类产品的价格，并随着竞争状况的变化而不断调整价格水平。比较常见的有随行就市定价法、密封投标定价法。

（1）随行就市定价法：随行就市定价法是指健康企业根据同行业企业的平均价格水平进行产品定价的方法。这是一种简便、稳妥、风险较小的定价方法。近几年，国家正在建立全方位、多层次的价格监督机制，正面引导市场价格的秩序，药品零售价格也呈现下降趋势。

（2）密封投标定价法：密封投标定价法是指由招标者（买方）公开招标，投标者（卖方）竞争投标，密封递价，买方择优选取，到期公布中标者名单，中标企业与买方签约成交的一种定价方法。2015 年初，国务院办公厅出台了《关于完善公立医院药品集中采购工作的相关建议》，要求坚持以省（区、市）为主要单位在网络上对药品进行采购，采取招采合一、量价挂钩、双信封制、全程监控等措施，降低了药品的虚高价格。

（三）定价策略

定价策略是企业为了实现预期的经营目标，把产品定价与企业市场营销组合的其他要素有效结合起来，制订最有利的产品价格，实现企业营销的目的。定价策略主要有折扣定价策略、心理定价策略、差别定价策略。

1. **折扣定价策略**　这是一种减价策略，即在原来定价的基础上减少一定比例的货款。保健品行业经常采用折扣策略来吸引消费者。当然，人们也要正视保健行业价格虚高的现象。折扣定价策略主要包含四种。

（1）数量折扣：数量折扣指按购买数量的多少，分别给予不同的折扣，购买数量愈多，折扣愈大。目的是鼓励大量购买，或集中向本企业购买。数量折扣又包括累计数量折扣和一次性数量折扣两种形式。

（2）现金折扣：现金折扣是对在规定的时间内提前付款或用现金付款者所给予的一种价格折扣。目的是鼓励顾客尽早付款，加速资金周转，降低销售费用，减少财务风险。采用现金折扣一般要考虑三个因素：折扣比例、给予折扣的时间限制、付清全部货款的期限。

（3）功能折扣：功能折扣是销售商提供给分销渠道成员的一种折扣方式。中间商在产品分销过程中所处的环节不同，其所承担的功能、责任和风险也不同，企业据此给予不同的折扣。功能折扣的比例，主要受中间商在分销渠道中的地位高低等因素的影响。

（4）季节折扣：季节折扣是对淡季购买商品和服务的顾客提供的一种折扣形式。这种折扣方式并不适用于所有的产品。季节折扣比例的确定，应考虑成本、储存费用和资金利息等因素。季节折扣避免因季节需求变化所带来的市场风险，有利于减少商品库存。

2. **心理定价策略**　心理定价策略是从分析消费者购买心理的角度进行定价的。以美容行业为例，其业绩的提升与能否解读清楚消费者的心理有直接关系。心理定价策略主要有四种。

（1）尾数定价策略：尾数定价是指企业在制订产品价格时以零头数结尾。大多数消费者在购买价格较低的产品时，比较容易接受尾数价格。如 0.99 元、9.98 元等。消费者会认为这种价格经过精确计算，产生信任感和安全感。

（2）整数定价策略：整数定价是指企业在定价时把商品的价格定成整数，不带尾数，容易使消费者产生一种“一分价钱一分货”的感觉。对于价格较贵的高档产品，顾客对质量较为重视，这种定价法有利于提高产品形象，有利于企业销售。

（3）声望定价策略：声望定价即针对消费者“便宜无好货”的心理，对在消费者心目中享有一定声望，具有较高信誉的产品制订高价。购买这些产品的消费者，最关心的是产品能否彰显其身份和地位，价格越高，心理满足的程度也就越大。

（4）招徕定价策略：又称特价品定价策略。企业将商品的价格定得低于市场价格，广泛宣传，吸引消费者的注意力，引起消费者的兴趣，满足消费者的“求廉”的心理，以吸引顾客、扩大销售的一种定价策略。

3. **差别定价策略** 主要分为四种策略（表12-5）。

表12-5 差别定价策略

差别定价策略	含义
顾客细分定价策略	是指对同一产品或者服务，企业按照不同的价格卖给不同的顾客
产品式样定价策略	是指企业对不同规格、品种、式样的产品制订不同的价格，但这个价格相对于它们各自的成本是不成比例的
地点定价策略	是指企业对于处于不同地点的同一商品收取不同的价格，即使在不同地点提供的商品成本是相同的
时间定价策略	是指企业对于不同季节、不同时期甚至不同钟点的产品或服务分别制订不同的价格

三、渠道策略

分销渠道的构建就是实现商品从生产领域向消费领域转移的过程中所经过的一些环节，这些环节从生产者向消费者转移货物和劳务的所有权或帮助转移其所有权的职责。因此，分销渠道策略日益成为健康企业面临的重要决策之一。

（一）分销渠道的含义及特征

分销渠道又称营销渠道或分配渠道，是产品或者服务在投入使用或者消费的过程中涉及的一系列相互联系的组织，是产品或服务生产出来后，被最终用户购买和使用过程中的一整套途径。因此，分销渠道不是由单一渠道构成，而是由若干条相互补充、相互配合的渠道共同形成的系统。分销渠道的特征主要包括关联性、外部性、动态性。

（二）分销渠道的类型

1. **长渠道和短渠道** 根据产品在流通过程中经过的分销渠道环节的多少，可将分销渠道分为长渠道和短渠道。分销渠道主要包括4层：零层渠道、一层渠道、二层渠道、三层渠道。中间环节越多，渠道越长。通常把三层及三层以上的分销渠道称为长渠道，三层以下的称为短渠道。零层渠道中间没有中间环节，称为短渠道。前些年，医药行业的销售压力非常大，零售价格高居不下，主要源于销售渠道较长，中间环节过多造成。随着渠道扁平化，这种现象在日益消减。

2. **宽渠道和窄渠道** 分销渠道宽度是指在任一渠道层次上的竞争程度以及在市场领域中的竞争密度。渠道的宽窄通常取决于渠道同一层次中的中间商数量。同一层次中间商数量越多，宽度就越大；反之，同一层次中间商数量越少，宽度就越小。按此要求可将分销渠道分为宽渠道和窄渠道。某专注女性健康的平台与全国上千家连锁药店达成战略合作伙伴关系，形成一站式对接，以好产品、宽渠道的模式，为广大女性带来更舒适、更贴心的服务。

Note

3. **直接渠道和间接渠道**　根据分销渠道是否有中间环节和中间环节的多少，可将分销渠道分为直接分销渠道和间接分销渠道。对于健康企业而言，更倾向于采用哪种渠道方式，更多取决于所面对的客户。比如，对于医药企业而言，通常采用间接分销渠道。对于养生保健行业，通常会采用直接分销渠道。随着互联网时代的到来，线上+线下将成为渠道发展趋势。

（三）分销渠道的设计

分销渠道设计是指建立以前从未存在过的分销渠道或对已经存在的渠道进行变更的营销活动。设计渠道的步骤一般包括分析服务产出水平、确定渠道目标、确定渠道结构方案和评估主要渠道方案四个方面（图 12-6）。

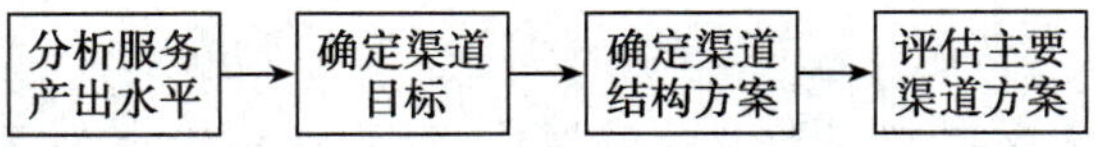

图 12-6　分销渠道设计程序

（四）分销渠道的主要成员

中间商是在商品从生产领域转移到消费领域的过程中，参与商品交易活动的专业化经营的个人和组织。中间商按其在流通过程中的地位和作用可分为批发商和零售商。

1. **批发商**　批发是指一切将物品或服务售给为了转卖或因商业用途而购买的组织或个人的活动。

批发商是指向生产企业购进产品，然后转售给零售商、产业用户或各种非营利性组织，不直接服务于个人消费者的商业机构。

批发商的特征主要表现为：进货量大、大规模出售、价格比零售商低。批发商的职能主要是为用户集中、编配和储运商品，解决由于生产与销售在时间和空间上的不一致所产生的矛盾，在现代物流体系中起着重要的作用。

依据产品是否拥有所有权，批发商可分为商业批发商、代理批发商，还有制造商和零售商的分销部或办事处共三种类型。对健康企业来说，更倾向于选取后两者种类型的批发商，尤以代理批发商为主。批发商的主要类型如表 12-6 所示。

表 12-6　批发商的主要类型

批发商的主要类型	含　义
商业批发商	又称独立批发商，占整个批发商的 50%，是批发商最主要的类型。是指自己进货，取得产品所有权之后再批发给零售商或用户，并且具有法人资格的独立批发企业
代理批发商	即代理商，是指在产品流通过程中，从事购买或销售或者二者兼备的洽谈业务，但不取得产品所有权的批发商。代理商在商品分销过程中不承担风险。他们赚取佣金，而非经营利润，代理商是独立自主经营的企业或个人，不是所代理企业的雇员
制造商和零售商的分销部或办事处	这类批发商是生产商自己的销售部，是专门经营其批发销售业务的独立机构，也是批发商的主要类型之一

2. **零售商**　零售是指所有向最终消费者直接销售产品和服务，用于个人及非商业性用途的活动。零售商（retailers）是指将商品直接销售给最终消费者的中间商，是相对于生产者和批发商而言的，处于商品流通的最终阶段。零售商的职能是帮助生产商扩大产品销售、开拓市场，及时向生产商反馈市场供求信息以及消费者对商品的意见等，为生产商改进产品提供建议。零售商是联系生产企业、批发商与消费者的桥梁，在分销途径中具有重要作用甚至决定作用。以医药企业为例，通常会选用零售商如医药连锁超市或大药房等作为合作零售商。

零售商的特征主要表现为：终端服务、业态多元、销售地域范围小、竞争激烈等。

零售商的类型极其复杂，按照不同的标准可以进行多种分类，按照产品线、价格、经营方式以及所有权关系对其进行分类如表 12-7 所示。

表 12-7 零售商的类型

划分依据	零售商的主要类型
按产品线划分	专业店、超市、便利店、超级商店、联合商店和特级市场、百货商店
按基本经营方式划分	门店零售:固定的零售门店 无门店零售:直复零售、直接销售、自动售货机、购物服务公司
按商店之间的关系划分	独立商店:指其他零售商没有任何关系的商店 零售组织:主要有直营连锁、自愿连锁、特许经营、消费者合作社以及销售联合大企业等形式

(五)分销渠道管理

1. **渠道成员的选择** 渠道成员的选择是指从众多相同类型的分销成员中,选出适合公司渠道结构、能有效帮助完成公司分销目标的分销伙伴的过程。影响制造商选择渠道中间商的因素很多,主要包括企业的从业时间、企业的经营范围、企业的业绩增长情况、财务状况以及企业的名声。

2. **渠道成员的激励** 渠道成员的激励是指为了保证渠道成员更好地完成制造商的任务,制造商还必须采取有效的措施去激励渠道成员。对渠道成员的激励主要分为两个方面:积极方面和消极方面。积极的方面包括提供奖金、合作性广告展示补贴、较高的毛利润、特殊的待遇、给渠道中间商提供免费的培训、销售竞赛等等。消极的方面是指对渠道中间商行为不满意而做出的反面惩罚,如推迟送货时间、减少利润、拒绝提供培训甚至终止合作关系。在渠道成员激励方面,健康企业一定要注意激励的尺度,避免因过于追求销量,而误导渠道成员夸大产品事实,给消费带来伤害。

3. **渠道成员的评估** 制造商必须定期按照一定的标准去评估渠道中间商的表现。如果渠道中间商绩效水平低于评估标准,制造商会考虑终止和渠道中间商的合作。具体衡量渠道中间商的标准有:对顾客的服务水平、平均库存水平、对顾客的服务态度、对制造商培训的配合态度及对破损产品的处理方式等。当前,相当一部分健康企业因受销售压力的影响,使得这项工作流于形式,没有对中间商起到应有的约束作用。

四、促销策略

(一)促销及促销组合含义

1. **促销的含义** 促销就是促进销售,是指企业利用各种方法和手段,通过人员或者非人员的方式与消费者沟通,使消费者关注企业的广告等信息,引发消费者的购买欲望,从而促进消费者购买的行为。

2. **促销组合的含义** 促销组合是指企业运用广告、人员推销、公关宣传、营业推广四种基本促销方式组合成一个完整的策略系统,使企业的全部促销活动互相配合、协调一致,最大限度地发挥整体效果,从而顺利实现企业目标。

促销组合具体分为两大类:人员促销和非人员促销。非人员促销包括公共关系、营业推广和广告三个方面。其中,人员促销也称直接促销或推式促销,非人员促销也称间接促销或拉式促销。

(二)人员推销策略

1. **人员推销的含义** 人员推销是一种最古老的促销方式,也是现代的重要促销方式。人员推销是指企业通过派出销售人员与一个或一个以上可能成为购买者的人交谈,作口头陈述,以推销商品,促进和扩大销售。

应该说,从不同的角度出发,可以给人员推销下不同形式的定义,但它们包含的关键内容和要素是相同的。人员推销的基本要素包括推销人员、推销对象、推销产品。

2. **人员推销的策略**　推销人员在推销过程中，为更好地引起消费者的注意，激发消费者的购买欲望，应灵活采用不同的促销策略。对于健康企业而言，更好是与消费者直面沟通，因此，人员推销在整个销售工作中起到不可替代的作用。人员推销策略主要有三种（表12-8）。

表12-8　人员推销策略

人员推销策略	含　义
试探性策略	也称“刺激-反应”策略，是在不了解顾客的情况下，推销人员运用刺激性手段引发顾客产生购买欲望的策略
针对性策略	也称“配方-成交”策略，是指推销人员在基本了解顾客的某些情况的前提下，有针对性地进行产品宣传，介绍其特性和用途，以引起顾客的兴趣和好感，从而达成交易的目的
诱导性策略	也称“诱发-满足”策略，是指推销人员运用能够刺激顾客某种需求的说服方法，诱导顾客采取购买行为的一种策略

（三）广告策略

1. **广告的含义**　广告有广义和狭义之分。广义的广告包括营利性广告（商业广告）和非营利性广告（公益广告）。狭义的广告专指商业广告，是指企业广告主付出一定的费用，通过特定的媒体向目标顾客和公众传播商品或劳务等有关经济信息的大众传播活动。

从广告的定义可以看出，广告由三大要素构成：广告主体、广告媒体和广告信息。广告具有传播范围广、传播速度快、表现力强等特征。

2. **广告的分类**　依据广告媒体的使用可将广告分为印刷媒介广告、电子媒介广告、户外媒介广告、直邮广告、销售现场广告、数字互联媒介广告。每种广告分类如表12-9所示。

表12-9　以广告媒介的使用分类

广告分类	细分小类
印刷媒介广告	印刷品广告：报纸广告、杂志广告、图书广告、招贴广告、传单广告、产品目录、组织介绍等 印刷绘制广告：墙壁广告、路牌广告、工具广告、包装广告、挂历广告等
电子媒介广告	广播广告、电视广告、电影广告、电脑网络广告、电子显示屏幕广告、霓虹灯广告等
户外媒介广告	利用路牌、交通工具、霓虹灯等户外媒介所作的广告；还有利用热气球、飞艇甚至云层等作为媒介的空中广告
直邮广告	通过邮寄途径将传单、商品目录、订购单、产品信息等形式的广告直接传递给特定的组织或个人
销售现场广告	橱窗展示、商品陈列、模特表演、彩旗、条幅、展板等形式
数字互联媒介广告	是利用互联网作为传播载体的新兴广告形式之一，利用新闻发布会、体育活动、年历、各种文娱活动等形式而开展的广告

3. **广告设计的原则**

（1）真实性原则：广告的真实性是广告的生命和本质，是广告设计的首要和最基本原则。《中华人民共和国广告法》明确规定：“广告应当真实、合法，符合社会主义精神文明建设的要求。”在进行广告设计时，其真实性体现在三个方面：内容真实、形象真实、情感真实。

（2）个性化原则：个性化原则是指在设计广告时，无论是主题、图画、文字等，都要体现独特的创新思维，不能因循守旧。只有这样，才能触发顾客对广告产生浓厚兴趣，使其在众多竞争对手中脱颖而出。

（3）艺术性原则：广告是以艺术手段表现商品或服务以及商品生者或服务提供者的真实信

息的促销方式。可以说,广告是真实性与艺术性的辩证统一,二者的有效结合可以使广告更富有感染力和吸引力。

(4) 简洁性原则:在信息爆炸的时代,广告要想在较短的时间内给消费者留下深刻的印象,应该简洁明了,不要浪费消费者更多的时间来拜读或观看广告,尤其现在的消费者时间观念都相对较强。

(四) 公共关系策略

1. 公共关系的含义 公共关系是指企业在从事市场营销活动中正确处理企业与社会公众的关系,促进公众对企业的认识、理解及支持,以便树立良好的企业形象,从而进行一系列信息传播、促进产品销售的活动。公共关系是一种社会关系,具有双向信息沟通、长期促销效应、社会公众范围广泛的特征。

2. 公共关系的活动方式

(1) 宣传性公关:宣传性公关是利用报纸、杂志、广播、电视等各种宣传途径、各种宣传方式向社会传播企业相关信息,以形成有利的社会舆论,创造良好的活动气氛,提高企业知名度。这种方法影响大、效果好,是公共关系活动的重要方式之一。

(2) 征询性公关:征询性公关是通过开办各种咨询业务、制订调查问卷、进行民意测验、设立热线电话、聘期兼职信息人员、举办信息交流会等各种形式,吸引社会各界参与企业发展的讨论。这种方法既可以了解社会各界对企业形象的认识程度,又可以在征询过程中达到与社会各界密切关系、沟通信息的目的。

(3) 交际性公关:交际性公关是指企业不借助其他媒介,而只在人际交往中开展公关活动,达到建立良好关系的目的。比如企业可采用座谈会、招待会、茶话会、专访、慰问、节日祝贺等形式,为企业广结良缘。这种方法是一种有效的公关方式,可以使沟通进入情感阶段,具有直接性、灵活性和人情味等特点。

(4) 服务性公关:服务性公关是指企业向社会公众提供各种附加服务和优质服务的公共关系活动。比如通过消费咨询、免费维修等形式,使社会有关人员获得服务性的实惠,增加社会各界对企业信誉的深刻体验。这种方法目的在于以实际行动提高公众满意度,从而实现提升企业形象。

(5) 赞助性公关:赞助性公关是指通过赞助文化、教育、体育、卫生等事宜,支持社区福利事业、参与国家、社区重大社会活动等形式,充分表达企业对社会的一份责任和一片爱心,扩大企业的社会影响力。这种方法具有公益性、文化性的特征,影响力很大,但成本较高。

3. 公共关系的实施步骤

(1) 确立公共关系目标:企业在开展公共关系活动时必须着眼于企业市场营销的整体战略,使公共关系方案与其他营销措施密切配合。公共关系主要分为两大方向:一是提高公众对品牌的认知度及满意度,尽可能影响其购买行为;二是应对外来压力,尽可能改变公众及政府对企业及其产品的看法。营销人员应为每一项公关活动确立特定的目标,以便有针对性地指导相应的公关活动。

(2) 进行公共关系调查:公共关系调查是公共关系活动的一项重要内容,是开展公共关系工作的基础。公共关系调查包括企业基本情况、公众意见及社会环境等方面的内容。企业通过调查可以甄别公关对象,测量企业在公众心目中的形象和地位,为企业制订合理决策提供科学依据。

(3) 制订公共关系计划:公共关系是一项长期性工作,合理的计划是公关工作持续高效的重要保证。公关计划的制订主要包括确定公关对象、公关内容和公关活动方式。任何一个企业都有其特定的公众对象,确定与企业有关的公众对象是公关计划的首要任务之一。公关内容和公关活动方式的选择主要根据公关目标、企业自身特点、不同公众对象等,选用切实可行的方法。

(4) 实施公共关系计划：公共关系计划的实施是整个公共活动的“高潮”，在实施过程中，要选择合适的传播手段、有利时机。为确保实施效果，还需充分考虑预算开支、所需人力和技术上的可行性以及各种可控和不可控因素，以保证公关计划的顺利实施。

（五）营业推广策略

1. 营业推广的含义　营业推广又称销售促进，是指除人员推销、广告和公共关系以外的其他促销形式，在短期内刺激消费者、中间商迅速和大量的购买某种产品或服务的各种促销活动。营业推广多用于一定时期、一定任务的短期特别推销。其着眼点往往在于解决一些更为具体的促销问题，短期效益比较明显。营业推广具有短期性、辅助性、逆反性的特征。

2. 营业推广的方式　营业推广方式包括以消费者为对象、以中间商为对象两种不同的方式。企业应根据各种方式的特点、促销目标、市场类型及竞争状况等因素选择适合本企业的营业推广方式。

(1) 以消费者为对象的营业推广方式：这类促销的对象是最终购买者，因此是最直接的促销方式，使用频率也很高。其具体的推广方式及营销目的如表12-10所示。

表12-10　以消费者为对象的营业推广方式

具体推广方式	主要营销目的
赠送样品	有利于介绍、推销新产品
赠送代价券	有利于刺激消费者使用老产品，也可以鼓励消费者认购新产品
包装兑现	有利于推行企业的绿色营销观念，树立良好的企业社会形象
提供赠品	有利于刺激高价商品的销售
商品展销	有利于集中消费者的注意力，刺激消费者购买欲望
有奖销售	有利于吸引消费者的注意与参与
降价销售	有利于维系与企业关系密切的老顾客，并吸引一定的新顾客

(2) 以中间商为对象的营业推广方式：在终端逐渐下沉的渠道发展趋势下，制造商应通过各种促销策略，提高中间商的积极性，带动终端消费的提升。其具体的推广方式及营销目的如表12-11所示。

表12-11　以中间商为对象的营业推广方式

具体推广方式	主要营销目的
购买折扣	有利于刺激、鼓励中间商大批量购买本企业产品
促销资助	有利于刺激中间商为本企业产品进行广告宣传，带动终端消费
经销奖励	有利于刺激中间商中业绩突出者加倍努力，更加积极主动地经销本企业产品
推销竞赛	有利于中间商中形成竞争氛围，刺激其帮助企业完成销售目标
特许经销	有利于培养与企业志同道合的经营销

3. 营业推广的实施步骤

(1) 确定促销目标：企业应根据目标市场的特点和整体策略来制订推广目标，短期目标和长期目标方向一致。对于消费者来说，目标包括鼓励消费者更多地使用产品和促使其大量购买，争取未使用者试用，吸引竞争者品牌的使用者等。对于中间商来说，目标包括吸引中间商经营新的商品品目和维持较高水平的存公网，建立中间商的品牌忠诚和获得进入新的销售网点的机会等。

(2) 选择合适的促销方式：不同的促销方式可以实现相同的促销目标，而且各种不同的新工具仍不断地被开发出来。市场营销人员在选择促销方式时，应充分考虑市场类型、目标顾客的偏好、促销目标、竞争情况，对比分析每一种方式的成本效益，达到以尽可少的投入获取尽可能大的收益。

（3）制订营业推广促销方案：企业市场营销人员不仅要选择适当的营业推广方式，而且制订一个完整的营业推广促销方案，以便指导具体行动。促销方案主要包括如下内容：刺激规模、参与者的条件、推广期限、分发途径、推广时机、推广总预算。

（4）实施和控制促销方案：实施计划必须包括前置时间和销售延续时间。前置时间是指开始实施这种方案所必需的准备时间。销售延续时间是指从开始实施优惠办法起，到大约95%的采用此优惠办法的商品已经在消费者手里为止的时间，这段时间可能是几个星期或几个月，取决于实施这一办法持续时间的长短。

第四节 健康企业服务营销管理

20世纪80年代后期，营销理念发生了新变化，企业从原先给消费者单纯提供物质产品，开始转向为消费者提供非物质层面的服务，服务营销开始受到人们的关注。

一、服务营销的含义

（一）服务的含义

服务是不可感知和不涉及实物所有权转移却可给人带来某种利益或满足感的一种或一系列活动。服务是过程消费与结果消费的有机统一，其本质就是一种过程。服务具有无形性、同步性、差异性、不可储存性、所有权的不可转移性的特征。

（二）服务营销的含义

服务营销是企业在充分认识满足消费者需求的前提下，为充分满足消费者需要在营销过程中所采取的一系列活动。它源于企业对消费者需求的深刻认识，是企业市场营销观的质的飞跃。

当前，服务营销的研究形成两大领域：服务产品的营销和顾客服务营销。服务产品营销是研究如何促进作为产品的服务的交换；顾客服务营销的则是研究如何利用服务作为一种营销工具促进有形产品的交换。二者的核心理念都是追求顾客满意和顾客忠诚，实现企业长期稳定发展。

（三）服务营销与传统营销的区别

服务营销与传统营销之间的区别主要体现在以下四点。

1. 研究对象的差异 传统营销以生产企业的整体营销行为作为研究对象，服务营销则以服务企业的行为和产品营销中的服务环节作为研究对象。服务业与一般生产企业的营销行为存在一定的差异。

2. 客户管理重视程度的差异 服务过程是服务提供与服务消费的统一过程，服务提供过程也是客户参与的过程，因而服务营销必须把对客户的管理纳入服务营销管理的轨道，以客户对服务的期望为依据，开展针对性营销。传统营销强调的是以市场消费者为中心，满足消费需求，具有一般性，因而在客户管理的关注程度上不如服务营销。

3. 对待质量问题的着眼点不同 传统营销强调产品的全面营销质量，注重质量的标准化、合格认证等。服务营销重点研究的是质量控制。因为服务质量很难像有形产品那样用统一的质量标准来衡量，其缺点和不足不易被发现和改进，因而要注重研究服务质量的过程控制，包括建立服务标准和规范、重视人员的选拔和培训、加强与客户沟通以及妥善处理客户投诉等。

4. 服务营销强调内部营销管理 服务过程是服务人员与客户广泛接触的过程，服务感受的优劣、质量的好坏不仅取决于服务人员的素质，也与企业流程、客户行为密切相关，职工与客户都是服务质量的重要组成部分，因此十分重视对人的研究。传统营销也会涉及人，但传统营销中的人只是商品买卖行为的承担者,而不是产品本身的构成因素。

二、服务营销管理

1. **服务营销组合策略** 传统的营销要素,一般是指"4P"营销组合,即产品、价格、渠道和促销,主要适合于制造业。由于服务产品具有不同于有形产品的特征和由于服务消费者具有不同于有形产品消费者的行为特征,传统的4P营销组合的不适应性日益凸显。布姆斯(Booms)和比特纳(Bitner)于1981年提出了7Ps服务营销要素组合,在原来的"4P"营销组合基础上,增加了人员(people)、有形展示(physical facility)和过程(process)三个要素。7Ps组合策略服务于企业的经营战略,其核心宗旨是向市场提供符合顾客需要的产品。

2. **服务营销的三个组成部分** 服务营销主要由三个部分组成:外部营销、内部营销和互动营销(图12-7)。其中,外部营销包括企业服务提供的准备、服务定价、促销、分销等内容;内部营销指企业培训员工及为促使员工更好地向顾客提供服务所进行的其他各项工作;互动营销则主要强调员工向顾客提供服务的技能。

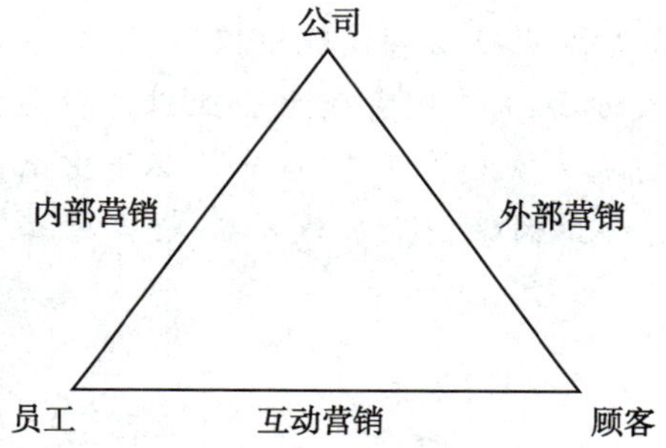

图12-7 服务营销的三个组成部分

3. **服务营销管理的主要内容** 为保证企业竞争目标的实现,企业应针对自己的目标市场,对服务市场的细分、服务差异化、有形化、标准化以及服务品牌、公关等问题进行深入研究,制订和实施科学的服务营销战略,有效地利用服务营销增强企业的竞争优势。服务营销管理主要包括以下几个方面。

(1)服务市场细分:任何一种服务市场都有为数众多、分布广泛的服务需求者,由于影响人们需求的因素是多种多样的,服务需求具有明显的个性化和多样化特征。企业的精力是有限的,能力再大也无法全面满足不同市场的服务需求,无法对所有的服务购买者都提供有效的服务。因此,服务企业在实施其服务营销战略时应对服务市场或对象进行细分,选定自己服务的目标市场,然后有针对性地开展营销组合策略,这样才能取得良好的营销效益。

(2)服务的差异化:服务差异化是服务企业面对较强的竞争对手而在服务内容、服务渠道和服务形象等方面采取差异化来突出自己的优势,与竞争对手相区别。

服务差异化主要体现在以下三方面:开发有针对性、创造性的优质服务项目;采取差异化的传递手段;树立企业的独特形象。

(3)服务的有形化:服务有形化是指企业借助服务过程中的各种有形要素,把看不见、摸不着的服务产品尽可能地实体化、有形化,让消费者感知到服务产品的存在、提高享用服务产品的利益过程。服务有形化包括服务产品有形化、服务环境的有形化、服务提供者的"有形化"三方面的内容。

服务产品有形化是指通过服务设施等硬件技术,如自动对讲、自动洗车、自动售货、自动取款等技术来实现服务自动化和规范化,保证服务行业的前后一致和服务质量的始终如一;通过能显示服务的某种证据,如各种票券、牌卡等代表消费者可能得到的服务利益,区分服务质量,变无形服务为有形服务,增强消费者对服务的感知能力。

服务环境的有形化是企业提供服务和消费者享受服务的具体场所和气氛,它虽不构成服务产品的核心内容,但它能给企业带来"先入为主"的效应,是服务产品存在的不可缺少的条件。

服务提供者的"有形化"是指直接与消费者接触的企业员工,其所具备的服务素质和性格、言行以及与消费者接触的方式、方法、态度等如何,会直接影响到服务营销的实现。为了保证服务营销的有效性,企业应对员工进行服务标准化的培训,让他们了解企业所提供的服务内容和要求，掌握进行服务的必备技术和技巧，以保证他们所提供的服务与企业的服务目标相一致。

4. **服务的标准化** 由于服务产品不仅仅是靠服务人员，还往往要借助一定的技术设施和技术条件，因此这为企业服务质量管理和服务的标准化生产提供了条件，企业应尽可能地把这部分技术性的常规工作标准化，以有效地促进企业服务质量的提高，具体做法可以从下面五个方面考虑，即：改进服务程序、制订规章制度、美化服务环境、使用价格杠杆、规范服务提供者的言行举止。

5. **服务品牌** 服务品牌是指企业用来区别于其他企业服务产品的名称、符号、象征或设计，它由服务品牌名称和展示品牌的标识语、颜色、图案、符号、制服、设备等可见性要素构成。当今市场环境下，品牌已成为吸引消费者重复购买服务产品的一个主要决定因素，创服务名牌，是服务企业提高规模经济效益的一项重要措施。因而，企业应注意服务品牌的研究，发挥服务品牌的市场效应，建立和巩固企业特殊的市场地位，在竞争中保持领先的优势。

本章小结

市场营销是健康企业经营的根本，是贯穿于健康企业经营与管理全过程的一项重要活动，对企业发展起着至关重要的推动作用。本章主要介绍现代市场营销理论概述、目标市场战略、市场营销基本策略、健康企业服务营销管理四大方面，旨在引导健康企业以创新思维建立现代市场营销观念，在激烈的市场竞争中，准确把握市场发展动态，从市场环境中识别市场机会和威胁，充分发挥自身优势，克服劣势，制订合适的营销战略与策略，提升顾客满意度与忠诚度。

（宫春艳）

思考题

1. 市场营销的基本步骤是什么？
2. 简要分析4P、6P、4C、4R的内涵以及对健康企业的现实指导意义。
3. "只要世上人莫病，何愁架上药生尘"面对这样的营销理念，你有何看法？请阐明理由。
4. 请以一家二线城市的民办养老机构为例，分析市场细分、目标市场选择和市场定位。
5. 何谓有形展示？在美容整形医院中如何发挥有形展示的效应。

第十三章 健康企业运营管理

本章要点

1. **掌握** 运营计划的编制、质量管理体系等内容。
2. **熟悉** 健康企业生产作业控制。
3. **了解** 运营管理的含义、主要内容。

导入案例

ZDKY 运营管理

中国营养学会调研结果显示，我国居民钙摄入量普遍不足，其中成人摄入量缺口在500mg左右。中国人体质和外国人是有差异的，制药企业ZDKY联合多家高校和科研机构，从中国人体质、饮食结构、生活习惯等角度，研发了LD钙系列产品。

LD钙是以碳酸钙和维生素D_3为主要成分，运用超微粉碎技术，口感细腻，特别添加适量甘露醇，解决了补钙易便秘问题。每片含元素钙500mg，维生素D_3 200IU，钙量足、吸收好，配比也更适合中国人体质。

从原料开始，LD钙严格遵循GMP的要求进行原辅料和包装物的采购，并且实行以销定产的生产模式。生产技术部根据销售计划制订全年生产计划，并分解到每月、每周、每天。企业制订了严格的生产管理制度，从生产准备阶段的技术管理、生产过程的技术管理、清场管理和生产记录管理等各个环节均有严格的流程与制度，以保证整个生产过程严格按照GMP标准及公司制订的产品生产工艺规程和生产操作标准进行生产操作，从而确保产品的质量。

LD钙自上市以来，在短短的10年时间已经跃升为中国内地补钙产品销售额第一，并于2018年开启了从渠道端到消费者端的品牌升级，宣传“为中国人设计，让中国人健康”的理念；贯彻落实产品质量是企业第一竞争力思想，实现可持续发展的科研驱动营销模式；产品定位于儿童、妊娠和哺乳期妇女、更年期妇女、老年人等各年龄段的钙缺乏补充；支持中国营养学会成立“国人体质研究中心”，以中央电视台和高铁专列冠名作为品牌传播的制高点，配合终端宣传，全力打造消费者认可的品牌，取得了空前的成功，产品年度增长率达到25%以上，2018年度销售额突破37亿元。

问题：健康企业运营管理的内容有哪些？

运营是人类社会赖以生存和发展的基本活动，是创造人类社会财富的唯一源泉，是任何企业（或组织）生存和发展的基础，没有运营活动，企业（或组织）就不能存在。企业（或组织）中的大部分人力、物力、财力和信息都投入运营活动，为人们的生活提供各式各样的商品或服务来满足人们的各种需求，运营管理改变和影响着人们的健康生活。

第一节 运营管理概述

一、运营管理的内涵

“运营”这一术语是从“生产”演变而来的。一提到生产，人们自然会想到拥有工厂、机器、流水线的制造业，制造业为社会提供有形产品；现在，随着社会生产力的发展，大量的劳动力转移到服务业，服务业为社会提供大量的无形产品，因此“生产”的概念被扩大了，既包括制造业有形产品的提供也包括服务业无形产品的提供。如制药企业提供药品，健康公司提供健康咨询、体检等服务。

运营管理（operations management）是指对企业（或组织）运营系统进行的规划、设计、组织与控制的过程。运营管理就是将投入转化为产出并创造价值的一系列活动，这些价值体现为商品和服务。所以一切组织都存在创造商品和服务的活动。在制造业企业中运营活动非常明显，产品有汽车、计算机、手机、128 排螺旋 CT。在服务业，生产过程就没那么明显，甚至顾客根本看不到运营活动，如医院、学校、银行、健康公司等。运营管理的一个主要方面就是要关注流程，流程就是工作过程，运营管理者经常运用各种方法、技术分析流程。

企业组织由多种职能相互配合来实现其目标。其中运营职能是核心，还有其他一些辅助职能，如人力资源、公共关系、工业工程、后勤保障等。

二、健康企业运营管理的基本内容

（一）运营战略的制订

运营战略是企业在运营系统的规划与设计、运营系统的运行与控制以及运营系统的维护与更新方面所做出的长期谋划。运营战略不但要与营销战略和财务战略等职能战略相得益彰，更要与企业总体战略相一致，这样更有利于实现组织的使命和目标。运营战略包括产品战略决策、竞争策略制订、生产组织方式的选择和设计、纵向集成度和供应链结构设计等问题。如 ZDTQ 医药集团经过 11 年的研发，2018 年 5 月获批生产中国肿瘤领域的原研创新药——安罗替尼胶囊，是中国首个、全球唯一获批的晚期非小细胞肺癌三线治疗药物，9 月底该药成功纳入国家医保，其医保准入周期仅为 4 个月，堪称全球典范。

（二）运营系统的规划与设计

运营系统的规划与设计包括：新产品开发与流程控制、运营能力规划、运营系统选址规划、设备布置、工作系统研究等。这些决策通常要有前瞻性。如养老机构选址可以考虑社区固定场所，也可以考虑候鸟式流动场所。

（三）运营系统的运行与控制

运营系统的运行与控制包括质量控制、费用控制、进度控制三部分。质量是企业的生命线。质量控制的目的是采用先进实用的质量管理方法与工具识别质量问题、分析质量问题、解决质量问题。费用控制的目的是保证产品的价格既为顾客接受，同时又为企业带来一定的利润。如健康体检公司，针对人数较多的体检群体，单独设计体检项目，采取低价策略。进度控制就是把运营中涉及的人员、物料设备、资金等资源在需要的时候组织起来，筹措到位，以保证适时适量地将产品投放到市场。

（四）运营系统的维护与改善

任何一个运营系统，不论其规划和设计如何科学，不论其运行与控制如何精准，都免不了出现一些问题，需要不断更新。运营系统的维护与改善包括：系统的升级换代、设备管理与可靠性、运营现场管理和组织方式的改进、管理规章制度完善等。如精益生产和大规模定制等先进运营方式的应用。

第二节　运营计划的编制

计划是管理的一项基本职能，是设定目标、指明路线的过程。“人无远虑，必有近忧”，企业运营和人生规划一样，必须从长计议，做出计划安排。

一、运营计划的层次

（一）运营计划的概念

运营计划是在企业生产战略的指导下，根据需求预测和企业生产能力，对企业生产运作系统的产出品种、产出数量、产出速度、产出时间、劳动力和设备的配置等问题预先所进行的考虑和安排。

（二）运营计划的分类

按时间长短可分为三种。

1. **长期计划**　是指企业发展性问题以及计划期跨度较长（一般在五年以上）的计划。

2. **中期计划**　是指一年以上至三年的运营计划。

3. **短期计划**　是指对企业过程性活动、计划期在一年或一年以下的短期运营活动的计划，是对已经确定的产品的执行性计划。

（三）运营计划的层次

运营计划主要包括四个层次：综合生产计划、主生产计划、物料需求计划和生产作业计划。

1. **综合生产计划**　综合生产计划是根据企业的生产能力和需求预测，对企业未来较长一段时间内的产出内容、产出量、劳动力水平、库存投资等问题所做的大致性描述。综合生产计划并不具体制订每一品种的生产数量和生产时间以及每一车间、人员的具体工作任务，而是按照以下方式进行工作安排（表 13-1）。

表 13-1　某公司的综合生产计划　　单位：件

	1 月	2 月	……	12 月
产品系列 A	2 000	2 500	……	2 200
产品系列 B	8 000	10 000	……	9 000

2. **主生产计划**　主生产计划是指确定各最终产品在每一具体时间段内的生产数量。主生产计划按照以下方式进行工作安排。根据表 13-1 的综合生产计划制订的产品系列 A 的具体产品的一月的主生产计划如表 13-2 所示。

表 13-2　某公司 1 月的产品系列 A 的主生产计划　　单位：件

产品	周次			
	1	2	3	4
A1 型	150	—	200	—
A2 型	200	200	200	250
A3 型	—	400	—	400

主生产计划是根据客户合同和市场预测，把综合生产计划中的产品系列具体化。它是将综合生产计划转换为生产作业计划的关键环节，是原材料采购或生产、产品生产或装配等活动的依

据，在生产计划体系中起到承上启下的关键作用。

3. **物料需求计划** 为了能够实施主生产计划，生产出产品，首先需要确保主生产计划里的最终产品所需的全部物料（原材料、零部件等）和其他资源供应到位。物料需求计划就是制订企业生产所需要的原材料、零部件的生产计划及采购计划。其主要内容包括客户需求管理、产品生产计划、原材料计划以及库存记录。

4. **生产作业计划** 生产作业计划是企业生产计划的具体执行计划。生产作业计划是对各生产单位（车间、工段、班组等）甚至是个人在每一具体时期（旬、周、日、班、小时）内的生产任务做出详细规定，从而保证整个企业生产计划规定的生产任务能够按品种、质量、产量和期限完成。

综合生产计划、主生产计划、物料需求计划、生产作业计划层次关系图见图 13-1。

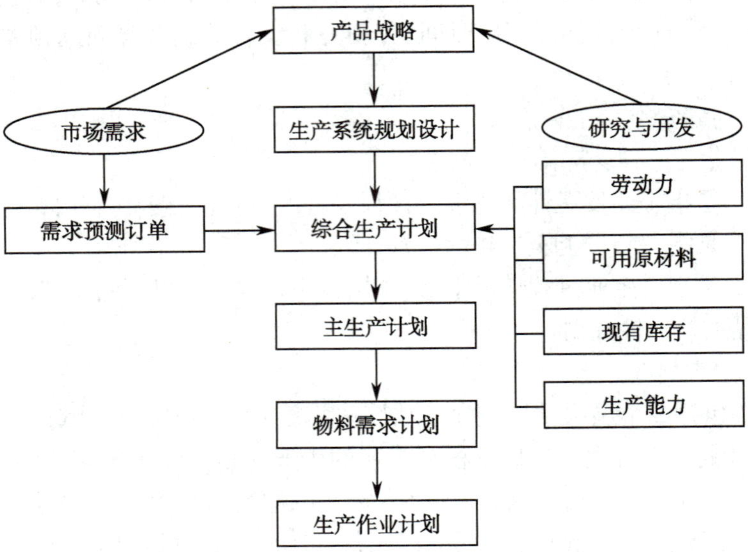

图 13-1 生产计划层次关系

（四）生产计划的主要指标

生产计划的主要指标有产品品种指标、产品产量指标、出产期、产品质量指标和产值指标。

1. **品种指标** 品种指标是指企业计划生产的产品的品名、规格、型号。也就是“生产什么”的问题，这是企业生产计划首先需要考虑的问题。

2. **产量指标** 产量指标指企业在计划期内应当生产的合格产品的数量，也就是“生产多少”的问题。这是生产计划中要体现每一个品种生产多少的问题。

3. **出产期** 出产期是为了保证按期交货而确定的产品出产期限，也就是“何时完工”的问题。

4. **质量指标** 质量指标通常指企业在计划期内，各种产品应达到的质量标准。通常需要规定出一级品率、合格品率、废品率、返修率等。

5. **产值指标** 产值指标就是用货币表示的产量指标。

不同类型的企业在制订各种生产计划时，需要考虑的上述指标的侧重点有所不同，因此，不同类型的企业制订计划的指标构成是不同的。

二、运营计划的编制方法

编制运营计划要以企业的经营目标为中心，遵循以销定产的基本原则，对企业在计划年度内的品种、质量、产量、产值和产品的产出期等指标进行合理的安排。一般通过试编，再反复修改、协调，最后达到综合平衡。

Note

（一）综合生产计划的编制方法

编制综合生产计划的方法很多，如经验法、试算法、线性规划法和计算机仿真法等。

1. **经验法**　是管理者根据过去的统计分析资料确定生产计划。

2. **试算法**　是通过计算不同生产计划的成本来选择较好的方案。由于它计算较少，简便易行，且易于理解，因此，这种方法在管理中应用最广。

3. **线性规划法**　是通过建立线性规划模型，解决资源合理利用的有效方法。线性规划法是解决多变量最优决策的方法，是在各种相互关联的多变量约束条件下，解决或规划一个对象的线性目标函数最优的问题，即在一定数量的人力、物力等资源下，如何应用能得到最大经济效益。在多品种批量生产条件下，品种产量优化的问题可用线性规划方法。应用线性规划法解决问题通常遵循这样的步骤：设变量—列出约束条件—建立目标函数—求解。

4. **计算机仿真法**　是由计算机控制的生产系统来实现。

（二）主生产计划的编制方法

现代企业专业化生产，产量大，品种少。其中，有的企业由于产品市场的需求较稳定，与用户或销售商之间形成一种稳固的供应关系；有的企业产品市场竞争激烈，波动性较大在，与销售商间只能形成一种松散的供应关系。对于不同特点的企业，编制主生产计划时采用的方式也不同。

对于需求稳定，具有稳固供应关系的企业来说，编制主生产计划的原则是均衡安排，即将综合计划的生产任务相等或有规律的递增、递减。具体可采用以下四种形式：①平均分配：将总生产任务等量分配，各季、各月的平均日产量相等；②分期递增：将生产任务分阶段新增，在每段时间内，平均水平大致相同；③小幅度连续递增：将生产任务在各月连续地、小幅度均匀递增；④抛物线形递增形式：将生产任务按照形式开始增长较快，以后增长逐渐缓慢的规律安排。

对于需求波动较大，具有松散供应关系的企业来说，可按三种形式编制主生产计划：①均衡安排：即使各月产量相等或基本相等。当产量大于销售量时，将一部分产品库存起来，当产量小于销售量时，则动用库存。②变动安排：即使各月产量随市场销售量的变动而变动。③混合形式：将上述两种方式相混合，将生产任务分期安排，期间变动，期内均衡。这三种方式各有优缺点，企业可根据具体情况择优选择。均衡安排方式有利于充分利用人力和设备，有利于保证产品质量，简化管理工作，但由于成品库存量大，所以这种方式所占用的流动资金多。变动安排方式由于没有库存现象，可以节省库存成本，但由于这种方式需要经常调整设备和人力，不利于成品质量的稳定，并要求较高的管理水平。

（三）物料需求计划的编制方法

物料需求计划是指根据主生产计划里的最终产品的产品结构各层次物品的从属和数量关系，以主生产计划里的最终产品完工时期为时间基准倒排编制的，是一种工业制造企业内物资计划管理模式。

物料需求计划的计划对象是相关需求物料，也就是生产最终产品所需要的原材料和零部件。物料需求计划解决的是主生产计划里的最终产品在生产过程中的相关物料需求的问题，而不是这些物料的独立需求问题。这种相关需求的计划和管理比独立需求要复杂得多，尤其是对于加工装配型生产企业，由于产品往往涉及成千上万种零部件，只要一种零件缺货，就会影响整个产品的加工装配进度。所以物料需求计划对确保主生产计划的完成非常关键。由此可以看到，物料需求计划工作复杂、琐碎，同时又非常重要。

（四）生产作业计划的编制方法

生产作业计划的编制，是为了指导生产作业，计划对象是工序。它是组织日常生产活动、建立正常生产秩序的重要手段。生产作业计划的作用是通过一系列的计划安排和生产调度工作，充分利用企业的人力、物力，保证企业每个生产环节在品种、数量和时间上相互协调和衔接，组织有节奏的均衡生产，取得良好的经济效果。

Note

三、健康服务业的综合计划

健康服务业的综合计划需要考虑目标顾客的需求、服务设施与劳动力的能力。由于健康服务业中作业过程多数是劳动密集型的,劳动力水平对生产能力有重大影响。所以与制造业的计划相比,服务业的综合计划是一个以时间为基础的服务员工需求计划。

与制造业相比,健康服务业综合计划有一些自身特点。

1. **服务能力与需求相匹配更重要** 服务只在提供时发生,而且服务无法储存。如饭店星期一早上空闲的座位不能储存下来以备星期六晚上顾客盈门时再去使用,空闲的服务能力是一种现实的浪费。此外,不能满足需求就降低了服务水平,使得需求发生转移,影响组织经营业绩,所以制订服务业的综合计划时应尽可能地使服务能力与需求相匹配。

2. **服务需求难以预测** 有些时候需要得到即时服务,如消防、警务、急救等,而且这种需求的发生往往具有不确定性,难以预测,这使得合理利用运营能力变得困难。

3. **服务能力难以测量** 一般地,服务能力是以劳动力数量和劳动效率来测量的,但在实际中,由于劳动效率受顾客参与的影响,加之为适应市场需求的变化,组织所提供的服务种类也不断变化,所以实际中准确测量服务能力就很困难。这种困难性增加了计划的难度。现在很多组织为了适应市场需求的变化,通过培训使员工成为多面手来提高劳动力的柔性,这不失为一种明智的选择。

第三节 健康企业生产作业控制

一、生产作业控制概念

生产作业控制是指在生产作业过程中,按既定的政策、目标、计划和标准,通过监督和检查生产活动的进展情况、实际成效,及时发现偏差,找出原因,采取措施,以保证目标、计划的实现。生产作业控制的受控客体是生产作业过程,它的预定目标是生产计划的目标值。

企业的生产作业计划虽然对日常生产活动已做了比较周密和具体的安排,但是,由于在实施过程中的一些随机因素和不确定因素,会造成实施情况与计划发生偏离。生产作业控制实施的必要性主要是因为:①加工时间估计不准确。在实际工作中,尤其是对于新产品,在做计划时很难将每道工序加工中遇到的困难和加工时间估计得精确。而加工时间是编制作业计划的依据,如果加工时间不能够准确确定,那么计划编制也就难以做到准确,生产实施中就会出现偏离计划的情况。②随机因素的影响。在生产活动中可能会遇到各种难以预计的随机因素,如不可预期的人员缺勤、设备故障和原材料的问题或者停电停水等。这些因素会造成实际生产进度与计划不一致。③工作能力的差异。员工工作能力的差异,也会造成实际的工作结果在质和量上与计划要求不符。④企业环境的动态性。如市场需求、技术水平、产业结构等,企业所处环境是动态变化的,为了适应环境的变化,需要适时调整生产计划。

生产作业控制是完成生产作业计划的手段。管理一个现代化企业,要协调生产过程各个方面的活动和实现生产活动的预定目标,没有生产作业控制就难以进行有效的生产与运作管理。要搞好企业的生产与运作管理,不仅要对生产过程有科学的计划和组织,而且要有科学的生产作业控制。

生产作业控制既要保证生产过程协调地进行,又要保证以最少的人力和物力完成生产任务,所以它又是一种协调性和促进性的管理活动,是生产与运作管理系统的一个重要组成部分。生产作业控制的目的是提高生产与运作管理的有效性,即通过生产作业控制,使企业的生产活动既可在严格的计划指导下进行,实现品种、质量、数量和时间进度的要求,又可按各种标准来消耗活劳动和物化劳动，降低成本，从而取得良好的经济效益。

二、生产作业控制的过程

生产作业控制的过程如图 13-2 所示。生产作业控制的受控客体是生产作业过程，其预定目标是主生产计划与生产作业计划的目标值。企业的生产作业计划虽然对日常生产活动已做了比较周密而具体的安排，但是，在计划的执行过程中，会出现一些人们预想不到的情况和矛盾（如图 13-2 中的"干扰因素"）。为了顺利完成生产计划，需要对生产作业过程进行控制，需要在输出端设置测量机构，以检测输出结果。测量机构把检测的输出结果同目标值进行比较，观测两者之间是否存在偏差，如果出现偏差，将偏差情况传递给决策机构。决策机构分析出现偏差的原因，对症下药地做出决策，并把决策结果（如即将采取什么措施）传达给执行机构。执行机构采取实际措施，以实现控制，达到目标。生产作业控制过程包括四个基本环节：制订标准、测量比较、控制决策、实施执行。

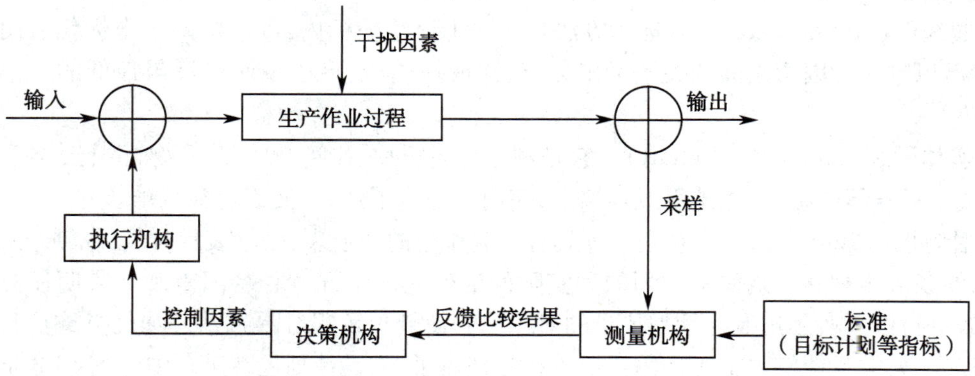

图 13-2 生产作业控制过程

1. **制订标准** 标准是人们检查和衡量工作及其结果的规范，制订标准是进行控制的基础。在生产作业控制中，制订标准就是对生产过程中的人力、物力和财力，对产品质量特性、生产数量、生产进度规定一个数量界限。它可以用实物数量表示，也可以用货币数量表示，包括各项生产计划指标、各种消耗定额、产品质量指标、费用支出限额等。控制标准要求制订得合理可行。

2. **测量比较** 测量比较就是以生产统计手段获取生产系统的输出值，并与预先制订的控制标准做对比分析，发现偏差。企业生产活动的偏差如果能在产生之前被预见，管理者就可以预先采取必要的措施避免偏差的发生，防患于未然。虽然这种理想的纠偏方式有效，但在现实工作中实现的可能性不高，原因是并非所有的偏差都可以预见。在这种情况下最满意的控制方式是在偏差产生以后迅速采取必要的纠偏行动。在过去的生产管理中，由于信息沟通缓慢，在生产线中出现问题的时候，可能无法得到快速的偏离信息，导致在偏离发生到一定程度的时候才发觉，造成了一定的损失。现代计算机技术的应用，计算机辅助生产管理信息系统能有效地提供实际生产与计划偏离的信息，通过生产作业统计模块，每天都可以取得各个零部件的实际加工进度和每台机床负荷情况的信息，从而在现代出现了精益生产。

3. **控制决策** 控制决策就是根据产生偏差的原因，提出用于纠正偏差的控制措施。一般的工作步骤如下。

（1）分析原因：有效的控制必定是从失控的最基本原因着手的。不同的原因要求采取不同的纠正措施。要透过表面现象找出造成偏差的深层原因，在众多的深层原因中找出最主要的，为纠偏措施的制订指导方向。

（2）确定纠偏措施的实施对象：需要纠正的不仅可能是企业的实际生产活动，也可能是组织这些活动的计划或者是衡量这些活动的标准。

（3）拟定措施：从造成失控的主要原因着手，研究控制措施，制订改进工作或调整计划与标准的纠正方案。

4. **实施执行** 这是控制程序中的最后一项工作，由一系列的具体操作组成。控制措施贯彻执行得如何，直接影响控制效果，如果执行不力，则整个控制活动功亏一篑。所以在执行中要有专人负责，及时监督检查。

三、生产作业控制方法

以“图表”（chart）实现控制或管理的目标，在现代企业中已广为运用，尤其在生产的控制方面，图表更具高度的实用价值。图表不仅简洁明了，使人一目了然，而且在资料的记录和工作的考核上也具有迅速、简便和可靠的优点。控制图表的记录可随实际情况的变化而随时改进，便于管理者考核和调整。常用的控制图表如下。

1. **直线图** 它是以直线表示某一因素的变动情况。

2. **曲线图**（curve chart） 其标示方法是在一个直角坐标内，以纵横两个坐标代表两种变动因素，然后以这两种因素之间的关系标出各点，连成一曲线，借以说明最高与最低的工作情形与工作趋势。

3. **实体图表**（mechanical chart） 它是利用金属板片、弹簧、栓钉等实物，将上述各种控制图表设计成一种立体图板，平置地面或挂墙上，使内容一目了然，且便于重新编排。

4. **甘特图**（Gantt chart） 它是一种具有控制作用的作业表，横轴表示时间，纵轴表示要安排的活动，线条表示在整个期间上计划的和实际的活动完成情况。甘特图直观地表明任务计划在什么时候进行以及实际进展与计划要求的对比。它使管理者很容易搞清一项任务或项目还剩下哪些工作要做，并且能够评估工作是提前了还是拖后了，或是计划还在进行中。图 13-3 给出了一个甘特图的示意图，清楚地表明了生产计划中各个“事件”之间在时间上的相互关系。通过示意图，实施计划的人可以从计划中挑选出关键性的组成部分加以密切注视。

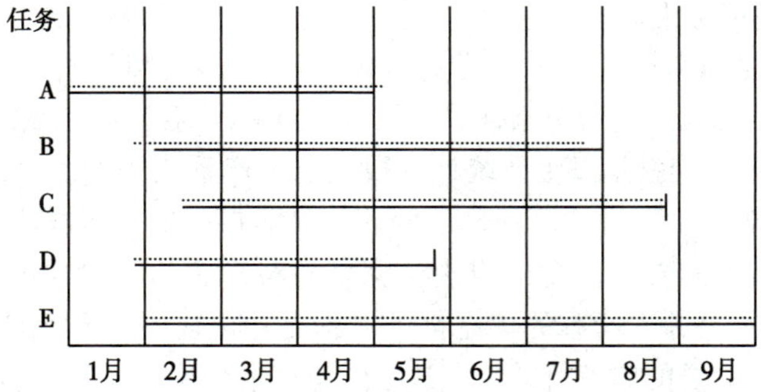

图 13-3 甘特图

根据这些图表，人们很容易看出某个生产程序的布置是否合乎工厂布置的原则，缺点和优点一目了然，是否调整以及如何调整也就不难获得答案了。此外，运用这些图表，还可以考核在厂内的运输路线、工作地布置、工作时间以及工作次数等方面。

第四节 健康企业质量管理

质量是企业的生命线，是企业赖以生存和发展的保证，是企业获得竞争能力的行动准则，是打开国际国内市场的通行证。

Note

一、质量管理概述

（一）质量的概念

质量是对产品或服务优劣的评价，是指产品和服务满足规定或潜在需要的特征和特性的总和。著名质量管理专家朱兰说："生活处于质量堤坝后面。"质量正像大堤一样，守护着消费真的安全和幸福，然而，当质量大堤出现问题，质量问题就会引发一系列的损失和灾害。因此，从这个意义上讲，做好质量管理工作，无论对企业自身还是对消费者和整个社会，都是一件重要的工作。

【案例 13-1】

假 药 事 件

2004 年 4 月底齐齐哈尔某制药公司生产的"亮菌甲素注射液"导致使用该产品的多名患者肾衰竭，称为"亮菌甲素注射液事件"。在国务院、国家食品药品监督局的高度关注和重视下，广东省药品检验所查明，生产企业违反药品管理法，擅自改变生产处方，以二甘醇代替审批处方中的丙二醇，酿成假药案。

（二）质量管理的概念

国际标准 ISO9000 定义质量管理是"在质量方面指挥和控制组织的协调活动"。在我国，质量管理是指对产品质量和影响产品质量的各项职能活动进行科学管理的总称，包括制订质量方针和质量目标，为实现质量目标进行质量策划、开展质量控制和质量保证、进行质量改进等相关活动。

1. **制订质量方针和质量目标**　质量方针是指由组织的最高管理者正式发布的该组织总的质量宗旨和方向。如产品质量要达到的水平、售后服务的总原则等。它阐明了企业对质量工作的总要求，是企业开展质量管理工作的指南，为制订质量目标提供框架。质量目标是按照质量方针提出的"在质量方面所追求的目的"。质量目标是为实现质量方针所确定的具体要求，必须与质量方针和持续开展质量改进的承诺目标一致，是可测定的，如废品率下降水平、故障成本在产品成本中所占比重等。在实践中通过质量策划规定必要的运行过程和相关资源，使质量方针和目标具体化。

2. **实施质量策划**　质量策划致力于制订质量目标并规定必要的运行过程和相关资源以实现质量目标。其内容之一是编制质量计划。质量计划是质量策划的结果之一，是质量策划活动所产生的一种书面文件，如健康企业今年覆盖人群比去年增加 8%。

3. **开展质量控制和质量保证**　质量控制是指为了满足质量要求而对产品质量形成全过程中上述两方面的诸因素进行控制，其实质是致力于满足质量要求，其作用就是根据质量要求，监视产品形成的各项工作，及时排除和解决所产生的问题，保证顾客满意。质量保证是指组织针对顾客和其他相关方的要求，对自身在产品质量形成全过程中某些环节的控制活动提供必要的证据，以取得信任。质量保证一方面是一种质量担保，是一种企业取得顾客信任的手段；另一方面也是企业的一种管理手段。

质量控制和质量保证之间的关系可理解为质量控制是基础，是具体操作过程，如检验过程是本身；质量保证是目的，着重在质量策划，最终取得信任，如质量方针和计划的制订。

【案例 13-2】

注射液过敏事件

2006 年 7 月，部分患者使用安徽某制药公司生产的克林霉素磷酸酯葡萄糖注射液后出现胸闷、心悸、恶心呕吐、过敏性休克、肝肾功能损害等症状。此次事件共涉及 10 个省份 81 例患者，其中 3 例死亡。国家食品药品监督管理总局 CFDA 组织专家核查，最终确定，导致该事件的主要原因是安徽某制药公司于 2006 年 6 月—7 月生产的克林霉素磷酸酯葡萄糖注射液未按批准的工艺参数灭菌，8 月 3 日卫生部连夜发出紧急通知，要求停用该药。

4. 进行质量改进 质量改进是指组织不断增强满足质量要求的能力。质量改进是无止境地寻找问题,持续地进行改进,就可以提高企业的质量水平,增强企业的竞争力。

(三)质量管理的发展历史

从质量管理的形成和发展来看,它大体上经历了三个阶段。

1. 质量检验阶段 这一阶段是从20世纪20年代到40年代,企业对质量管理的认识只限于对产品质量的检验,通过特定岗位人员对于产品质量的事后检验来确定产品质量得好坏,不能预防废品的发生。以泰罗为代表的科学派,创立了"泰罗制度"。

2. 统计质量管理阶段 这一阶段是从20世纪40年代到50年代,除了严格质量把关外,还应用数理统计方法,在制造过程中控制影响产品质量的各种因素,是一种"事前控制"。

3. 全面质量管理阶段 这一阶段开始于20世纪60年代初,系统论的理论观点及一些新的质量要求的出现使全面研究企业质量管理工作应运而生。全面质量管理从市场-现场-市场的观点出发,以用户需要为主要方向,实行全面、全过程、全员质量管理,强调人的因素,以预防为主,全面质量管理是前两个阶段质量管理阶段的进一步完善和发现。

二、质量管理的基本原则

1. 以顾客为关注焦点 组织依存于顾客,因此组织应理解顾客当前和未来的需求,满足顾客要求并争取超越顾客的期望。因此,应始终密切地关注顾客的需要和期望,包括顾客当前和未来发展的需要和期望。另外,必须注意顾客的要求并非是一成不变的,随着时间的推移,特别是技术的发展,顾客的要求也会发生相应的变化。组织必须动态地聚焦于顾客,及时掌握变化着的顾客要求,开展质量改进,力求同步地满足顾客要求并使顾客满意。

2. 领导作用 领导者应将本组织的宗旨、方向和内部环境统一起来,并创造使员工能够充分参与实现组织目标的环境。组织最高管理层的高度重视和强有力的领导是组织质量管理取得成功的关键。组织最高管理层必须注意各级管理者在组织的质量方针的指引下应保持认识上的一致和工作上的协调,还应该创造一个良好的组织内部环境,鼓励和促进组织内部所有人员共同为实现质量方针和质量目标作出应有的贡献。

3. 全员参与 组织的质量管理是通过组织内部各级各类人员参与生产经营的各项质量活动来加以实施的。因此,人员在质量管理中始终处于主导地位,也是最活跃的要素。

质量管理实践证明,组织能否深入开展质量管理,确保产品、体系和过程的质量满足顾客及其他相关方面的需要和期望,取决于各级各类人员的质量意识、思想和业务素质、事业心、责任心、职业道德,以及适应本岗位的工作能力等因素。这就要求组织在推行质量管理中务必十分重视人的作用,为他们创造一个积极投入、奋发进取、充分发挥才能的工作环境。

4. 过程方法 将相关的资源和活动作为过程进行管理,可以更高效地达到期望的结果。使用资源的各项活动的系统。过程的目的是提高价值。因此,在开展质量管理各项活动中应该采用过程的方法实施控制,确保每个过程的质量,并高效地达到预期的效果。

5. 管理的系统方法 "将相互关联的过程作为系统加以识别、理解和管理,有助于组织提高实现目标的有效性和效率",是系统管理思想的具体体现。产品质量是众多过程的综合反映,每个过程的结果都影响着产品质量。该原则要求树立整体的观念,围绕质量管理对企业的各种活动、资源、相互关系进行系统思考和安排,重视质量管理体系的建立、规范和改进。

6. 持续改进 持续改进是组织的一个永恒的目标。持续改进是一个组织积极寻找改进的机会,努力提高有效性和效率,确保不断增强组织的竞争力,使顾客满意。为了能有效地开展持续改进,首先必须加强各层次人员,特别是管理层的质量意识、问题意识和改进意识,以追求更高的过程效率和有效性为目标,主动寻求改进的机会,确定改进项目,而不是等到出了问题再提出改进的需要。同时,还应贯彻分清轻重缓急、实施循序渐进的原则,对持续改进实施有序的管理,包括质量改进的组织、计划、实施、评价和确认。

7. **基于事实的决策方法** 对数据和信息进行逻辑分析或直觉判断是有效决策的基础。决策是通过调查研究和分析，确定质量目标并提出实现目标的方案，对可供选择的几个方案进行优选后做出抉择的过程。一个组织在生产经营的各项管理过程中都需要做出决策，如经营决策、产品设计与开发的决策、产品结构决策、资源配置决策等。能否对各个过程做出正确的决策，将直接影响组织和过程的有效性和效率，特别是最高管理者对重大问题的决策正确与否，将会影响到组织的兴衰。

8. **与供方互利的关系** "组织与供方是相互依存的，互利关系可增加双方创造价值的能力"。组织在产品实现过程中向供方采购的产品具有相当的数量，而且采购的产品质量必然会直接或间接地影响组织的最终产品的质量。所以，为了使供方能够持续稳定地提供符合本组织要求的产品，组织需要采用合适的方法选择、评定合格的供方，并且与供方建立互惠互利的合作伙伴关系，使双方都能受益，以利于组织与供方通力合作，共同为提供使顾客满意的产品做出努力。

质量管理基本原则之间的关系是：最高管理者（领导作用）充分发挥员工的积极性（员工参与），处理好相关方的关系（与供方互利的关系），运用控制论的三个方法（系统方法、过程方法、基于事实的决策方法），最终目的是满足顾客要求（以顾客为关注焦点），达到使组织持续改进的目的（持续改进）（图 13-4）。

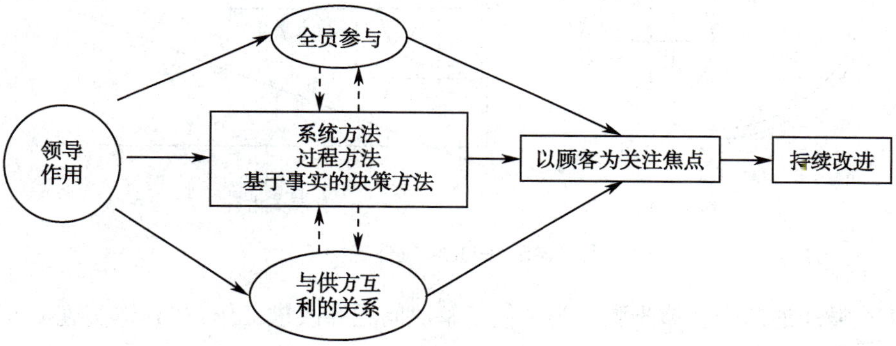

图 13-4 质量管理基本原则之间的关系

三、质量管理体系

（一）质量保证体系的概念

质量保证体系就是现代企业根据质量保证的要求，从现代企业的整体出发，运用系统的理论和方法，把现代企业各部门、各环节严密地组织起来，规定它们在质量管理方面的职责、任务和权限，并建立组织和协调各方面质量管理活动的组织机构，在现代企业内形成一个完整的有机的质量保证系统。建立健全企业质量保证体系是保证质量目标得以实现的重要手段，是能长期稳定生产优质产品的组织保证和制度保证，如某药业质量风险管控模式，荣获国家市场监管总局 2018 年 11 月颁发的第三届中国质量奖提名奖。质量保证体系包括设计过程的质量管理、制造过程的质量管理、辅助过程的质量管理和使用过程的质量管理等四部分。

（二）企业质量保证体系的 PDCA 循环

PDCA 循环也称"戴明环"，是一种科学的工作程序。通过 PDCA 循环提高产品或服务质量。P（plan）——计划；D（do）——实施；C（check）——检查；A（action）——处理。

1. **PDCA 循环四个阶段** ①计划阶段（P）：分析现状，找出质量问题；分析产生问题的原因；从各种原因中找出影响质量的主要原因；制订计划，制订措施。②实施阶段（D）：执行计划，落实措施。③检查阶段(C):检查计划执行情况和措施实行效果。④处理阶段(A):把有效措施纳入各种标准或规程中加以巩固,无效的不再实施;将遗留问题转入下一个循环继续解决。

2. PDCA 循环的特点 PDCA 循环运转时,有以下特点:①大环套小环,一环扣一环;小环保大环,推动大循环(图 13-5a)。整个企业中,各科室、车间、工段、班组和个人都有自己的 PDCA 管理循环,所有的循环圈都在转动,并且相互协调,互相促进。上一级循环是下一级循环的依据,下一级循环是上一级循环的组成部分和具体保证。②阶梯式上升:每转动一圈,就上升一步,就实现一个新的目标,不停转动就不断提高(图 13-5b)。如此反复不断地循环,质量问题不断得到解决,管理水平、工作质量和产品质量就步步提高。③综合性循环:四个阶段划分是相对的,不能机械地把它们分开,要紧密衔接,而且各阶段之间存在一定的交叉。实际工作中,往往是一边计划一边执行,一边执行一边检查,一边检查一边处理,一边处理一边调整计划。质量管理工作正是在这样的循环往复中达到预定目标的。④管理循环关键在于"A"阶段:只有把成功的经验和失败的教训都纳入各项标准、规程和制度中,才能使今后的工作少走弯路和不断提高。

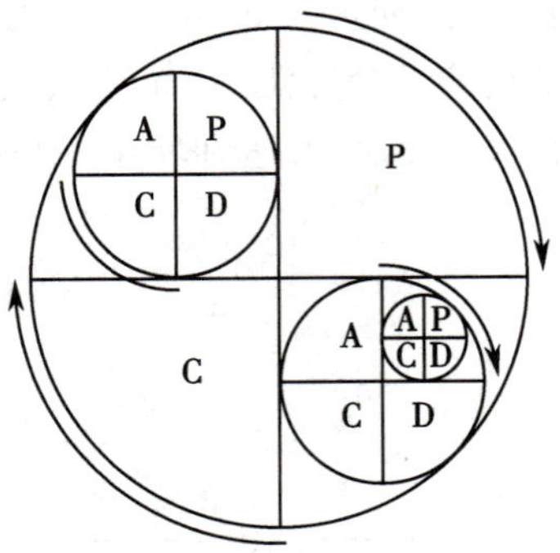

(a)大球带小球

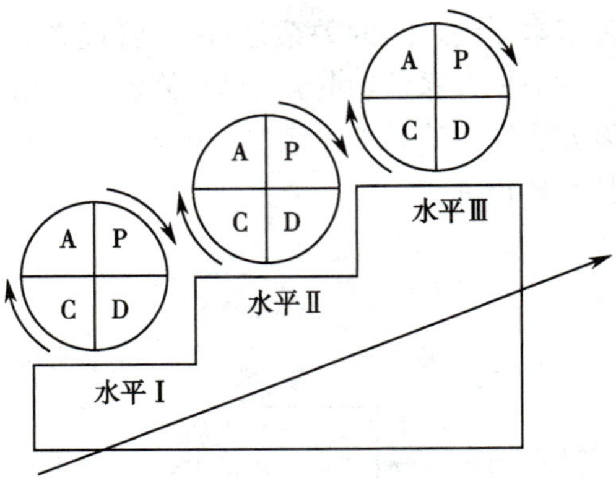

(b)阶梯式上升

图 13-5 PDCA 循环的特点

3. PDCA 循环的八个实施步骤 为了便于解决问题和改进工作,在具体实施 PDCA 循环时,可以把它分解为八个步骤。

(1) 调查现状,找出存在的质量问题。

(2) 分析问题,明确造成质量问题的各种原因。

(3) 寻找主要原因,确定解决质量问题的方向。

(4) 针对主要原因,制订解决质量问题的计划。

(5) 执行所制订的计划,落实各种措施。

(6) 明确应该巩固的成果,找出确实存在的问题。

(7) 巩固所取得的成果,将成功的经验标准化。

(8) 提出尚未解决或新出现的问题,将其转入下一个 PDCA 循环中去解决。

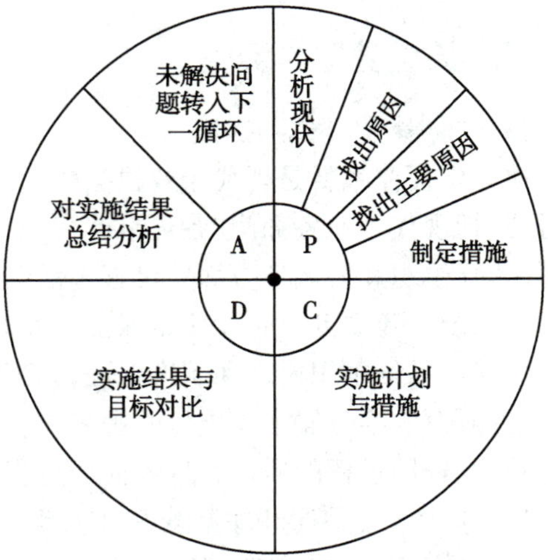

图 13-6 PDCA 实施步骤

在这些步骤中,(1)~(4)属于 P 阶段,(5)属于 D 阶段,(6)属于 C 阶段,(7)~(8)属于 A 阶段(图 13-6)。

Note

【案例 13-3】

北京 SJQ 敬老院的服务质量观

北京 SJQ 敬老院坚持"一切为老人着想,一切为老人服务"的基本原则,不断提升养老服务质量,从未落伍于时代。早在 2002 年,SJQ 敬老院在国内率先通过 ISO9001 质量体系认证;2007 年 9 月,被评为北京市首家四星级敬老院;2009 年 8 月,被评为"北京市服务标准化示范单位";2011 年 8 月,荣获首个"国家级养老服务标准化示范院"称号等。2015 年,该院被评为北京市"五星级敬老院",形成"管理有标准,岗位有职责,操作有流程,过程有监督,工作有评价,事后有考核"的科学管理体系,完成了从"经验型服务"到"标准化服务"的转变。在 2016 年底的服务满意度测评中,SJQ 敬老院再次得到 98.56%的好成绩。

SJQ 敬老院建于 1958 年,前身是供养五保户的"幸福院",现已经发展为拥有 756 张床位、入住率 100%的复合型现代生态养老院。在 SJQ 敬老院,失能、半失能老年人约占 56%,护理等级分为一至八级。与此相应,该院目前有 128 名护理员,持证上岗率为 100%。其中护理技师 2 名,中级以上养老护理员占护理人数的 24%。尤其注重护理员的专业化培训,要求有五星级的护理质量。

四、质量管理工具

企业常用的质量管理工具有七种,这些方法能够在健康企业全面质量管理活动中收集和分析相关质量数据,从而能够更好地分析和确定质量问题,控制和改进质量水平。

1. **调查表法** 调查表又称统计分析表或检查表,是用表格形式来进行数据整理和粗略分析的一种方法。根据不同的调查对象、调查目的和调查范围,可将调查表设计成多种形式,包括缺陷位置调查表、不合格项目调查表、质量特性值分布调查表和不良品产生原因统计表等(表 13-3)。

表 13-3 不合格品分项核查表/个

日期	时段	缺陷类型					合计
		遗漏标签	贴偏标签	字迹不清	标签卷曲	其他	
星期一	08:00~09:00	—	2	4	—	—	6
	09:00~10:00	—	3	—	—	—	3
	10:00~11:00	1	3	1	—	—	5
	11:00~12:00	—	1	—	1	1(撕裂)	3
	13:00~14:00	—	1	—	—	—	1
	14:00~15:00	—	2	3	1	—	6
	15:00~16:00	4	2	2	—	—	8
合计		5	14	10	2	1	32

2. **分层法** 分层法又叫分类法、分组法。这种方法就是把收集来的数据,根据一定的目的,按其性质、来源、影响因素等加以分类,进行研究,使杂乱的数据系统化、条理化,从而找出质量问题的症结,采取相应的措施加以解决。在质量管理中,数据分层的标志多种多样,一般可先按时间、操作人员、使用的设备、使用的原材料、操作方法、测量工作和工序等进行分类,然后再进一步细分。分层法常常和其他方法结合起来使用,如分层法与排列图法、直方图法结合使用。

如某连锁药店一个月共收到表扬信 74 封,用分层法分析顾客对药店营业员服务质量的评价,如表 13-4 所示。

表 13-4 服务质量分层分析表

营业员等级数	特级、一级	二级、三级	四级以下	合计
表扬信	16	44	14	74
人数	5	28	22	55

3. **帕累托图** 任何事物都遵循“少数关键，多数次要”的客观规律。这一规律是意大利经济学家帕累托在进行财富和收益模式研究时发现的，他发现20%左右的人占有80%左右的社会财富，进而提出著名的“80/20法则”。这一规律在其他领域也有体现，如20%左右的原因导致了80%左右的质量问题。帕累托图是用以分析质量问题的主次或者质量问题原因的主次，以及评价所采取的改善措施效果。换句话说，就是比较采取改善措施前后的质量。根据表13-3可以绘制出不合格品帕累托图（图13-7）。

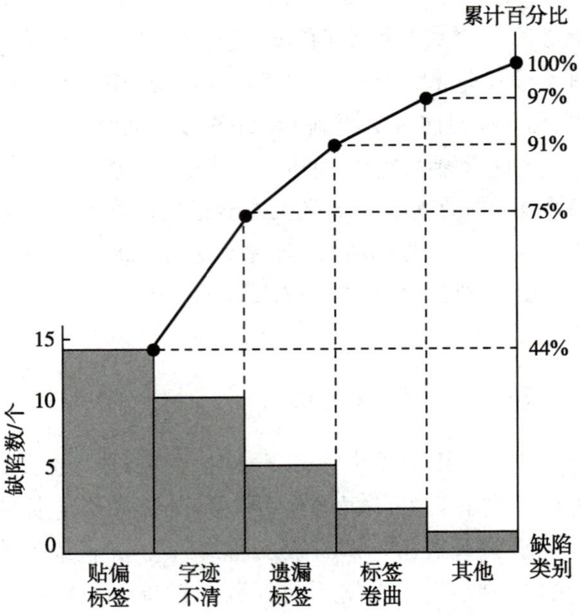

图 13-7 不合格品帕累托图

4. **因果分析图** 因果分析图因其形状而被称为鱼刺图。导致过程或产品问题的原因可能有很多因素，主要涉及人、材料、机器设备、测量、方法、环境六因素（5M1E）。它是用来表示产品质量特性与影响质量的有关因素之间的关系的图表，可用因果分析图找出主要因素产生的根源（图13-8）。

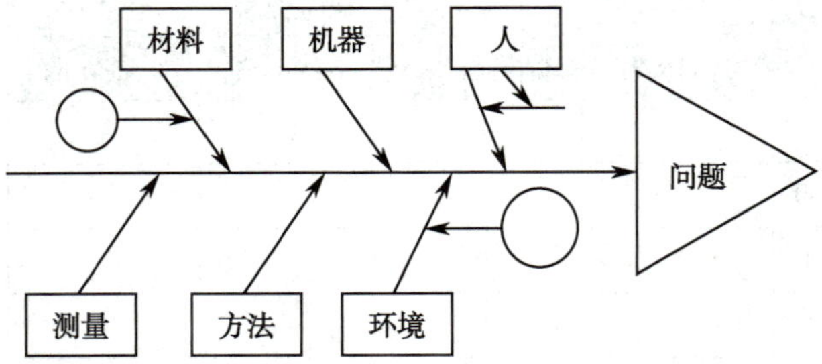

图 13-8 因果分析图

5. **直方图** 直方图又称质量分布图、柱状图，它是表示资料变化情况的一种重要工具，用于对收集来的数据进行整理、判断以及预测生产过程中的质量和不合格率。直方图通过对数据进行整理，解析出规则性，使数据分布情况一目了然，便于判断总体的质量分布情况。直方图的基本图形为直角坐标系下若干依照顺序排列的矩形，各矩形底边相等，称为数据区间，矩形的高为数据落入各对应区间的频数（图13-9）。

6. **控制图** 控制图是统计过程控制最主要的统计技术，是用来分析和判断过程是否处于稳定状态并带有控制界限的图形。它是一个简单的过程控制系统，它是通过监视生产过程的质量波动情况，预报过程中存在影响质量的异常原因的一种有效工具。通过分析控制图，可以及时发现过程的异常状态，以便采取纠正措施，使过程转为受控状态（图13-10）。

7. **散布图** 散布图又称相关图，是一种简易的相关分析，利用统计图的形式，来分析研究影

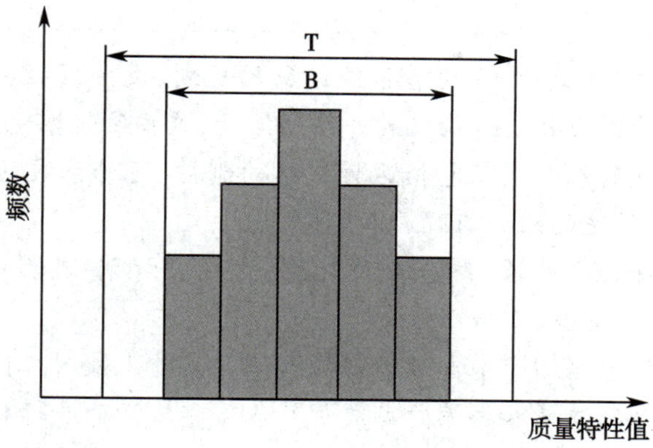

图 13-9　直方图基本图形

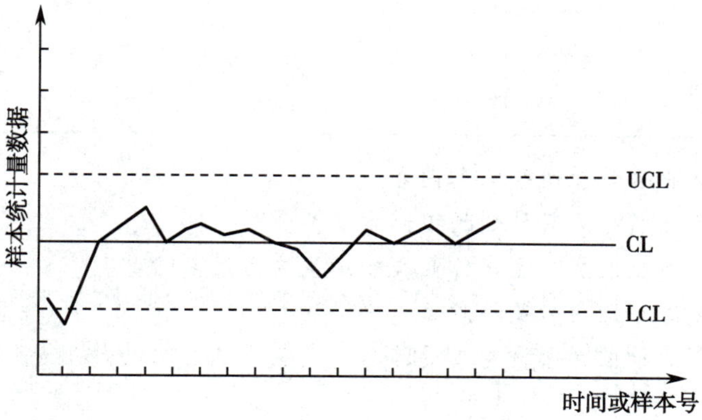

图 13-10　控制图

UCL,上控制线;CL,中心线;LCL,下控制线

响因素同质量特性之间、两种质量特性之间、两种影响因素之间关系的程度。在质量分析中,对于某些既有关系但又不存在确定函数关系的变量,不能由一个变量的数值精确地求出另一个变量的数值时,通常采用相关图观察的方法,用散布图将有关的各对数据,用圆点描在直角坐标图上,就能分析判断它们之间有无相关关系以及相关的程度,然后运用这种关系对产品或工序进行有效的控制。图 13-11 所示的例子中,湿度和差错间的关联性很强,因为点分布在一条直线附近。

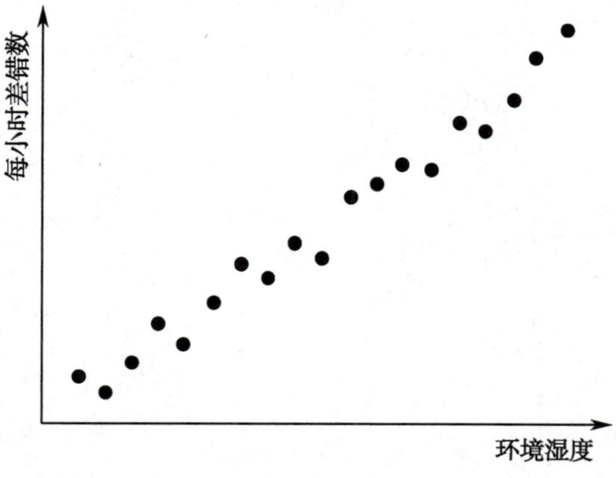

图 13-11　直方图基本图形

本章小结

运营管理是指对企业(或组织)运营系统进行的规划、设计、组织与控制的过程。运营管理就是将投入转化为产出并创造价值的一系列活动,这些价值体现为商品和服务。

健康企业运营管理的基本内容包括运营战略的制订、运营系统的规划与设计、运营系统的运行与控制、运营系统的维护与改善四部分。

运营计划主要包括四个层次:综合生产计划、主生产计划、物料需求计划和生产作业计划。

生产作业控制过程包括四个基本环节:制订标准、测量比较、控制决策、实施执行。

质量管理是指对产品质量和影响产品质量的各项职能活动进行科学管理的总称,包括制订质量方针和质量目标,为实现质量目标进行质量策划、开展质量控制和质量保证、进行质量改进等相关活动。

(高环成)

思考题

1. 简述健康企业运营管理的基本内容。
2. 什么是运营计划? 运营计划的编制方法?
3. 什么是生产作业控制? 生产作业控制的主要方法有哪些?
4. 简述 PDCA 循环的内容及特点。
5. 常用的过程质量控制七种工具是什么? 这些方法各自的作用是什么?

Note

第十四章 健康企业供应链管理

本章要点

1. **掌握** 供应链管理的含义、主要内容和作用；供应链的含义、特征。

2. **熟悉** 供应链网络设计步骤。

3. **了解** 健康企业的供应链；供应链管理的方法及其实施步骤；供应链的设计原则和设计策略。

导入案例

HD公司供应链管理分析

HD医药股份有限公司是HD医药集团有限公司的核心企业。公司主要从事抗生素、中成药、化学合成药、基因工程药品的生产，以及西药、中成药、中药材、医疗器械、化学试剂、玻璃仪器等医药商品的销售，是一家集医药工业、商业和科研开发于一体的大型、综合性医药企业。

公司在供应链库存管理中建立起以消费者需求为基础和具有快速反应能力链的系统。这个系统的建立使得HD医药公司的供应链库存管理不再是简单的需求预测与库存补给，而是通过库存管理获得服务与利润的优化，从而达到供应链整体及节点企业双赢的管理目的。

HD公司供应链库存管理是通过对信息流、物流、资金流的控制，从采购原材料、制成中间产品以及最终产品，最后由销售网络把产品送到消费者手中，将供应商、制造商、分销商、零售商直到最终用户连成一个整体的功能网链结构模式。

HD公司与供应链上各节点企业分别建立供应链库存运行机制、供需计划协调管理机制和供应链库存管理绩效评价体系。这些运行机制的建立保证供应链上各节点企业相互合作的良性循环和生产经营的顺利进行，保证了信息在供应链上传递的准确性和及时性，以及时发现库存管理中存在的问题，以便采取改进措施。

HD医药公司还通过供应链管理暴露出企业库存控制过程中的潜在问题和危机，加强库存控制程度。公司通过JIT采购等策略的实施，逐渐降低库存持有量，将公司库存控制中的问题表露出来，并加以解决，从而提升企业库存控制能力和企业管理水平。

HD医药公司通过多种管理模式对供应链上的库存进行管理，在多方面取得了显著的成效。例如，公司降低了库存成本，提高了客户服务水平，长期合作伙伴增加，库存周转天数减少等。

HD医药公司在对于合作关系中风险防范问题制订了很好的措施。公司与其他公司合作前都必须签订法律合同，明确各个企业的责任和义务，如违约责任、赔偿损失条款、担保条款、保密条款、价格变动条款、索赔条款等方面的内容。这些条款的签订很大程度上完善了HD医药公司与其合作企业在供应链上的库存管理合作关系。

HD医药公司还在风险防范的基础上，采取了一些激励机制。比如价格激励，对于大批量合作货物进行价格优惠。近年来，HD医药公司一直在不断地提升企业形象，以其完善的客户服务以及优越的产品质量赢得了大量供应链上企业与公众的好评。

思考：HD医药公司在供应链管理中采用了哪些方法，取得了哪些成效？

第一节 供应链管理概述

一、供应链的概念

（一）供应链的含义

供应链是一种客观存在，一个完整的供应链始于原材料的供应商，止于最终用户，是由原材料供应商、制造商、仓库、外部供应商、运输公司、配送中心、分销商、零售商、顾客组成的链状结构或网络。在供应链中，原材料和零部件的供应商、产品制造企业、运输和分销公司、零售企业以及售后服务企业作为经济实体和供应链中供需的节点向最终消费者提供产品和服务。供应链同时又是在相互关联的业务流程以及业务伙伴间所发生的，从产品设计到最终客户交付全过程中的物流、信息流和资金流。

随着社会经济的发展，目前比较被普遍接受的供应链定义是：供应链是围绕核心企业，通过对信息流、物流、资金流的控制，从采购原材料开始，制成中间产品以及最终产品，最后由销售网络把产品送到消费者手中，将供应商、制造商、分销商、零售商直到最终用户连成一个整体的网链结构和模式。它是一个范围更广的企业结构模式，它包含所有加盟的节点企业，从原材料的供应开始，经过链中不同企业的制造加工、组装、分销等过程直到最终用户。

这个概念强调了供应链的战略伙伴关系，从形式上看，客户是在购买商品，但实质上客户是在购买能带来效益的价值。各种物料在供应链上移动，是一个不断采用高新技术增加其技术含量或附加值的增值过程。因此，供应链不仅是一条连接供应商到用户的物料链、信息链、资金链，而且是一条增值链（图14-1）。物料在供应链上因加工、包装、运输等关系而增加其价值，给相关企业都带来收益。

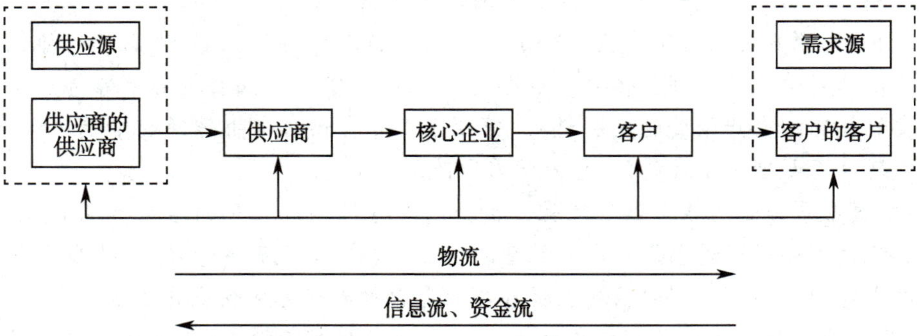

图14-1 供应链的结构模型

可以看出供应链的结构由供应体系、核心企业、分销体系及客户群及他们之间的业务流程和关系组成，同时伴随信息流和资金流。业务流程主要包括采购和供应、生产和制造、运输、装卸、存储、加工、包装、配送，至送达后的售后服务、反向物流业务等。供应链关系主要包括上游关系、下游关系、合作关系、伙伴关系、外包关系等，但共赢关系是供应链上所有成员的核心关系。

假定有一位顾客走进某个商店购买创可贴，那么供应链始发于顾客对创可贴的需求，供应链的下一步是该顾客所光顾的零售店，零售店货架上的商品来自它的库存，库存商品可能由商店自营的成品仓库或第三方分销商提供，而第三方分销商的商品则由制造商（如某生物科技有限公司）提供，该生物科技有限公司从各种供应商处获取原材料，而这些供应商的商品则由其上游供应商提供，从而形成一条供应链，如图 14-2 所示。

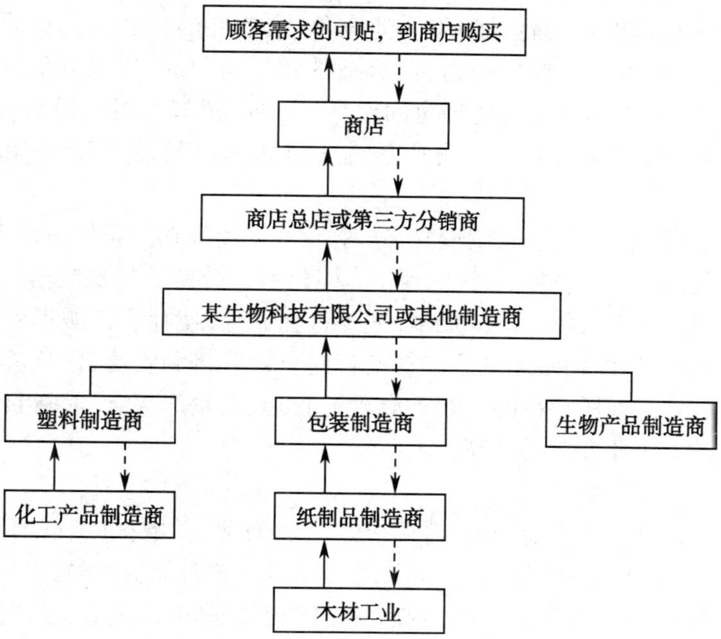

图 14-2　创可贴供应链环节举例

（二）健康企业的供应链

健康企业供应链围绕健康类核心企业，通过对健康相关产品信息流、物流、资金流的控制，从采购原料，制成中间产品以及最终产品，然后由销售网络把产品送到使用者手中，将供应、制造、分销、零售等不同企业直至最终用户连成的一个系统整体。不能单纯地把这条网链看作是连接供应商到用户的物流链、信息链或资金链，而是要把它看作是一条增值链，因为物料在这条链上因加工、包装、运输等过程而增值，并给链上所有相关的企业（也被称作节点）带来经济收益。

以健康企业中的医药企业为例，医药供应链一般是指从药品制造所需的原材料采购开始，制成中间药品以及最终产品——成品药的生产过程以及通过销售网络从医药生产厂到批发商、零售商或医疗机构（医院、诊所），最终直至消费者（患者）的销售过程，伴随着物流链、信息链和资金链的传递过程。

医药商业供应链是指药品以产成品的形态从生产厂家销售给药品批发商以及（或者）药品零售商的过程。不涉及药品原料的采购以及药品的生产过程，也不包括药品从最终销售机构（医疗机构或零售药店）销售给患者的过程。

二、供应链管理的概念

（一）供应链管理的含义

我国 2006 年发布实施的《物流术语》中对供应链管理定义为：对供应链涉及的全部活动进行计划、组织、协调与控制。

供应链管理是用系统的观点通过对供应链中的物流、信息流和资金流进行设计、规划、控制与优化，即行使通常管理的职能进行计划、组织、协调与控制，以寻求建立供、产、销企业以及客户间的战略合作伙伴关系，最大程度地减少内耗与浪费，实现供应链整体效率的最优化并保证供应链中的成员取得相应的绩效和利益，来满足顾客需求的整个管理过程。它覆盖了从供应商的供应商到客户的客户的全部过程，其主要内容包括外购、制造分销、库存管理、运输、仓储、客户服务等。供应链管理又是一种集成的管理思想和方法，它贯穿于供应链中从供应商到最终用户的物流、信息流、资金流的计划和控制等管理职能。

供应链管理的最根本的目的就是增强企业竞争力，首要的压倒一切的目标是提高顾客的满意程度，即做到将正确的产品或服务，按照合适的状态与包装，以准确的数量和合理的成本费用，在恰当的时间送到在指定地方的确定的用户。因此，最好的供应链管理不是将财务指标作为最重要的考核标准，而是应密切注视产品进入市场的时间、库存水平和市场份额这一类情况。

供应链管理的实现，是把供应商、制造商、分销商、零售商等在一条供应链上的所有节点企业都联系起来进行优化，使生产资料以最快的速度，通过生产、分销环节变成增值的产品，到达有消费需求的消费者手中。这不仅可以降低成本，减少社会库存，使社会资源得到优化配置，更重要的是可以通过信息网络、组织网络实现生产与销售的有效联接和物流、信息流、资金流的合理流动。供应链管理将吞并过去所存在的一切不合理的管理、大量库存、产品盲目开发、对客户需求缓慢的反应和传统的有纸化商务活动等。

（二）供应链管理的主要内容

供应链管理主要涉及 6 个主要领域：需求管理、生产计划、采购供应、订单交付、物流管理、逆向物流。如图 14-3 所示，供应链管理是以同步化、集成化生产计划为指导，以各种技术为支持，尤其以内联网/互联网（Internet/Intranet）为依托，围绕需求管理、采购供应、生产作业、物流支持、订单交付来实施的，其目标在于提高用户服务水平和降低总的交易成本，并且寻求这两个目标之间的平衡。

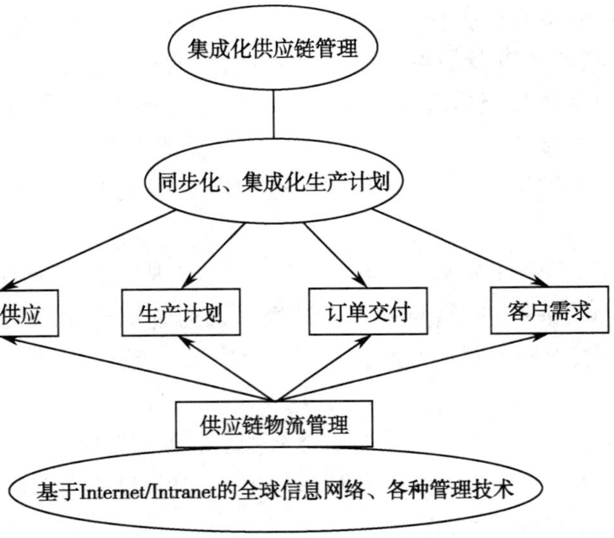

图 14-3 供应链管理涉及的领域

以上述 6 个领域为基础，可以将供应链管理细分为基本职能领域和辅助职能领域。基本职能领域包括产品开发、产品技术保证、采购、制造、生产控制、库存控制、仓储管理、分销管理、市场管理等，而辅助职能领域包括客户服务、设计工程、会计核算、人力资源等。

由此可见，供应链管理关注的并不仅仅是物料实体在供应链中的流动，除了企业内部与企业之间的运输、仓储和实物分销以外，供应链管理还包括：战略性的供应商和用户合作伙伴关系管

Note

理，供应链产品需求预测和需求计划管理，供应链的设计（节点企业、资源、设备等的评价、选择和布局优化）与优化，企业内部各工序与企业之间物料供应和需求同步管理，基于供应链管理的产品设计与制造管理、集成化生产计划、跟踪和控制，基于供应链的用户服务和物流（运输、库存、包装等）管理，企业间资金流管理（融资、汇率、资金使用成本等问题），以及供应链企业间的信息交互管理等内容。

三、供应链管理的基本步骤

（一）制订供应链战略实施计划

实施供应链战略首先应该制订可行的计划，这项工作一般分为4个步骤。

1. **发现问题** 将企业的业务目标同现有能力及业绩进行比较，发现现有供应链的显著弱点，经过改善，迅速提高企业的竞争力。

2. **同关键客户共同应对** 和供应商一起探讨、评估全球化、新技术和竞争局势，建立供应链的远景目标。

3. **制订计划** 从现实过渡到理想供应链目标的行动计划，同时评估企业实现这种过渡的现实条件。

4. **根据优先级安排上述计划** 根据实施计划，首先定义长期的供应链结构，使企业在与正确的客户和供应商建立的正确的供应链中，处于正确的位置；然后重组和优化企业内部和外部的产品、信息和资金流；最后在供应链的重要领域如库存、运输等环节提高质量和工作效率。

（二）构建供应链

现代供应链的重心已经向销售领域倾斜，在市场日益规范、竞争日趋激烈的情况下，建立供应链、推行供应链管理是企业必须采取的对策。

企业可以采取如下主要措施建立供应链。

1. **明确自己在供应链中的定位** 供应链由原料供应商、制造商、分销商、零售商、物流与配送商及消费者组成。一条富于竞争力的供应链要求组成供应链的各成员都具有较强的竞争力，不管每个成员为整个供应链做什么，都应该是专业化的，而专业化就是优势。

在供应链中总会有处于从属地位的企业。任何企业都不可能包揽供应链的所有环节，它必须根据自己的优势来确定自己的位置，制订相关的发展战略，比如对自己的业务活动进行调整和取舍，着重培养自己的业务优势等。

2. **建立物流、配送网络** 企业的产品能否通过供应链快速地分销到目标市场上，这取决于供应链上物流、配送网络的健全程度及市场开发状况等。物流、配送网络是供应链存在的基础，一个供应链组建物流、配送网络时应该最大限度地谋求专业化。

3. **广泛采用信息技术** 目前在我国，少数生产企业处在生产引导消费的阶段，大量的生产企业则处于由消费引导生产的阶段，无论哪种情况，都应该尽可能全面地收集消费信息，零售店铺的销售点终端（POS）系统可以收集一部分信息，物流、配送环节的信息就比较难收集，应该通过应用条码及其他一些自动数据采集系统进行采集。供应链的领导者还应该倡导建立整个供应链管理的信息系统。

（三）改造供应链流程

企业供应链流程改造基本上是从使命导向或问题导向来衡量。使命导向追求差异化，问题导向追求效率。因此，前者的流程范围须根据使命重新理清，后者的流程范围则相当清楚而容易确认。使命导向改造的重点是关键流程与整合；问题导向改造的重点则是流程分析与原因确认。其绩效指标，前者为修改或建立新的指标，后者为确认并了解差异目标。

而一般企业若遇到新产品导入时效慢、交货准确率差、存货周转期长、产品成本过高，而必须进行企业流程改造时，使用的是问题导向法。策略应是以新的做法，维持竞争优势。基本上，企业流程改造需考虑策略、基础架构、流程、信息科技、变革促成等几项要因所形成的基本架构。

（四）评估供应链管理绩效

供应链管理绩效的评价指标应该是基于业务流程的绩效评价指标，能够恰当地反映供应链整体运营状况以及上下节点企业之间的运营关系，而不是单一地评价某一供应商的运营情况。对于供应商的指标应该有循环期、准时交货、产品质量等；制造商的指标应该有循环期、交货可靠性、产品质量等；而对于分销商的指标应该有循环期、订单完成情况。

第二节　供应链的设计与网络构建

设计和运行一个有效的供应链对于每一个制造企业都是至关重要的，因为它可以提高用户服务水平、达到成本和服务之间的有效平衡、提高企业竞争力、提高柔性、渗透入新的市场、通过降低库存提高工作效率等。怎样将制造商、供应商和分销商有机地集成起来，使之成为相互关联的整体，是供应链管理系统设计要解决的主要问题。

就传统而言，有关生产系统设计主要考虑的是企业内部环境，侧重点在生产系统的可制造性、质量、效率、生产率、可服务性等方面，对企业外部因素研究考虑较少。在供应链管理的影响下，对产品制造过程的影响不仅要考虑企业内部因素的影响，而且还要考虑供应链对产品成本和服务的影响。供应链管理的出现，扩大了原有的企业生产系统设计范畴，把影响生产系统运行的因素延伸到了企业外部，与供应链上的所有企业都联系起来，因而供应链管理系统设计就成为构造企业系统的一个重要方面。

一、供应链的设计策略

设计和运行一个有效的供应链对于每一个制造企业来说都是至关重要的，因为它可以提高企业对用户的服务水平，达到成本和服务之间的有效平衡；使企业具有更高的柔性，以提高对客户需求的反应能力和速度，开拓进入新的市场，提高企业竞争力；降低库存，提高企业的工作效率。但是因为供应链设计不当也可能导致浪费和失败，因此，正确设计供应链是实施供应链管理的基础。

人们越来越清楚地认识到供应链中生产和产品流通的总成本最终取决于产品的设计。在产品开发的生命周期中，早期开发阶段所决定的成本约占总成本的70%，一些跨国公司产品早期开发阶段对产品全生命期成本的影响是十分重要的。因此，必须在产品开发设计的早期就开始同时考虑供应链的设计问题，以获得最大化的潜在利益。

供应链的设计要以产品为中心，要明白用户对企业产品的需求是什么？产品寿命周期、需求预测、产品多样性、提前期和服务的市场标准等都是影响供应链设计的重要问题，必须设计出与产品特性一致的供应链。

这就是所谓的基于产品的供应链设计策略（product-based supply chain design，PBS）：在进行企业供应链设计时应考虑企业产品处在的具体生命阶段，针对产品不同阶段的具体特征，实施不一样的供应链设计策略。

（一）基于产品特性的供应链设计策略

供应链是由最终顾客的需求驱动的，为了有效地满足顾客需求，有必要对不同产品的需求特点进行分析。产品根据其需求特点可分为功能性产品和需求性产品。

功能性产品是指具有基本功能，能满足用户的基本需求的产品。功能性产品的特点是不随时间的变化而随意改变，较为稳定。且需求稳定便于预测、生命周期较长、产品改性变异程度小、竞争激烈、边际利润较低。创新性产品是指增加了特殊功能或技术、外观上具有创新型的产品。

Note

创新性产品的特点是生命周期较短，需求不稳定难以预测，产品核心变异程度大，较高的边际利润。功能性产品和创新性产品的需求特征比较如表 14-1 所示。

表 14-1　功能性产品和创新性产品的需求特征比较

需求特征	功能性产品	创新性产品
产品多样性/种	低(10~20)	高(>1 000)
需求特征	稳定可预测	随意变化难度预测
预测的平均边界出错率/%	10	40~100
订单完成速度	6~12 个月	1~14 天
季末降价率/%	0	10~30
边界贡献率/%	5~20	20~60
产品寿命周期/年	>2	1~2

当知道产品和供应链的特性后，就可以设计出与产品需求一致的供应链。设计策略如图 14-4 所示。

	功能性产品	创新性产品
有效性供应链	匹配	不匹配
反应性供应链	不匹配	匹配

图 14-4　供应链设计与产品类型匹配矩阵

匹配矩阵的四个元素代表四种可能的产品和供应链的组合，从中可以看出产品和供应链的特性，管理者可以根据它判断企业的供应链流程设计是否与产品类型一致：有效性供应链匹配功能性产品，反应性供应链匹配创新性产品，否则就会由于两者不匹配产生诸多问题(表 14-2)。

表 14-2　产品类别与供应链的匹配

类型	核心	说　明
与功能性产品相匹配的有效性供应链	成本，及消除一些形式的浪费	在需求相对稳定的条件下，为了位置或增加最终顾客的购买数量，价格成为竞争的有效手段。为了确保价格竞争的优势，需要所有结点企业共同努力压缩供应链总成本
与创新性产品相匹配的反应性供应链	提高产品的可获性	通过提高供应、生产、销售、物流的柔性和速度，实现对个性化、多样化需求的快速反应。同时通过不同产品拥有尽可能多的通用件来增强某些组件的可预测性，从而减少需求的不确定性，充分授权、高效灵活的动态组织结构以及高度集成、充分共享的信息系统，有助于确保供应商、制造商、经销商、物流服务提供商的反应速度

(二)基于产品生命周期的供应链设计策略

产品生命周期理论是由美国经济学家雷蒙德弗农于 1966 年在《产品生命周期中的国际投资与国际贸易》提出的。他认为，制成品和生物一样具有生命周期，会先后经历引入期、成长期、成熟期和衰亡期四个不同的阶段。产品四个生命周期的特征如表 14-3 所示。

管理者在进行企业供应链设计时应考虑企业产品处在的具体生命阶段，针对产品不同阶段的具体特征，实施不一样的供应链设计策略。具体产品生命周期与供应链设计策略的实施要点如表 14-4 所示。

表 14-3 产品四个生命周期的特征

生命周期	产品特征
引入期	无法准确预测需求量；订货频率不稳定且批量小；产品未被市场认同而夭折的比例较高；大量的促销活动零售商可能在提供销售补贴的情况下才同意储备新产品
成长期	市场需求稳定增长；营销渠道简单明确；竞争性产品开始进入市场
成熟期	竞争加剧；销售增长放缓；一旦缺货，将被竞争性产品所替代；市场需求相对稳定，市场预测较为准确
衰退期	市场需求急剧下降；价格下降

表 14-4 供应链设计策略与产品生命周期的匹配情况

生命周期	设计策略匹配
引入期	供应商参与新产品的设计开发；在产品投放市场前制订完善的供应链支持计划；原材料、零部件的小批量采购；高频率、小批量的发货；保证高度的产品可得性和物流灵活性；避免缺货发生；避免生产环节和供应链末端的大量储存；安全追踪系统，及时消除安全隐患或追回问题产品；供应链各环节信息共享
成长期	批量生产，较大批量发货，较多存货，以降低供应链成本；做出战略性的估计服务承诺以进一步吸引顾客；确定主要顾客并提供高水平服务；通过供应链各方的协作增强竞争力；服务与成本得到合理化
成熟期	建立配送中心；建立网络式销售通路；利用第三方物流公司降低供应链成本并为顾客增加价值；通过延期制造、消费点制造来改善服务；减少成品库存
衰退期	对是否提供配送支持及支持力度进行评价；对供应链进行调整以适应市场的变化，如供应商、分销商、零售商等数量的调整及关系的调整等

二、供应链网络设计模型

供应链设计是企业模型的设计，它从更广泛的思维空间——企业整体角度去勾画企业蓝图，即扩展的企业模型。它既包括物流系统，还包括信息和组织以及价值流和相应的服务体系设计。在供应链的设计中，创新性的管理思维和观念非常重要。

一个从原材料供应商一直到达终端客户的供应链由许多企业组成，需要管理到什么程度则要依据若干个因素而定。例如，产品的复杂程度，有多少可用的供应商以及原材料的有效利用情况，维数的考虑包括供应商的长度和每一层上供应商和客户的数量。很少有一个企业只参加一个供应链。

一个企业的网络结构一般包含组成成员、关键成员、成员范围等几个方面内容。组成部分需要确定供应链上都有哪些组成部分，即有哪些成员参加；关键成员需要确定哪些成员是供应链成功运作的关键因素，以便对资源进行合理地分派和管理；成员范围需要确定参与供应链的成员范围，供应链的成员包括所有直接或者间接供应商或者客户相互作用和影响的企业或组织，从原材料供应端一直到商品消费终端用户。

为了有效指导供应链构建过程，了解和掌握供应链结构模型是十分必要的，供应链基本的拓扑结构模型有两种：链状模型和网状模型。

（一）链状模型

链状模型是一个简单的静态模型，表明供应链的基本组成和轮廓概貌。每一个节点成员只与一个上游成员和一个下游成员相连接，这样连接而成的供应链是一个直线型的供应链。

链状清楚地表明产品的最初来源是自然界，如矿山、油田、橡胶园等，最终去向是用户。产品因用户需求而生产，最终被用户所消费。产品从自然界到用户经历了供应商、制造商和分销商三级传递，在传递过程中完成产品加工、产品装配形成等转换过程。用户消费掉的最终产品仍回到自然界，完成物质循环。链状供应链是一种最简单的供应链结构。它在企业外部供应链、产业供应链和全球网络供应链中较少出现，较常见的是在企业内部和动态企业联盟中。动态企业联盟供应链的链状结构常常是由于市场的某种需求机会而产生的，临时满足这些需求的企业动态组织联盟，一旦需求得到满足消失之后，这种供应链也就不复存在，而随着新的需求机会出现还将产生新的动态企业联盟。

很显然，链状只是一个简单的静态模型，表明供应链的基本组成和轮廓概貌，进一步地可以将其简化如图 14-5 所示，它把商家都抽象成一个个的点，称为节点，并用字母或数字表示。节点以一定的方式和顺序联结成一串，构成一条图上的供应链。在链状中，若假定 C 为制造商，则 B 为供应商，D 为分销商；同样的，若假定 B 为制造商，则 A 为供应商，C 为分销商。

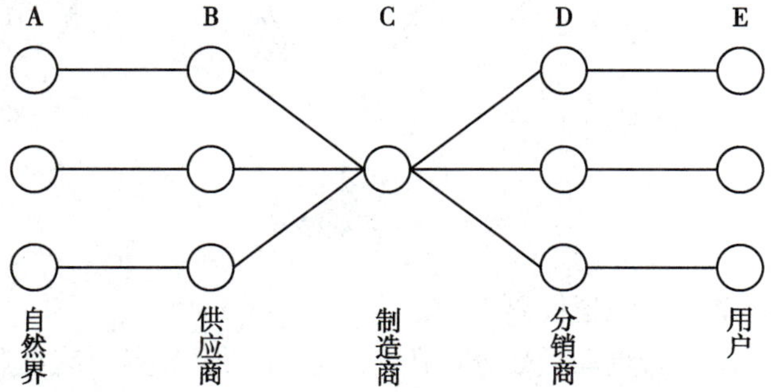

图 14-5　链状模型Ⅰ

在供应链上除了流动着物流（产品流）和信息流外，还存在着资金流。物流的方向一般都是从供应商流向制造商，再流向分销商。在特殊情况下（如产品退货），产品在供应链上的流向与上述方向相反。但由于产品退货属非正常情况，退货的产品也非本书严格定义的产品，所以本书将不予考虑。依照物流的方向来定义供应链的方向，以确定供应商、制造商和分销商之间的顺序关系（图 14-6）。模型Ⅱ中的箭头方向即表示供应链的物流方向。

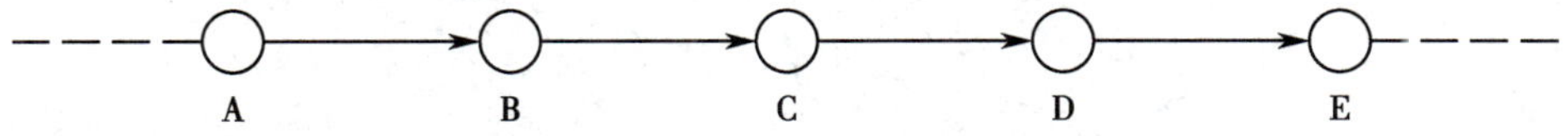

图 14-6　链状模型Ⅱ

（二）网状模型

网状模型更能说明现实世界中产品的复杂供应关系。每一个节点成员至少与一个上游成员相连接，这样连接而成的供应链是一个网状型的供应链，每一个环节上至少都有一个或多个供应链成员，如果在某一环节上只有一个成员，则该成员一定是这个供应链上的核心成员，它对这个供应链将起到重要的作用。

事实上，在链状模型中，上述 C 的供应商可能不止一家，而是有 B_1，B_2，……，B_n 等 n 家，分销商也可能有 D_1，D_2，……，D_m 等 m 家。动态地考虑，C 也可能有 C_1，C_2，……，C_k 等 k 家，这样链状模型就转变为一个网状模型，即供应链的网状模型（图 14-7）。网状模型更能说明现实世界中产品的复杂供应关系。网状供应链多存在于产业供应链和全球网络供应链中。

在理论上，网状模型可以涵盖世界上所有厂家，把所有厂家都看作是其上面的一个节点，并认为这些节点存在着联系。当然，这些联系有强有弱，而且在不断地变化着。通常，一个厂家仅与有限个厂家相联系，但这不影响人们对供应链模型的理论设定。网状模型对供应关系的描述

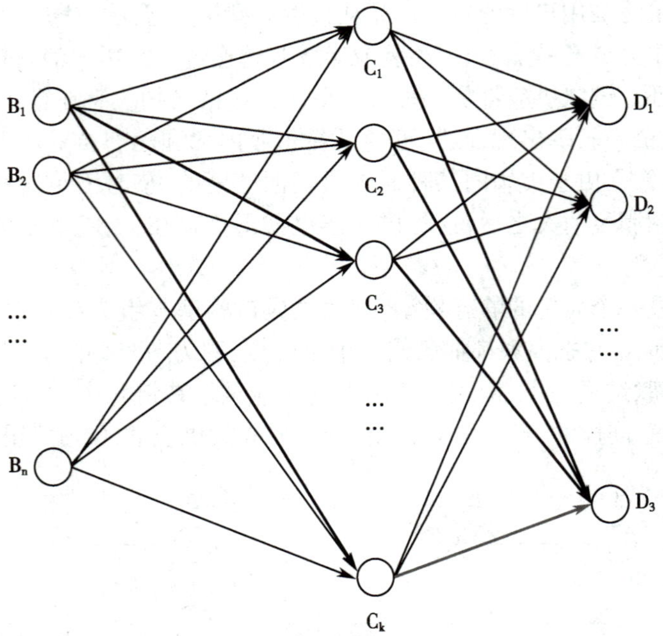

图 14-7 网状模型

性很强，适合于对供应关系的宏观把握。

在网状模型中，物流作有向流动，从一个节点流向另一个节点。有些厂家规模非常大，内部结构也非常复杂，与其他厂家相联系的只是其中一个部门，而且内部也存在着产品供应关系，用一个节点来表示这些复杂关系显然不行，这就需要将表示这个厂家的节点分解成很多相互联系的小节点，这些小节点构成的网称之为子网（图 14-8）。

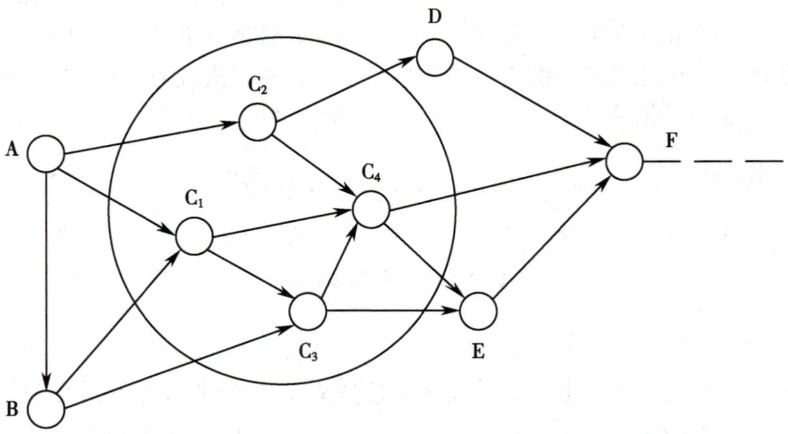

图 14-8 子网模型

在分析和管理供应链时，网络的结构维度是基本的要素。供应链的结构主要有水平结构和垂直结构。水平结构取决于横跨供应链层次的数目。以散装中草药供应链流程为例，其网络的水平结构就相对较短，原材料从地面上取出，农户经过初级处理后，经过质检、包装、存储，选择合适的运输工具进入流通市场，用于中成药的制作。垂直结构取决于在每一层次内成员的书目，例如一个企业可以有一个前端狭窄的垂直结构，只有少数供应商，或有一个宽广的末端垂直结构，只有少数供应商，具有较多的客户。

另一个需要注意的因素是，增加或减少供应商和客户的数量将会影响供应链的结构。例如，某些企业从众多的供应商转变为单一供应商时，供应链也将变窄；而物流业务外包、生产制造、市场和产品开发等业务的变化也有可能会改变供应链的结构。

如果一个供应链网络在源端上有太多的供应商和在末端上有太多的客户，将会使供应链上的资源过度紧张。研究表明，在垂直层次上具有多个垂直供应商和客户的企业，只能对第二层次上为数不多的供应商和客户进行有效的管理，而对太多的供应商或客户就鞭长莫及了。在这种情况下，某些企业常常采取措施将小型客户转交给分销商，将这些小型客户从企业直接关联的业务范围移动到供应链更远的末端去。

三、供应链网络设计步骤

供应链的网络设计是供应链战略决策的关键内容。供应链的网络设计包括以经济主体为网点的供应链网络结构和以设施、资源为网点的物流网络设计两个主要方面。而供应链的网络结构是以核心企业为中心，连接其他成员的组织结构框架。供应链中每一个企业是一个节点，各节点企业之间是一种需求与供应关系。从原材料到最终消费者的过程中，有很多的企业加入到供应链中，如图 14-9 所示。

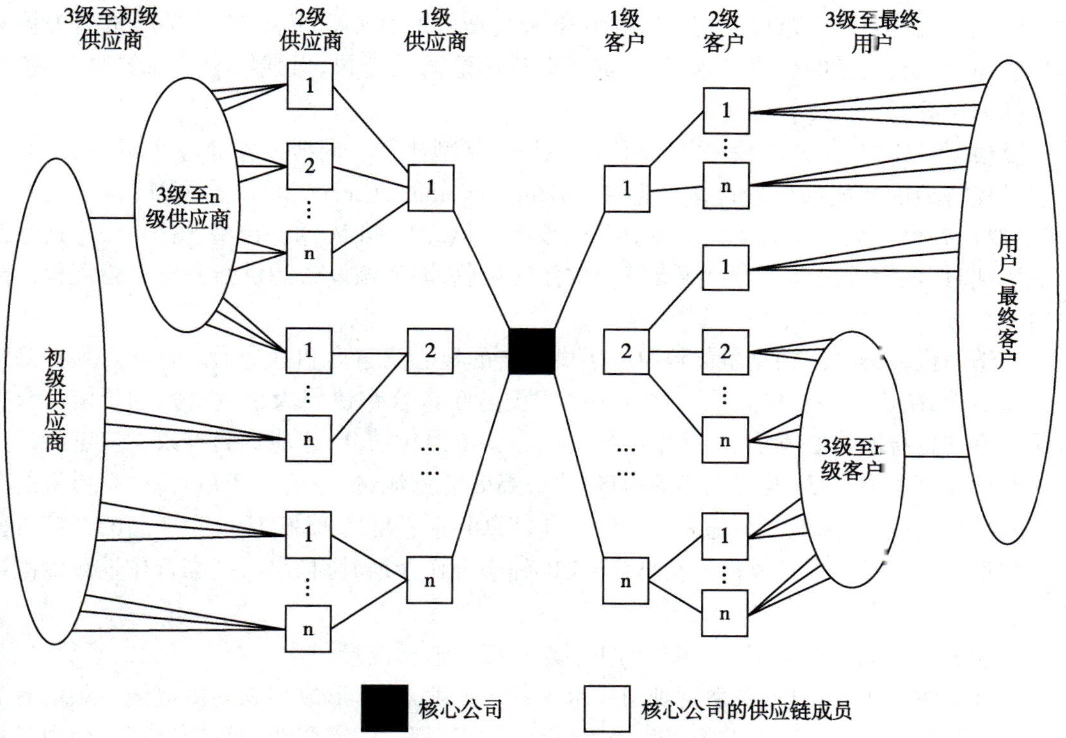

图 14-9　供应链网络结构

供应链网络设计的步骤包括确定核心企业地位，确定关键型和支持型供应链成员，确定网络结构的维度，确定成员间的业务流程连接程度，最后进行供应链的再设计。

（一）确定核心企业的地位

实践表明供应链运作的成功与否以及整个供应链竞争力的强弱，在很大程度上取决于供应链上核心企业的影响力。供应链上的核心企业，即供应链领导者，它应该具有如下的能力：在行业中具有相当的影响力和规模；优化整合和配置供应链上的资源；良好的商业信誉；协调供应链上各方的关系；强大的信息技术支持能力。

核心企业在整个供应链运作中需要体现两个方面的作用。

第一，信息交换中心。建立信息中心，处理来自各方的信息。如来自下游（如最终用户）的需求信息通过不同层次和不同渠道的分销商传递到信息中心（如某种产品的制造商），经过系统处理，分解为需求信息（如对某种配套件的需求量和需要日期）发送给上游供应商。订单完成后，再依相反的方向从上游企业（原材料供应商）将订单执行信息反馈给中游的核心企业的信息中心，处理后，再反馈给下游企业（最终产品零售商）。

第二，物流集散的"调度中心"。向供应商发出物料需求指令，同时向销售商发出供货请求，以保证各个销售点都能在正确的时间得到正确品种和数量的产品，减少缺货和库存积压。

（二）确定关键型和支持型供应链成员

供应链网络设计是在企业间的合作中经过磨合形成的，表现为一种战略伙伴关系。供应链管理更大程度上是通过共同的利益将众多的企业联系在一起。

确定供应链网络的结构，有必要先了解与核心企业发生直接或间接贸易关系的企业。但是将供应链上涉及的所有经济主体都包括在供应链网络中，并且集成与所有成员间的业务流程，将是十分复杂的，也是不可能的。因此，为了更容易地管理复杂的供应链网络，需要根据一些原则，比如这些成员对于核心企业创造价值的多少，对于核心企业战略发展的影响力，来区分关键型成员和支持型成员。关键型成员指与核心企业结成战略伙伴关系，在为特定的客户和市场产生特定输出的业务流程中，能够自行运营和管理，带来高增值的企业。相反，支持型成员指为核心企业提供资源、知识、设备的企业。例如，租赁卡车给制造商的公司、借钱给零售商的银行、提供仓库的仓储公司等。

需要根据具体的流程确定是关键型伙伴还是支持型伙伴。同样一家企业可以是关键型的，也可以是支持型的。比如原始设备制造商（original equipment manufacturer，OEM）在开发新的产品时，需要得到设备提供商的大力支持，因此，设备提供商是 OEM 的关键型伙伴。而当产品已经走入成熟期时，该设备提供商将扮演支持型伙伴的角色，因为该设备的供给并没有给流程的产出带来增值。

供应链与供应链之间的竞争优势取决于供应链的核心竞争力和创造力。企业必须正确地选择关键型伙伴，结成战略合作关系。这种选择主要基于该合作伙伴为企业贡献的价值。合作伙伴必须具有它自身的核心竞争力，并使各自的核心竞争力相结合，才能提高整条供应链的运作效率。这些核心竞争力包括：及时准确的市场信息、高效的物流、快速的新产品研发、高质量的超值服务、最大限度的成本降低等。随着合作程度与信息共享程度的增加，所产生产品的经济价值也将随之增加。合作对供应链改进的贡献为 40%，缩短合作计划时间 15%，提高合作性预测的准确性 15%，节约运输成本 3%~5%。

与供应链上其他成员间实现 100%的供应链连接。这种连接包含了两个层面的意思：信息连接的实现和持续的运作管理、关系管理与技术支持。一般来说，形成牢固的供应链关系的有五项基础：信息的共享、利益风险的共担、经济实体之间的广泛联系、跨职能的管理流程和面向长远的合作流程。

从长远来看，大部分的高层管理者认为只有在所有成员之间分享投资成果才有利于供应链的成功。通常，供应链上的薄弱环节是小公司，它们力量较弱，不具有与实力强大的商业伙伴同样的财力和技术支持。由于供应链是一种协作活动，一旦有一个环节不能运作，整个供应链的效率都会受到影响。因此，需要在所有成员中分享投资成功和供应链效率提高带来的收益才有利于供应链的成功。

（三）确定网络结构的维度

供应链网络的结构包括横向结构和纵向结构。横向结构指跨越供应链层次的数目，纵向结构指每一个层次出现的供应商或用户的数目。这些结构变量有不同的组合，供应链的横向结构可以是很长，可以拥有多级供应商和用户，而每一级供应商或用户的数量不多；也可以是横向很短，而纵向很长。

研究表明，目前企业的供应链纵向很长，但只能管理2级供应商或用户。通常纵向太长会使企业的资源分散，削弱管理能力。因此，可以应用职能剥离的原则减少供应商和客户管理数目。如将某些小公司的服务转移给大的分销商，由某一大供应商完成某一类零配件的全球采购。在供应链维度的设计中，纵向和横向都不宜过长，应该遵从资源优化配置的原则。

（四）确定成员间的业务流程联接程度

识别供应链成员间不同类型的业务流程的联接程度，在供应链上的不同业务流程中分配稀缺资源。有四种类型的业务流程联接，分别是：管理型的业务流程联接、监控型的业务流程联接、非管理型的业务流程联接和非成员型的业务流程联接，如图14-10所示。

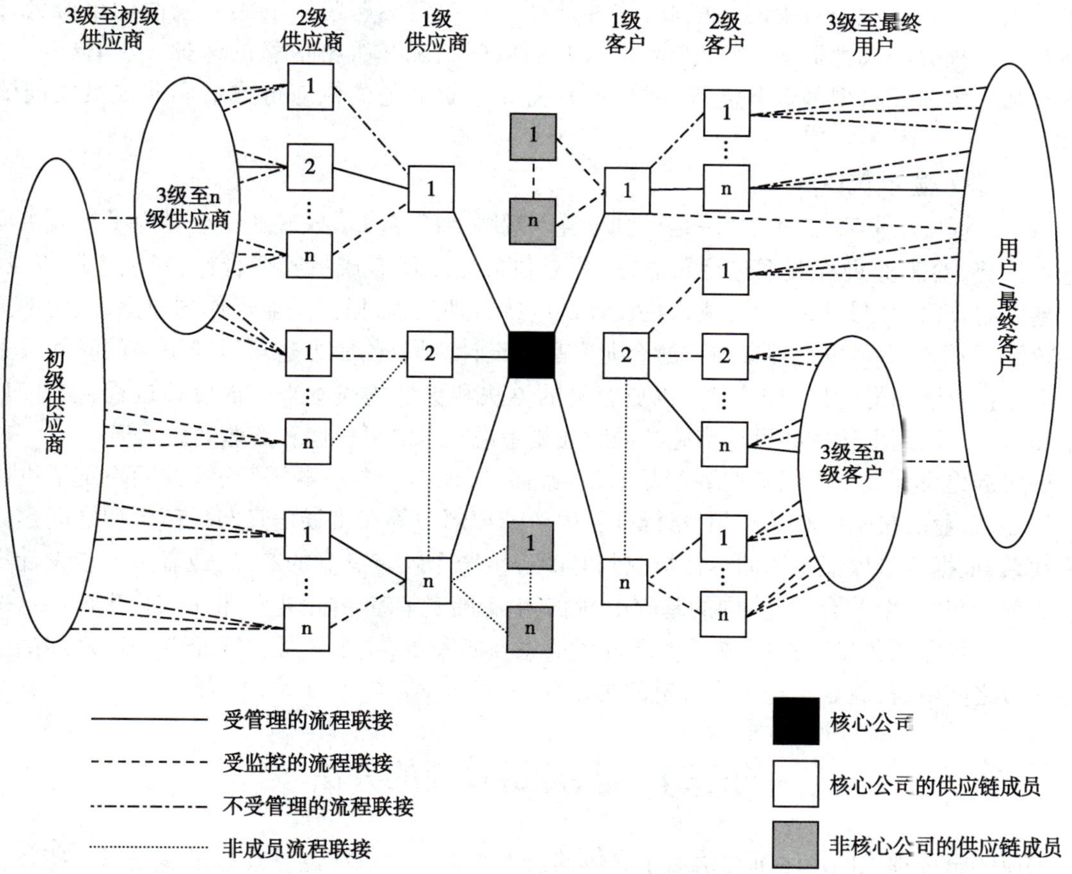

图14-10　公司之间业务联结的类型

管理型的业务流程联接，如图14-10黑实线表示的联接。核心企业将投入资源集成和直接管理与第一层供应商和客户的流程联接。值得注意的是，核心企业需要识别第一级供应商之外的关键联接。例如，某一医疗器械设备制造商，它有6个第一层的供应商，然而这6个供应商都是向同一家第二层的供应商采购部件，因此识别与这家第二层供应商的联接是很重要的。

监控型的业务流程，如图14-10中黑体虚线部分表示的联接。这是并不十分关键的流程，但是这些流程需要在其他的成员组织间很好地整合和管理，核心企业有必要监督这些业务流程是如何联接和管理的，如图14-11中的方案2。

非管理型的业务流程联接，如图14-11中划点线所示的联接。这是不足以花费资源监控的流程，核心企业要么完全相信其他成员能够妥善管理这些流程联接，要么听其自然发展。

非成员型的业务流程联接，如图14-10中的细条虚线部分表示的联接。研究表明，供应链经理们已经意识到他们的供应链会受到其他供应该的决策的影响。例如，核心企业的一个供应

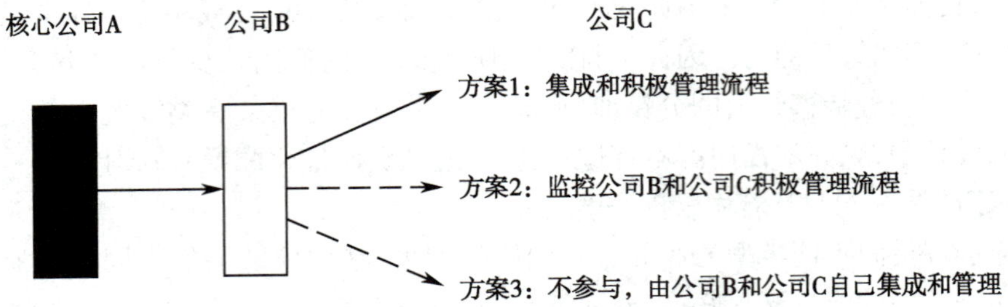

图 14-11 联接方案

商也是该核心企业竞争对手的供应商，这种外部的供应链结构将影响到供应商为核心公司的产品开发过程分配人力资源，或在产品短缺时的供应状况和机密信息的保护。尽管核心企业不参与和监控非成员型的业务流程联接，但是需要了解其他的供应链成员和非成员之间流程联接。

（五）供应链的再设计

当今市场成功赢家的特征之一是对供应链末端顾客的需求形成快速反应。为了扩大供应链的竞争优势，对工业过程关系进行再思考，要求供应链中所有成员密切合作，对供应链再设计。越来越多的公司运用并行工程方法来再设计供应链管理过程，提高企业运作的效率，从而增加企业的效益，即供应商可以直接参与下游企业产品的设计。同样，买方也可以花更多的时间或金钱用于上游企业活动的设计与再设计，以更容易的方法和更低的成本来完成设计过程，控制时间、成本和质量。采用上述这些设计措施的同时还要考虑技术的可行性和商业利润。

供应链再设计战略不仅影响到产品的结构，而且，还与“制造/购买”决策共同决定了供货市场。比如，企业的技术中心及产品设计部门、生产管理部门等在市场信息与生产流程之间建立起紧密联系，根据质量保证系统的运作情况判断能否生产令顾客满意的产品，或者进一步设计产品工艺流程。在“分解与合并”合同的基础上，确定生产调度策略，并由生产系统安排生产。这一设计过程把市场需求信息“翻译”成了生产过程信息。实际上，这个过程去除企业功能之间的障碍和各成员之间障碍，就是在进行供应链的再设计。

第三节 供应链管理的方法

供应链管理理论的产生远远落后于具体的技术与方法。供应链管理最早多是以一些具体的方法出现的。常见的供应链管理方法有快速反应，有效客户反应。

一、快速响应

（一）快速响应概述

1. 快速响应的含义 要准确理解快速响应（quick response，QR）的内涵，应从战略性、整体速度、全面性、高速和柔性、互动性 5 个方面进行。

战略性：快速反应是一种战略，要求企业以快速满足动态的市场和客户需求为目的，以追求企业运作所有方面提前期的减少为核心。

整体速度：快速反应强调的不仅仅是供应链上各环节——供应商、制造商以及分销商反应速度的提高，而是供应链整体反应速度的提高。

全面性：快速反应不仅关注时间的减少，同时也注重产品质量的改进、库存成本和运作成本的降低以及快速、高质量的业务流程。

高速和柔性：快速反应强调系统的响应速度和柔性，以满足不同客户在品种、数量、时间方面的不同要求。

互动性：快速反应可以通过管理变革和先进技术的应用、并依托快速的信息传递，以及信息和利益的共享集成企业及其供应链伙伴的互动网。

2. **快速响应的特点** 快速响应的特点包括响应快速性、集成性、信息共享性、伙伴协作性、过程柔性化、共赢性。

响应快速性：对市场需求的快速响应是快速响应的本质特点，通过快速设计、制造以及分销，快速提供客户需要的产品和服务，既是对已有需求的快速响应，又是对未来需求的共同预测并持续监视需求的变化以便快、速响应资源。

集成性：依靠单个企业的资源难以实现快速满足客户需求，基于供应链的企业及其供应链伙伴之间核心竞争优势的集成，是快速响应市场需求的基础。这既需要企业内部资源的集成，更需要整合整个供应链合作伙伴的资源。

信息共享性：信息共享直接影响供应链的绩效，通过在供应链内部整合信息，实现供应链伙伴之间销售、库存、生产、成本等信息的共享，才能保证供应链上的信息畅通无阻并提高供应链整体反应速度，才能实现对客户需求的快速响应。

伙伴协作性：现代企业之间的竞争不再是企业与企业之间的竞争，而是企业的供应链与其他企业供应链之间的竞争。只有加强供应链伙伴之间的协作关系，形成比竞争对手反应更快、运作效率更高的供应链，才能保证整个供应链的竞争优势。

过程柔性化：生产过程的柔性化是提供客户满意产品的基础。面对小批量、多品种、更富个性化的客户需求，生产过程必须富有柔性，并能根据需要进行快速重组，才能更好、更快地提供客户满意的产品利益。

共赢性：供应链合作伙伴之间的利益共赢、互利互惠是供应链正常运作的基础。企业追求的不仅仅是自己利益的最大化，而是整个供应链利益的最大化，供应链伙伴之间必须建立同生存、共发展、利益共赢的关系。

3. **快速响应的意义** 快速响应对于制造商和零售商都具有极其重要的意义。快速响应对于制造商的意义体现在：

（1）改善顾客服务：快速响应改善了它的顾客服务，这种改善从根本上说来自于同一供应链上制造商与零售商的良好合作关系，长期的良好顾客服务会增加制造商的市场份额。

（2）降低流通费用：由于将对顾客需求的预测和生产规划集成到一起，就可以缩短库存周转时间，减少需要处理和盘点的存货，从而降低流通费用。

（3）提高准确率：提高了采购订单的准确率，提高了效率。

（4）有效减少费用：由于可以对销售进行预测并能够得到准确的销售信息，制造商可以准确地安排生产计划，有效地减少浪费。

对于零售商而言，快速响应的意义体现在顾客服务水平和获利能力的显著提高，同时降低了库存、提高了销售额、降低了采购成本。对于零售商而言，实施 QR 一般需要投入销售额的 1.5%~2%，而获得的收益是巨大的，可以节约销售费用的 5%左右。

同时，快速响应的意义还体现在提高客户满意度、提高供应链运作效率两个方面。

提高客户满意度：客户满意是制造企业实现最终目标——赢利的先决条件。满意的客户带给企业更多的收益，不满意的客户则带给企业更高的成本和更差的企业形象。客户满意的影响因素主要有质量、可靠性、价格等，这些因素都受到同一个因素——提前期的影响。快速响应，意味着提前期越短，则应付客户变动需求所需的库存成本就越低，客户成本（即价格）下降，客户满意程度上升；提前期缩短还可认为是更好的交货绩效，良好的质量可以减少退货和返工的比率，提高客户满意度。

提高供应链运作效率：按照价值链理论，存储、检查、物料移动、装卸、收发等不产生价值增值的活动，均属于多余活动。快速响应也就意味着必须压缩这些多余活动，提前期的缩短自然可以减少库存量，进而降低供应链库存成本和运作成本，使得收益增加，供应链运作效率提高。

（二）快速响应的实施步骤

实施快速响应需要六个步骤，每一个步骤都以前一个步骤为基础，都比前一个步骤回报更高，但是需要的投资也更高。

1. 安装使用条形码和EDI 零售商首先必须安装条形码、POS扫描和电子数据交换（EDI）等技术设备，以加快POS机收款速度、获得更准确的销售数据并使信息沟通更加通畅。

POS扫描用于数据输入和数据采集，它是指在收款检查时用光学方式阅读条形码，然后将条形码转换成相应的商品代码。

条形码是用于产品识别，它对于POS端的顾客服务和有效的操作是至关重要的，扫描条形码可以快速准确地检查价格并记录交易。EDI是在计算机间交换商业单证，公司将其业务单证转换成行业标准格式，并传输到某增值网（value added network，VAN），贸易伙伴VAN上接收到这些单证，然后将其从标准格式转到自己系统可识别的格式。EDI可传输的单证包括订单、发票、订单确认、销售和存货数据及提前运输通知等。

2. 固定周期补货 快速响应的补货，要求供应商更快更频繁地运输重新订购的商品，以保证店铺不缺货，从而提高销售额。零售商通过对商品实施快速响应并保证这些商品能满足顾客需求，加快商品的周转，为消费者提供更多可供选择的品种。

自动补货是指基本商品销售预测的自动化，自动补货使用基于过去和目前销售数据，及其可能变化的软件进行定期预测，同时考虑目前的存货情况和其他因素，确定订货量。基本商品每年的销售模式一般不会受流行趋势的影响，它们的销售量是可以预测的，所以不需要对商品进行考察就可确定重新订货的数量，自动补货是由零售商、批发商在仓库或店内进行的。

3. 先进的补货联盟 这是为了保证补货业务的流畅，零售商和消费品制造商联合起来检查销售数据，制订关于未来需求的计划和预测，在保证现货和减少缺货的情况下降低库存水平，还可以进一步由制造商管理零售商的存货和补货，以加快库存周转速度。

4. 零售空间管理 这是指根据每个店铺的需求模式来规定其经营商品的花色品种和补货业务。一般来说，对于花色品种、数量、店内陈列及培训或激励售货员等决策，制造商也可以参与甚至制订决策。

5. 联合产品开发 这一步的重点不再是一般商品和季节性商品，而是服装等生命周期很短的商品。制造商和零售商联合开发新产品，其关系的密切程度超过了购买与销售的业务关系，这样可缩短从新产品概念到新产品上市的时间，而且可经常在店内对新产品进行试销。

6. 快速响应的集成 通过重新设计业务流程，将前五步的工作和公司的整体业务集成起来，以支持公司的整体战略。这一步骤要求零售商和消费品制造商重新设计其整个组织、业绩评估系统、业务流程和信息系统。设计的中心是围绕消费者，而不是传统的公司职能，它们要求集成的信息技术。

二、有效顾客响应

（一）有效顾客响应产生的背景

有效顾客响应（effective customer response，ECR）的产生，可归结于20世纪商业竞争的加剧和信息技术的发展。20世纪80年代特别是到了90年代以后，美国日杂百货业零售商和生产厂家的交易关系，由生产厂家占据支配地位转变为零售商占主导地位，在供应链内部，零售商和生产厂家为取得供应链主导权，为商家品牌和厂家品牌占据零售店铺货架空间的份额展开激烈的竞争，使得供应链各个环节间的成本不断转移，供应链整体成本上升。

在这一期间，从零售商的角度来看，随着新的零售业态如仓储商店、折扣点的大量涌现，使得它们能以相当低的价格销售商品，从而使日杂百货业的竞争更趋激烈。在这种状况下，许多传统超市业者开始寻找对应这种竞争方式的新管理方法。

从生产厂家角度来看，由于日杂百货商品的技术含量不高，大量无实质性差别的新商品被投入市场，使生产厂家之间的竞争趋同化。生产厂家为了获得销售渠道，通常采用直接或间接的降价方式作为向零售商促销的主要手段，这种方式往往会牺牲厂家自身的大量利益。所以，如果生产商能与供应链中的零售商结成紧密的联盟，将不仅有利于零售业的发展，同时也符合生产厂家自身的利益。

另外，从消费者的角度来看，过度竞争往往会使企业在竞争时忽视消费者的需求，通常消费者要求的是商品的高质量、新颖、服务好和在合理价格基础上的多种选择。然而，许多企业往往不是通过提高商品质量、服务质量和提供在合理价格基础上的多种选择来满足消费者，而是通过提供大量非实质性变化的商品供消费者选择。这样，消费者不能得到他们需要的商品和服务，他们得到的往往是高价、不甚满意的商品。对应于这种状况，客观上要求企业从消费者的需求出发，提供能满足消费者需求的商品和服务。

在上述背景下，美国食品市场营销协会(American Food Marketing Association，FMA)联合了美国一些知名食品制造商等企业与流通咨询企业一起组成研究小组，对食品的共应链进行调查、总结、分析，于 1993 年 1 月提出了改进该行业供应链管理的详细报告。在该报告中系统地提出了 ECR 的概念体系，结果美国食品市场营销协会的大力宣传，ECR 概念被零售商和制造商采用，并广泛应用于实践。

（二）有效顾客响应的相关理论

1. 有效顾客响应的含义 中华人民共和国国家标准《物流术语》(GB/T 18354—2006)对有效顾客响应的定义：有效顾客响应是以满足顾客要求和最大限度地降低物流费用为原则，能及时做出准确反应，使提供的物品供应和服务流程最佳化的一种供应链管理策略。

有效顾客响应欧洲执行董事会的定义是：ECR 是一种通过制造商、批发商和零售商各自经济活动的整合，以最低的成本，最快、最好地实现消费者需求的流通模式。ECR 强调供应商和零售商的合作，尤其在企业间竞争加剧和需求多样化发展的今天，产销之间迫切需要建立相互信赖、相互促进的协作关系，通过现代化的信息和手段，协调彼此的生产、经营和物流管理活动，进而在最短的时间内应对客户需求变化。

2. 有效顾客响应的特征 从 ECR 的定义可以得出，有效顾客响应的特征主要表现在管理意识创新、供应链整体协调、涉及范围广三个方面。

(1) 管理意识创新：传统的产销双方的交易关系是一种此消彼长的对立关系，即交易各方以对自己有利的买卖条件进行交易。简单地说，是一种“协调合作关系”，ECR 要求产销双方的交易是一种合作伙伴关系，即交易各方通过相互协调合作，实现以提高消费者价值、提高整个供应链的运作效率、降低整个系统的成本为目标，从而达到双赢的效果。

(2) 供应链整体协调：传统流通活动缺乏效率的主要原因，在于厂家、批发商和零售商之间存在企业间联系的非效率性；同时企业内部采购、生产、销售和物流等部门之间存在着部门间联系的非效率性。传统的组织是以部门或职能为中心进行经营活动，以各个部门或职能的效益最大化为目标。这样虽然能够提高各个部门或职能的效率，但容易引起部门或职能间的摩擦，同样，传统业务流程中各个企业以各自企业的效益最大化为目标，这样虽然能够提高各个企业的经营效率，但容易引起企业间的利益摩擦。ECR 要求各部门、各职能及各企业之间放下隔阂，进行跨部门、跨职能和跨企业的管理和协调，使商品流和信息流在企业内和供应链内畅通地流动。

(3) 涉及范围广泛：既然 ECR 要求对供应链整体进行管理和协调，ECR 所涉及的范围必然包括零售业、批发业和制造业等相关的多个行业，为最大限度地发挥 ECR 所具有的优势，必须对

Note

关联的行业进行分析研究，对组成供应链的各类企业进行管理和协调。

（三）有效顾客响应的战略实施

有效顾客响应的战略实施方法包括有效的店内布局、有效的补货、有效的促销、有效的产品导入。

1. **有效的店内布局** 有效的店内布局战略的目标，是通过有效地利用店铺空间和店内布局，来最大限度地提高商品的获利能力。零售商可通过空间管理系统来提高货架的利用率，有效的商品分类要求店铺储存消费者需要的商品，把商品范围限制在高销售率的商品，这样可提高所有商品的销售业绩。

研究发现，单品总数减少 10%～15%不会对销售额产生任何影响，这样可将其占用的资金释放出来，用在获利更多的业务领域，商品品种的决策要求企业必须了解消费者的需求变化，进行消费者调查可使企业了解消费者的购买行为。

企业应经常检测店内空间分配，以确定产品的销售业绩，零售商应每月至少检查一次商品的空间分配情况，这样，品种经理就可以对新产品的导入、老产品的替换、促销措施及季节性商品的排放制订及时准确的决策。同时，通过分析各种商品的回报率，可以帮助企业了解商品的销售趋势，使企业能对商品的空间分配进行适当的调整，以保证商品的销售能够实现事先确定的投资收益水平。

2. **有效的补货** 有效补货战略的目的在于降低系统的运行成本，从而降低商品的售价。它的目标是以最有效的方式，将适当数量的适当商品在适当的时间、适当的地点提供给消费者。有效补货的要素有：POS 机扫描，店铺单品预测，店铺的电子收货系统，单品的价格和促销数据库，计算机辅助订货系统（computer-aided design，CAD），集成的采购订单管理，配送系统，仓库的电子收货，直接出库，自动化会计系统。

3. **有效的促销** 有效促销战略的主要内容是简化贸易关系，将经营重点采购转移到销售上来，对多经营快速周转消费品的企业，把资源放在促销活动上，使消费者从这些促销活动所带来的低成本中获利。

在有效顾客响应模式下，有两种更有效的促销方式。

第一种，POS 机扫描兑付优惠券，制造商可按 POS 机数据向零售商返款，可大大降低兑付和验证费用，估计这样做可使零售商的成本下降 50%，制造商也可降低成本。

第二种，在货架上标明促销价，这样就完全不用优惠券了，POS 系统可在收据上打印出来正常的价格和降价价格，制造商可以从 POS 系统中自动得到促销的销售发票，这样可以降低打印成本、分发成本及兑付成本，使促销成本下降 25%左右。这两种方法，实现了对消费者的促销以最节约的方式到达了消费者的手中。

4. **有效的产品导入** 任何一个行业的新产品导入都是一项重要的创造价值的业务，新产品为消费者带来了新的兴趣和价值，为企业创造了新的业务机会，为了鼓励零售商接受新产品，制造商一般会提供货架位置折扣和其他奖励。

有效的产品导入包括让消费者和零售商尽早接触到这种产品。首要的策略就是零售商和制造商应为了双方共同的利益而紧密合作，这个业务包括把新产品放在一些店铺内进行试销，然后按照消费者的类型分析这些试销的结果，根据这个信息决定如何处理这种新产品，如淘汰产品、改进产品、改进营销方法或采用不同的分销策略。

三、快速响应与有效顾客响应的异同点

（一）快速响应与有效顾客响应的差异

快速响应与有效顾客响应的差异主要表现在目的起源、商品性质、改革重点等方面。

1. **目的起源不同** QR 策略的提出早于 ECR，最初是针对一般商品和纺织品的设计、制造和

流程效率。ECR 起源于食品和超市行业面对相似的环境提出类似的战略，许多供应商既为普通商店服务也为超市服务，所以 ECR 的实际应用面会更大，发展也会更快一些。

2. 针对的商品性质不同　QR 针对的是类似纺织服装业经营的产品，多属于创新型产品，每一个单品数量都很多，产品生命周期短，季节性强，单位成本相对较高，因此，短期内订货数量与实际需求的出入就会造成相对较大的损失。

ECR 主要以食品行业为对象，该行业产品多数是一些功能型产品，单品数量较少，商品价格较低，每一种产品的寿命相对较长，单位成本也较低，因此短期内订货数量与实际需求产生的差别带来的损失相对较小。

3. 改革的重点不同　QR 的改革针对的是产品所在供应链的补货、订货快、最大限度地消除缺货，只面对有商品需求时才进行采购的问题。ECR 的改革重点是产品所在供应链效率和成本问题。

（二）快速响应与有效顾客响应的共同特征

QR 和 ECR 的共同特征表现为打破企业之间的界限，通过合作追求供应链的效率。具体表现在信息共享、一体化运作、集成化运作三个方面。

1. 信息共享　贸易伙伴间商业信息的共享。零售商原来不公开的 POS 系统单品管理数据提供给制造商或分销商，制造商或分销商通过对这些数据的分析来实现高精度的商品进货，调整计划，降低产品库存，防止出现次品，进一步使制造商能制订、实施适应消费者需求的生产计划。

2. 一体化运作　商品供应方进一步涉及零售业，提供高质量的物流服务。作为商品供应方的分销商或制造商比以前更接近位于流通最后环节的零售商，特别是零售业的店铺，从而保障物流的高效运作。当然，这点与零售商销售、库存等信息的公开是紧密联系的，即分销商或制造商所从事的零售补货机能，是在对零售店铺销售、库存情况迅速了解的基础上开展的。

3. 集成化运作　企业间订货、发货业务全部通过 EDI 来进行，实现订货数据或出货数据的传送无纸化。企业间通过积极、灵活运用这种信息通信系统，来促进相互间订、发货业务的高效化，计算机辅助订货（CAD）、供应商管理库存（vendor managed inventory，VMI）、连续补货（continuous replenishment，CRP）以及产品与促销数据库等策略，打破了传统的各自为政的信息管理，库存管理模式，体现了供应链的集成化思想，适应市场变化的需求。

本章小结

供应链是一种客观存在，一个完整的供应链始于原材料的供应商，止于最终用户，是由原材料供应商、制造商、仓库、外部供应商、运输公司、配送中心、分销商、零售商、顾客组成的链状结构或网络。健康企业供应链围绕健康类核心企业，通过对健康管理相关产品信息流、物流、资金流的控制，从采购原料起，制成中间产品以及最终产品，然后由销售网络把产品送到使用者手中的，将供应、制造、分销、零售等不同企业直至最终用户连成的一个系统整体。

供应链管理的实现，是把供应商、制造商、分销商、零售商等在一条供应链上的所有节点企业都联系起来进行优化，使生产资料以最快的速度，通过生产、分销环节变成增值的产品，到达有消费需求的消费者手中。

快速反应是供应商、制造商以及零售商密切合作的战略，目的是减少原材料到销售点的时间和整个供应链上的库存，最大限度地提高供应链的整体反应速度。有效顾客响应是以满足顾客要求和最大限度地降低物流费用为原则，能及时做出准确反应，使提供的物品供应和服务流程最佳化的一种供应链管理策略。

（施毓凤）

思考题

1. 什么是健康企业的供应链？请举例说明。
2. 供应链管理的主要内容是什么？
3. 基于产品的供应链设计策略是什么？
4. 供应链管理的方法有哪些，它们的异同点是什么？

实践篇

第十五章 健康企业与企业发展案例

［案例 15-1］

北京某眼科医院的社会责任

北京某眼科医院 1988 年创建，是北京市第一家私立眼科医院、世界眼科基金会会员单位、北京市医疗保险定点专科医院、北京市海淀区新农合定点医院、北京市红十字会合作单位、“北京市红十字光明行动”指定医院。拥有员工 300 多人，其中 50 多名眼科医生、70 多名护士，年门诊量近 7 万例，各类手术超万例，慈善复明手术上千例。

该眼科医院拥有国际先进的诊疗设备，开展近视眼、白内障、青光眼、眼底病、眼外伤、眼表疾病、泪器（疾）病、斜弱视（小儿眼科）、葡萄膜病、（眼）眶疾病、眼整形美容、验光配镜等 12 项诊疗科目。

眼科医学人才的培养是医院光明事业的一项重要组成部分，该医院不但着重培养本院医师队伍，也为全国各地的眼科医生提供学习和发展的平台。2006 年，医院依托国内外眼科领域知名专家学者的强大技术支持，成立“全国白内障培训班”，培训班每年定期举办 2~4 期，目前已举办 18 期，10 台超乳机，10 台显微镜，不限量的动物眼实验，被学员形象地称为“告别了一台机器大家看的培训时代”。

该眼科医院院长坚信：“作为一个企业，首先要有社会责任感，其次要有信仰。我们作为一家医院，作为一个眼科企业，就要有一种慈善信仰，这是应该的，也是必须的”。医院常年联合北京市红十字会、北京市残联、北京光明基金、惠万邦等政府和爱心团体，通过开展“北京市红十字光明行动 走进西柏坡”“北京市红十字光明行动-走进困难家庭”“雪域高原光明行”、“幸福万寿路 2011 年敬老爱老月——免费眼科检查、手术”等活动，救治了众多来自四川、河北、北京、河南等地的贫困眼疾患者，随着医院自身的不断发展壮大，救治流程的不断完善，受助范围在不断扩大，受助人数不断攀高，越来越多的机构和爱心人士加入到了光明慈善事业的团队。

面向可防治盲工作项目开展，进行不间断的社区宣讲、普查，通过开展慈善活动等形式，把贫困眼疾患者的复明工作作为企业责任，到现在为止共有 3 773 名患者从中受益，中央电视台、北京电视台多档栏目及《人民日报》《中国青年报》《新京报》《北京晚报》等媒体多次对该医院进行报道。

该医院的核心理念是：“专业专注：术有专攻，快速持续超越：今天最好的成绩是明天最低的起点；深度拓展行业人脉，与企业建立深度战略伙伴合作关系，为人才提供终身职业发展顾问，推动企业和人才共赢发展、专注高效；持续实效：结果导向、针对性强、效果落地；追求卓越：用心服务客户的每一个需求。”

问题：该民营眼科医院的社会责任是如何体现的？

［案例 15-2］

贵阳某整形美容医院经营战略

贵阳某整形美容医院于 2009 年成立，建院至今在党和各级人民政府的指导和支持下，始终努力践行“专业、诚信、主动、创新”的企业价值观，努力为爱美人士提供超越美丽的贴心服务。目前营业面积4 000m²，拥有在职员工436人，其中主任医师2人，副主任医师3人，主治医师8人，执业医师15人；硕士学历3人，本科学历126人，大专学历201人，大专以下学历106人。该美容医院成立了以“整形、无创、皮肤、口腔”为主的四大科室，组建了以主任医师、副主任医师领衔的专家团队，并定期邀请国内国外技术一流的主任医师、博士专家坐诊；引进了来自以色列、法国、荷兰、美国、韩国等国家生产的鼻部、胸部、下颌假体和除皱填充材料及祛斑紧肤仪器，从材料上保障消费安全塑美，从建院至今，累计服务客户超过10万名。

该整形美容医院在业务经营建设中，始终围绕“技术、管理、质量、服务”四大关键词进行不断完善。通过业务型干部和管理型干部的深化配合，采用科学方法进行管理，重视人才的引进和培养，以提高医院核心竞争力。实行成本核算，重视科室运营的整体状况和投向、投量与投资效益的综合分析。更通过制度和机制的建设，保障医院业务的良性运行。在专科发展的同时，将品牌建设放在不可或缺的位置，通过多种媒体渠道对医院的专家、技术、产品进行宣传，树立医院品牌形象。

在医院发展战略中，将“医疗本质”和“消费者需求”作为重点战略目标进行深挖。在一切以消费者需求为导向的同时，对消费者实行正确、及时、有效、完善的诊疗护理，以最大限度在安全的前提下为消费者进行变美服务。在此过程中，服务质量是医院管理、生活与业务服务和思想政治工作等对医疗质量的保证程度，即医疗质量的高低，很大程度上取决于服务质量的好坏。并且，医疗质量是医院各个方面、各环节工作质量的综合反映。因此，医院质量管理应既抓医疗质量，又抓服务质量，通过服务质量而保证医疗质量。

其管理思想主要分三个方面。一是质量管理。质量管理是医院发展的核心，关系到医院的生死存亡，坚持质量第一，以消费者为中心，提高医疗质量和服务水平，保障医疗服务的安全性和有效性，从诊疗过程各个环节入手，认真排查各环节可能出现的薄弱环节，采取一系列的有效措施来进行预防和修正。二是人事管理。在重视人才引进和培养的同时，建设以“专业、诚信、主动”的核心价值观，营造和谐、团结、积极工作氛围，强调通过科学理论进行管理和指导，减少行政手段干预。三是品牌管理。培养全院人员品牌意识，增强医院的自身形象。通过媒体、渠道的传播，实现品牌化战略，增强医院的社会地位和形象。

在未来的发展中，“医疗本质”和“消费者需求”两大要素仍然是该民营医院发展的核心，“专家专技”的精细化服务理念也会进一步被消费者接纳和认可，并成为日后的主流，消费者选择的时候，会更加重视机构的品牌、规模、专家实力、服务理念等。而我们需要做的是：从宣传、接诊、咨询、治疗、术后护理服务全流程进行不断提升，达到“技术”和“服务”两手都要抓，两手都要硬的目的。在医院发展的过程中，更需要利用自身的品牌影响力，承担相应的社会责任感，树立行业标准，引领行业朝健康、规范、可持续的方向进行发展。

问题：该整形美容医院的发展战略和管理思想是怎样的？

［案例15-3］

南京温泉养生小镇企业战略布局

南京某个千年古镇以温泉闻名中外，经过多年整合资源、提升环境、做强产业，2015年该镇的温泉旅游度假区成功跻身国家级旅游度假区。温泉养生小镇规划用地面积为3.01平方公里，拥有诸多温泉特色养生资源：健康养生游方面，拥有森林温泉、工人疗养院等康体疗养项目5个；休闲旅游方面，建成现代农业观光园（全国乡村旅游五星级企业），两个温泉村（均为江苏省四星级乡村旅游点），民俗村（江苏省三星级乡村旅游点），以及全国首个温泉主题房车露营基地；研学旅游方面，直立人化石遗址博物馆成为中小学生社会实践基地，基础地质教学实习基地完成提档升级。此外，温泉养生小镇内还拥有购物中心、娱乐场等休闲娱乐项目。

健康养生产业是该温泉旅游度假区“十三五”期间的产业重点发展方向，本次规划将充分发挥温泉资源的健康疗养价值，构建集医疗保健、休闲养生、健康运动和生态居住于一体的现代养生产业基地。站在创建全域旅游的新起点，2016年地区政府根据市委市政府、区委区政府部署，将在度假区核心位置全力打造以养生为特色的温泉养生小镇。做好“温泉+”系列文章，使“产、城、人、文”融合成四位一体，打造温泉养生小镇，就是进一步整合温泉资源，拉长“温泉+”产业链，同时嫁接旅游、创业、生活、休闲、娱乐等功能，将汤山建设成以温泉为特色、以养生为内涵的特色产业社区。

根据初步规划，温泉养生小镇将以“温泉”为特质，以“养生”为内涵，遵循“产、城、人、文”四位一体的发展理念，采用“温泉+”的创新发展模式，推动温泉与健康养生、旅游度假、文化创意、运动游乐、会展培训等功能嫁接互融，形成多链条、高融合的新型温泉产业圈，最终打造成为富有浓郁温泉养生文化氛围的国际知名温泉养生小镇。未来5年，“南京温泉养生文化旅游小镇”项目将打造以温泉养生文化旅游为核心的旅游、娱乐、度假、休闲等业态平衡、环境友好的高品质社区，并整合开发地区旅游资源，打造具有国际先进理念、绿色宜居的温泉养生文化旅游小镇，抢抓国家级旅游度假区、环绕文化休旅经济带、中医药养生基地、新型城镇化共融共建的历史机遇，全力打造文化休旅先导区、养生度假示范区、城乡发展样板区。到“十三五”末，形成以现代服务业为核心、以文化休旅经济为主导、以温泉养生度假为特色的国家级旅游度假区和现代化新城区，全面进入首批国家级旅游度假区第一方阵。

温泉养生小镇将采取三步走措施，打造个性化特色。首先，围绕温泉特色，构建产业体系，以现有雄厚的温泉产业为基础，进一步扩大现有的产业优势。构筑以“温泉+”为主题，以旅游度假、健康养生为核心，以会展培训、文化创意、运动娱乐为延伸的完整旅游度假产业链条，将规划区块建设成为“温泉休闲养生小镇”。其次，重塑小镇功能，激发小镇活力。响应创建“国家全域旅游示范区”的号召，努力提升区块的综合能级和竞争力，进一步完善全域范围内的服务设施建设，将规划区块建设成为“宜业宜居宜游活力小镇”。第三，整合当地生态和文化优势，营造独特氛围。围绕相关的特色小镇创建工作要求，进一步突出地区的生态禀赋优势和文化内涵底蕴，将规划区块建设成为“山水人文魅力小镇”。

问题：在该温泉养生小镇，企业的战略布局应该是怎样的？

［案例15-4］

养老地产——某房地产公司乌镇YY建设探索

乌镇YY是某房地产公司发力养老养生地产领域的首发投资项目，也是该公司首个学院式养老的典范之作。乌镇YY所打造的生活空间与生活特质，定位于完善居住之上的颐乐养生世外桃源。作为新一代的养老地产项目，全面考虑养老地产的综合因素，使产品从单一的养老功能，衍生出度假、休闲、养生、人文、医疗等居住功能。

作为一座大型综合性养生养老园区，乌镇YY总建筑面积约60万m^2，围绕公园布局中区单层养生别墅、新民国风多层电梯公寓、高层公寓和颐乐学院四种物业形态。其中，颐乐学院建筑面积约3.5万m^2，投资2.5亿，依照古代书院建筑形式布局，内有社区商业区、餐饮服务区、老年大学教学期、运动休闲娱乐区功能区块，旨在为广大业主搭建圈层交友、健康向上、多姿多彩的生活平台，营造温馨舒适、悠然自在的生活享受。

乌镇YY面向养生养老需求构建了56m^2、70m^2、90m^2、130m^2四种商业户型。2017年起该房地产公司就开始研究并尝试在社区中植入“老年大学配套”，对学院式养老有了最初的探索。自2011年颐乐学院第一个校区开学至今，在全国15个城市已成立29所校区，开设129个教学班，针对“老有所学”观念，该公司已积累相关经验，乌镇YY使“学院”从配套变成了“主角”，观念上的软实力与开发上的硬实力相结合，完成对养老主体的创新驱动，“在学习中变老，在变老中学习”,乌镇 YY 提出并践行了领先观念。

乌镇 YY 关于颐乐学院的核心配套新管理模式如下。

信息化管理:设计集健康档案管理、健康管理服务工作平台于一体的健康管理信息系统,该系统能与综合物业服务系统兼容,并且包括远程医疗服务、医疗管理系统等信息化系统的建立与管理、紧急按钮的设置与信息传递,以及对信息系统的终端处理。

颐养健康管理:建立健康管理系统化服务模式,包括建立个人健康个人信息卡,组织开展健康咨询、健康体检,根据预防控制健康危险因素进行生理、心理和社会适应能力评估,组织实施健康促进方案并开展个案主动追踪服务和干预。

颐养健康促进:以健康促进馆积极推动住区健身运动为主旨,根据住区的规模、周边实际状况和人文社会情况,科学建立住区健康促进体系。健康促进馆的目的是通过馆内各种服务手段,提高老年人生理心理全方位健康水平,延长生命健康周期。

颐乐学习管理:针对老年人特点,帮助他们建立一种新的生活方式、颐乐学习管理体系设置老年人关注的课程,采用健康沙龙的形式进行知识普及,并进行专题讨论。

问题:该养老地产成功的战略理念和市场定位是什么?

[案例 15-5]

某养老产业公司的运营管理

某养老产业公司创建于 2005 年 3 月,是一家专门从事高端养老住区投资、开发、建设、运营及养老产业发展的社会企业。其以会员制老年社区为依托,融居家养老、社区养老和机构养老为一体的全新模式,为老年人提供生活服务、快乐服务及健康服务,打造高品质的老年俱乐部。2006 年该公司的养老社区开工建设,2008 年开园,2011 年入住率接近 50%,2015 年入住率达到 90%左右,2017 年基本售罄。2010 年养老产业公司的养老社区项目获得 1 亿元风险投资(占 25%的股份),2016 年某上市公司以现金 7 亿元收购该项目 100%的股权,成为该上市公司的全资子公司。目前,拥有已开业和在建的养老社区约 15 个(分布在辽宁营口、浙江海宁、浙江宁波、浙江杭州、安徽黄山、海南等地),拥有的中高端养老公寓超过 3 000 套,实践着集团公司品牌的延伸与扩张。

该公司的营销理念从最初的“让老人回家”,到“老人可以托付一生的地方”,再到“养老改变生活”,一直致力于倡导老年人从被动接受服务逐步转变为主动选择人生、享受生活,让晚年生活更加自由、自得。其运营模式是以会员制模式为载体,向市场发行会员卡,构建了俱乐部式的服务模式。会籍不必与房子锁定,该集团公司有大、中、小三种户型,老人不仅可以自由选择,也可以随时申请换房,如以大换小或以小换大,只要有房源,随时可以实现。另外,社区对老年朋友提供从一天期至一年期的各种短期体验入住,费用不等,短期入住的会员可以享受跟永久会员相同的服务标准。同时,也开设了一个集体户口,如果需要,可以把户口落入该公司所在社区。

公司的发展战略理念是树立会员制社区典范,建立标准,连锁扩张;创建网络平台,整合老年服务产业链;通过资本运作,实现快速扩张。企业发展靠人才,通过亲和启航计划、亲和种子计划、楼长培养计划等高效的人才培养体系,已经建立起一整套完整的人才培养体系。其管理思想是不断学习国内外最先进的管理经验和技术,并投入到项目的运营中,产品的不断创新为企业带来了源源不断的新鲜血液和灵感,开发了以“秘书服务”体系为核心,以“至尊老人之家”为理念的社区养老产品,经过多年的实践,上述模式已经得到了会员的广泛认可。曾先后获得“精瑞科学技术奖”“最佳养老社区创新奖”“绿色养老社区先锋奖”“全国社区养老服务先进单位”“中国老年宜居住区试点工程示范项目”“中国养老产业公众满意最佳典范品牌”等奖项及荣誉称号,入选大世界基尼斯之最“规模最大的居家式老年公寓”。

该公司的未来发展趋势将从老年建筑品质入手,不断总结经验、提高标准,革新养老“住”空间；与此同时，还将大力发展老年文化产业，申办老龄文化博览园，以影视剧、电视栏目、出版物以及文化艺术活动等形式，塑造老龄社会特有的文化形态，丰满宜老文化理念；同时推出更多的公益项目，用“公益成就老年价值”，成立老年大学、老年俱乐部等帮助更多的老人圆梦。

问题：该公司的经营理念和运营特色是怎样的？

［案例 15-6］

杭州市某养老康复疗养中心的企业文化建设

杭州某养老康复疗养中心由苏州某投资公司出资，是具有生态旅游、养生、养老、康复疗养、保健、娱乐、休闲等多种功能的养生养老基地。建设理念是改变“养小日日鲜、养老日日厌、晚年靠儿养”的传统观念，致力于让入园老人度过更加精彩的晚年生活。

该投资公司于 2012 年取得商标注册资格，主要经营咖啡、住宿、养老院、幼儿园等业务，并依托在线网络平台，在线上线下取得了国内外具有领先地位的网络和客户规模，以促进老龄事业健康发展，提高老年人生活质量为己任，倾力打造国际一流的连锁企业。养老康复疗养中心的一期建设，位于浙江杭州，园区内服务中心及各类活动场所，设施齐全，均按五星级标准配置，创建舒适的居家和养生养老环境，满足不同人群的需求。以“住、养、医、乐、游”企业文化建设为中心，为入住者提供全方位、多层次的一流服务，建设成为居可安身，医可治病，游可养生，健康快乐生活的居住乐园。

“住”：园区内全部以单体别墅式建筑为主体，连廊贯通，室内设计从老人的生理特征考虑，力图使老人的日常活动更省力、更方便、更安全。豪华多人间，装修精细，自然分隔，共用通道宽敞明亮，让照料更方便。双人间为宾馆式装修，可按入住者要求布置，拥有独立卫生间、太阳能淋浴器、吊扇、分体空调、彩电及成套生活用具。各房间均安装供氧系统，卫生间、浴室都有呼叫装置，老人的一举一动得到真正的关爱。单人间按居家格局装修，内增设厨房等厨具设备。

“养”：除对老人一日五餐生活料理外，还在营养师指导下烹制营养配餐或药膳调理，根据老人的口味及饮食爱好制订个性化食谱，让老人吃好的同时，吃得更健康。着力改善硬件设施，创造安全、清洁、整齐、优美的用餐环境。服务人员全部持证上岗，倾心照顾每一位老人。

“医”：医疗区内按国家规定医院标准建造，以医疗护理康复为特色，医护人员 24 小时值班，认真负责诊治老人出现的症状，根据老人疾病情况，进行有针对性的医疗康复、心理健康和行为指导，另外还配备各种医疗器械、健身器材为老人医疗、护理、保健、康复使用，备有常用药和急救药，以备需用。

“乐”：为活跃老人晚年文化生活，专设活动中心，设有电视厅（包括 VCD 多媒体、卡拉 OK 等）、网吧、门球场、棋牌室、垂钓场、阅览室等，并定期邀请国内专业团体为老人表演节目，定期组织老人旅游，领略祖国大好河山，或外出参观改革开放的丰硕成果，使老人文化生活健康向上、丰富多彩。

“游”：全国范围内候鸟式度假，异地互动养老。让您感受异地风光，短期休闲度假，长期养生养老皆可。

该投资公司秉承“享健康生活、显精彩人生”的建园理念，以永不自满、不断创新的进取心态，精益求精追求企业、社会与环境的和谐发展，努力创建以“正身之德”而“厚民之生”，做兼济天下、善尽责任、不断进步的优秀企业。

问题：该养老康复疗养中心的企业文化建设是怎样的？

［案例 15-7］

桐庐养生文化村平台合作建设

桐庐养生文化村作为“养生村式持续健康管理模式、健康管理式养老”基地、浙江省重点服务项目、国内首个中医药健康管理养生养老综合体项目，项目选址在药祖圣地——杭州桐庐，位于国家级森林公园旁，桐庐养生文化村核心地段与市中心商务区仅一路之隔，总占地面积约 15.5 万 m^2，其中水库和山地公园面积约占 50%，建筑面积 6.5 万 m^2，总投资规模约 6 亿人民币，建设有健康管理中心、国际交流中心、养生度假村和名医名家村。其中健康管理中心于 2015 年投入试运营，一期养生度假村于 2016 年投入运营。项目坚持自主开发持有经营，校企合作，自办教育。

养生文化村功能定位于养生度假与国医文化旅游相结合的国际化医养结合体验中心，以传统中医“治未病”和现代健康管理理论为基础，集养生、康复、保健为一体，实施持续性健康管理的养生中心，打造国内首个“持续性健康管理养生综合体”（continuing healthy care complex，CHCC），力争成为中国最有特色的健康养生示范项目之一。设有国医馆、中医诊疗及国药文化展示区，国际交流中心定位包括中医文化在内的各种养生文化交流；养生度假村向高端养生及亚健康康复需求人士提供具有持续个性化健康管理的养生系；名医名家村主要为国医大师及名家提供在江南的修养中心及传承基地。整个项目建设突出生态环境优势和丰富各类设施配套，建设山水生态片区，健康和谐片区和国药养生片区。

除此之外，养生文化村还将建设养生文化资讯委员会，邀请国家行业主管部门级科研机构相关专家和领导、国家级名医名家等担任资讯委员会顾问委员，为其他养生中心的顶层设计提供专业指导；与杭州高校共同组建健康管理课题组，开发研究相关课题及应用体系，建立健康服务产业人才培训基地。该养生文化村将成为全省乃至全国中医养生会所和中医名家的聚集地，为桐庐县的中医药文化和中医药产业发展提供平台。

问题：该公司对外合作的创新点是什么？

［案例 15-8］

浙江桐乡某生态农业园理念创新建设

桐乡市地处浙江省北部杭嘉湖平原腹地，沪、杭、苏金三角地带之中，属江南水乡，地势平坦，河港纵横，四季分明，气候宜人，素有“鱼米之乡”“丝绸之府”“百花地面”“文化之邦”的美誉。桐乡某生态农业园占地面积 1 465 亩，是一个以农业为基础，以旅游为主导，集农业生产、休闲观光、科普教育为一体，全方位传播生态农业知识和现代农业观光、休闲度假理念的生态旅游园区。

该生态农业观光园的形象设计体现“农”“动”“土”三个特点。

1. “农”　“吃农家饭，住农家园，做农家活，看农家景”，以农兴旅。

2. “动”　随着自我意识的增强，旅游者不再满足于普通的观光型旅游，而是要获得一种愉悦的经历，强调一种参与体验。使游客在园区内可以欣赏到田园风光，品尝当地特产，还可以亲自干农活。

3. “土”　“土色土香”是生态农业观光园区旅游的魅力所在。园区旅游活动和设施均应以“土”为本，因地制宜，避免大兴土木，不搞城市化、人工化开发。农业旅游项目设计以原生的田园景观为基础，对本地传统民俗文化进行提炼和再现，为游客营造真正的自然空间。

园区循着“以文化经营景区”的思路，在文化建设中突出三点：其一，通过高素质的“人”来塑造园区文化之魂。无论是旅游经营者、管理者，还是普通的从业人员，乃至当地村民，他们都是园区形象的塑造者和体现者。其二，要融文化于旅游产品中。深入挖掘当地民俗文化、农业文化的内涵，把其蕴含的各种历史文化、民间文化、民俗文化渗透到旅游活动的全过程。静态文化与动态文化的结合，积极推出集娱乐性、趣味性、参与性与文化教育性一体的旅游产品，以充分满足游客“求知、求新、求奇、求乐”的旅游需求。其三，通过活动、项目、景名、交通工具等全方位提升园区的文化品位。以生态思维塑园区绿色之魂，这也是生态农业园区制胜的法宝。

生态农业园区实施绿色循环模式，其具体内容包括以下几点。

1. 农作物立体种植模式　以果树、蔬菜、菊花、油菜等经济作物为主，通过间作套种、轮作接作等合理布局与搭配，实现四季有景，景景不同，以充分体现农业生产的多样性。通过讲解和文字介绍，使广大游客了解生态农业技术的实施。

2. 鱼类立体养殖模式　引进各种鱼类品种，进行上、中、下分层立体养殖。在立体养殖塘旁边可设置标牌，较详细地介绍鱼类立体养殖模式的特点、生态学意义、效益等。

3. 立体种养结合模式　包括稻田养鱼、稻田养虾、稻田养鸭立体种养，水域鱼藕、鱼莼菜立体种养等，使物质和能量得到良性循环和综合利用，最终达到农业增产，农民增收。

4. 生态公厕　以沼气为纽带，通过立体绿化，使公厕成为一道景观。沼气可用于公厕管理者烧菜、烧饭、烧水，沼液、沼渣作为农田的有机肥。

问题：该生态农业园建设有哪些理念创新点？

（曹　煜　周戈耀）

第十六章 健康企业资源与职能管理案例

［案例 16-1］

贵州某注射剂公司化学药企业管理

贵州某注射剂公司成立于 1990 年，现为上海某制药股份有限公司的全资子公司。公司属于国家高新技术企业，是一家主要从事大、小容量注射剂的研制、生产和销售，以及相关技术的进出口业务的医药企业，已建有 4 条符合 GMP 的生产线。公司具有成套的先进仪器设备及较强的研发团队，公司成功开发了参芎葡萄糖注射液、盐酸纳洛酮注射剂、乐脉丸、金鸡丸等主要产品。主要产品为心脑血管、妇科、解毒急救类药品，其中参芎葡萄糖注射液是目前国内第一个丹参素和盐酸川芎嗪单体组成的大输液，在 2017 年参芎成为全国范围内为数不多的单品种销售收入达 10 亿元的大品种。经过多年的研究与开发，迄今为止，共申请专利 89 件，已获得授权专利 46 件。

该公司 2017 年工业总产值达 15 亿元，销售收入达 10.23 亿元，上缴税款 2.08 亿元。企业获得了"贵州省技术创新示范企业""行业领跑者""贵州省知识产权优势企业""贵州省技术创新示范企业""贵州省创新型领军企业""省级企业技术中心""贵州省著名商标""贵州省名牌产品"等多项高含金量荣誉。并且 2017 年进入贵州企业品牌价值 30 强榜单，企业品牌价值 22.5 亿元。一直以来"以质量为中心，以客户导向、执行导向、结果导向"为核心经营理念，本着"对客户负责，对社会负责的服务宗旨，坚持不仅仅提供优质产品"的独特价值主张，打造了终端服务的第一品牌。

该公司的管理理念是"制度第一，总经理第二"。管理的第一个层面是人管人，第二个层面是制度管人。一直以来坚持"法治"而非"人治"的管理思想，进行科学管理而非经验管理。任何人都没有不遵守规章制度和工作流程的特权，制度的遵守和执行对公司所有员工都是一致的，允许提出方案来改进和优化制度及流程，但任何人都不能有违反制度和流程的行为。坚持"以人才为本，崇尚技术"的人才理念，持续壮大企业技术研发团队，建立健全的产品营销体系，为后续启动开拓欧美市场打下坚实的基础。

秉承着"走与国际接轨的仿制药产业化道路"的战略要求，不断培育企业的核心竞争力和优秀的企业文化。公司着重承担和发展化药业务，建立以心脑血管系列为核心的产品梯队，继续现有自营、外包和代理的混合销售经营模式，加强医院覆盖；持续加大对主打产品的质量标准提升及构建有竞争力的产品组合，提升每个单产品的市场占有率。通过产品并购收获新产品，扩充产品线；加大研发投入，开发新产品等，完善公司产品线，培育新的销售增长点，提高公司在行业中的竞争力。

具体在研发方面，积极创新，不断研发和储备新产品，在现有研发基础上，借鉴国内外成功理念和经验，积极引进优秀人才，增添国内外先进仪器设备，充分整合各种资源优势，走产学研联盟相结合的科学发展之路；在人才管理方面，继续大力引进生产技术、研发、管理、营销等符合公司发展战略的人才，推进对公司人才的技术等级评定工作，并不断完善人才薪酬激励体系，建立强大的人才团队；在生产质量方面，加强与技术研发的配合，加快新产品开发步伐，提升现有产品的工艺；持续保持有序、合规的药品生产企业生产质量管理模式，引进国外先进技术，着重开展cGMP国际化项目，力争走上与国际接轨的仿制药产业化道路。

问题：该企业的人才管理体制特点是什么？

［案例16-2］

贵州某制药公司中药企业管理

贵州某制药公司成立于1993年，经营范围有胶囊剂、气雾剂、颗粒剂、中药饮片，是一家集医药开发、生产、销售为一体的高新技术制药企业。

该公司于2001年8月成立药物研究所，现升级为省级企业技术中心。拥有成套的仪器设备及较强的科研队伍，对中药品种研究、新药研发、新技术应用及新剂型研究具有丰富经验。主要负责加强与科研院所的合作，着力于公司新产品研发以及成熟产品的技术再研究，以此进一步充实公司品种结构和产品质量技术提升，为公司的可持续发展打下基础。成功开发了心脑宁胶囊、妇平胶囊、通迪胶囊、冰栀伤痛气雾剂、消炎利胆胶囊、复方柳唑气雾剂、儿童回春颗粒等产品。

该公司以质量为中心，市场为导向，生产为基础，新产品开发为动力，凭借所属医药集团先进的管理模式推动企业不断发展；本着"诚为本、信为业"的诚信理念，"对员工负责、对客户负责、对社会负责、对股东负责"的服务宗旨，实施新品牌战略。近年来企业发展迅速，现资产总额3.3亿元，年产值近5亿元。2016年销售收入2.89亿元，利润4 052.5万元，纳税3 920万元。2017年销售收入2.85亿元，利润4 330万元，纳税4 005万元。2018年1~11月销售收入2.73亿元，净利润3 939.7万元，纳税4 962万元。近年来，企业获得"贵阳市知名商标"、"贵州省著名商标"、"贵州省专利奖"、"贵阳市优秀新产品奖"、"贵州省名牌产品"、贵州省和贵阳市创新型企业、贵州省级技术中心、贵州省民营100强企业、贵州省技术创新示范企业等荣誉。

该公司被兼并重组加入贵州某医药集团后，凭借独家、独特、独到的中药民族药三大优势特性来整体塑造产品品牌，与医药集团产品进行组合运营。借助于医药集团产品丰富的覆盖渠道和终端范围扩展资源，以及营销网络的共享利用上、政府事务的协同上、品牌传播与应用上、渠道打造上等多个方面实现整合。由医药集团整体部署及组织构架，制订相适应的产品运营组合计划共享，与集团营销资源相互借力，起到实质性的资源整合及效益，以此达到充分利用资源优势并获得最大的运营目标。

加入医药集团以来，该公司产品已进入市场导入期，目前尚有巨大的市场开发潜力，产品处于高速增长的成长期。所属医药集团将对该公司产品采取大规模的发展投入及进行中药大品种深度开发战略，坚持按GMP管理规范进行管理，保证药品质量，保证用药安全的发展理念。加大企业管理力度，确保公司凭借医药集团灵活的运营机制和先进的管理经验，以及畅通的销售网络，巩固发展已开发的目标医院，积极寻找新的合作伙伴。通过技术管理人员向临床医院及医生开展多种形式的学术推广，覆盖更广范围的区域和更大量的临床医生。随着新一轮招标、基本药物、新农合的市场拓展，多产品组合营销模式，严格执行并实现企业发展目标，计划在4~5年内快速上10亿元的市场潜力。

问题：该企业的营销模式框架与市场推广方式是什么？

［案例16-3］

某保险公司需求导向管理

某保险公司是中国某个人金融生活服务集团旗下的专业健康保险公司，2005年6月13日经中国保险监督管理委员会批准设立，主要业务范围包括各类健康保险业务、意外伤害保险业务、政府委托管理健康保险业务、健康咨询服务业务、健康保险再保险业务等，公司注册资本人民币5亿元，总部设在上海。

区别于健康管理公司以健康体检为切入点，专注客户体验和高端定制的服务特性，商业健康保险公司在提供健康保险产品时，是以保险合同的订立和保单的基础信息作为服务的依据。从2013年以来，该保险公司帮助客户通过自助服务进行个人保险产品的管理，如提供专属的“服务预约”“各类咨询”“诊疗意见”等信息。此外，针对企业客户，从健康需求调查出发，传播和提醒所有潜在的个人或团体投保人通过购买针对性的健康保险产品来增进和维护健康的重要性，并辅以相应的支持性服务。

公司成立以来始终秉承“规范经营、专业运作、诚信服务”的方针，重视学习和借鉴国外先进理念和技术，积极参与国家医疗卫生体制改革，探索商业健康保险发展的成功模式，通过产品和服务创新，增强自身服务社会的能力，努力为增进客户健康，保障家庭生活，促进经济发展和社会和谐服务。公司拥有国际化的专业团队和丰富健康险业务管理经验，已建立了全球医疗服务协作网络和客户服务响应系统，能够为团体和个人客户提供完整的医疗保障、健康保健、专家咨询和紧急救助等保健计划和保险产品，拥有完善的管理信息系统，能够提供24小时中英双语电话咨询服务，急难救助系统覆盖全球主要国家和地区。

对股东负责，资产增值，稳定回报；对客户负责，服务至上，诚信保障；对员工负责，生涯规划，安居乐业；对社会负责，回馈社会，建设国家是该公司的战略发展理念。以“专业创造价值”为核心文化理念，倡导以价值最大化为导向，以追求卓越为过程，形成了“诚实、信任、进取、成就”的个人价值观和“团结、活力、学习、创新”的团队价值观。集团贯彻“竞争、激励、淘汰”三大机制，执行“差异、专业、领先、长远”的经营理念。

未来该公司将依托集团的综合优势，不断提高专业管理水平，增强自主创新能力，完善专业技术体系，不断拓宽服务领域，努力建设专业化、国际化的商业健康保险服务。拟推出融合健康管理服务的国内首款管理式企业中端医疗保险产品、医疗保障及健康促进组合计划。以“健康管理+保险保障”为设计思路，帮助企业更好地满足群众“不生病、少生病、防大病、专家看病”四大需求。

问题：该保险公司在市场需求调查方面有什么亮点？

［案例16-4］

某养生俱乐部“旅居养老”建设

某养生俱乐部是由千套温泉度假公寓构成的，融酒店式公寓服务、英式健康管理服务、多彩养乐服务及个性化服务定制、会员增值服务等多功能为一体的大型综合国际养生度假社区。俱乐部坐落在海南，占地面积367亩，区域绿化率达54%，整个园区绿树成荫，配套完善。

俱乐部配备有健康管理服务、酒店服务、养乐服务、康复疗养院、老年大学、兴趣协会、音乐厅、体育馆、高级会所、餐厅、超市、银行等，依托大型成熟社区，采用俱乐部会员制方式，为疗养度假的客人提供健康管理，医疗保健，心神颐养，公寓式酒店管理等一系列标准规范服务。其以科学的医疗保健技术为依托，以标准的酒店管理服务为保障，以丰富的心神乐养活动为亮点，做到“老有所养”“老有所为”“老有所乐”。积极参与社会各项活动，精神文明建设取得了显著成绩，让舞蹈协会、太极拳协会走出社区，参加比赛，获得社会各界的高度评价，秉承“老吾老以及人之老”的仁爱精神，爱老敬老，使社区成为充满欢乐、温暖的大家庭。

自2006年以来，企业以国民健康事业为己任，本着“利国、利民、利他”的思想，坚持“诚实、自信、勤劳，让自己的存在为他人带来欢乐”的理念，严格推行规范化、专业化和标准化服务。率先引进英国健康管理规范，由英国某专业健康管理公司管理，专属私家康复疗养院提供医疗保健，一对一的健康指导和生命管理是提供给宾客的独特养生体验；音乐厅、体育馆等场馆提供独有的社区文化活动;医疗矿泉为养生客带来理疗泡浴享受;拥有专属生态食品供应基地提供无公害食品;公共客厅楼宇沙龙等交流空间体现务实舒适的现代空间理念,由酒店管理公司以酒店管理标准进行物业管理。

该养生俱乐部推行的“旅居养老”是“候鸟式养老”和“度假式养老”的融合体,通过不断地规范养老产业运营,打造出适合消费者的旅居养老服务。

问题:该俱乐部的旅居养老是如何运营的?

(曹　煜　周戈耀)

第十七章 健康企业综合管理案例

[案例 17-1]

北京某健康科技公司体医融合

北京某健康科技公司成立于 2002 年 9 月，注册资金 1 000 万元人民币，属于高新技术企业，现有员工 50 余人，由运动医学、运动训练学、康复医学、营养学、临床医学、健康管理学、计算机应用、大数据分析和经济管理等方面的专业人才组成，专业人员占公司人数的 85%以上。

该公司的运营理念是立足于科研，服务于社会。公司自成立以来，多次承担过科技部、国家体育总局、教育部、民政部、中国健康促进基金会、省科技厅等课题项目，取得了 40 余项软件著作权，十余项专利，4 本专著、教材等科研成果，并以"健康体适能管理系统"等项目获得国家高新技术项目创新基金和"自主创新产品证书"，为健康管理、体育科研、体育教育等领域提供了运动评估和科学健身指导的技术创新和支撑。

始终以"科学运动，健康中国"为公司使命，致力于打造"中国最有影响力的运动处方服务平台"，为人们提供科学运动的健康促进服务，以实现"生命全周期，人群全覆盖"的科学运动健康管理为己任。让青少年"少年强则国强"，让社会骨干精英"健康工作五十年"，让老年人"乐老创富"，为国民实现身心健康的人生，为中华民族实现伟大复兴贡献力量。该公司的核心管理思想是"共享、成长"，公司与员工、合作伙伴、客户充分分享国内外先进的运动是良医理念和运营商业模式，秉持"开放合作、伙伴精神、创新引领、共生共赢"的思想，坚持和伙伴们一起成长。

目前，已积极联合高等教育学会及知名高校、专家成立"EIM-OC 运动是良医研究推广联盟"，共同探索、分享、推广由美国 ACSM、EIM 学会组织向全球发起的"运动是良医"学术理念和健康促进项目。截至 2018 年，已在全国召开八次"EIM-OC 校园行动论坛"，共有 200 余所高校参加了会议，并有 53 所高校申请加入联盟。同时，联合出版社开展"运动处方"教学研讨班，目前有 100 余所高校开展了这门课程。此外，还成功为国内千余家体育部门、高等院校、健康管理中心、医疗健康体检中心、社区卫生服务中心、养老服务中心、健身俱乐部和健康住宅项目等大健康服务机构提供了体医融合的整体解决方案，累计服务超过 400 万人，建立了有效运动评估数据 5 000 万条以上。

未来，该公司将整合各方优势资源，共同建设科学运动生态圈。第一，将联合体育政府部门、高等院校、医疗健康管理机构、管理服务机构及智能硬件研发公司等资源，以行业联盟为连接纽带，以产业机构为技术支持，依托科学健身商业服务机构，为科学运动需求人群提供运动促进健康的运动处方制订、科学健身指导、运动能力及风险评估、运动损伤预防与康复、运动数据跟踪分析与管理等服务，形成科学健身服务平台。第二，将依托云计算、大数据技术，构建运动促进健康数据云平台，运营并管理科学健身大数据、健康中国大数据、体育产业大数据。第三，开展整体体医融合解决方案提供、运动健康管理中心建设、专业人才培养、品牌运营服务、群体活动开展及科研学术研究等服务支撑工作。联合千家行业服务机构，带领亿万国人科学运动，创造千亿体育产业价值。

［案例 17-2］

某医学院附属医院体检中心

某医学院附属医院是三级甲等综合医院，省级区域医疗中心之一。该医学院体检中心组建于 2003 年 3 月，目前建筑面积达 1 500 多平方米，环境温馨、舒适，服务流程简洁、合理，承担各行业人员所需的健康体检及健康管理业务。

目前该体检中心形成医检分离的独立单元，现设置有内科、外科、眼科、耳鼻咽喉科、妇科、口腔科、心电图及超声等检查室，已建立肥胖症、高血压、糖尿病、高尿酸血症、代谢综合征等多种慢性病的管理流程和个性化实施方案。整合了院内知名的专家、教授长期坐诊。秉承"以人为本、健康第一、服务至上"的理念，充分满足个性化需求，为广大客户提供方便、快捷、精确的体检服务及健康管理服务。

其经营战略理念可概括为"一个中心"，即一切以体检客户需要为中心。随着国家医疗制度的改革，医疗市场竞争越来越激烈，医务人员首先应改变传统的思想观念，加强对体检工作的认识，树立"以体检客户为中心、体检者也是上帝"的观念。在员工思想观念转变过程中，积极向员工介绍国际先进企业的一些思想观念。体检客户的要求和期望具有压倒一切的重要性，是体检中心考虑一切问题的前提条件，支配着体检中心的规划设计。目前，"一切以体检客户需要为中心""要求客户满意度最大化"等观念，已经逐步成为该体检中心经营的核心价值观。

管理思想可概括为"两个保证"，即保证健康管理质量，保证服务质量。在健康管理质量方面，体检中心制订规范的质量管理制度，强调体检一定要认真、仔细、耐心，严格遵循医疗工作制度，保证各种体检结果的准确性。全程进行质控控制，保证健康管理质量。在保证服务质量方面，体检中心有规范化的服务标准和考评，要求热情接待每一位体检客户，让体检者感受到无微不至的照顾，以增强体检客户的满意度。服务窗口开展"以一带十吸盘效益"等优质服务活动，采取人性化服务举措，保证服务质量。

该体检中心目前取得的成就：①建立起检前、检中、检后一整套完善的工作制度和流程。②设计了慢性病的调查问卷和健康状况评估表，医生根据受检者的生活习惯、饮食特点、运动方式，结合体检结果等对受检者的健康状况进行综合评估并打分，根据评估结果制订个性化管理方案和监测方案，从生活方式改进、合理膳食、适当运动、合理用药等方面为受检者提出科学的建议并监督其执行，使受检者提高了对慢性病及其并发症的认识，通过和医生的配合，及时控制了病情，改善了健康状况。③2016 年获得由中国健康促进基金会和中华医学会健康管理学分会联合授予的"全国健康管理示范基地"。④成立 16 年来，体检客户超 100 万人次，且体检人数逐年上升，2018 年体检人数超过 12 万人次。⑤体检中心积极吸纳各专业人才，目前已经形成了较为稳定的人才队伍。现有正式职工 17 人，其中高级职称 6 人，中级职称 4 人，初级职称 5 人，工勤人员 2 人，具有硕士学历者 7 人；其他临聘人员 20 多人。⑥中心配有现代化诊断设备，如 3.0T 磁共振系统、双源 CT、全身彩超、全自动生化分析仪等。

和当前市民医疗需求的变化一样，体检行业未来的发展趋势也必然是精细化、个性化和全面化。我国健康体检行业正处于成长期，从政府导向和市场需求来看，该体检中心主要有以下发展趋势：第一，打造出"行业健康管理"品牌，创建省内一流的健康管理机构及全国健康管理旗舰单位。第二，进一步加大市场营销力度，把提高医院知名度作为中心的重要任务。第三，引进先进的人事管理制度和市场竞争机制，打破传统的科室管理模式，充分调动员工的积极性，提高工作效率，打造一支团结、奋进、有战斗力的体检团队。

［案例 17-3］

贵州森林疗养院

贵州森林疗养院是一个集医养结合、养生养老和森林康养为一体的森林康养基地，是国家级森林康养基地试点单位和省级森林康养基地试点单位，2016 年获国家林业局批准为国家级森林康养基地试点单位；2017 年获省卫生计生委及民政厅批准为省级医养结合定点单位；2018 年被省大健康办评为省级健康养生示范基地。

该疗养院建在省级森林公园内，2015 年 5 月批准成立，依托贵州省国有林场的森林资源和林场医院的医疗资源，开展森林康养和医养结合业务。疗养院所在森林面积 1 500 余亩，植物 800 余种，森林覆盖率达 90%以上，空气负氧离子长期处于 4 000 个/cm^3 以上，森林林分质量高，生态系统良好，具有极高的森林疗养和森林养生价值。不但森林植被好，还有天然的湖泊、溶洞和湿地，为打造成“儿女尽孝圣地，老人养生福地”，还投巨资打造硬件和软件设施，建设了音乐喷泉景观、旱山公园、休闲文化广场、瑜伽太极音乐广场、人行天桥、5 公里森林步道、药浴温泉、室内恒温游泳池、阳明文化养心园、中医馆、半封闭恒温游泳池、网球场、羽毛球场、森林养生驿站、森林康养体验屋、森林垂钓水库、儿童游乐园、森林浴场、森林冥想空间、健康定位管理系统等设施。疗养院依托森林疗法，结合中医药传统及现代医疗，适用于慢性支气管炎、慢性阻塞性肺疾病、哮喘、肺尘埃沉着病、焦虑症、消化不良、神经衰弱、高血压、心脑血管疾病、糖尿病等患者，也适合高楼综合征、办公室病症等亚健康人群前来疗养。贵州森林疗养院目前设置有医养结合床位 300 张，将来建设规模达 1 000 张以上。

贵州森林疗养院主要与林场医院合作，林场医院为护理院和疗养院提供医疗支持，经营方向为医养结合、康复疗养、养生养老、健康养生、森林健康旅游和森林康养等业态。2018 年贵州森林疗养院共接待养生养老老人 300 余人次，健康养生万余人次，医院收治住院患者 5 983 人次，门诊患者 79 882 人次，完成业务收入 3 000 余万元。

下一步，贵州森林疗养院将以丰富的森林资源为基础，充分扩大医疗机构的合作范围，利用合作医疗机构的医疗技术，大力发展森林康养、养生养老、医养结合、森林健康养生旅游等业态；引进大数据平台，引入智慧管理理念，把公司建成智慧型健康养生机构，力争形成一个长期有千人以上入住的健康养生示范基地。

［案例 17-4］

AX 养老服务中心

AX 养老服务中心总面积 10 000m^2，总投资 3 000 万，旨在打造了一个与以往养老项目不同的长者家园，在这里既有人文关怀和休闲氛围，又有配备现代先进智能化养老设施设备；既能满足活力长者精神需求，又可实现失能长者持续照料需求。该中心是在考察了国际、国内大量著名养老项目后，通过对区位、交通等各项指标的科学评估，才进行最终选址。

AX 养老服务中心结合中国老年人的特点，经过精心的适老化布局、设计、装修、装饰，融合东西方先进尊长服务理念和经验，整合国际国内优秀团队，倾力打造“持续照料，个性养老”服务体系，坚持“以还原自理能力为主体，以专业服务为核心”的护理原则。养老服务中心整个园区配套无障碍设计，地面防滑，夜间可视扶手，配备电梯，所有房间布局和配套设施设备充分按照适老化的要求进行标准设计，包含防滑落桌面、失能移位机、助起式沙发、感应式警报地毯等；细致分解长者的每一个习惯动作，模拟长者每一种生活状态和需求。中心地面无高度差，卫生间干湿分区，房间家具采用环保材料进行功能组合搭配。特殊设计的适老化用品使长者即使丧失了一部分生活自理能力，也能借助专业的用具独立完成，避免长者产生挫败感，增强长者康复训练的信心。其养护中心分为活力专区、介助专区、介护专区、失智专区，每个区域根据入住长者特征布局房间。

AX 养老服务中心首先通过引进德国养老理念及技术，带着海外 40 多年的养老经验和德国先进的护理技术，结合国情和中心实际，规范护理流程和标准，充分运用知识和技能用心陪护，让老人能够有尊严地走完一生。首先，利用技术支撑效率，引进清洁辅具，护理辅具等支撑护理工作，如清洗尿壶/盆机 15 分钟可以完成 5 个尿壶的高温洗涤和消毒，避免了异味来源以及解放劳动力。其次，嫁接德国食品精细处理技术，食物经过特殊处理，专供咀嚼功能差或丧失咀嚼能力的患者，不再是混淆菜品打磨成流食。最后，导入了世界卫生组织（WHO）的缓和护理理念，从疾病的早期到临终的全过程，探究如何保证生命质量，让失能和失智老人及其家属最大限度地提高生活品质。不仅仅是一个提供服务的设施，更是守护生活品质，守护长者有尊严的家。

目前取得的亮点成效有：第一，在员工培训和运营管理中充分融入德国的先进理念及护理方法，通过专业化、国际化的核心运营服务团队，持之以恒地追求高水准服务，使之人性化、具体化、系统化、规范化。第二，对认知症老人个性化服务，AX 养老服务中心学习德国理念，更侧重支持以人为本，让认知症患者感到轻松，这种没有压力的、以人为本的护理方式真正能够延缓这种不可治愈的病症。第三，融合中德养老理念及技能，规范化管理培训、专业护理流程规范管理、护理质量指标体系建设、护理员工绩效考评管理体系建设等护理行业专业化、制度化建设管理，以人为本的护理理念，促使老人的生活质量和幸福指数明显改善。

[案例 17-5]

贵州互联网+糖尿病防控信息中心慢病管理

2015 年 5 月 25 日，贵州省卫生计生委、腾讯和贵州某医药企业签署了《贵州互联网+慢性病医疗服务战略合作协议》。随后，在省卫生计生委的指导下成立了贵州省糖尿病防控信息中心，开始进行“互联网+慢病管理”，引入互联网技术推动糖尿病管理分级诊疗，应用互联网技术提升慢病管理的效率，提供和优化针对患者的个性化管理方案，基于“互联网+慢病管理”理念，将全省各级卫生计生委、医院、基层医疗机构和糖尿病防控信息中心组成监测和诊疗网络，为糖尿病患者提供实时病情监测，实现医生、患者、药物、血糖管理的四方联动，打造形成在政府指导下进行的“互联网+慢病管理”的“贵州模式”，也为其他慢性病实行互联网+提供可借鉴性。目前中心有员工 130 余人，医助线上加线下服务团队达 100 余人。业务岗位有线上医助、线下医助、家庭医生、营养师等。

互联网医院的运作模式可以分为医院自建或者平台搭建，前者多为地方政府或医院主导，后者则融入更多商业化运营。基于此，糖尿病防控信息中心运营以平台搭建方式结合药品生产企业自有医院主体形成二者兼并的商业化运营，并以“团队、技术、学术”为核心，打造属于自有的文化体系。防控信息中心运用线上+线下模式对糖尿病患者进行管控，给患者提供专业的健康饮食、运动指导，在专科医生的指导下，给患者提供个性化的治疗方案，帮助患者控制血糖，提高生活质量，延长寿命。

从成立贵州糖尿病防控信息中心至今，形成了以“发现患者、留住患者”为核心思想的运营模式；并在这样的运营模式中心中形成了两套独特的核心的体系。其一是患者管理铁三角：通过智能血糖仪，把患者、信息中心医助人员、驻点人员联系起来，形成患者管理铁三角，强化了线上线下的服务能力，提升患者的自我健康意识，增强了患者对中心的黏性、对中心服务的认可，高度活跃于平台上。让患者的依从度大幅度提升。其二是医联体铁三角：通过智能血糖仪把省市级的专家以及基层医院医生联系起来，形成医联体铁三角；这一模式的形成，吻合了我国医改的痛点，那就是如何契合分级诊疗，实现高端医疗资源的有序下沉。省市级的专家通过互联网+医疗的模式，利用碎片化时间，一方面，有效地管理了患者，另一方面，通过远程技术帮扶，提高了基层医生的医疗技术水平。目前，防控信息中心纳入中心管理的有 9 市 19 县，4 万名糖尿病患者，整体患者留存率达到 90%、流失率 10%；患者测量血糖月活跃度从最初的不到 50%提升到 85%，血糖正常率从 39%提升到 57%，血糖偏高率从 54%降低到 38%，血糖偏低率从 3%降低到 2%。中心从 2015 年管控 3 755 名患者提升到 2018 年管控 41 695 名患者，管控人数翻了 11 倍。到 2018 年中心门诊量比 2015 年提升 36%。

贵州糖尿病防控信息中心的未来发展趋势主要体现在以下几点：第一，解决传统医疗存在的一系列痛点问题，通过互联网+医疗模式，将问诊引流，50%的问诊可在家完成，35%流向基层医疗机构，三甲医院只需承担大病问诊；互联网+医疗可进行针对性诊疗，方便建立慢性病患者档案，方便远程随访，调动患者自我管理，推动数字化建设，推动医院数字化转型。患者问诊时长缩短近 70%，患者足不出户，在家就可完成问诊，节省综合开支，患者不需要跨区域即可就诊。第二，搭建一体化糖尿病管理平台，在县、市级医院实现患者分层分级诊疗、糖尿病及其并发症筛查，对全县糖尿病患者进行管控，实现全县糖尿病管理数据分析。第三，解决传统医药存在的一系列痛点问题，通过互联网+医药模式，实现药品流通数据化，打破药品的分布限制，利用网络平台规避地域障碍，线上线下融合引流，扩大药店服务群体，延伸服务范围，利用大数据系统等工具，提升运营效率，消费者借助网络就能获得需要的药品。探索落实药品配送模式，让患者享受到足不出户就能糖尿病教育和管理、看病、购药、取药的便捷服务。第四，解决家庭医生与病患之间的就诊难题。根据糖尿病患者特有情况，提供个性化服务包，对家庭医生进行专业培训后，与家庭医生一起共同给患者提供个性化服务。第五，走出贵州，走向全国，将贵州模式复制到全国各省市。下一步建立湖南省和四川省糖尿病防控信息分中心。第六，连同中华中医药学会组织成立“糖尿病学院”，组织贵州基层医生前来参加培训，学习糖尿病专业技能知识，提升基层医生糖尿病诊疗技术。第七，将糖尿病防控信息中心打造成健康卫士、居家养老、研究中心、大数据中心。

（曹　煜　周戈耀）

推荐阅读

[1] 郭清. 中国健康服务业发展报告 2017. 北京:人民卫生出版社,2018.
[2]《贵州大健康教程》编委会. 贵州大健康教程. 贵阳:贵州科技出版社,2018.
[3] 周三多. 管理学. 北京:高等教育出版社,2014.
[4] 李旭. 企业管理. 北京:经济科学出版社,2016.
[5] (美)库珀. 企业管理研究方法. 孙健敏,李原,译. 北京:中国人民大学出版社,2013.
[6] 段钊. 企业管理理论演变机制研究. 北京:世界图书出版公司,2011.
[7] (美)彼得·圣吉. 第五项修炼:学习型组织的艺术与实践. 张成林,译. 北京:中信出版社,2009.
[8] 李伟阳. 企业社会责任经典文献导读. 北京:经济管理出版社,2011.
[9] (美)菲利普·科特勒,南希·李. 姜文波,译. 企业的社会责任:通过公益事业拓展更多的商业机会. 北京:机械工业出版社,2006.
[10] (美)彼得·德鲁克. 管理:任务、责任和实践. 北京:华夏出版社,2008.
[11] 迈克尔·希特 R. 杜安·爱尔兰 罗伯特·霍斯. 刘刚,梁晗,耿天成,等译. 战略管理:概念与案例. 12 版. 北京:中国人民大学出版社,2017.
[12] 徐大勇. 企业战略管理. 2 版. 北京:清华大学出版社,2019.
[13] 宿恺,袁峰. 企业管理学. 北京:机械工业出版社,2019 年.
[14] 陈春花,曹洲涛,李洁芳. 企业文化. 北京:机械工业出版社,2013.
[15] 石娟. 企业文化管理与实践. 北京:科学出版社,2015.
[16] 朱成全. 企业文化概论. 大连:东北财经大学出版社,2016.
[17] 金伟. 企业创新与风险防范. 上海:上海交通大学出版社,2015.
[18] 顾琴轩. 促进企业创新:理论与实践. 上海:上海交通大学出版社,2012.
[19] (美)加里·德斯勒. 人力资源管理. 12 版. 刘昕,译. 北京:中国人民大学出版社,2012.
[20] 赵曙明. 人力资源战略与规划. 3 版. 北京:中国人民大学出版社,2012.
[21] 荆新,王化成,刘俊彦. 财务管理学. 7 版. 北京:人民大学出版社,2015.
[22] 郭复初,王庆成. 财务管理学. 5 版. 北京:高等教育出版社,2019.
[23] 陈志祥. 生产与运作管理. 3 版. 北京:机械工业出版社,2017.
[24] 平海. 物流管理. 北京:北京理工大学出版社,2017.
[25] 赵启兰. 企业物流管理. 2 版. 北京:机械工业出版社,2016.
[26] 周晓英,宛玲. 信息资源管理. 北京:首都经济贸易大学出版社,2012.
[27] 宫春艳. 市场营销学. 成都:西南财经大学出版社,2016.
[28] 吴健安,钟育赣. 市场营销学. 北京:清华大学出版社,2015.
[29] 马风才. 运营管理. 4 版. 北京:机械工业出版社,2018.
[30] 刘伟,王文,高志军. 供应链管理教程. 上海:上海人民出版社,2017.

中英文名词对照索引

D

单利	*simple interest*	137
递延年金	deferred annuity	138

N

内联网/互联网	Internet/Intranet	216

P

普通年金	ordinary annuity	138

R

人力资源	human resource	115

X

先付年金	annuity due	138

Y

永续年金	perpetual annuity	138
原始设备制造商	original equipment manufacturer, OEM	224

Z

职位分析	job analysis	116
资金的时间价值	time value of money	136